東垣考古美術研究所 東垣學術叢書　04

고고학(考古學)으로 살펴본 신라(新羅)·가야(加耶) 갑주(甲胄)

진인진

東垣考古美術研究所 東垣學術叢書 04

고고학으로 살펴본 신라·가야 갑주

초판 1쇄 발행 | 2022년 12월 10일

지은이 | 김혁중
편　집 | 배원일, 김민경
발행인 | 김태진
발행처 | 진인진
등　록 | 제25100-2005-000003호
주　소 | 경기도 과천시 별양상가 1로 18 614호(별양동 과천오피스텔)
전　화 | 02-507-3077-8
팩　스 | 02-507-3079
홈페이지 | http://www.zininzin.co.kr
이메일 | pub@zininzin.co.kr

ⓒ 김혁중 2022
ISBN 978-89-6347-546-2 93900

* 책값은 표지 뒤에 있습니다.

목차

제I장 연구사 검토와 연구 과제 … 9
1. 연구 필요성 … 9
2. 연구사 검토 및 연구 과제 … 11
3. 연구방법 … 32

제II장 신라·가야 갑주의 변천 … 37
1. 신라·가야 갑주의 분류 … 37
2. 신라·가야 갑주의 종류와 변천 … 50
3. 신라·가야 유기질제 혼용 찰갑의 기술 계통과 특징 … 108

제III장 신라·가야 갑주의 기술과 제작 공정 … 133
1. 신라·가야 갑주의 제작 기술 … 134
2. 신라·가야 갑주의 제작 공정 … 148
3. 신라·가야 갑주의 생산체계 … 150

제IV장 신라·가야 갑주의 계통 … 157
1. 동북아시아 자료 비교로 본 신라·가야 갑주의 계통 … 157
2. 신라·가야 출토 대금식 갑주의 계통 … 174
3. 고대 한일 찰갑 계통의 재검토 - Ω형 요찰의 계통 재검토 … 176
4. 백제 초기 갑주의 양상 검토 - 천안 두정동 유적 출토 이형철기의 성격 … 180
5. 소결 … 199

제V장 신라·가야 금속제 갑주의 제작 배경과 소유 계층 … 201
1. 신라·가야 금속제 갑주의 제작 배경 … 202
2. 신라·가야 갑주의 소유 계층과 의미 … 209

제VI장 갑주로 본 신라·가야 사회 … 217
1. 신라·가야 갑주의 성격 … 217
2. 갑주로 본 신라·금관가야·대가야 사회 고찰 … 222
3. 신라 갑주의 중앙과 지방의 비교사적 검토 - 포항 남성리고분군 출토 갑주의 특징과 의의 … 264

제VII장 맺음말 … 289

표목차

표 2-1	신라·가야 갑주의 분류 안	41
표 2-2	종장판갑 명칭의 여러 견해	43
표 2-3	찰갑 용어 비교	47
표 2-4	대금식 판갑의 각부 명칭에 대한 여러 견해	48
표 2-5	신라 종장판주의 여러 속성	53
표 2-6	신라 종장판갑의 여러 속성	56
표 2-7	신라지역 출토 찰갑	63
표 2-8	신라 출토 B형 찰갑	68
표 2-9	한반도 찰갑의 시기에 따른 변화	71
표 2-10	신라지역 출토 비갑의 종류와 특징	76
표 2-11	신라 마주·마갑의 조합관계	79
표 2-12	가야 종장판주의 여러 속성	81
표 2-13	가야 출토 소찰주	86
표 2-14	가야 종장판갑의 여러 속성	87
표 2-15	가야지역 출토 찰갑	90
표 2-16	가야 출토 B형 찰갑	92
표 2-17	'Ω'형 요찰을 가진 찰갑	94
표 2-18	수결공 2열을 배치한 찰갑	95
표 2-19	가야 마주·마갑의 조합 관계	96
표 2-20	영남지방 출토 대금식 판갑의 형식 변화	97
표 2-21	가야 출토 대금식 갑주 출토 양상	100
표 2-22	신라·가야 갑주의 변천	102
표 2-23	유기질제 혼용 찰갑의 특징	122
표 3-1	신라·가야 갑주의 제작 기술	134
표 3-2	종장판갑의 제작 기법	138
표 3-3	종장판갑 밀착 장치 관련 투공 위치	143
표 3-4	복천동고분군 출토 찰갑의 요찰 상세	147
표 3-5	옥전고분군 출토 찰갑의 요찰 상세	147
표 3-6	종장판갑의 제작 공정과 제작 기술	148
표 3-7	영천 화남리고분군 출토 갑주 상세	155

표 4-1	Ω형 요찰을 가진 찰갑 사례	177
표 4-2	요찰에 수결공 2열 배치된 찰갑	180
표 4-3	종장판갑 규격 분석	187
표 4-4	백제지역 출토 갑주 현황	190
표 4-5	일본열도 출토 수신판혁철판갑과 종장판갑의 초기 형식 비교	193
표 5-1	복천동고분군 전사 계층	213
표 5-2	가야 전사 계층	213
표 5-3	갑주의 조합 양상	214
표 5-4	유적별 갑주 부장 양상	215
표 6-1	신라·가야 출토 금공 갑주 상세	223
표 6-2	한반도 출토 대금식 갑주 상세	225
표 6-3	연산동고분군 출토 갑주 상세	239
표 6-4	연산동고분군 출토 갑주 위치	240
표 6-5	고분군별 갑주 출토 수량	253
표 6-6	대가야 권역의 갑주 출토 양상과 위계 구분	256
표 6-7	포항 남성리고분군 출토 갑주 상세	266
표 6-8	궐수문종장판갑의 출토 사례와 형태	274
표 6-9	포항지역 출토 갑주의 종류와 수량	279
표 6-10	경주지역 출토 갑주의 종류와 수량	282
표 6-11	울산 및 영천지역 출토 갑주 상세	284

그림목차

그림 2-1	종장판갑의 속성	44
그림 2-2	찰갑의 명칭	46
그림 2-3	대금식 판갑의 명칭	48
그림 2-4	종장판주의 명칭	52
그림 2-5	소찰주의 분류	55
그림 2-6	신라·가야 출토 갑옷의 분포	57
그림 2-7	신라지역 출토 종장판갑	58

그림 2-8	신라·가야 출토 찰갑의 분포	61
그림 2-9	소찰의 명칭	62
그림 2-10	찰갑의 유형 모식도	62
그림 2-11	4세기대 찰갑 구조	65
그림 2-12	유기질제 혼용 찰갑	68
그림 2-13	한반도 찰갑의 시기에 따른 변화	70
그림 2-14	종장형 비갑	74
그림 2-15	원통형 비갑	75
그림 2-16	마주의 유형	78
그림 2-17	마갑의 분류	79
그림 2-18	관모형 종장판주	84
그림 2-19	가야지역 출토 종장판갑	88
그림 2-20	B형 찰갑	93
그림 2-21	영남지방 출토 대금식 판갑의 변천도	98
그림 2-22	유기질제 혼용 찰갑이 존재했을 가능성이 있는 철제 갑옷(경갑+요찰)의 부장 양상	114
그림 2-23	구어리 1호 출토 갑옷(1, 2)과 진영 여래리 출토 찰갑(3~5)	116
그림 2-24	단고즈카団子塚 9호분 출토 찰갑	120
그림 2-25	요찰의 수결공과 횡결공 위치	123
그림 2-26	초기 철제찰갑과 종장판갑의 상관관계	128
그림 3-1	리벳 방식	136
그림 3-2	갑주 제작에 사용된 병두 형태	136
그림 3-3	찰갑의 제작 기법	141
그림 3-4	밀착 기법	144
그림 3-5	개폐 장치	145
그림 4-1	3세기 이전 한반도 출토 찰갑	158
그림 4-2	동북지방 출토 찰갑	161
그림 4-3	동북지방과 신라·가야 출토 종장판주	165
그림 4-4	한반도 출토 대금식 판갑 및 일본열도 출토 대금식 판갑 비교 자료	175
그림 4-5	Ω형 요찰을 가진 한일 찰갑	178
그림 4-6	두정동 유적 Ⅰ지구 유구 분포도(1)와 두정동 4호 주거시(2, 3)와 출토 토기류(4)	183

그림 4-7	두정동 유적 4호 주거지 출토 이형철기(1)와 세부 사진(2, 3)	184
그림 4-8	두정동 5호 토광묘(1)와 출토 마구(2~10)	188
그림 4-9	판갑의 사례	192
그림 4-10	판갑의 일본열도 기술 전파	194
그림 4-11	한반도 출토 대금식 갑주의 특징적 사례	197
그림 5-1	삼국시대 이전과 삼국시대 유기질제 갑옷	205
그림 6-1	한반도 출토 대금식 갑주	227
그림 6-2	가동고분 Ⅱ-43호 목곽묘 출토 종장판갑의 장식	229
그림 6-3	한일 출토 비갑 비교	233
그림 6-4	한반도와 일본열도 출토 종장판주 비교	234
그림 6-5	일본열도 출토 금동 차양주와 대장식구 문양 비교	234
그림 6-6	연산동고분군 출토 대금식 판갑	241
그림 6-7	연산동고분군 출토 금부계 판갑	242
그림 6-8	연산동고분군 출토 찰갑	243
그림 6-9	연산동고분군 출토 마주	245
그림 6-10	하삼정고분군 출토 대금식 판갑(1)과 대장식구(2)	248
그림 6-11	4세기대 신라권역 갑주 출토 지역	251
그림 6-12	한반도 출토 방형판갑: 대성동 88호(1), 대성동 1호(2), 복천동 64호(3)	261
그림 6-13	포항 남성리고분군 Ⅱ구역 13호 목곽묘(1)와 17호 목곽묘(2)	267
그림 6-14	포항 남성리고분군 출토 갑주 양상(1)	268
그림 6-15	포항 남성리고분군 출토 갑주 양상(2)	269
그림 6-16	종장판갑 비교 자료	272
그림 6-17	견갑 비교	272
그림 6-18	종장판갑 Ω 형태 금구 비교 자료	273
그림 6-19	종장판갑 새 깃털과 문양 장식 비교 자료	274
그림 6-20	월성로 가-29호분 출토 판갑편	275
그림 6-21	4세기대 신라권역 갑주 출토 분포 양상	280
그림 6-22	출토 양상 비교	283

제I장   연구사 검토와 연구 과제

1. 연구 필요성

　이 책에서는 신라와 가야 유적에서 출토된 갑주를 고고학적으로 분석하여 그 성격과 역사적 의의를 살펴보고자 한다. 삼국시대 갑주는 갑옷과 투구 그리고 팔뚝가리개[肱甲]와 같은 부속갑 등을 포함한 적의 공격으로부터 신체를 보호하는 방어구 일체이다. 삼국시대 갑주는 지금까지 분묘 출토품을 중심으로 연구 대상이 이루어졌다. 그것들은 종류와 형태가 다양하고 여러 재질로 제작되었으나 현재 남아있는 자료는 대부분 금속제이다. 그중에서도 이 책에서 분석할 대상의 시기는 4~6세기에 집중되며, 공간적 대상은 신라와 가야로 오늘날 행정구역을 비추어 보면 대부분 영남지방에 해당된다.
　그런데 이번 연구대상을 삼국시대 갑주 중 신라와 가야 갑주로 한정한 가장 큰 이유는 한반도내 다른 지역과 비교하여 출토 사례가 많고 다양한 형식이 있기 때문이다. 더군다나 이 자료들은 발생 이후 소멸되기까지 그 변화과정을 잘 살펴볼 수 있는 강점이 있다. 또한 신라와 가야에서 종장판갑 등은 고구려나 백제와 달리 형태나 구조의 유사성도 갖추고 있어 비교 대상으로도 적합하다. 대표적으로 종장판갑은 영남지방에만 확인되고 찰갑을 비롯한 여러 갑주의 변화 양상도 유사한 점이 많다. 이러한 유사성은 신라와 가야가 진변한 시기부터 와질토기와 같은 동일한 물품을 제작하는 공통된 문화를 기반으로 하였을 것이다.
　오늘날 갑주는 금속 재질로 만든 제품이 대부분이지만, 삼국시대 갑주는 가죽을 포함한 여러 재질로도 제작되었다. 국내에서는 주로 분묘 유적에서 확인되는데, 유기질의 특성으로 인해 오랜 기간 보존될 수 없기 때문이다. 금속제 갑주는 삼국시대에 이르러 이전 시기인 원삼국시대보다 분묘에서 부장 사례가 폭발적으로 증가한다. 금속제 갑주가 다량으로 출토되기 시작한 배경은 전쟁이 빈번하게 이루어진 상황을 들 수 있다. 문헌에는 이와 같은 당시의 상황을 반영하듯 삼국사기에 총 233회의 크고 작은 전쟁이 기록되어 있다(김영하 2001). 이처럼 삼국시대에 전쟁이 활발했던 것은 영토분쟁 등 다양한 배경을 고려해 볼 수 있으며 집단의 정치적 이해관계를 해결하기 위하여 전쟁이 치러졌으므로 국가 발생에 중요한 역할을 하였다(이영식 1999).

문헌사학과 고고학은 오랫동안 전쟁을 두고 다양한 논의가 있었다. 문헌사는『삼국사기』에 기록된 전쟁기사와 직관지職官志 무관조武官條를 바탕으로 전쟁 양상과 군제를 살펴본 바 있다(김영하 2001; 이문기 1997). 그러나『삼국사기』에 기록된 단편적인 내용만으로 전쟁의 실상을 충분히 이해하기 어렵다. 이는 문헌자료가 갖고 있는 '사료 윤색'의 문제나 전쟁 시점, 장소, 주체 외에 별다른 정보를 갖고 있지 못한 한계가 있기 때문이다(여호규 2001). 물론『삼국사기』직관지 무관조를 바탕으로 당시 군제를 알 수 있으나 신라에 한정되고 7세기 이후의 내용으로 한계가 있다.

고고학은 그간 유적에서 출토되는 다양한 무기와 무구를 바탕으로 당시 전쟁의 실상에 접근하고자 하였다. 특히 관련 사료가 빈약한 가야는 고고학을 통해 전쟁사 대부분을 복원해 왔다고 하여도 과언이 아닐 것이다. 무엇보다 고고학은 당대 전쟁에서 사용한 갑주와 무기를 통시간적으로 살펴보고 상호 비교할 수 있는 강점이 있다. 특히 갑주는 가장 기술적으로 복잡한 물품이기 때문에 당대 기술 수준을 이해하고, 지역 및 국가별로 발달 양상을 비교 분석이 가능한 자료적 특성이 있다. 삼국시대에 있었던 여러 전쟁 중에서도 갑주 연구와 관련하여 주목되는 전쟁은 고구려 남정南征이다. 이 전쟁은 한반도 남부지역에 정치나 문화적으로 많은 영향을 주었다고 보고 있다. 이 당시 문헌에 기록된 5만의 군사 중 중장기병은 신라와 가야에도 큰 영향을 주었는데 오늘날 신라와 가야 유적에서 확인되는 마갑(말갑옷)이 당시의 상황을 잘 보여준다.

그러나 갑주는 방어구로만 이용되었다고 보기 어렵다. 삼국시대 갑주가 출토된 유적은 대부분 분묘이다. 특히 갑주는 지배계층이 묻혔을 것으로 추정되는 대형분을 중심으로 확인되는 사례가 많다. 따라서 신라와 가야의 금속제 갑주는 예외적인 사례를 제외하고는 지배계층이 보유한 물품으로 볼 수 있다. 금속제 갑주의 보급이 지배계층으로 제한된 이유는 재료가 제한되고 제작에 숙련된 높은 기술이 필요하기 때문이다. 한편 장신구도 지배계층으로만 소유가 제한되며 그 신분을 대외에 나타내고 위세를 상징하는데 갑주도 그러한 위세품적 성격으로 추정해 볼 수 있다. 그런데 신라와 가야는 위세품적 상징성을 갑주에 표현하는 방법에 차이가 있다. 대표적인 사례로 신라는 가야보다 금은으로 만든 금공품 갑주를 다양하게 제작하였다. 특히 금과 은으로 만든 팔뚝가리개는 영락 등의 장식을 가미하여 화려하게 제작하였는데 이는 신라 지배계층의 기호나 문화를 이해할 수 있는 좋은 소재이다.

또한 삼국시대 갑주는 주변 국가와의 교섭이나 교류를 살펴보는 좋은 소재가 될 수 있다. 갑주는 토기와 같이 정밀하고 치밀하게 변화나 유통양상을 그려낼 수 없지만 동아시아라는 넓은 범위에서 제작 계통을 그려보고 상호 기술 교류를 추정해 볼 수 있기 때문이다. 한반도와 일본열도에서 확인되는 동일 계통의 갑주가 그 구체적인 사례이며 오늘날 유적 조사를 통해 점차 자료 수가 증가하고 있다(국립김해박물관 2015). 문헌에는 구체적으로 기록이 남아있지 않지만 실물 갑주자료를 통해 한일교섭의 양상을 좀 더 구체적으로 그려 볼 수 있다.

따라서 삼국시대 갑주는 일반적으로 알려진 방어구와 같은 전쟁 도구를 포함하여 여러 목적에서 제작되었을 가능성이 크다. 특히 삼국시대 갑주에서 확인되는 여러 상징은 당시 지배계층이 갑주를 활용한 방식을 잘 보여주며 이러한 점은 앞으로 삼국시대 갑주라는 소재를 다양한 관점에서 검토해야 할 필요성을 보여준다.

2. 연구사 검토 및 연구 과제

근대에 태동한 고고학적 방법으로 삼국시대를 연구한 것은 잘 알려진 바와 같이 일제강점기부터이다. 삼국시대 갑주 역시 이 시기부터 출토 자료로 검토되지만 연구 대상으로 그다지 주목받지 못하였다. 갑주가 최초로 조사된 유적은 함안 말이산 34호분(現 4호)과 황남동 109호 3·4곽 출토품이지만 대부분 특이한 형태로 인식하였다. 이에 불명철기로 보거나 검토한 내용도 단순 형태나 크기를 기록한 사실 보고가 대부분이었다. 또 당시 갑주에 대한 이해 부족의 대표적인 사례는 금관총에서 출토된 금동제 복발을 들 수 있다. 복발은 투구의 가장 윗부분으로 반구형을 띠고 있는데 이를 정확하게 인지하지 못한 당시 조사자가 조사보고서에 용기로 보고한 바 있다(濱田耕作·梅原末治 1924). 이처럼 당시에는 갑주자료의 조사 사례가 많지 않아 고고자료로서 인식이 부족했다.

해방 이후 한국의 고고학이 대부분 그렇듯 폭발적인 유적 조사로 인해 갑주자료의 축적도 상당히 이루어졌다. 그러한 분위기에서 삼국시대 갑주를 포함하여 한국의 갑주를 집성하고 소개한 자료가 출판되었다(이강칠 1980). 오늘날 문화재청의 전신인 문화재관리국에서는 전 시기를 망라하여 그간에 확인되는 한국의 갑주를 집성한 자료집을 출판하였다. 그렇지만 구체적인 분석이 없는 자료 소개 위주였다.

1980년대 이후 한정된 범위의 조사를 넘어서 규모가 있는 고분군이 조사되었다. 이에 출토 맥락을 알 수 있는 온전한 형태의 갑주자료가 많이 확인되어 연구에도 큰 전환기를 맞이하게 된다. 대표적인 유적은 부산 복천동고분군이다. 이 유적은 다양한 종류의 갑주가 출토되었을 뿐만 아니라 시기별로 갑주의 변화와 흐름을 알 수 있어 삼국시대 갑주 연구가 진전된 성과를 내는데 많은 영향을 주었다. 최근에는 유적에서 갑주가 확인되는 사례가 일부 유적에 한정되지 않고 점차 공간적 범위가 확대되고 제작 시기의 폭도 넓어지는 경향이 있다. 복천박물관에서는 일제강점기 이래로 조사된 유적의 갑주를 집성하였는데 450여 점에 달하는 것으로 파악하였다(복천박물관 2010b). 이후에도 갑주자료는 지속적으로 축적되어 출토 유적도 증가하고 수량도 500여 점 이상으로 증가하였다.

한반도와 관련하여 갑주를 단일 소재로 분석한 연구는 도쿄국립박물관에서 소장하고 있던 小倉 collection 중 傳 연산동 출토 갑주를 포함한 한국 출토 갑주에 대한 소개 논문(穴沢咊光·馬目順一 1975)이다. 국내 학계도 이러한 성과에 관심은 있었으나 좀 더 정밀한 연구 대상으로 주목한 것은 일본의 고고학연구자였다. 일본 고고학계는 일찍부터 갑주에 대한 정리나 조사가 있어 상당한 수

준의 연구성과(末永雅雄 1934)가 있었다. 이처럼 갑주가 여러 연구 분야에서도 활발하게 이루어졌던 이유는 우리의 삼국시대에 해당하는 일본 고훈시대古墳時代의 주요 고분에서 갑주를 부장한 사례가 많기 때문이다.

이러한 상황에서 1978년, 대가야 지배계층 무덤군으로 추정되는 고분에서 일본 출토품과 유사한 갑주가 출토되었다. 그 고분은 계명대학교박물관이 조사한 지산동 32호분으로 한반도 고유의 갑옷인 찰갑을 포함하여 일본 고훈시대의 대표적인 갑주인 횡장판갑橫長板甲과 충각부주衝角附冑도 출토되었다. 당시까지 한반도에서는 동일한 형식의 횡장판갑과 충각부주가 출토된 사례가 없었기에 삼국시대 갑주의 한 형식으로만 인식하고 있었다. 그러나 일본 학계는 이것을 왜계 갑주로 판단하고 대가야의 수장급 고분에 부장된 배경을 검토해 보려 하였다. 일부 연구자들은 이러한 갑옷이 한반도에서 출토된 배경으로 『일본서기』에 언급하고 있는 임나일본부를 인정하고 당시 왜의 한반도 군사적 진출의 결과로 판단하는 견해(穴沢咊光·馬目順一 1975; 藤田和尊 1985)도 있었다. 이 견해는 오늘날 정설이라 할 수 없지만 여러 연구자가 삼국시대 고유의 갑주에 대한 궁금증을 일으키게 된 계기를 마련해주었고 이후 삼국시대 갑주 연구가 계통을 중심으로 이루어지게 된 발판이 되었다고 할 수 있다.

한일 갑주의 계통 구분으로 시작된 갑주 연구는 이후 복천동고분군에서 지산동고분군 출토 갑주보다 훨씬 이른 시기에 제작된 종장판갑을 포함하여 여러 시기에 걸친 다양한 자료가 출토되어 좀 더 활발한 연구가 진행될 수 있었다. 특히 가야는 한반도의 다른 나라와 달리 갑주를 부장하는 습속이 성행하여 당시 가야의 중심고분군 조사 증가와 더불어 다양한 갑주자료가 확보되었다. 이로 인해 갑주의 희소성으로 연구에 어려움이 있던 과거와 달리 피장자의 권력이나 군사력 상징과 같은 다양한 논의가 이루어질 수 있었다.

오늘날 갑주 연구가 본격적으로 시작된 시점을 1980년대부터라고 본다면 이제 40년 가까이 진행된 셈이다. 그만큼 연구의 축적도 있었기에 우리 학계가 갑주를 통해 어떤 점에 주목하고 살펴보았는지 연대순으로 정리한 연구(이현주 2010c)도 이루어지게 되었다. 필자는 연대순으로 연구사를 정리하는 것도 의미가 있으나 연구의 쟁점을 부각하기 어려운 단점이 있어서 아래와 같은 주제로 나누어 연구사를 살펴보고자 한다.

지금까지 연구되어온 주제는 크게 '변천과 특징', '등장 배경과 소유 계층', '계통과 제작지', '제작 공정과 기술 체계', '갑주의 정치사회적 성격'으로 구분할 수 있다. 각각은 여러 소주제로 나뉠 수 있는데 예를 들면 '제작 공정과 기술 체계'는 공인 집단의 문제와도 연결된다. 또한 개별 주제들은 상호 관련되는 부분도 있는데, '계통과 제작지'는 기술적인 부분이어서 '제작 공정과 기술 체계'와 연관되어 살펴볼 수 있다. 또한 이 주제들은 '삼국시대 갑주'의 생성에서 소멸까지를 전반적으로 살펴볼 수 있어서 '변천'과도 관련이 있다. 다시 말해 각각의 주제는 갑주 생산과 폐기 그리고 쓰임에 대한 종합적인 의문에서 출발한 논의들이라 할 수 있다. 따라서 이 책은 이를 위의 주제별로 나누어 살펴보면서도 필요에 따라 같이 두고 논의의 방향을 설정해보려 한다.

1) 철제 갑주의 등장 배경과 소유 계층

한반도에서 철제 갑주가 본격적으로 생산된 시기는 4세기로 추정된다. 이전에는 평양 석암리 29호분 출토 혁철革綴 찰갑이나 창원 다호리유적, 부산 노포동유적 출토 피갑皮甲처럼 철소재가 아닌 가죽이나 목재를 이용하여 갑주를 생산하였다(김영민 1995; 이현주 2011). 갑주를 유기질제에서 철제로 전환하게 된 배경으로 연구자들은 대내외적 환경을 고려하였는데 크게 두 가지 견해로 나누어 이해할 수 있다.

먼저 대내적으로는 철 생산력과 철기 단조기술 발달, 그리고 공격용 무기의 발달과 관련시켜 보거나(송계현 1995) 잉여생산 증대에 따른 수평적 사회구조가 경쟁에 따른 수직적 사회구조로 전환하게 된 점(김영민 1995)에 주목했다. 이 중에 철 생산력과 철기 단조기술은 철제 갑주가 생산되기 이전부터 발달되었기 때문에 철제 갑주의 직접적인 등장 배경으로 보기 어렵다는 견해(신경철 2000)도 있다.

다음으로 대외적으로는 낙랑 멸망과 고구려 성장에 따른 국제적 정세 변화를 주목하였다(김영민 1995). 또한 부여족의 남하와 같은 북방의 갑주 출현에 따른 내부적 긴장 상태가 철제 갑주 등장에 영향을 주었다고 보는 견해(신경철 2000)도 있는데 모두 당시 전쟁과 같은 사회적 긴장 관계 조성이 철제 갑주를 생산하게 된 계기로 보는 듯하다.

그런데 지금까지 철제 갑주의 등장에만 주목하여 유기질로 제작된 갑주와의 관계에 대한 깊이 있는 논의가 없었다. 그렇지만 삼국시대의 철제 갑주가 본격적으로 생산되기 전까지 철제 무기를 방어하기 위한 갑주는 대개 유기질제로 이해하고 있다. 그렇다면 이 시기에 철이 아닌 유기질로 갑주를 제작한 것에 어떤 이유나 배경이 있는지 살펴보고 이후 철제 찰갑이나 판갑으로 전환하면서 어떠한 과정을 거친 것인지 살펴보아야 한다. 다시 말해 유기질제 갑주에 대한 검토없이 기술 선택의 관점에서 철을 선택하여 갑주를 만들었다고 본 그간의 설명은 철제 갑주의 등장 배경을 설명하는데 불충분하다고 본다. 초기의 철제 갑주는 이후의 갑주와 비교하여 완성된 형태라고 보기 어렵다. 그것은 기존에 유기질로 제작되던 갑주의 재질을 철제로 바꾸다 보니 제작의 완성도가 충분하지 못함에 있다. 그러므로 갑주의 철제화 과정을 이해하기 위해서 유기질제 갑주와 초기 철제 갑주를 비교하여 살펴볼 필요가 있다.

또한 그동안 철제 갑주의 등장 배경을 설명하는 데에는 기술전파론이 밑바탕에 깔려있었다. 등장 배경으로 본 여러 요인 중 중국을 포함한 동북지방에서 철제 갑주를 제작하는 기술이 전해진 상황도 제기되는데 이는 토기나 마구와 같이 특정 지역에서 기술이 전파되었다고 보는 견해이다. 물론 선진적인 기술 습득없이 철제 갑주가 제작되었을 리는 만무하다. 그러나 제작 공인이나 집단이 중국이나 동북지방의 선진 기술을 그대로 수용하였다고 보기 어렵다. 구체적인 예로 4세기대에 중국의 중원이나 동북지방에서는 소찰로 된 찰갑이 주로 제작된 반면 영남지방은 판갑이 좀 더 활발하게 제작되었다. 중국이나 동북지방의 영향을 받으면서도 판갑이라는 형식의 갑옷을 제작한 이유는 무엇인가는 충분히 구명되지 않았다. 이와 관련해서 찰갑의 제작에는 노동력이 좀 더 필요하기 때문에 기층민에 대한 절대적 지배권을 확보하지 못하였으며 제작을 위한 사회적 여건의 부족한 상황에서 대량생산을 위해 판갑을 제작하였다고 보는 견해(김영민 2000)도 있다. 그러나 최근에는 과거보다 초기 찰갑이 많이 확보되고 판갑과 찰갑이 함께 출토된 사례도 적지 않기에 충분한 설명으로 보기 어렵다.

따라서 철제 갑주의 등장 배경을 기술 전파로 이해하기보다 새로운 시각으로 살펴볼 필요가 있다. 철제 갑주에 대한 분석은 아니지만 동북아시아의 제철 기술을 기술 전파로 이해하기보다 기술 통제 관점에서 이해하려는 새로운 해석 틀이 있었는데 이른바 '한야공철限冶供鐵정책'이라는 것이다(김도영 2015). 이러한 시각처럼 철제 갑주 등장이나 이후 제작되어가는 과정에서 생기는 기술 선택의 문제도 새로운 관점에서 살펴볼 필요가 있다.

　　철제 갑주의 등장과 더불어 이를 소비하는 계층의 문제도 생각해 볼 필요가 있다. 그렇지만 이러한 문제에 대하여 충분한 논의가 있었던 것 같지는 않다. 일반적으로 철제 갑주의 소유는 지배계층으로 한정하여 살펴보았으며 점차 대량생산을 통해 소유 계층이 확산되는 것으로 이해한다. 삼국시대 철제 갑주가 한정된 계층에 소비된 것으로 보는 것은 그간에 조사된 분묘의 부장 양상을 바탕으로 내린 결론이며 분묘의 규모나 부장품의 양과 질을 본다면 충분히 수긍할 수 있는 설명이다.

　　그러나 갑주의 소유 계층 문제는 갑주 부장 양상이 다양하게 나타나기 때문에 단순히 지배계층에서 시작되어 점차 갑주 소유 계층이 확대되었다고 보기에는 어려운 점도 있다. 이와 관련하여 동일 고분군 내 갑주의 단수 부장과 복수 부장차이를 들 수 있다. 물론 이러한 부장 수량 차이를 두고 용도나 지역성이 언급되기도 하였다(김영민 2000; 송정식 2003). 그리고 철제 갑주가 등장하여 본격적으로 사용되는 4세기에 가장 상위의 지배계층에만 출토되었다고 보기 어려운 경우도 있다. 신라의 중심과 주변이 그러한 양상이다. 무엇보다 경주지역 내에서 중심 고분군이 아닌 주변 고분군에도 이른 시기의 종장판갑이 출토되는데 반드시 고분군 내에서 규모와 부장품이 다른 분묘를 압도하는 양상이 아니어서 이것은 어떤 의미인지 검토해 볼 필요가 있다. 한편 갑주를 소비하는 계층이 시기별로 어떻게 변화하는지도 구체적으로 살펴보았다고 보기 어렵다. 그리고 이후 신라와 가야의 성장 과정에서 소유 계층에서도 변화가 있었을 것이므로 소유 계층의 문제는 철제 갑주의 검토에서 살펴볼 필요가 있다.

2) 삼국시대 갑주의 변천

　　삼국시대 갑주 연구는 1980년대 복천동고분군 조사를 계기로 본격적으로 논의가 시작되었다. 복천동고분군은 다른 유적보다 폭넓은 시기에 걸쳐 다양한 형태의 갑주가 확인되어 이를 중심으로 활발한 연구가 이루어졌다. 이를 통해 고대 갑주의 대체적인 흐름을 살펴볼 수 있었는데 갑옷이 판갑에서 찰갑으로 변화한다는 인식도 생겨나게 되었다. 복천동고분군 조사 이후에 갑주의 출토량이 증가되고 여러 지역으로 출토 범위도 넓어지게 되었다. 무엇보다 오랫동안 보고되지 않았던 사료도 점차 시간을 두고 복원 과정을 거쳐 도면과 상세한 내용이 알려지게 되었다. 이러한 상황 속에서 기왕에 갑주의 변화에 대한 연구가 전체적인 내용에서 개별 갑주로 심화되었다. 대표적으로 종장판갑과 종장판주를 들 수 있으며 그간에 관심이 부족했던 경갑과 같은 부속갑부터 수백 매의 소찰로 연결되어 복원이 어려웠던 찰갑까지 다양한 갑주의 변화 양상이 검토되고 있다.

갑주의 발달 과정을 살펴보고자 한 연구는 시간성이 있다고 판단되는 형태적인 속성분석이 대세를 이룬다. 그러다 보니 분석자가 변화의 주요한 속성으로 판단하는 요소에 따라 일정한 차이점이 존재한다. 그러나 분석이 가장 활발했던 종장판갑은 절대 편년에 대한 이견異見(송정식 2003; 오광섭 2003; 김혁중 2009)을 제외한다면 상대 편년은 대체로 대동소이하다. 형식학적 방법 이외에 통계적인 분석 방법을 이용하기에는 대상이 충분하지 않다. 그렇기 때문에 삼국시대 토기의 순서 배열과 같이 세밀한 분석을 하기는 어려우며 아직까지는 대강의 흐름을 이해하는 정도로 파악된다. 기왕의 연구를 좀 더 비판적으로 살펴본다면 왜 그런 변화과정이 있었는지에 대한 연구가 부족한 편이다. 대체로 기능 발달에 주목하여 설명하려는 경향이 강하지만 변화의 원인과 그 결과에 대한 분석이 부족한 것으로 판단된다.

400년 갑주의 발달 과정에서 여러 변화가 있었는데 연구자들이 주목한 큰 흐름은 갑주의 소재가 유기질제에서 철제로 바뀐 것과 판갑에서 찰갑으로 갑옷의 종류가 대체된 점이다(김영민 2000; 김혁중 2015a). 삼국시대에 판갑에서 찰갑으로 전환한 계기로 광개토대왕 남정이라는 역사적 사건을 직접적 배경으로 이해하는 시각(신경철 1989)이 있다.

광개토대왕의 남정은 일찍이 광개토왕릉비문의 내용을 둘러싸고 문헌사학에서 많은 연구가 있었다. 고고학계에서도 이 시기에 한반도 남부에 많은 정치·사회·문화적 영향을 주었을 것으로 추정하였는데 특히 가야 고고학에서 관심을 두고 활발한 논의[1]가 있었다. 이 중에 소위 '남정론'으로 정리되는 기존 논의의 문제점과 영향을 정리한 논고(주보돈 2006)도 있었다. 갑주와 관련한 부분을 보면 판갑에서 찰갑으로 변화한 직접적 계기는 이때의 고구려의 군사적 영향에 따른 것이며 그와 함께 마주와 같은 자료로 보아 중장기병이 출현하는 등 전술의 변화도 언급하고 있다.

    남정론에 대한 연구자 간의 시각차는 있으나 이에 대한 활발한 논의는 그다지 없는 상황이다. 그러나 남정에 따른 여러 논의는 좀 더 살펴볼 필요가 있으며 그중에서도 한반도 남부에서 갑주의 발달 과정에 남정이 준 영향은 재고의 여지가 있다. 한반도 남부지역의 갑주가 고구려 남정의 직접적인 영향을 받아 변화한 것인지 구체적인 검토가 없었기 때문이다. 최근 이와 관련하여 동북아시아 갑주와 한반도 갑주를 비교하고자 한 연구(송정식 2010; 김혁중 2015a)를 참고하면 기존 연구가 주장하는 부분은 그대로 수긍하기 어려운 점이 있다. 더군다나 최근 자료를 살펴보아도 남정으로 갑주가 변화하고 제작 기술이 발달한 것으로 보기 어렵다. 오히려 점진적인 기술 진화와 더불어 자체화해가는 과정이 확인된다. 또한 지형적인 여건이나 마갑과 마주와 같은 갑주 출토량을 검토해보면 전술적인 측면에서 중장기병이 운용되었거나 존재하였다고 단정하기 어려운 점이 있다. 문헌기록을 근거로 해석을 할 경우 물질자료에 대한 충분한 논의와 검토 그리고 객관적 검증이 필요하다는 지적(양시은 2016: 158)처럼 남정론과 갑주의 변화 흐름의 상관관계도 예외가 아니다.

    그러므로 갑주의 발달 과정(방향)으로 학계에서 당연시 해온 판갑에서 찰갑이라는 변화나 광개토대왕 남정을 계기로 갑주 문화가 일변했다는 인식은 현재의 관점에서 재검토할 필요가 있다. 따라서 갑주 연구에 있어 다양한 시각이 필요하다. 앞서 살펴보았듯이 갑주 변화는 기능적인 측면에서 주로 군사적인 부분이 강조된 측면이 강하다. 이외에도 변화를 가져온 계기에 대한 다양한 연구가 필요하다. 의례적인 측면이나 왕릉이나 대형분에서 출토되는 갑주의 상징성과 계층성의 의미도 시기적인 변화와 더불어 그 특징을 부각할 필요가 있다.

---

[1] 가야고고학에서 고구려 남정을 주제로 다룬 대표적인 심포지움은 김해시(2003)가 있다.

3) 삼국시대 갑주의 제작 기술과 공정

삼국시대 갑주 연구는 일찍부터 제작 기술에 주목하였다. 그것은 갑주가 여러 금속품 중에서도 수준 높은 다양한 기술을 이용하여 제작되었기 때문이다. 따라서 갑주는 당대 사회의 기술 수준과 발달 과정을 잘 보여준다. 구체적으로 몸에서 탈락되는 것을 방지하기 위한 고정기법(연결기법), 입고 벗을 때 필요한 개폐장치(김혁중 2006) 등은 당시 최고의 기술로 마구와 같은 여러 금속 물품과 상호 영향을 주고받았음을 알 수 있다.

이러한 제작 기술은 고대 한국과 일본의 교류를 알 수 있는 중요한 자료를 제공한다. 고대 갑주 연구에서 가장 활발하게 연구되어온 판갑이라는 갑옷은 고대 동아시아에서도 한국과 일본에서만 확인되는 특징이 있다. 한국의 삼국시대 갑옷인 종장판갑에서 철판을 연결하는 병유기법鋲留技法은 이웃 일본의 대금식 판갑 제작 기술에 영향을 준 것으로 이해된다(塚本敏夫 1993).

그렇지만 갑주의 제작 기술 연구는 자료가 축적되기 이전까지는 보고서를 중심으로 병유기법이나 연결기법과 같은 특징적인 기법을 소개하는 것에 지나지 않았다. 갑주마다 확인되는 제작 기술을 종합적으로 비교하기 시작한 것은 최근의 일이다. 제작 기술에 대한 체계적인 이해를 위해서 갑주가 어떤 과정을 통해서 제작되었는지 살펴보는 **제작 공정**(송정식 2008; 김혁중 2009) 검토가 구체적인 사례이다. 삼국시대 갑주의 제작 공정을 자세하게 기록한 문헌은 없다. 그러나 이후 시기나 주변 국가의 자료를 통해 대강의 과정을 추정해 볼 수 있다. 가장 가까운 시기의 문헌으로 일본 나라시대(A.D. 710~794) '연희식延喜式'에 찰갑의 제작 공정이 기록되어 있다. 이에 따라 갑옷의 제작은 일정한 순서와 방법을 갖추고 제작한 것임을 추정해 볼 수 있다. 앞서 제작 공정을 검토한 연구는 이를 참고하여 설계, 조립, 가공이라는 3단계를 통해 각각에 해당하는 제작 기술을 나누어 살펴보았다. 각 공정을 수행하는 데는 다양한 제작 기술이 필요하였을 것인데 지금까지 연구는 갑주를 제작하는 여러 공정 중 육안으로 관찰이 가능한 철판을 고정하는 기술이나 착장 시 필요한 개폐장치에 주목하였다. 이러한 기술은 각각 **고정기법(연결기법)**과 **개폐기법**으로 나눌 수 있으며 지금까지 갑주 제작 기술에 대한 연구도 이 기법 중심으로 이해할 수 있다.

고정기법은 철판을 못이나 가죽 끈으로 연결하는 기법이다. 먼저 못으로 연결하는 기법은 갑주뿐만 아니라 다양한 금속제품에 이용되었다. 못을 사용하여 고정하는 것은 현재의 관점에선 그다지 어려운 기술이라 보기 어렵다. 그러나 철판과 철판을 못을 이용하여 정확히 맞춰 고정하거나 연결하는 기술은 당대에는 그리 간단한 기법이 아니었다. 못으로 연결하는 기법은 정유기법釘留技法과 병유기법이 있다.[2] 고정기법은 당시 마구 제작 기술과 더불어 일본열도에 5세기에 전해졌으며 왜인 사회에 많은 영향을 준 기술로 이해하고 있다(塚本敏夫 1997). 최근에는 고정기법에 이용된 정유기법을 갑주 생산력 증대의 직접적 요인으로 보는 견해(박준현 2013)도 있다. 일찍이 정유기법과 병유기법의 중요성을 인식하고 있었으나 구체적으로 종류를 구분하고 영향을 논증한 연구라 할 수 있다. 그런데 이 논문에서 언급한 것처럼 병유기법이 결합기술의 규격화를 유발하게 되었다(박준현 2013: 145)고 보기 위해서는 좀 더 면밀한 논증이 필요하다. 예를 들어 병유기법을 사용하는 갑주 중 판갑의 어떤 부분이 규격화가 요구되었는지 등의 논증이 필요하다. 예를 들어 최근 일본학계에서 3D 촬영기법을 이용하여 여러 대금식 판갑을 중첩하여 크기 등을 검토해 보는 조사는 규격화에 따른 대량생산이 이루어졌는지를 검증해보는 중요한 작업이라고 할 수 있다. 그러나 한반도 출토 갑주로 공정에서 통일성은 살펴볼 수 있지만 정유·병유법을 이용한 판갑 생산에서 정유·병유법과 규격화의 관계, 이로 인한 대량생산이 이루어졌는지 구체적으로 검토된 바 없다.

다음으로 가죽 끈을 이용한 고정기법으로, 이것은 판갑에도 사용되었지만 대부분 찰갑과 같은 수백 매의 소찰을 이어 만든 갑옷에 주로 이용된다. 고정기법은 크게 소찰이 겹치는 방향에 따라 횡결橫結기법과 수결垂結기법으로 나뉘고 이를 기준으로 가죽 끈으로 잇는 다양한 방식을 분류하고 있다. 한반도의 찰갑은 일찍이 이러한 고정기법에 주목하여 검토한 연구(장경숙 2006a)가 있었다. 이

---

[2] 못으로 연결하는 기법은 못머리 형태가 다르고 연결 시 사용하는 도구에도 차이가 있다. 이것은 못머리가 편평한 것을 '정유법'이라하고 못머리가 둥근 것을 '병유법'이라 한다(박준현 2013). 필자도 이에 타당성이 있다 보고 못으로 연결하는 기법을 정유법과 병유법으로 구분하고자 한다.

후 고정기법의 분류뿐만 아니라 이를 통해서 찰갑의 구조를 추정하고 동북아시아 찰갑을 비교하여 그 계통이나 영향을 살펴보는 거시적인 연구(송정식 2010; 김혁중 2015a)도 실시된 바 있다. 이처럼 고정기법은 당시 갑주의 제작 기술을 이해하여 갑주를 복원하는 것은 계통 연구에도 큰 도움을 준다.

다음으로 **개폐기법**은 갑옷의 착장방식과 가장 관련이 크다. 개폐를 위한 별도의 장치와 더불어 어떤 방향으로 갑옷을 입고 벗는지도 중요한 논의가 된다. 판갑은 구조가 단순하여 큰 견해 차이가 없다. 이에 비하여 찰갑은 수백 매의 소찰을 연결하여 제작되는 구조이나 연결을 위한 가죽 끈이 삭아 없어져 출토양상이 양호한 자료가 상당히 드물다.

이러한 한계에도 불구하고 출토양상이 양호한 자료를 기준으로 개폐기법이 알려져 왔다. 또한 개폐기법은 찰갑의 분류에서 기준이 되는 중요한 제작기법이라 할 수 있다. 신라와 가야 찰갑은 크게 동환식胴丸式과 양당식裲襠式이라는 2개의 구조가 있었던 것으로 추정된다(우순희 2001; 장경숙 2006a). 이러한 동환식과 양당식이라는 이분법적 분류는 일본 고고학계의 연구를 그대로 차용한 것으로 삼국시대 자료의 검토를 바탕으로 이루어진 것이라 보기 어렵다. 특히 양당식은 한반도 남부에서 출토된 자료에서 확인하기 어렵다(김혁중 2014a). 이러한 문제점을 인식하고 다른 분류 기준으로 찰갑을 살펴보는 연구도 증가하고 있다. 영남지방 찰갑을 중심으로 발달 과정을 분석한 연구(황수진 2011)는 기왕에 연구되어 방식대로 개폐기법을 분류의 큰 기준으로 설정하지 않고 부속갑을 포함한 찰갑을 구성하는 여러 구성요소가 중요함을 강조하고 부위별 조합을 통하여 유형을 설정하였다.[3] 이러한 분류 이외에도 찰갑의 가장 중요한 요소인 허리를 구성하는 요찰의 형태로 구분하는 분류 안(김혁중 2014b)도 검토된 바 있다.

그런데 지금까지 살펴본 제작 기술 그 자체에 대한 연구도 의미가 있지만

---

[3] 특정 속성에만 주목하지 않고 조합을 통한 분류로 의미있는 형식분류로 평가할 수 있다. 그러나 재질적 특성도 고려해야 한다. 다시 말해 금속제로만 제작된 찰갑과 금속제와 유기질제로 혼용되어 만든 찰갑이 구조적으로 동일하다면 출토 당시 금속제만 남아있다고 해서 다른 조합으로 만들어진 찰갑으로 볼 것인가는 다른 문제이기 때문이다. 따라서 개폐방식과 같은 구조를 분명히 알 수 있는 찰갑으로 형식분류를 하는 것이 현재의 상황에선 최선의 분류 방식일 것이다.

갑주에 나타난 다양한 제작기법을 연구하는 것은 궁극적으로는 고대 갑주의 생산 과정을 복원하고자 하는 것이다. 이와 관련해서 생각해볼 수 있는 과제로는 여러 가지가 있다. 특히 갑주의 대량생산은 자주 언급되고 있지만 이것에 대한 실증적인 연구는 이제까지 없었다. 물품을 소량으로 생산하다가 대량으로 생산을 전환하는 것은 여러 가지 기반이 갖추어져야 가능하다. 갑주가 토기처럼 대량으로 생산된 것은 아니지만 점차 철제 갑주 보유 계층이 넓어지고 생산에 규격화가 이루어지는 현상은 국가의 발달 과정을 추정해 볼 수 있는 측면도 될 수 있다.

또한 이른 시기부터 금속제 갑주가 지금까지 확인된 범위보다 점점 넓게 확대되고 있다. 따라서 금속제 갑주의 생산이 일찍부터 신라와 가야의 중앙에서 공급되거나 모방이나 기술 지원에 의한 지역별 자체 제작이 가능하였는지 여부도 검토되어야 한다. 최근 대두되고 있는 신라 장신구의 지방 생산에 대한 연구(이현정·류진아 2011)나 규격을 비교 검토한 마구 연구(田中由理 2009: 58)도 참고할 만한 사항이다. 한 유적에서 출토된 소찰의 규격성을 유형별로 분석한 검토(初村武寬 2011)도 있다. 이러한 점들을 고려하면 앞으로의 연구는 개별 기술에 대한 연구에서 갑주의 기술 체계와 같은 제작 공정 전반이 검토되어야 할 것이다.

아직까지 성급한 결론을 내릴 수는 없지만 이러한 연구를 통해 신라와 가야의 갑주 생산체계의 차이점과 유사점을 구체적으로 살펴볼 수 있을 것이다. 지금까지 막연하게 몇몇의 특징이나 형태로 신라와 가야 갑주의 차이를 구별해 보려는 시도(송정식 외 2008; 이현주 2010a; 김혁중 2014b)가 있었다. 물론 그중에는 중요한 차이도 있겠지만 아직까지 분명한 성과를 얻을 수 없었던 것도 사실이다.

따라서 정형화나 규격화에 대한 깊이 있는 연구가 필요하다고 생각된다. 이것은 판갑보다 찰갑에서 좀 더 유의미한 연구 성과를 예견해 볼 수 있는데 갑옷 하나를 수백 매의 소찰을 이어 만들어야 하는 특성이 있기 때문이다. 예를 들어 소찰 크기에 대한 분석을 통하여 일정 규격에 대한 검토도 필요하다. 삼국시대에는 일정한 크기의 한 척尺 또는 고구려 척을 사용하였다고 한다(이종봉 2016). 당대에 사용된 척은 유물로도 확인되는데 이성산성에서 출토된 나무로 제작된 자를 들 수 있다. 이를 통해서 도량형에 대한 기본적 체계를 갖추고 있었다고 판단된다. 갑주 역시 지판이나 소찰 등을 연결하여 제작하는데 가상의 설계도가 있었을 것으로 추정되고 한 벌의 갑주를 제작하기 위해서는 일정한 길이와 단위를 사용하였을 것이다. 지금까지 생산체계가 시기가 흐를수록 고도화되었을 것이라는 추정은 있었으나 그 크기에 대한 분석은 없었기에 이를 검토해 볼 필요가 있다. 객관적으로 분류하기 위해서는 다차원척도법(SPSS)과 같은 구체적인 통계적 분석방법이 필요할 것이다. 특히 찰갑은 수백 매의 소찰로 구성되어 소찰 크기를 시기별로, 그리고 신라와 가야 찰갑 자료를 지역 간 비교 분석한다면 상당한 성과를 얻을 수 있을 것이라 기대된다.

4) 삼국시대 갑주의 계통 연구

(1) 지역성과 제작지 문제

삼국시대 갑주의 계통은 다른 어떤 분야보다 일찍부터 연구되어 왔다. 그것은 한반도에서 출토된 갑주에 대한 일본인 연구자들의 관심과 왜곡에서 기인한다. 그중에 한반도 남부에서 출토된 갑주를 왜계로 보고 『일본서기』에 기록된 임나일본부의 실체를 증명하는 증거로 제시한 논고(穴澤咊光·馬目順一 1975)도 있으며 일본 갑주 연구의 대강을 정리한 末永雅雄(1934)도 한국 독자의 형식으로 볼 수 있는 갑주가 없다고 보았다.

그러나 당시에 알려지지 않았던 4세기대 갑주가 경주 구정동고분, 부산 복천동고분군에서 지속적으로 축적되자 이러한 시각에 대한 문제 제기가 복천동고분군을 조사하였던 연구자들을 중심으로 진행되었다(정징원·신경철 1984). 이러한 인식은 일본인 연구자에도 영향을 주어 왜계 갑주의 상당수가 당시 한반도에서 건너간 공인에 의해 만들어졌을 가능성을 제시한 논고(小林行雄 1982)도 발표된 바 있다.

이후 갑주 계통에 대한 연구는 한일 양국을 비교하는 것을 넘어 좀 더 거시적인 시각에서 중국을 포함한 동아시아 주변 국가로 범위를 넓혀 서로 어떤 제작 전통을 가지고 있는지 비교 연구되고 있다. 이것은 갑주가 연구 대상으로 가진 장점으로 공간적인 한계를 넘어 국제적인 관계까지 추론할 수 있기 때문이다(신경철 1989: 1). 전통의 연원은 중국의 동북지방이나 중원지방에서 확인된 갑주를 비교 분석하고 이를 통해서 한반도 독자의 소위 '토착계' 갑주의 존재도 이해하게 되었다. 계통에 대한 검토는 처음에는 '북방계', '중원계', '토착계'로 나누고 차이점만 부각(신경철 1998, 2000)되었으나 이후 '북방계'와 '중원계'의 기술이 혼용된 것도 확인되며 그것들이 '토착계'에도 일정한 영향을 준 것으로 이해하고 있다(송정식 2010; 김혁중 2015a). 갑주 제작에 전파론적 인식에 맞서 내재적 발전론까지도 염두에 둔 발상이라고 판단된다. 그러나 중국에서 확인되는 자료가 희소하고 자료 소개가 충분하지 못한 점은 한계점으로 지적된다. 동아시아 갑주라는 넓은 범주에서 살펴보면 발굴조사로 갑주가 가장 많이 확인된 일본도 이러한 전체적인 틀 속에서 발달해간다고 할 수 있으므로 한반도와 관련하여 지속적인 비교 검토가 요구된다.

그런데 이와 같은 갑주 계통에 대한 연구는 단순히 계통이라는 표현에서 '기술계통'이라고 구체화되었다(송정식 2010). 이는 계통을 구분하는 요소가 형태적인 차이를 중시하여 판갑을 이루는 것은 '지판'으로 찰갑을 이루는 것은 '소찰'로 나누어 이러한 갑옷이 먼저 제작된 전통을 구분하고자 하였다. 그리고 이 중에 판갑은 좀 더 세분하여 '종장판갑'과 '대금식 판갑'을 구분하여 살펴보고자 하였다. 이후 계통에서 기술계통이라는 표현으로 변화한 것은 형태적인 구분에 더하여 구조적 차이에 주목한 연구로 보이는데 이를테면 찰갑은 소찰을 어떠한 방법으로 엮어서 제작했는지 등을 비교 분석한 것이다.

그러나 그간 갑주 계통에 대한 연구는 갑주를 좀 더 거시적인 시각에서 살펴볼 수 있는 연구의 초석을 마련했다는 점에 의의가 있지만 다음의 문제점도 지적할 수 있다. 우선 갑주 계통을 구분한 연구 대부분이 갑옷이며 투구와 부속갑에 대한 고려가 충분하지 못한 점이 한계로 지적할 수 있다.

다음으로 계통을 구분하는데 있어 판갑과 찰갑이라는 이분법적 구분을 주목할 수 있는데 이러한 구분은 마치 철기 유입에 주조품과 단조품을 구분하여 단조품일 경우 한漢과 연관 지우는 것과 유사한 논리로 보인다. 물론 지판을 이용하는 판갑은 동아시아에서 현재 한국과 일본에서만 확인되므로 이것은 큰 문제가 없으나 소찰을 이용하는 찰갑은 좀 더 넓은 범위로 통용되고 있어서 신중할 필요가 있다.

더군다나 한반도는 지정학적 위치에 따라 가까운 중국 중원이나 동북지방의 기술을 응용하여 독자적인 갑주를 제작하거나 갑주의 새로운 기술을 이웃 일본에 전파하였다. 따라서 삼국시대 갑주의 계보와 계통은 일방적으로 '기술 수용'이라는 단선적인 이해보다 영향을 주고받았을 가능성도 염두에 둘 필요가 있다.

그리고 최근에 확인되는 이른 시기의 찰갑들은 중국 중원과 동북지방 출토 찰갑과의 상호 연관성(송정식 2010)을 뒷받침할 수 있는 근거이기도 하면서 좀 더 다양한 계통이 있었을 가능성을 시사한다. 다시 말해 찰갑 계통 연구에 주요한 요소인 요찰의 유무와 형태에 새로운 형식도 확인되고 기존에 잘못된 분류도 있기 때문에 찰갑의 계통에 대한 재고가 필요한 시점이다.

(2) 판갑의 계통 – 대금식 판갑 생산지 문제

찰갑과 달리 지판을 이용해서 만든 철제 판갑은 한국과 일본에서만 확인된다. 찰갑은 오랫동안 동북아시아에서 넓은 범위에 걸쳐 사용된 갑옷이지만 판갑은 현 자료로 보건대 짧은 시기 동안에 한국과 일본이라는 한정된 공간에서만 제작된 특수성을 지닌다. 이 중에 종장판갑은 한반도, 특히 영남지방으로 분포가 한정되었으나 대금식 판갑은 한국과 일본 모두에서 확인된다. 대금식 판갑의 시공간적 특성을 두고 한일 양국의 연구자들이 계통과 생산지에 대한 다양한 논의를 하였으나 아직까지 연구자들 사이에는 시각의 차이가 있다. 생산지 논쟁에 대한 여러 견해는 최근 한반도 출토 대금식 판갑의 편년을 주제로 연구한 논문(박준현 2012)에 잘 정리되어 있다. 이를 간략하게 정리하면 아래와 같다.

한국 연구자들은 대금식 판갑의 제작지를 보는 시각으로 크게 한반도산(송계현 2004a; 김두철 2020), 일본열도산(신경철 1997; 이현주 2009; 김영민 2011; 김혁중 2011a; 박준현 2012), 왜계 갑주이나 한반도 제작설(田中晋作 2001)로 나누어 볼 수 있다. 대금식 판갑을 한반도산으로 이해한 송계현(2004a)은 분포의 중심지를 서부 경남으로 보았다. 그와 달리 신경철은 대금식 판갑을 일본열도산으로 보았으나 제작에 영향을 준 것은 백제로 보고 있는 점도 특징적이다.

일본 연구자들은 대개 대금식 판갑을 일본열도산으로 이해하고 한반도 출토 양상에 대한 견해를 제시하였다. 일본 연구자들은 고훈시대 전기를 대표하는 유물인 거울에 대비되는 중기를 대표하는 유물로 대금식 판갑을 이해하고 있다.⁴ 또한 긴키近畿지방을 중심으로 제작되어 각 지방으로 배포되었다고 이해하는 것도 특징이다. 이러한 점에 의의를 두고 좀 더 정치적 성격이 강한 의미로 '중기형 갑주'라고 명명하기도 한다.

그러나 대금식 판갑의 제작지 논쟁은 유물에 대한 출토 수량 등 구체적 분석보다는 정황적인 면을 통해 살펴보려는 견해가 대다수였다. 대금식 판갑의 제작지를 판단하기 위해서는 무엇보다 한일 양국의 출토 자료의 구체적인 비교 분석이 필요하다고 할 수 있다. 송계현(1993, 2004a)은 일본에서 일반화되지 않은 다섯 가지 요소를 들어 대금식 판갑의 한반도 제작설을 주장한 바 있다. 이를 간단히 나열하면 아래와 같다.

① 옥전 68호 출토 삼각판혁철판갑 후동부의 병유기법
② 긴고리 경첩[長釣壺蝶番]
③ 복천동 4호 삼각판혁철판갑 협부의 소형철판
④ 절판복륜
⑤ 옥전 28호 횡장판병유판갑 섶판 연결방법의 기술적인 근거

이를 통해 송계현은 대금식 판갑의 제작지가 한반도산일 가능성을 제시하였다. 덧붙여 일본열도의 대금식 갑주⁵가 소멸한 배경으로 가야 남부지역의 영향을 받은 것으로 보았다. 이러한 주장에는 대금식 판갑을 포함한 고훈시대 중기형 갑주가 일시 소멸하고 일본열도 내에 철 생산이 본격적으로 이루어진 것이 6세기라는 정황이 근거가 되었다.

그러나 송계현이 제시한 근거에 대하여 구체적인 반론은 橋本達也(2006)가 처음으로 제기하였다. 그는 대금식 갑주가 한반도산으로 보기에는 일본열도에

---

4 일본 고고학계는 우리의 삼국시대에 해당하는 시대를 고훈시대로 보고 이를 '전기'·'중기'·'후기'로 시대 구분한다. 갑주 연구자들도 이러한 시대 구분을 적용하여 나누고 있다. 우리 학계는 삼국시대 갑주를 종합적으로 시기 구분하지 않는 점과 차이가 있다.
5 대금식 갑주는 대금식 판갑과 대금식에 속하는 투구(충각부주, 차양주)를 포함한 용어이다.

확인되는 갑주는 대부분 대금식 갑주인 반면, 한반도에서는 주류의 갑주라 보기 어렵고 그 이전에 못으로 연결하는 병유기법이 충분히 개발되었음에도 불구하고 다시 5세기 이후에 대금식 갑주를 도입하였다는 점 그리고 동일지역에 다른 계통의 갑주가 제작되었다는 점을 들어 대금식 갑주는 일본열도산으로 보아야 한다고 하였다. 최근에 그는 기존의 주장을 재확인하면서 일본열도에서 출토된 대금식 갑주는 형식학적인 통일성이 높으면서도 세밀한 부분에 개별적인 요소가 보이는 다양성도 확인할 수 있다고 보았다. 또한 그 제작의 주체를 왜정권으로 보고 왜정권이 생산과 배포를 관리하였으므로 한반도의 대금식 갑주는 왜인의 활동 혹은 왜인 사회와의 교섭 등의 결과를 반영하는 것으로 추정하였다(橋本達也 2013).

최근에는 국내에서도 대금식 판갑이 일본열도일 가능성이 크다고 보는 연구자가 증가하고 있다. 그렇지만 제작지가 일본열도라면 신라, 가야, 백제에 모두 확인되는 양상에 대한 배경과 그 의미에 대한 검토(김혁중 2011a; 김영민 2014; 柳本照男 2015; 鈴木一有 2016b)는 충분하다고 볼 수 없다.

대금식 판갑의 생산지를 이분법적으로 본 견해도 있지만 초창기의 대금식 갑주는 한반도제일 가능성을 제시한 연구(田中晉作 2001)도 있으며 신라와 가야가 종장판갑을 제작하였듯이 한반도와 일본열도가 대금식 판갑을 비롯한 대금식 갑주를 각각 생산했을 가능성도 배제할 수 없다.

무엇보다 제작지에 따라 한반도 내에서 또는 일본열도에서 대금식 판갑이 가지는 성격은 큰 차이가 있는 것은 분명하다. 이러한 대금식 판갑에 대한 한일 양국의 공통된 의견은 대금식 판갑의 생산에 한반도의 종장판갑 제작 기술이 많은 영향을 주었다고 보는 것이다. 이와 관련하여 대금식 판갑의 전형典型으로 판단되는 방형판갑도 한반도에서 최근 자료가 증가하고 있어 주목된다.

(3) 한반도 대내외 제작지 문제 – 지역성

이제까지 동아시아 전체를 살펴보는 거시적인 시각에서 갑주의 계통에 대한 연구를 살펴보았다. 그러나 계통 연구는 삼국시대의 각국의 갑주에 대한 연구도 자료가 점차 축적되면서 진행되고 있는데 앞의 연구와 비교해 좀 더 미시적이고 국내적인 상황에 주목한 연구로 볼 수 있으며 계통이라는 표현보다 지역성으로 구분해서 살펴보는데 대부분이 갑주의 기술적 제작 차이를 비교하기에 큰 틀에서는 계통 연구에 포함하여도 문제가 없을 것으로 판단된다.

갑주자료가 충분하지 못했던 초기 연구는 영남의 특정 지역에 자료가 집중하였고 이를 근거로 가야를 갑주 생산의 중심지로 이해하였다(신경철 2000). 그러나 신라지역에서도 자료가 축적되면서 가야를 갑주 생산의 중심지로 보기 어렵다.

이에 대한 반론은 종장판주(장경숙 1999)와 종장판갑(김혁중 2009)에 대한 연구로 충분히 이루어진 바 있다. 신라와 가야는 모두 철제 갑주를 생산할 충분한 역량이 되었기에 기술 교류는 상정할 수 있으나 특정 지역으로 한정하여 갑주 생산의 중심지를 설정하기 어렵다. 그보다는 중앙과 지방 출토 갑주에 대한 비교 분석을 통해 좀 더 세밀한 지역성이 논의될 필요가 있다. 이를테면 갑주를 중앙에서 생산해서 지역에 분배하거나 기술을 이전한 것과 같은 양상을 고려할 수 있는데 그 행위의 배경과 의미도 논의할 필요가 있을 것이다.

최근에는 갑주 제작의 중심지 문제를 벗어나 지역마다 특징있는 갑주에 대하여 분석(송정식 외 2008)하거나 투구를 중심으로 신라와 가야를 대표하는 특징적인 갑주에 대한 논의(이현주 2015; 김혁중 2016a)하는 방향으로 진행 중이다.

그런데 갑주의 외형적인 부분을 통한 구분이 주를 이루며 갑주를 생산하고 소비하는 방식에 대한 진전된 논의는 그다지 보이지 않는다. 신라와 가야의 철제 갑주는 출현시기부터 상호 영향을 주고받으며 발전하였기에 제작적인 측면에서 비교하기 어려운 부분도 충분히 존재한다. 일례로 종장판갑은 신라와 가야에서만 확인되는 특징적인 갑주로 다양한 형식이 신라와 가야에 혼재된 상태이다. 그러나 이를 소비하는 방식은 신라와 가야가 분명히 다르기에 종합적으로 분석해야 할 필요가 있다.

무엇보다 갑주의 계통을 연구하는데 있어 전파론적 관점이 강하다. 그러나 전파론이 성립하기 위해서는 구체적인 성립 요건이 필요한데 갑주 연구에서 이를 심각하게 살펴보거나 충분한 논의를 하였다고 보기 어렵다. 단순히 새로운 유물이 확인된다고 해서 전파되었다고 결론내리기 전에 전파가 일어난 과정을 확인하거나 찾으려는 노력은 그다지 없었다.

고고학에서 전파에 대한 접근방법론(콜린 렌프루·폴 반 편저 2010: 329)을 참고하면 전파와 인구의 이동에 대한 이론화를 언급하면서 든 아래의 요소가 주목된다.

① 연구 대상 지역에서 새롭게 등장하는 단일한 유물이나 기념물 또는 구조물의 분포와 전파를 식별하고 지도화하는 것이다.
② 일련의 일괄 유물, 의례, 기타 등등이 확산되는지의 여부를 분석하는 것이다.
③ 그 일괄 유물의 의미와 영향을 더 잘 이해하기 위해서 지역적 맥락을 연구하는 것이 필요하다.
④ 그러한 이동이 소규모 인간 집단(상인들, 전사들, 장인들)의 여행 또는 정복이나 더 큰 집단에 의한 인구 이동을 통해 어떻게 일어나는지를 이해하기 위해 노력해야 한다.

이상과 같은 조건이 필요하다고 보았는데 과연 삼국시대 갑주 연구에서도 위의 조건을 충족시킨 엄밀한 분석이 있었는지는 단언하기 어렵다. 대부분 ①번에 치중해서 설명하는 경향이 강했다고 보여진다. 따라서 이제까지 언급된 계통에 대한 부분도 적어도 이러한 여러 요소를 엄밀히 따져보면서 검토할 필요가 있다.

5) 갑주의 정치·사회적 성격

앞에서 살펴보았듯이 갑주는 기왕의 연구를 통해 다양한 기술을 가진 공인들이 참여하여 여러 형태가 제작되었음을 알 수 있었다. 그렇다면 갑주가 당대에 어떻게 사용되고 폐기되었는지도 살펴볼 필요가 있다. 일반적으로 이해하기에 갑주는 전쟁 시 적의 공격으로부터 몸을 보호하는 기능을 한다. 그런데 한반도의 대부분 유적에서 확인되는 갑주는 분묘에서 출토되며 기능과는 관계없는 장식도 있다. 특히 철이나 금은으로 제작된 금속제 갑주는 소유가 제한되어 있어 토기와 같은 유물처럼 유통이나 편년과 같은 정치(精緻)한 분석을 하기 어렵지만 지배계층의 소유물로 다양한 정치사회적 성격을 논의할 수 있는 장점이 있다.

이러한 점을 일찍이 인식하고 자료가 축적되기 이전부터 피장자가 소유한 배경에 관심을 갖고 여러 논의가 있어 왔다. 이는 갑주에 대한 중요성을 부각시키고 연구 대상으로 자리 잡는데 중요한 역할을 하였다. 그러나 초창기의 연구는 충분한 자료 축적을 통해 갑주 구조나 형태에 대한 치밀한 분석을 전제로 이루어지지 않아서 재검토가 필요한 부분도 있다.

일찍이 갑주 연구가 활발하게 진행된 일본 고고학에서는 고분에 부장된 갑주의 의의를 실용무구와 위세품으로 나누어 분석한 연구의 시각과 문제점을 살펴본 논의(阪口英毅 2000)가 있었다. 그러나 한반도에 부장된 갑주는 좀 더 넓은 범위로 사용되었다고 판단된다. 다시 말해 삼국시대 갑주는 다양한 용도가 논의된 그간의 연구를 참조하면 통과의례와 같은 의례적 용도, 교섭의 물품 등으로 이해된 바 있는데 이를 크게 대내적 측면과 대외적 측면으로 나누어 살펴볼 수 있다고 판단된다.

대내적 측면에서는 갑주의 상징에 중점을 두고 권력이나 의례적 기능으로 갑주가 사용되었을 가능성을 언급한 바 있다. 특히 신라와 가야의 고지인 영남지방에서 출토되는 종장판갑은 궐수문이나 새 모양의 장식이 붙어있어 그 기능이나 의미에 대하여 살펴본 것이다. 또한 비정상적인 크기로 재단된 철판은 갑주가 부장용으로 제작되었을 가능성도 일찍부터 제기된 바 있어 실전용과 부장용으로 견해(송계현 1995; 이현주 2002)가 나뉜 바 있다. 최근에는 이러한 논의를 좀 더 발전시켜 인류학적 연구 성과를 원용하여 의례적 성격을 구체적으로 구명하려는 시도(송정식 2012)도 있었다. 또한 이러한 갑주를 의례에 활용한 구체적 사례를 이웃 일본에서 특별전시에 소개(元興寺文化財硏究所 2017)한 바 있어 참고가 된다. 우리나라도 경주 재매정지유적이나 월지에서 출토된 갑주 그리고 사찰에서 확인되는 갑주편 들은 이러한 활용 전략의 좋은 예로 볼 수 있다. 또한 신라는 왕권 강화를 위해 오례五禮를 수용(채미하 2015)하였는데 이 중 군례는 갑주가 방어구 이상의 역할로 사용되었다고 추정할 수 있다.

갑주의 용도에 대한 대외적 측면의 가장 활발한 논의는 당시 한일 관계의 측면에서 이루어졌다. 갑주 이외에도 삼국시대 여러 유물을 통해 문헌에 잘 기록되어 있지 않은 당시의 교섭과 교류를 구명하려 노력해 왔다. 당시 왜에 있어서는 갑주가 가진 정치사회적 성격이 다른 여타 유물에 비하여 크다. 또한 이러한 갑주가 한반도에서도 출토되고 있어 중요한 분석의 대상이 된다.

그러나 갑주를 통한 한일교섭과 교류는 연구의 시작부터 잘못된 방향으로 진행되었다. 지산동고분군에서 확인된 최초의 왜계 갑주는 임나일본부의 존재를 증명하는 자료로 이용된 바 있다(穴沢咊光·馬目順一 1975). 그러나 임나일본부가 허구이거나 그 성격이 식민지배기관이 아니라는 점은 여러 연구로 증명된 바 있다.

무엇보다 갑주자료를 통해 이를 입증하려는 시도나 최근의 연구나 분석에서도 그 문제점이 충분히 이루어지는 실정이다. 백제를 포함하여 신라지역에서도 확인되는 왜계 갑주는 임나일본부의 허구 혹은 잘못된 인식을 보여주는 증거이며 당시 삼국과 왜의 교섭을 보여주는 자료로 이해될 수 있다. 또한 일본열도에서 확인되는 이주민 관련 유적과 한반도계 갑주 그리고 관련 기술로 제작된 갑주도 삼국과 왜의 교섭을 보여 주는 좋은 자료이다.

그렇다면 한반도와 일본열도 각각에 계통이 서로 다른 갑주가 확인되거나 영향을 받는 상황은 어떻게 이해하고 설명해야 할지 연구가 필요하며 그 상징적 성격도 추정할 수 있다. 그간에 일본 고고학계에서 군사적 진출의 상징으로 이해하여온 한반도 출토 왜계 갑주를 보는 시각은 논의의 진전도 없을 뿐만 아니라 삼국의 관점이나 정황을 보아도 이해할 수 없는 논리이다. 따라서 한반도와 일본열도 정치체의 상황을 균형있게 고려해 볼 필요가 있다.

6) 문제의 소재와 연구 과제

연구가 시작된 시기에 갑주는 분석에 필요한 자료가 절대적으로 충분하지 못했다. 그럼에도 불구하고 처음부터 연구 주제가 국가 성립과 같은 거대 담론을 바탕에 두고 논의가 되어 왔다. 이는 국가 성립과 갑주를 연결하기 위한 요소로 군사 조직과 전술을 밝혀보고자 하였는데 그러한 검토(정징원·신경철 1984)를 통해 정치체의 성장을 살펴볼 수 있다고 생각했기 때문이다.

그러나 지금까지 갑주를 통한 군사 조직과 전술의 검토가 충분히 논의되었다고 보기 어렵고 중장기병과 같은 체계를 언급하지만 당시 하위 군사에게까지 철제 갑주가 넓게 보급되는 기병전이 보편적이었다고 보기 어려우므로 충분한 성과가 있었다고 판단하기가 주저된다. 다만 무기를 포함한 종합적인 분석을 통한 무장체제(김두철 2003; 이현주 2010b)를 논의하여 소기의 성과가 있었다.

앞서 살펴본 여러 주제의 갑주 연구는 갑주 자체에 주의를 기울여 거시적인 면에서 계통과 전략을 살펴보았다면 미시적으로는 어떤 방법으로 무엇을 만들었고 어떤 특징들이 있는지를 밝혀보고자 하였다. 자료 축적을 통해 생산 과정과 개별 갑주에 대한 특징은 상당한 수준으로 연구 축적이 이루어졌으며 그러한 성과는 최근에 간행된 개론서(김혁중 2014b; 영남고고학회 2015; 김혁중 2016a)에서도 충분히 반영되었다.

그런데 그간의 연구에서는 갑주를 소비한 사람들이나 이를 만든 공인들에 대한 부분까지 충분히 고려하였다고 보기 어렵다. 또한 활용 전략에서도 언급했듯이 갑주를 단순히 방어구로만 보기 어렵다. 이처럼 지금까지의 갑주 연구만으로는 당대의 사회문화를 이해하는데 부족함이 많기에 새로운 문제의식이 필요하다. 이러한 연구 경향은 자료 부족의 문제도 있었으나 갑주의 구조나 제작 방법에 주로 천착하여 연구한 경향이 크기 때문이다. 반면 갑주 생산자와 수요자, 그리고 갑주를 활용하는 사회적인 의미는 충분히 논의되지 않았다.

그러므로 당시 갑주를 소비한 사람들은 어떻게 갑주를 이용하였는지 다양한 관점에서 살펴볼 필요가 있다. 다시 말해 기존 연구에서는 갑주의 종류와 특징을 종합적으로 망라한 연구가 부족하므로 갑주를 제작한 당대의 사람들과 제작 배경에 대해서도 살펴볼 필요가 있다.

3. 연구방법

앞에서 살펴보았듯이 갑주 연구는 연구사가 비교적 짧음에도 불구하고 발달과정이나 제작 기술을 포함하여 다양한 주제와 방식으로 검토되었음을 알 수 있었다. 그러나 좀 더 진전된 갑주 연구를 위해서 앞에서 제기한 문제점을 검토하고 해결하기 위해 '생산체계'와 '활용전략'이라는 주제를 살펴보려는 연구가 필요하다고 판단된다.

갑주는 단순하게 무리나 부족 간 소규모 충돌이나 갈등에서 제작이 비롯되었다고 보기 어렵다. 더불어 일찍부터 금속제 갑주를 제작할 수 있는 기술적 환경이 조성되지 않았다고 볼 수도 없다. 철기와 같은 금속재질로 제작된 물품은 원삼국시대부터 다양하게 제작되었기 때문이다. 즉 갑주를 제작할 충분한 기술이 없었다기보다 제작의 필요성이 없었기 때문으로 보인다. 그러한 필요성은 부족이나 이웃 간 갈등을 넘어 무언가를 획득하기 위하여 전쟁이 일어나면서 이를 지휘하는 지배계층을 보호하기 위한 목적으로 갑주를 제작하였을 것이다.

갑주 제작이 지배계층에 한정된 목적으로 제작되었다면 어떤 방식이든 지배계층의 통제 하에 제작이 이루어졌을 것이다. 다시 말해 농공구와 달리 좀 더 엄격한 생산체계를 상정해 볼 수 있다. 그러나 갑주의 생산체계는 일정하게 유지되지 않고 기술의 발달과 시대의 필요성에 따라 변화하였을 것이다. 시대의 필요성은 갑주의 보급이 좀 더 하위계층에까지 확산되는 상황을 염두에 둘 수 있을 것이다.

그러나 삼국시대의 생산은 오늘날과 같은 대량생산체계가 아니라 수공업의 형태이다. 이 당시 수공업은 목적이나 주체에 따라서 관영수공업과 궁중수공업으로 구별할 수 있다(박남수 2009). 그렇다면 갑주는 이러한 수공업 생산 안에서도 구체적으로 어떠한 생산체계로 제작되고 분배되었는지 각 공정과 기술을 구체적으로 살펴볼 필요가 있다.

다음으로 지배계층이 통제된 생산체계에서 제작한 갑주를 어떻게 활용하였는지 살펴볼 필요가 있다. 앞의 연구사를 통해보면 삼국시대 갑주는 방어구뿐만 아니라 다양한 목적으로 활용되었음을 알 수 있다. 이와 관련하여 활용 목적에 따라서 생산체계도 변화할 수 있다고 추정된다. 일례로 갑주의 생산이 좀 더 하위계층까지 확산되는 것은 전략적 측면에서 이해할 수 있으며 금공 갑주와 같은 특정 목적의 갑주 생산은 방어구가 아닌 '위세'를 드러내기 위한 새로운 상징성이 필요하여 그전과는 다른 목적의 생산체계를 구성하였음을 짐작해 볼 수 있다.

이와 같은 관점에서 보면 '생산체계'와 '활용전략'은 상호 연계성이 강하게 있다고 판단된다. 따라서 본 연구는 이 둘을 유기적으로 살펴보고자 하며 이 책에서 논의에는 다음과 같은 연구방법이 참조된다.

철제 갑주가 본격적으로 생산되던 4세기는 한반도와 주변지역 간 대외교류 양상에도 변화가 있던 시기이다. 당시 한 군현이 한반도에서 축출되면서 이를 중심으로 이루어진 교역에 큰 변화가 오게 된 것인데 그중에 철을 매개로 한 대외교역에도 큰 변화가 있었다. 철제 갑주의 등장 배경으로 이러한 대외적 상황이 종종 언급되는데 주변국들이 성장하면서 긴장관계가 조성되어 앞 시기 유기질로 제작되던 갑주가 철제로 재질을 바꾸어 생산되었다고 보고 있다. 이와 더불어 단조기술 발달도 철제 갑주 등장의 요소로 언급된다. 이처럼 철제 갑주의 등장은 당시 한반도의 급변하는 여러 정세를 반영하는 것일 가능성이 있다.

그러나 외부 영향에 대한 결과가 중시되면서 갑주 생산 자체에 대한 연구를 충분히 논의했다고 보기 어렵다. 최근 중국에서 일본열도에 걸친 동아시아의 제철기술이 기술 전파가 아닌 통제라는 관점에서 그 변화를 살펴본 해석 틀(김도영 2015)이 있다. 무엇보다 이 연구가 주목되는 점은 철제품 전파의 역할을 강조했던 논리들과 달리 제철이나 철을 다루는 기술이 어떻게 전해졌는지 과정을 살펴본데 있다.

이러한 설명은 철제 갑주의 등장 배경에도 시사하는 바가 크다. 왜냐하면 앞 시기에도 철제 갑주를 제외한 다양한 철제품이 제작되고 있었기 때문이다. 물론 철모 등의 일부 무기류 발달도 철제 갑주의 출현 등장에 영향(송계현 2001; 김영민 1995)을 주었다고 하겠으나 직접적인 요인으로 보기 어렵다. 또한 신라와 가야가 철제 갑주로 전환 과정에서 일찍이 알려진 찰갑보다 종장판갑을 선호하게 된 원인도 기술적 관점에서 생각해 볼 수 있다.

그간에 철제 갑주 생산에 대한 논의가 전혀 없었던 것은 아니다. 주로 철제 갑주와 관련하여 대량 생산은 기술 발달과 직능 분화와 같은 사회적 여건 속에서 출현하였으며 그에 따라 계획적이고 조직적인 전쟁 수행이 가능하게 되었다고 보았다(송계현 2001). 그러나 갑주 연구에 있어서 대량생산이 구체적으로 어떻게 이루어졌는지, 과연 철제 갑주가 대량생산된 물품으로 이해될 수 있는지 충분한 논의가 이루어졌다고 할 수 없다. 실제로 그 기술의 원류가 되는 계통론 연구(신경철 2000; 송정식 2010; 김혁중 2015a)에서 큰 진전을 보았다고 보기 어렵다.

이와 같은 철제 갑주 생산에 대한 거시적인 해석과 달리 개별 갑주에 대한 생산과정을 유추하고 이에 사용된 기술을 공정별로 추정한 연구(송정식 2003; 김혁중 2009)도 있었다. 그렇지만 아직까지 철제 갑주에 대한 구체적인 생산방식에 대한 연구는 미흡하다. 즉 철제 갑주 생산에 관여한 주체가 이를 소비하고 유통한 방식에 대한 부분은 별다른 논의가 없었다. 이는 공인 집단의 문제와도 관련되는데 제작 기술에 대한 연구도 단순히 어떤 기술이 출현하는 문제도 중요하지만 이를 수용하는 집단과 그렇지 않은 집단과 같은 기술 선택[6]의 문제 등은 충분히 검토되었다고 보기 어려울 정도로 생산에 대한 부분은 기초적 검토만 되었다고 할 수 있다. 갑주 생산과 관련된 논의가 자료 해석이 충실하지 못하고 거시적 시각에서만 살펴본 이유는 관련 자료가 충분하지 못했기 때문이다. 그러나 앞서 언급하였듯이 고구려나 백제와 달리 신라와 가야는 유적별로 충분한 갑주자료가 축적되었다. 가야는 대가야를 제외하고 갑주자료가 주로 부장된 시기의 중심고분군은 상당한 조사가 이루어졌다. 이에 소비하고 유통하는 방식도 분석이 가능하다. 일례로 가야 유적의 무구와 무기류를 유형별로 분석한 연구(김두철 2003)를 참조하면 중심·거점·집중별로 다른 무기체제와 비교하여 살펴볼 수도 있다. 신라도 최근 자료를 보면 조사가 충분하다고 하긴 어렵지만 경주지역 내에서도 중심과 주변에 부장된 갑주자료에 차이가 있다.[7]

갑주 연구에서 생산방식이나 기술보다 가장 관심있게 다루어진 부분은 당대에 갑주가 활용된 용도이다. 용도와 관련하여 다양한 상징 연구가 있어왔다. 그것은 삼국시대 갑주가 장신구를 제외하고는 다른 고고 유물 중에서도 장식성이 뛰어나다. 일례로 궐수문이나 새 모양과 같은 다양한 장식이 확인된다. 문양은 갑주의 방어 기능과는 무관한 것으로 예를 들어 신라와 가야의 대표적 갑옷인 종장판갑은 몸통과 어깨부분에 거추장스러운 장식이 있어 오히려 착장자의 움직임을 방해할 정도이다. 종장판갑의 새 모양은 다른 유물에서 확인되는 양상을 종합적으로 고려하여 의례적 성격(오광섭 2004)이 언급된 바 있다. 최근에는 일부 종장판갑의 비규격성과 파괴의 모습이 당시 통과의례와 관련이 있을 가능성(송정식 2012)도 제기된 바 있다.

신라와 가야 갑주는 위의 사례를 종합하여 본다면 '방어구', '위세품', '의례

---

6 공인의 문제나 기술 선택과 같은 부분은 다른 철기 연구도 큰 차이가 없으나 상대적으로 생산체계에 대한 연구가 이루어진 저작들(칼라 시노폴리 2008; 이성주 2014)이 참조된다.

7 주로 4세기대 자료로 중심인 월성과 주변인 사라리, 황성동, 동산리, 구정동, 구어리에서 출토된 양상을 언급할 수 있다. 또한 신라권역인 포항과 울산지역에도 4세기대의 새로운 자료가 축적되어 이를 비교 분석할 만하다.

구'라는 세 가지 목적으로 지배계층을 중심으로 사용된 후 폐기되었다고 판단된다. 이것은 당시 지배계층이 갑주를 다양한 의도나 목적을 가지고 활용하였다고 추정할 수 있다. 이 중 필자는 갑주가 '권력'적 성격으로 활용된 점에 주목하고자 한다.

권력을 이루는 요소는 우리와 사정이 다르긴 하지만 고대 안데스 지역을 고고학적으로 검토한 연구서에 '군사', '이데올로기', '경제'로 나누어 살펴본 연구가 주목된다(關 雄二 2006). 이와 유사한 견해로 '무력', '이념', '경제'라는 세 가지 '원천'에 주목한 연구(티모시 얼 2008)가 있다. 최근에 한반도 남부지역 청동기~원삼국시대 수장의 권력 기반을 이념, 경제, 무력으로 보는 견해(이희준 2011a)는 이러한 권력의 요소를 우리 실정에 맞게 원용하여 검토한 연구라고 할 수 있다. 또한 오늘날 권력을 정치 사회적으로 살펴본 대담집(마이클 만·존 홀 2014)에서도 이 세 가지는 통시간적으로 영향력을 갖춘 요소라고 하므로 본장이 논의할 4~6세기의 상황에서도 충분히 고려해 볼 요소로 판단된다.

연구 대상으로 삼은 갑주는 여기서 말하는 군사적 요소로 '무력'에 해당하고 '위세품'은 획득과 분배를 통할한다는 점에서 '경제'를 보여주며 갑주에 표현된 상징들은 의례적 성격으로 '이념'을 잘 보여준다고 할 수 있다.

권력은 이후 고대 국가로 성장하는데 중요한 요소이며 '왕권'으로 자리 잡아 간다고 할 수 있다. 고대 국가 형성과정과 왕권에 대한 다양한 고고학적인 연구가 시도된 바 있다. 왕권은 일본의 경우 전방후원분이라는 묘제를 포함하여 삼각연신수경과 같은 거울에서 대금식 갑주로 설명하고 있다(松木武彦 2007; 藤田和尊 2006). 최근에는 위세품적 성격인 강한 갑주를 양적인 차이와 질적인 차이로 나누고 점차 위세품에 질적인 차이가 있는 사회구조로 전환되어 간다고 본 연구(川 畑純 2015)도 있다. 신라와 가야의 사회구조와 국가 형성과정이 당시 왜 사회와 동일하다고 보기 어렵지만 갑주가 단순히 방어구가 아닌 그 이상의 성격을 가짐을 논증한 연구로 본장의 논의에 참고될 만하다. 앞서 살펴보았듯이 갑주는 다른 어떤 물품보다 권력 요소를 잘 드러내는 것으로 보인다. 특히 신라와 가야는 갑주 부장이 늦게까지 있었으나 그 성격에 차이가 있다고 판단되며 이로부터 권력의 형성과정과 강화, 그리고 국가로 성장하는 과정에서 나타난 차이와도 관련될 것이라 판단된다.

제Ⅱ장 신라·가야 갑주의 변천

이번 장에서는 신라와 가야에서 제작된 갑주 변화의 흐름과 발달 과정을 검토하고자 한다. 그에 앞서 갑주의 분류를 살펴볼 필요가 있다. 이 책에서 살펴볼 갑주는 지금까지 일부 연구자를 통해 분석이 이루어졌지만 전체 대상의 범위를 체계적으로 검토한 연구는 없다. 따라서 갑주 분류의 범위와 기준 그리고 용어에 대해 검토하는 것은 갑주의 흐름과 발달 과정을 살펴보기에 앞서 반드시 필요한 선행 작업이다.

1. 신라·가야 갑주의 분류

최근에 간행된 개론서인『영남의 고고학(영남고고학회 2015)』은 신라와 가야 관련 여러 논의와 최신의 성과를 반영한 책이다. 영남지방의 고고학적 성과 및 쟁점을 다루었는데 그중에 갑주 분야도 한 장을 구성하여 중요한 연구분야임은 분명하다.

그런데 여기서 소개하고 있는 갑주 중에 마주와 마갑은 마구와 관련된 부분에서도 포함되어 있다. 마주와 마갑이 마구 편에 수록된 이유는 집필진의 의도를 정확하게 파악할 수 없지만 말을 다루는데 필요한 도구를 모두 다룬다는 측면이 강하게 반영되었다고 본다. 그렇지만 마주와 마갑은 방어구의 기본 용도나 기능을 고려하면 갑주 연구에서 함께 다루어야 할 분야이다.

맨 처음 삼국시대 갑주를 고고학적인 방법으로 종합적 고찰을 시도한 연구자는 송계현(1988)이다. 그는 갑주를 우선 주, 판갑, 찰갑, 부속갑, 마갑주로 구분하고 각각 세부 형식을 검토하였다. 이 분류 안은 큰 틀에서 지금까지 갑주 연구를 하는데 이용되고 있으며 세부 형식에서만 차이가 있다.

이번 절에서는 신라·가야 갑주를 본격적으로 검토하기에 앞서 삼국시대 출토 유물에서 갑주의 범위와 용어를 연구사적으로 살펴보고 필자의 안을 제시하고자 한다. 그런 다음 신라와 가야 갑주라고 정의할 수 있는 구분 안을 나름대로 제안하고자 한다.

1) 갑주의 범위와 형식 분류의 검토

I장에서 검토한 갑주 연구사를 통해 볼 때 갑주를 연구 대상으로 인식하고 분류법 등을 통한 연구가 시도된지는 그리 오래되지 않았다. 따라서 갑주의 분류 체계에 대한 부분은 아직도 진행 중이라 할 수 있다. 대표적인 사례로 앞에서 언급한 마갑과 마주를 들 수 있다.

유물에 대한 체계적인 분류와 검토를 위해 오랫동안 고고학에서 주로 이용되어 온 연구 방법은 형식학이다. 형식학은 처음에는 유물의 편년을 위해 고안된 방법론이었지만 연구법에 대한 다양한 개량과 논의를 거쳐 지역성 등 다양한 문제를 살펴보기 위한 방법론으로 폭 넓게 이용되고 있다. 그러다 보니 같은 형식학을 이용하여 연구하여도 연구자들 사이에 개념에 대한 차이가 존재하여 많은 문제점을 보인다.

연구자마다 연구 방법론에 대한 이해가 달라 서로 다른 개념이나 방법으로 연구되고 있는 점은 문제가 있다. 최근 영남고고학회에서 '형식학의 제문제(2018)'라는 주제로 학술대회가 개최되었다. 이 학술대회는 토기라는 한정적인 자료를 대상으로 검토되었으나 시대별로 이제까지 검토된 형식학적 방법을 살펴보고 그 문제점과 개선 방안에 대한 논의를 목적으로 하였다. 이전 한국고고학대회에서 '양식의 고고학(2008)'이라는 주제로 비슷한 검토가 이루어진 바 있으나 좀 더 진일보한 학술대회라고 평가할 수 있다.

이 학술대회의 여러 발표자가 언급한 부분 중에서 이 책의 연구에 참조할 만한 부분은 형식학과 관련해서 사용되는 여러 용어의 문제이다. 대표적으로 '형식形式', '속성屬性', '형식型式', '양식樣式'을 들 수 있다.

갑주 연구도 자료가 축적된 2000년대 이후 형식학을 이용한 여러 연구가 있었다. 형식학과 더불어 양식의 문제도 거론하지 않을 수 없다. 양식의 고고학적 개념은 이희준(2017: 109)이 정의한 바가 참고된다. 그는 양식을 '유사하거나 동일한 제작 전통 아래에서 생산되어 공통된 양식적, 기술적, 형태적 특성을 가진 토기들의 형식 복합체 또는 형식 조합'이라고 하였다. 그렇다면 이제까지 갑주 연구에서 '양식'을 포함하여 형식학적 연구 방법이 어떻게 적용되었는지 시대 순으로 간단히 살펴보고자 한다.

1980년대는 처음으로 삼국시대 갑주에 대한 종합적인 검토가 이루어진 시기이다. 송계현(1988)은 당시 영남지방의 자료를 집성하여 갑주의 여러 형식을 세분하고 변천과정을 살펴보았다. 그렇지만 분류한 형식은 초보적인 단계에 그쳐 개별 갑주를 세부 형식으로 구분하는 연구는 이루어지지 못하였다. 이를테면 투구 안에 종장판주와 차양주 등의 형식을 구분하였지만 분류된 투구를 좀 더 세분화하는 작업은 이루어지지 못하였다. 그러한 작업이 이루어질 수 없었던 이유는 당시까지는 세부 형식을 구분할 정도로 충분한 자료가 확인되지 않았기 때문이다. 그러나 초보적이나마 용어를 포함한 형식 분류가 시도되어 향후 갑주연구의 발판을 마련하는 계기가 되었다.

1990년대에는 주로 종장판갑과 종장판주를 대상으로 초보적인 분류가 시도되었다. 영남고고학회에서 주관한 '가야고분의 편년(1995)'을 주제로 한 학술발표회에서 종장판갑의 시간적인 변화를 알아볼 목적으로 여러 속성 중 하나인 진동판의 변화가 언급된 바 있다(송계현 1995). 속성 분류를 통한 세분화된 형식학적 분석이 처음으로 검토된 연구 대상은 종장판주이다. 종장판주는 다른 갑주보다 넓은 범위에서 많은 수량이 출토되어 속성 분석을 통한 형식학적 검토가 이루어질 수 있었다. 장경숙(1999)은 제작기법을 포함한 외형적 속성으로 다양하게 검토하고 의미가 있는 속성 결합을 하여 모두 7가지 형식으로 구분하였다. 그리고 나서 함께 묻힌 유물을 검토하여 시간적인 변화를 살펴보고 형식들이 분포된 양상을 통해 그 의미를 살펴보고자 하였다.

2000년대 이후는 축적된 자료를 통해서 다양한 목적으로 형식학적 방법이 이용되었다. 이전에는 분석 대상이 적어서 계통과 같은 주제로 논의가 이루어졌으나 오늘날은 개별 갑주의 출현과 발달은 물론이고 지역성을 구체적으로 살펴볼 수 있는 단계까지 오게 되었다.

이러한 분류 이외에도 계통 분석을 위해 갑주의 특정 제작 기술이나 형태를 구분한 연구도 있다(신경철 1998; 송정식 2010). 대표적으로 중원계, 북방계, 토착계로 구분하는 방법으로 갑주의 여러 종류를 기술계통에 따라 구분해서 살펴볼 수 있는 대상을 나눈 방법이다.

그런데 이러한 형식학적 연구 방법은 목적이 아니므로 어떤 방법이 가장 타당하다고 보기 어렵다. 이와 관련해서 분류와 분석방법은 연구 목적에 도달하기 위한 수단이며 가변적인 것이므로 선정 기준과 논리적 과정 등을 중시해야 한다는 지적(천선행 2016: 54–56)은 갑주 연구를 진행하는데 있어서도 경청해야 한다.

계통 연구를 위한 분류법은 아니지만 기술계통과 관련해서 기본 구조와 연접 기법을 중시한 후 이를 형식으로 세분한 분류법을 제안한 연구(阪口英毅 2001, 2013)가 있다. 이 분류법을 통해 신라와 가야 갑주를 종합적으로 살펴볼 수 있다고 판단된다. 그러나 이 분류법은 형식 내 치밀한 제작 기술의 변화를 검토하기 어려운 약점이 있다.

2) 갑주의 분류

지금까지 살펴본 것처럼 갑주를 총체적으로 이해할 수 있는 분류 안은 아직까지 제시된 바 없다. 이에 이 책은 **표 2-1**처럼 신라와 가야에서 출토된 갑주를 종합적으로 나눌 수 있는 분류 안을 제시하였다.

그러나 이 분류 안은 초보적인 수준에 그쳐 좀 더 면밀한 검토가 필요하다. 그 이유는 충분한 검증이 필요하고 계속해서 새로운 자료가 확인되기 때문이다. 또한 갑주 중 기본 구조가 같으나 유형이 구분되는 것도 있다. 이러한 한계는 아직까지 자료가 부족한 상황에도 기인한다.

먼저 갑옷은 기본 구조로 동체부 형태가 중요하다. 갑옷에서 판갑을 대무식帶無式과 대금식帶金式으로 나누는 연구(阪口英毅 2013)도 있으나 판갑의 구성원리로 보건대 지판을 누중하는 방법에 따라 종적원리와 횡적원리로 나누는 안(송

표 2-1   신라·가야 갑주의 분류 안

갑주 종류	기본 구조		연접	유형	형식
갑옷	판갑	종장판갑	혁철	1개 유형	-
			병유	4개 유형	-
		대금식 판갑	혁철	2개 유형	-
			병유	2개 유형	-
	찰갑	요찰 有	혁결	5개 유형	
		요찰 無	혁결		
투구	판주	만곡	혁철	2개 유형	-
		종장	병유	2개 유형	-
		차양주	혁철	-	-
			병유	-	-
		충각부주	혁철	-	-
			병유	-	-
	소찰주	관모 有	혁철	-	-
		관모 無	혁철		
	이형주		병유		
부속갑	경갑	-	혁철	-	-
		-	병유	-	-
	비갑	종장형	혁철	-	-
		원통형	병유		
말투구	마주	상판 분할	혁철/병유	-	-
		상판 미분할	병유	-	-
말갑옷	마갑	-	혁결	2개 유형	-
					-

정식 2003)이 좀 더 타당하다고 판단된다. 어쨌든 동체부 구성에 따라 지판과 소찰을 구분한다면 기본 구조는 판갑과 찰갑으로 나눌 수 있다.

다음으로 투구를 살펴보면 기본 구조는 주체부의 형태에 따라 구분할 수 있다. 분류된 종류는 판주, 소찰주, 이형주로 나눌 수 있다. 기본구조를 분류하는 기준은 주체부이다. 주체부를 고려하면 종장판주, 소찰주, 충각부주, 차양주, 이형주로 구분할 수 있다.

이외에 부속갑과 말투구, 말갑옷이 있다. 이 갑주들은 자료 부족 등의 이유로 갑옷과 투구처럼 세분하기 쉽지 않다. 이 중에서 비갑은 기본 구조가 종장형과 원통형으로 구분할 수 있으며 마주는 상판의 분할 여부가 제작 과정에 큰 영향을 주었음을 알 수 있다.

이러한 분류는 신라와 가야 갑주의 동질성과 이질성을 살펴보는데 중요한 기준이 될 수 있다. 각각의 갑주는 기본적으로 개별적으로 사용되지 않았으므로 무엇보다 세트관계가 중요하다. 추후 검토할 Ⅳ장의 계통 분석에서도 갑주의 분류를 통해 좀 더 진전된 연구 성과를 기대할 수 있으므로 향후 체계적인 분류법 마련을 위한 연구가 필요하다.

3) 용어 문제

갑주 연구에서 용어 문제는 지속적으로 제기되고 있다. 토기를 비롯한 다른 분야도 그렇지만 일본 고고학에서 차용된 용어에서 우리 실정에 맞지 않는 부분이 있기 때문이다. 특히 갑주 연구가 본격적으로 이루어진 시기도 긴 시간이 지나지 않았기 때문에 새로운 자료가 확인된 경우 새로운 용어가 생겨나게 되고 기존 용어와 마찰을 빚는 경우도 있다. 또한 연구자마다 용어를 달리쓰는 것은 대상 유물을 바라보는 인식의 차이와도 관련될 것이다. 따라서 용어의 설정은 이후 구분되는 형식 설정에도 큰 영향을 끼치므로 중요한 문제이다.

이 책에서는 그간에 갑주 연구에 있어 중요하게 언급되었던 용어를 우선 검토해보고 앞으로 이 책의 분석에 사용될 세부적인 용어를 나름의 기준으로 제시해보고자 한다.

(1) 종장판갑

종장판갑은 철을 소재로 만든 다른 금속제품에 비해 구조가 복잡하다. 이에 구조를 설명하기 위한 용어도 일반적이지 않고 생소한 것이 많다. 종장판갑에 대해 처음으로 구체적인 연구를 실시한 송계현은 한복의 용어를 차용하여 종장판갑을 구성하는 각 부위에 대한 용어를 정립한 바 있다. 이후 유적에서 다양한 갑주 형태가 확인되어 기존 용어를 그대로 수용하기 어렵게 되었다. 따라서 출토된 종장판갑의 대부분을 망라하여 분석한 후 용어를 새롭게 정립하려는 시도가 있었다(송정식 2008; 김혁중 2009). 최근에는 새로운 자료가 계속해서 확인

표 2-2 종장판갑 명칭의 여러 견해

송정식(2003)	송계현(1988)	최재현(2004)	오광섭(2003)	제시안
무판	무판	*	무판	*
섶판	섶판	* *	섶판	섶판
도련판	도련판	도련판	도련판	도련판
앞길판	*	*	*	앞길판
뒷길판	*	고대판	*	뒷길판
소매판	*	*	*	후동장식판
진동판	고대판	깃판	고대판	진동판
고대판	수근판	후경판	경판	후경판
측경판	측경판	측경판	측경판	측경판

됨에 따라 종장판갑의 특징인 목 부위를 보호하는 부분을 강조하여 일부 형식을 경판부 종장판갑이라 명명한 수정 안(오광섭 2014)도 제시되었다.

종장판갑은 용어 문제에서 큰 차이가 없다. 어깨 부분에 해당되는 몇몇 부분에서 견해 차이가 있다. 용어가 기능의 차이까지 포함하지 않았기 때문에 기본 관점은 크게 다르지 않다.

표 2-2에 제시된 안들은 현재까지 종장판갑을 대상으로 제시된 용어 안을 정리한 것이다. 위의 안들은 한복의 세부 명칭을 원용한 공통점이 있다. 고대 복식이라는 큰 범주에 종장판갑을 둔다면 용어 설정에 타당성이 있다. 그러나 종장판갑은 기본적으로 갑주의 하나로 일반적인 의복과는 착용의 목적과 그 기능이 다르다. 따라서 모든 부분을 그대로 대입하기 어렵다. 필자는 기본적으로 송정식의 명칭들이 합리적이라 판단된다. 다만 몇 부분의 명칭은 기능면에서 재고가 필요하다. 그 용어는 고대판과 소매판, 그리고 무판이다.

무엇보다 용어에서 쟁점은 '무판'의 존재 여부와 종장판갑의 목 부위를 보호하고 있는 부분에 대한 의견 차이다. 이러한 차이는 부위에 대한 기능과 용어를 내포하고 있는 의미에 대한 견해가 달라서 비롯된 것이다. 또한 기왕에 용어를 만들기 했던 시점보다 새로운 자료가 계속해서 확인되는 점도 문제이다.

먼저 고대판이라는 용어는 한복에서 옷깃의 뒷부분을 지칭하는 '고대'를 차용한 것이다. 그러나 모든 종장판갑에 이 판이 붙어있지 않다. 또한 탈착이 가능한 경갑도 있다. 종장판갑의 '고대판'은 기본적으로 뒷목을 보호하기 위한 용

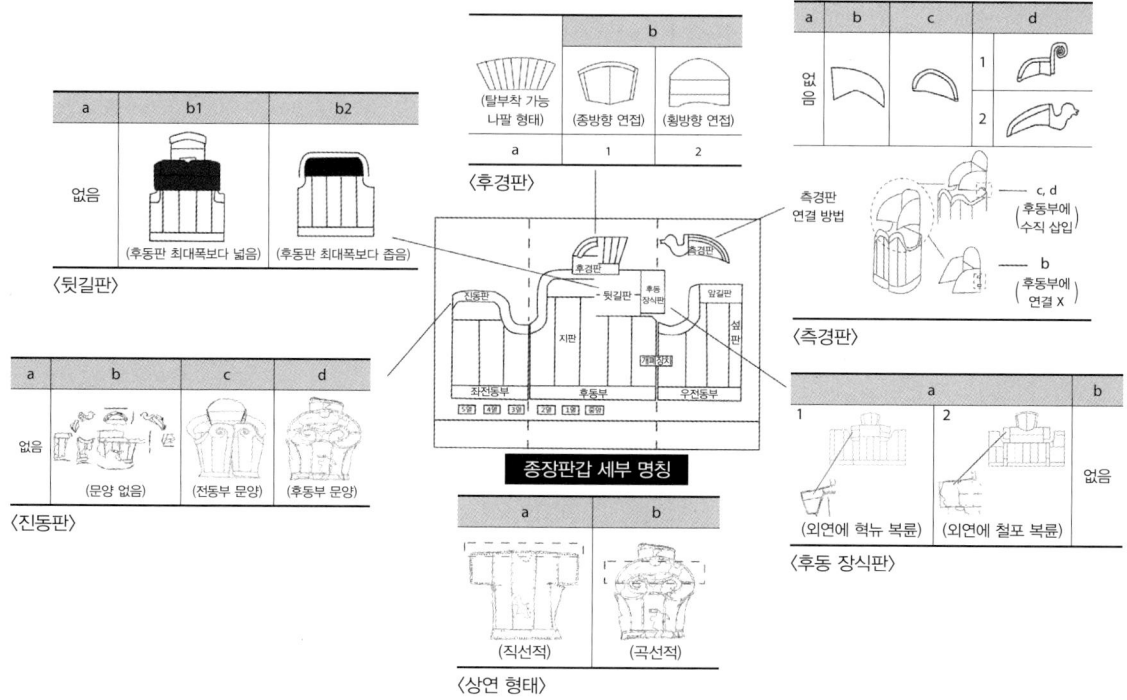

그림 2-1 종장판갑의 속성(김혁중 2009)

 도로 장착한 것이다. 따라서 '고대판'은 경갑과 같은 용도로 볼 수 있기 때문에 최재현(2004)이 제시한 '후경판後頸板'이라는 용어를 수용하고자 한다. 이러한 용어 이외에도 오광섭은 '경판'이라는 용어를 사용하였다. 그러나 측경판과 구분할 필요가 있다고 판단하기 때문에 '후경판'이라는 구체화한 용어를 사용하고자 한다. 이 둘을 통칭할 필요가 있는 경우 '경판'이라는 용어를 사용해도 무방할 것으로 생각된다.

 다음은 소매판이다. 그런데 이 부분은 한복의 소매부분과 같이 좌우에 있는 두 팔을 감싸는 부분이 아니다. 소매판은 적의 무기로부터 신체를 방어하는 기능보다는 장식적인 기능이 강하다.[8] 따라서 소매판이라는 용어를 대신하여 '후동 장식판後胴 裝飾板'이라는 용어를 제시한다.

---

8 이 부위의 가장자리에는 혁뉴복륜이 된 경우가 많은데 신체에 직접 닿지 않는 부분임을 감안하면 장식적인 의미가 강하다고 생각된다.

마지막으로 '무판'이라는 용어의 필요성 문제이다. 대부분 연구자들은 협부에 위치한 철판을 무판이라고 명명하고 있다. 그러나 무판은 종장판갑의 협부에 해당하는 부분에서 일관성 있게 위치를 파악하기 어렵고 존재하지 않는 것도 있다.

　송정식은 무판을 협부를 이루는 중요 속성으로 보았다. 무판의 유무에 따라 a류와 b류로 구분하고 이를 지판분할[9]과 조합하였다. 또한 시간적으로 선후관계가 있는 것으로 파악하였다. 그러나 무판의 유무는 그 자체로 시간적인 속성을 지니는 것이 아니라 지판분할과 조합을 할 경우에만 시간적인 선후관계가 있다고 판단된다.[10] 또한 협부라는 것은 무판의 여부나 지판 매수의 일관성이 없어 갑옷 구조에서 따로 구분하기가 모호한 경우가 많다.

　판갑은 방어구이기도 하지만 기본적으로는 착장자의 신체에 맞추어 입는 일종의 옷이다. 그래서 착장자의 신체치수가 중요하다. 즉 신체 변화에 따라 필요해져 붙일 수도 있다고 생각된다. 그러므로 무판을 별도의 용어로 설정하기에 무리가 있다. 필자는 '무판'이라는 용어 설정에 의문을 제시하고 별도의 용어 설정이 필요하지 않다고 보았다(김혁중 2009). 그 후에도 종장판갑 자료는 꾸준히 증가되고 있지만 '무판'이라는 용어 설정은 필요하다고 보기 어렵다.

(2) 찰갑

　찰갑은 종장판갑과 달리 동아시아에서 널리 확인되는 갑옷이다. 그러나 한국·중국·일본 모두 다른 용어를 사용하고 있다. 그 이유는 언어가 다른 문화적인 차이도 있으나 소찰을 이어 만든 찰갑이라도 지역에 따라 그 구조에 차이가 있기 때문이다.

　그런데 한국은 찰갑을 본격적으로 연구한 지 얼마 되지 않으면서 그간에 일본 고고학에서 사용한 용어를 충분한 검토없이 그대로 받아들인 문제가 있다. 최근에는 다른 갑주 연구보다 찰갑 연구가 활발하게 이루어지면서 기존 용어

9　송정식(2003: 25)은 전동부와 후동부가 몇 매의 지판으로 구성되는지에 따라서 종장판갑 전체의 지판 매수가 결정된 것으로 보고 이를 지판분할이라고 명명하였다.

10　송정식(2003: 48)이 제시한 흉부 구성 세부 분류표를 살펴보면 이를 알 수 있다.

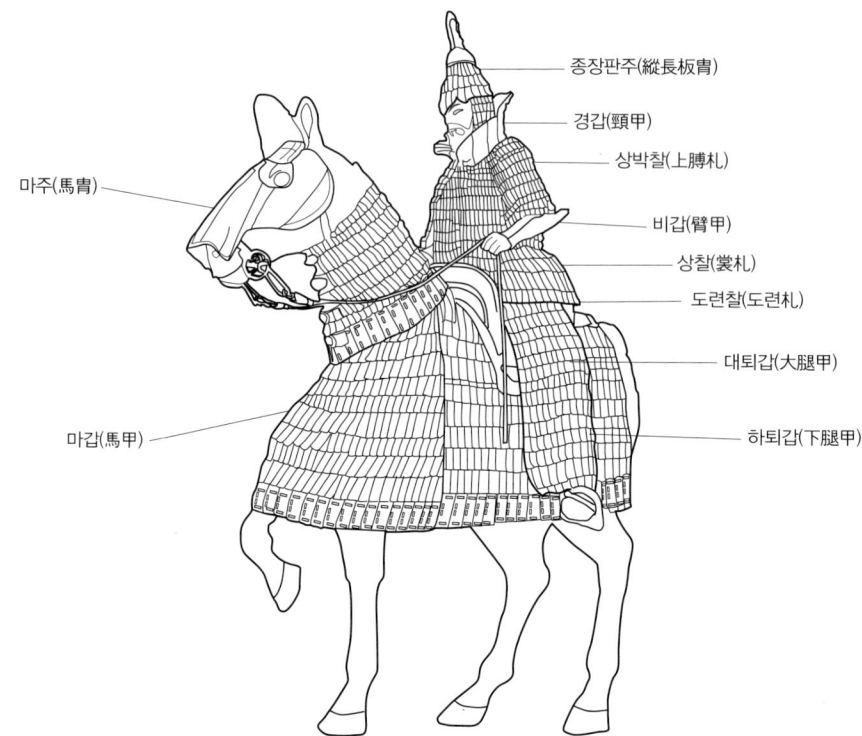

그림 2-2   찰갑의 명칭(황수진 2011 개변)

에 대한 비판적 관점(황수진 2011)이 제시되었다.

    이와 관련해서 크게 세 가지 측면을 검토해 볼 필요가 있다.

    황수진(2011)은 기존에 동환식과 양당식을 각각 유갑과 배자갑으로 바꾸어 부를 것을 제안하였다. 어려운 한자보다 의복에서 사용하는 용어를 찰갑 형태와 기능에 잘 어울리는 용어로 제시한 것이다.

    이러한 용어는 종장판갑이 한복 용어를 원용한 것과 같은 취지이다. 그러나 종장판갑은 구조 전부는 아니지만 한복 관련 용어를 원용하되 일부는 갑옷에 맞게 바꾸어 사용하였다. 사실 유갑과 배자갑도 그리 잘 사용하는 용어로 보기 어려우므로 기존에 사용되던 동환식과 양당식이라는 용어를 굳이 바꿀 필요는 없다고 판단된다.

    그러나 그가 제기한 '요갑'이라는 용어의 문제점은 '요찰'로 바꾸고 따로 분리된 형태가 아니라면 '찰'이라는 용어를 붙이는 것이 타당하다고 판단된다.

    그런데 소찰을 엮어 만든 갑옷은 '찰갑', '소찰갑', '괘갑' 등으로 여러 명칭

표 2-3 찰갑 용어 비교

부위	제시 용어[황수진 안(2011) 개변]			기존 용어		일본 용어	
목	附屬甲	頸甲	경갑지판	附屬具	頸甲	附屬具	襟甲
아래팔뚝		臂甲	비갑찰		臂甲·肱甲		籠手
어깨·위팔뚝	札甲	身甲	小札甲 (胴丸式/裲襠式)	上膊札	찰갑	上膊甲·肩甲	挂甲 (胴丸式/裲襠式)	肩甲
쇄골				-		-		胸當
가슴				胴札		胸甲·身甲		竪上
윗배						胸甲·身甲		長側
허리				腰札		腰札·腰甲		腰札
골반				裳札		裳甲		草摺
최하단				도련찰		-		草褶裾札
허벅지		附屬甲	大腿甲	대퇴갑찰	附屬具	大腿甲	附屬具	膝甲
정강이			下腿甲	하퇴갑찰		脛甲		臑當
여밈끈			기타	고름끈		기타	-	引合緖
여밈부위				섶찰			-	-

으로 불러지고 있다. 이중에 '괘갑'은 '찰갑'과 구분해서 명명하는 견해도 있다. 용어가 너무 다양하게 사용되면 갑옷 연구에 혼동을 줄 수 있으므로 '괘갑'도 찰갑의 일종으로 포함하여 부르는 것이 타당할 것이다. 또한 '소찰갑'도 굳이 '괘갑'과 다른 구조로 이해해야 한다면 '찰갑'의 범주에 두고 이해하는 것이 타당하다.

(3) 대금식 판갑

한반도 출토 대금식 갑주는 연구가 이미 활발하게 이루어진 일본학계에서 사용하는 용어가 많이 있다. 최근 한국 연구자들 사이에서 문제점을 인식하고 대금식 판갑의 용어를 수정한 바 있다(송계현 1988; 송정식 2009; 장경숙 2009a). 그러나 통일된 용어가 없어 연구자마다 다른 용어가 사용되고 있다. 이러한 점은 대금식 갑주의 구조가 복잡한데다가 혼란을 가중시켜서 연구의 어려움을 더 높일 뿐이다. 그러므로 현재까지 사용된 용어를 검토하여 적절한 용어 통일이 필요하다. 다음 표 2-4는 용어에 대한 여러 견해를 정리하였다.

연구자들이 제시한 용어는 각각의 기준이 있다. 대금식 판갑 용어가 처음 정립된 일본은 흉부와 복부를 구분하여 '堅上第-段(수상제-단)·長側第-段(장

표 2-4 대금식 판갑의 각부 명칭에 대한 여러 견해

末永雅雄	송계현(1988)	송정식(2009)	鈴木一有(1996)	박준현(2012)	김혁중(2011a)
수상 제1단	흉부1단	진동판 (흉부1단)	압부판	진동판	압부판 (진동판)
수상 제2단 장측 제1·3단	흉부2단 복부1단 복부3단	흉부2단 복부1단 복부3단	지판제1단, 지판제2·3단	지판1단 지판2단	지판제1단 지판제2·3단
수상 제3단 장측 제2단	흉부3단 복부2단	흉부3단 복부2단	대금제1단 대금제2단	대판1단 대판2단	대금제1단 대금제2단
장측 제4단	도련판	도련판	거판	도련판	거판(도련판)
인합판	섶판	섶판	인합판	섶판	인합판(섶판)

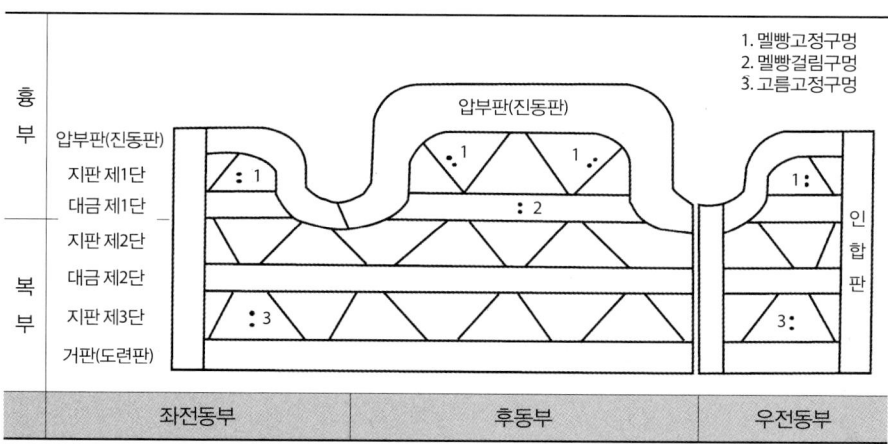

그림 2-3 대금식 판갑의 명칭(김혁중 2011a)

측제-단)', '地板第-段(지판제-단)·帶金第-段(대금제-단)'으로 명칭을 부여하였다. 이후 한국 연구자들(송계현 1988; 송정식 2009)은 일본식 용어에서 벗어나 흉부 제-단, 복부 제-단으로 구분하였다. 이러한 용어의 차이는 대금식 판갑의 흉부와 복부를 의식해서 각부 명칭을 쓰고 있는 방법과 그것에 구애받지 않고 틀을 이루는 대금에 주목하여 '대금-단', '지판-단'으로 명칭을 부여한 점에 있다.

필자는 여러 용어 중 '대금-단'과 '지판-단'이라는 명칭을 사용하고자 한다. 이렇게 용어를 설정한 것은 대금식 판갑의 특성인 '대금'을 부각시켜 볼 필요가 있기 때문이다. 이제까지 대금식 판갑의 형식 분류를 보면 용어에서 구별하던 흉부와 복부의 구분보다 지판 매수, 협부의 형태, 병유의 수와 크기 그리

고 간격을 중시하는 경향이 있다. 그러한 점을 보더라도 대금과 지판이라는 용어를 사용하여 각부 명칭을 나타내는 것이 적절하다고 판단된다.

4) 신라와 가야 갑주의 구분

지금까지 갑주 분류와 용어를 전반적으로 검토해 보았다. 그렇다면 과연 신라와 가야 갑주는 무엇으로 구분해야 하는지 의문이 제기된다. 가장 좋은 방법은 출토된 갑주의 양식을 검토해서 신라와 가야를 크게 구분하는 것이다. 그러나 지역에 따라 차이가 뚜렷한 삼국시대 토기 등과 달리 갑주는 지역에 따른 차이를 구분하기가 쉽지 않다. 현재 상황에서 가능한 방법은 신라와 가야 영역을 기준으로 출토된 갑주를 분석하는 것이다.

그런데 여기서 문제가 되는 것은 신라와 가야의 경계 문제이다. 최근 이와 관련한 단행본(김태식 외 2008)이 출판되고 학술대회(영남고고학회 2014, 2015)가 개최되어 논의된 바 있지만 쟁점이 되는 부분은 쉽게 판단하기 어렵다. 갑주와 관련해서 쟁점이 되는 곳은 5세기 이후 부산과 창녕지역으로 명쾌한 결론이 내려지지 못했다.

필자의 견해를 밝히면, 5세기 이후 창녕과 부산은 모두 신라지역으로 이해하고자 한다. 우선 창녕은 출토되는 복식품 등으로 볼 때 신라와 깊은 관계를 맺고 있다. 일부 논자들은 창녕을 토기나 묘제 등을 근거로 가야로 이해하려 하지만 그런 논리에 선다면 대구지역이나 의성지역 등에 자리한 고총은 어떻게 봐야 하는지 반문하고 싶다. 다음으로 부산지역 역시 5세기 이후는 신라지역으로 보는 것이 타당하다. 고총이 축조된 점 등을 근거로 6세기 이후에야 부산을 신라지역으로 보려는 견해는 동의할 수 없다.

그러므로 이 책은 이러한 기준을 두고 신라와 가야 갑주를 분석하고자 한다.

2. 신라 · 가야 갑주의 종류와 변천

1) 신라 갑주의 종류와 변천

신라 고고학은 그간 다양한 분야에서 성과가 축적되었으나 갑주는 기초적 검토만 이루어졌다고 할 수 있다. 그러한 사정에는 분석 대상이 많지 않아서라고 추정해 볼 수 있으나 실은 그간 신라지역에서 적지 않은 갑주가 출토되었다. 따라서 신라 갑주 연구의 부진은 특정 주제에 집중되어 체계적이고 균형감이 있는 연구가 이루어지지 못한데 원인이 있다고 판단된다. 그동안 영남지방 전체를 대상으로 갑주의 변화과정과 그 특징에 대한 활발한 연구가 진행되어 왔다. 그러나 신라는 상대적으로 가야에 비해 갑옷의 출토량이 적었으며 이에 자연히 가야 갑옷 중심으로 연구가 진행되었다. 그리고 아직까지 신라와 가야 정치체 중 어느 쪽에 속하는지 판단하기 어려운 곳에서 갑옷이 출토되는 경우는 적극적으로 검토하기에 어려움이 있다.

그러나 신라는 가야를 제외하면 한반도의 여타 지역보다 갑주가 많이 출토되었다. 금동제 비갑과 같은 장식 갑옷은 동아시아 내에서도 독특한 갑주자료라 할 수 있다. 또한 최근에 확인된 신라지역 내 왜계 갑주는 당시 신라와 왜의 교류를 적극적으로 추정해 볼 수 있는 좋은 자료이다.

이처럼 중요한 자료임에도 불구하고 지금까지 개별 분석의 중요 대상으로 인식되지 못하였다. 이러한 경향은 최근까지도 이어지고 있는데 최근 발간된 신라의 정치·사회·문화를 망라한 종합서(신라 천년의 역사와 문화 편찬위원회 2016)에서도 갑주 개별에 대한 분석이 되지 않았다.[11] 지면 등의 한계가 있지만 개괄적으로만 설명하여 신라 갑주에 대한 깊이 있는 이해와 사실을 반영했다고 보기 어렵다.

---

11   신라를 다방면에 조망한 종합적인 연구서로 높이 평가받을 수 있지만 최신 성과와 쟁점 등 여러 부분을 포괄적으로 수록하지 못한 점은 아쉽다.

(1) 투구

가. 종장판주

종장판주는 중국 동북지방에도 확인되는 투구이다. 따라서 신라와 가야 종장판주의 계보를 북방 유목민족에서 찾을 수 있다(김혁중 2015a). 유적 조사에서 출토된 투구는 수량이 모두 143점으로 이 중 종장판주가 가장 높은 비율로 120점이나 된다.[12] 이처럼 종장판주는 삼국시대에 널리 이용된 주요 투구로 점차 갑주 부장이 적어지는 6세기까지 다양한 형태로 확인된다.

종장판주는 오랜 시기 제작되면서 다양한 속성이 추가되거나 변화되어 왔는데 주요 속성으로는 주체의 만곡 여부, 지판 폭과 수, 복발 유무 및 형태, 볼가리개 형태, 수미부가리개 형태, 차양과 관모 등을 들 수 있다. 이러한 다양한 속성은 개별 분석을 통해 계통 및 제작 기술, 그리고 변화 양상이 검토되었다(이현주 2010b, 2015).

기왕의 연구에서 가장 중요한 속성으로 다루어 온 것은 주체의 만곡 여부이다. 종장판주는 주체의 만곡 여부에 의해 만곡종장판주와 종장판주로 나눌 수 있고 계통을 달리한 것으로 보고 있다. 다음으로 볼가리개의 형태를 들 수 있다. 볼가리개는 시간적인 특성 외에 지역성도 가진다. 이것 외에도 여러 속성은 **표 2-5**와 같이 정리할 수 있다.

신라지역에서 종장판주의 변화는 크게 4세기대와 5세기대로 구분할 수 있는데 변화의 큰 획기는 볼가리개의 제작 방법이다. 볼가리개는 철판 한 매 혹은 여러 매를 이어 만든 것과 소찰을 이용하여 제작한 것으로 나뉜다.

신라의 4세기대 대표적인 종장판주는 경주 구어리 2호, 울산 중산리 IA-100호, 포항 옥성리 나-17호, 학천리 126호, 영천 화남리 30호 출토품 등이 있다. 앞서 언급한 주요 속성인 지판의 만곡으로 형식을 설정하면 만곡이 있는 만곡종장판주는 A형식으로 울산 중산리 IA-100호, 포항 옥성리 나-17호 출토품이 해당되며, 만곡이 없는 종장판주는 B형식으로 경주 구어리 2호, 포항 학천리 126호, 영천 화남리 30호 출토품이 있다(**그림 2-4**).

처음으로 종장판주가 유입된 4세기에는 만곡종장판주이다. 이 투구는 길림

---

12   출토량에 대한 검토는 이현주(2010a)를 참고했다.

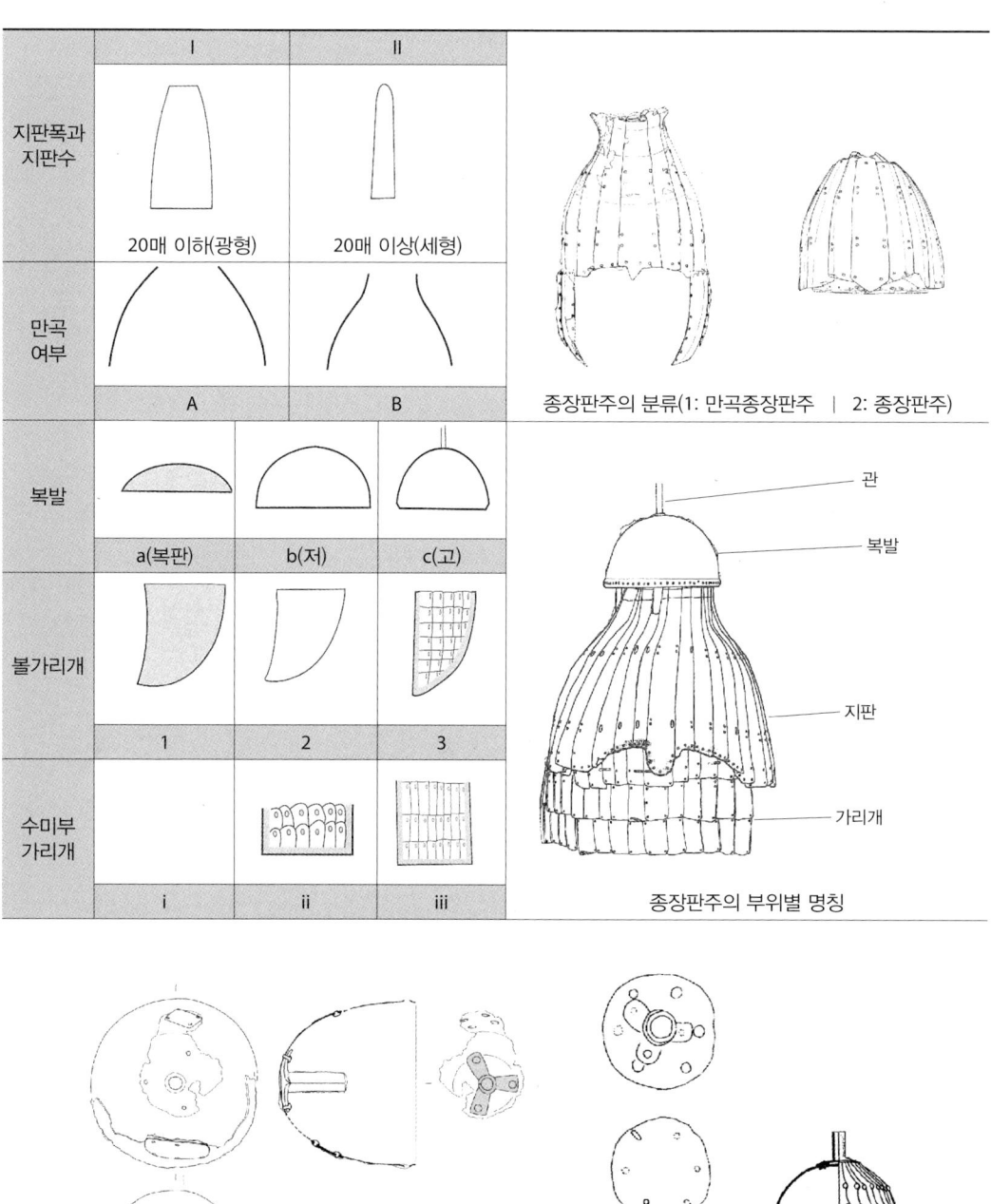

그림 2-4　종장판주의 명칭(김혁중 2015a)

표 2-5 　신라 종장판주의 여러 속성

속성 유구	만곡 여부	지판 수	복발 유무 및 형태	볼가리개 형태	수미부 가리개 형태	기타
경산 임당 7B호	A		없음	소찰	소찰	
경산 임당 G3호	A		없음	소찰	소찰	
경산 임당 G5호	B		편평형	소찰	소찰	
경산 조영 CII-2호	A		철제 반구형	소찰	소찰	
경산 조영 EIII-2호	A		철제 반구형	소찰	소찰	
경산 조영 EIII-6호	A		철제 반구형	소찰	소찰	
경주 구어리 2호	B		없음	지판	없음	
경주 금관총	A		금동제 반구형	소찰	소찰	금동제
경주 사라리 13호	A		철제 반구형	소찰	소찰	
경주 사라리 65호	A		없음	소찰	소찰	
경주 사라리 128호	A		?	소찰	소찰	
경주 쪽샘지구 C10호	A		철제 반구형	소찰	소찰	
경주 계림로 1호	A		철제 반구형	소찰	소찰	
경주 황남동 109호 3·4곽	A		철제 반구형	소찰	소찰	
경주 황성동 590번지 11호 목곽묘	A	17		소찰	소찰	
경주 동산리 74호	A		철제 반구형	소찰	소찰	
달성 문산리 II지구 M1-1호	A		철제 반구형	소찰	소찰	
달성 문산리 II지구 114호 석곽묘	A	45	없음	소찰	소찰	
상주 신흥리 나-38호	A		철제 반구형	소찰	소찰	
울산 중산리 IA-100호	A		철제 반구형	지판	없음	
울산 중산리 IB1호	A		철제 반구형	소찰	소찰	
울산 중산리 50호(울문연)	A		?	?	?	
울산 중산리 67호(울문연)	A		?	지판	없음	
울산 약사동 북동 4호(울문연)	A		없음	소찰	소찰	
울산 약사동 북동 44호(울문연)	B		없음	지판	없음	
울산 중산동 613-3번지 1호	A	?	철제 반구형	소찰	소찰	
밀양 귀명리 148호	B		없음	지판	없음	
영천 화남리 3호	A	19	철제 반구형	소찰	소찰	
영천 화남리 8호	A	41	철제 반구형	소찰	소찰	
영천 화남리 9호	A	13	없음	지판	없음	
영천 화남리 10호	A	15	없음	소찰	소찰	
영천 화남리 30호	B	(10)	없음	지판	없음	
영천 화남리 31호	A	(8)	없음	지판	없음	
포항 옥성리 가-35호	A		없음	소찰	소찰	
포항 옥성리 나-17호	A		없음	지판	없음	

유구 \ 속성	만곡 여부	지판 수	복발 유무 및 형태	볼가리개 형태	수미부 가리개 형태	기타
포항 학천리 15호	A		없음	지판	없음	병유기법
포항 학천리 20호	A		철제 반구형	소찰	소찰	
포항 학천리 126호	B		없음	지판	없음	
포항 마산리 2호	?		?	?	?	
김천 문무리 7호	A		없음	소찰	소찰	
부산 연산동 M8호	A		철제 반구형	소찰	소찰	

성吉林省 유수노하심榆樹老河深 유적과 고구려 벽화 고분 등에서 확인되므로 북방 및 고구려에 계통이 있다고 할 수 있다. 이와 달리 만곡되지 않은 종장판주는 북방에서 유사한 형식이 없으며 볼가리개도 지판으로 제작된 점에서 한반도 내 제작으로 추정된다.

신라는 5세기 이후에 제작하는 갑주에 금동이라는 소재를 더 하여 장식성을 높였다. 종장판주도 예외가 아닌데 대표적인 사례로 금관총 출토 투구를 들 수 있다. 이 투구는 복발을 금동으로 제작하였다. 갑주가 전쟁터의 방어구를 넘어 착장자의 신분을 나타내는 표현으로 사용되었다고 할 수 있다.

나. 소찰주

소찰주는 종장판주와 다른 구조인데 가장 큰 차이는 주체부의 차이이다. 종장판주는 길고 좁은 지판을 이어 붙였으나 소찰주는 작은 찰을 가죽 끈으로 엮어 만들었다. 소찰주는 소찰과 복발의 형태에 따라 구분할 수 있다(김혁중 2015a). 이와 같은 소찰주는 출토 사례가 많지 않으나 가야가 신라보다 많은데 신라 출토품으로 꼽을 수 있는 것은 경산 조영 EI-1호에서 출토된 투구이다. 신라나 가야와 달리 고구려는 보루 등에서 출토 예가 많아 소찰주를 선호한 것으로 보인다. 고구려의 소찰주를 간략하게 살펴보면 소찰 형태가 약간의 크기 차이가 있다. 또한 소찰 상부는 호형을 이루고 하부는 오목하게 처리된 것이 많다. 아차산 보루에서는 철제 복발도 같이 출토되었다. 이것은 윗부분에 별도의 관이나 술을 단 곳은 없으며 약간 둥글게 마무리된 형태이다. 이와 달리 경산 조영 EI-1호에서 출토된 소찰주는 상원하방형의 소찰이며 철제 복발도 없어서 고구려 지역 출토품과 차이가 있다.

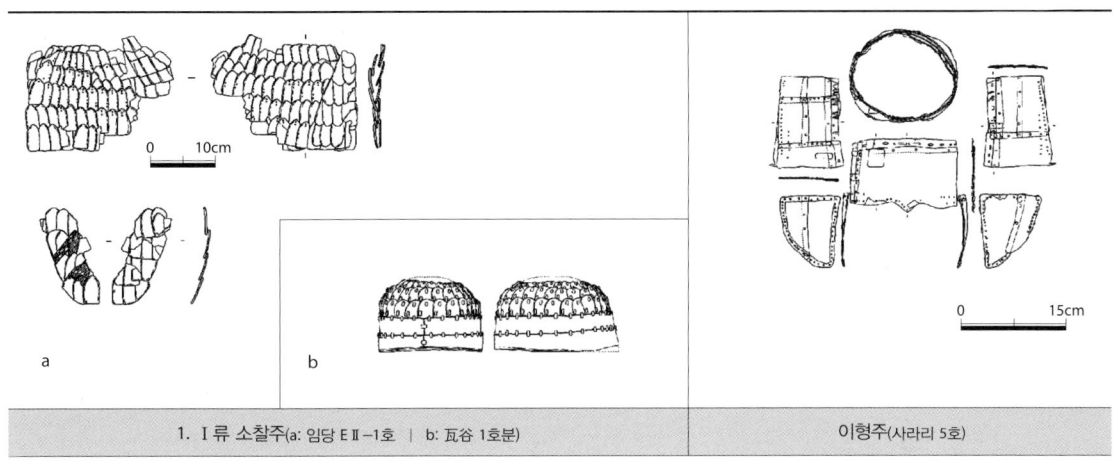

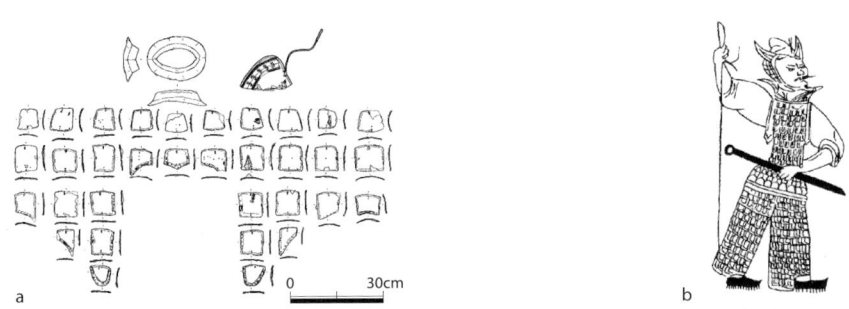

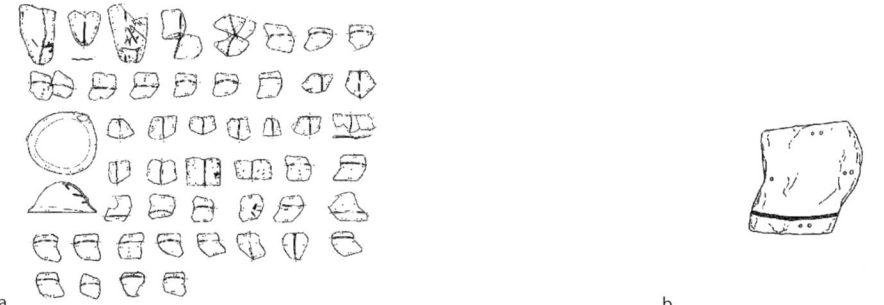

그림 2-5 소찰주의 분류(김혁중 2015a)

다. 이형주

이형주는 주로 출토된 종장판주나 소찰주와 다른 형태를 가진 투구를 지칭하는 명칭이다. 그러나 주체부 형태로 보면 횡장판주로 부를 수도 있다. 유례가 많지 않지만 대표적인 사례로는 사라리 5호에서 출토된 투구가 있다. 이 투구는 장방형의 철판을 이용하여 주체부를 만들었다. 그런데 지판볼가리개를 가지고 있어서 소찰을 이용한 소찰주보다 종장판주와 유사한 구조를 가진다. 이러한 투구가 출현한 계기는 아직 잘 알 수 없으나 볼가리개를 보면 종장판주를 수용한 후 모방하여 제작하는 과정에서 나온 초보적 형태의 투구로 판단된다.

(2) 갑옷

가. 종장판갑

종장판갑은 신라와 가야의 고지故地인 영남지방에서만 출토되어 거의 4세기대에 해당한다. 확인된 수는 현재까지 모두 44령(2018년 현재)이다. **표 2-6**은 신라지역 내에서 출토된 종장판갑을 속성별로 정리한 것이다. 현재까지 모두 12령이 출토되었다. 이외에도 부산박물관, 삼성미술관 리움 등에서 소장하고 있는 일부 유물은 출토지를 알 수 없다.

종장판갑은 장식성이 뛰어난 만큼 다양한 속성이 확인된다. 이 때문에 종장

표 2-6 신라 종장판갑의 여러 속성

속성 유구	후경판				후동부 형태		후동장식판		진동판				뒷길판			측경판				철판 매수
	a	b1	b2	c	a	b	a	b	a	b	c	d	a	b1	b2	a	b	c	d	
경주 구정동 3호 A	●				●		●		●				●			●				9
경주 구정동 3호 B	●				●			●	●				●			●				12
경주 동산리 34호	●				●		●	●						●		●				11
경주 황성동 590번지 110호 목곽묘	●				.		.	.	.				.			.				.
울산 중산리 IA-75호		●			●		●		●					●	●	●				10
경주 사라리 55호			●		●			●						●		●	●			11
경주 사라리 96호	.				.		.		.				.			.				.
경주 월성로 가-29호	.				.		.		.				.			.				.
울산 중산동 615번지 5호		●			●		●		●					●				●		1
울주 두동면 구미리 709-6번지 15호 목곽묘			●		●		●		●					●		●				10
포항 마산리 적석목곽묘	●			●			●													.
포항 남옥지구 Ⅱ구역 17호 목곽묘	.				●		.		.				●			.				.

판갑의 분석에는 여러 속성을 분석하고 조합하는 형식학적 방법이 검토되었다. 그 결과 시간적인 변화와 분포에 따른 지역성을 알 수 있었다.

종장판갑의 형태에서 가장 특징이 있는 부분은 경부頸部와 동체부胴體部이다. 종장판갑의 형식 분류는 이 점을 염두에 두고 실시하였다. 그러나 이러한 분류

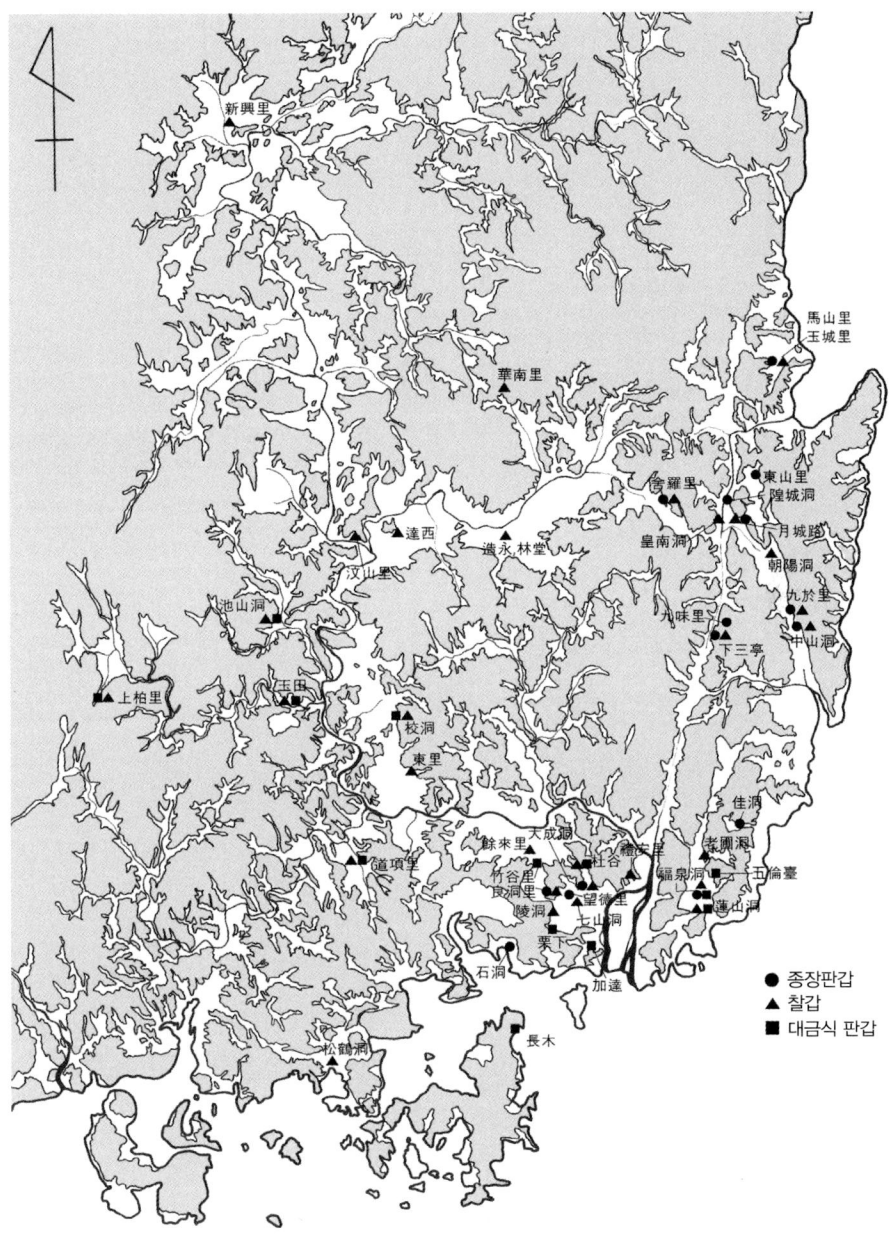

그림 2-6   신라·가야 출토 갑옷의 분포

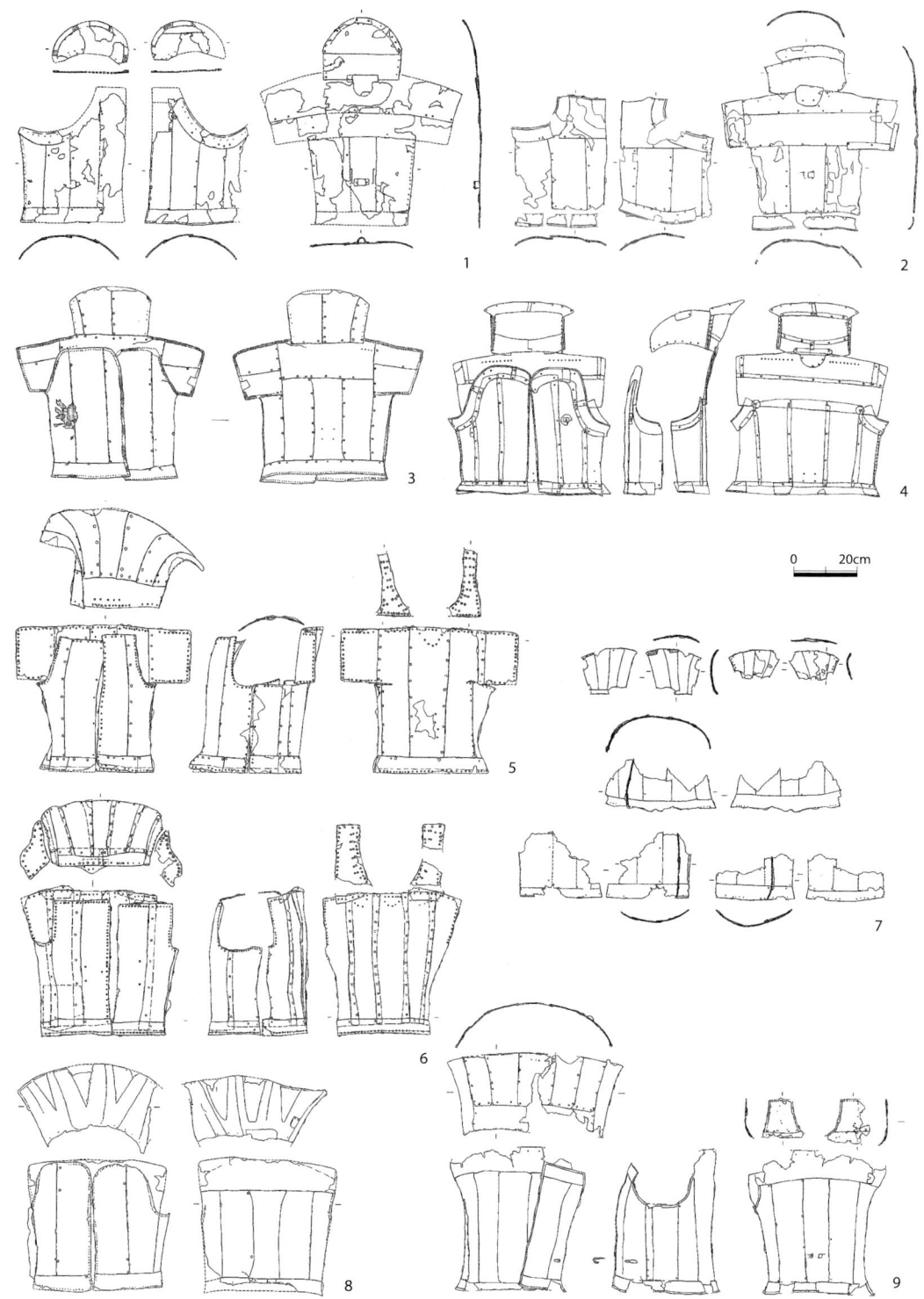

그림 2-7 신라지역 출토 종장판갑

1: 중산동 615번지 5호 목곽묘 | 2: 구미리 709-3번지 15호 목곽묘 | 3: 중산동 IA-75호 | 4: 사라리 55호
5: 구정동 3호 A | 6: 구정동 3호 B | 7: 황성동 590번지 110호 | 8: 동산리 34호 | 9: 마산리 적석목곽묘

는 종장판갑을 검토한 연구자마다 중요시하는 부분에 차이가 있다. 종장판갑의 형식 분류를 처음으로 시도한 송계현(1995)은 동체부에서 진동판 형태를 구분하고 그 형태 차이가 시간성을 반영한다고 보았다. 그러나 당시 종장판갑은 출토 사례가 많지 않아서 초보적인 분류에 지나지 않았고 충분한 분석이나 검증이 이루어지지 못하였다. 이후 축적된 자료를 바탕으로 종장판갑의 다양한 속성을 분석할 수 있게 되었다.

송정식(2003)은 이제까지 자료화하지 못한 종장판갑 중 복천동고분군 출토 자료를 중심으로 직접 복원한 후 이를 바탕으로 구체적인 형식 분류를 시도하였다. 그는 각 부위를 크게 복부·흉부·경부로 구별하고 위계적 질서없이 동일 선상에서 속성을 조합하여 모두 5개의 형식을 설정하였다. 무엇보다 이러한 형식이 나오게 된 과정을 제작 공정과 연관지어 모두 3단계에 따른 발전 방향을 제시한 것이 특징적이다. 그러나 몇 가지 문제점으로 지적한다면 '무판'이라는 속성과 복부와 흉부 구별을 들 수 있다. 이 문제점은 필자가 이전 논문(김혁중 2009)에 자세하게 다룬 바 있다. 형식 설정에 주요 속성으로 판단한 협부의 주요 속성인 '무판'은 갑옷에 따라 없는 것도 있으며 복부와 흉부로 나눈 부분은 구별하기 어렵기 때문이다.

이에 필자는 전고(2009)에서 송정식이 구분한 경부는 인정하되 복부와 흉부를 동체부로 포괄하여 인식하였다. 그런 다음 기술 계통이 구분된다고 보는 경부 구성을 중심으로 속성을 조합하여 형식을 설정하였다. 이를 통해 모두 10개의 형식을 구분하였다. 그러나 이 분류도 약점이 있다. 세분화된 형식은 종장판갑이 분포하는 지역마다 특징을 찾아보는데 유리한 강점이 있지만 적은 수량에 너무 많은 형식이 설정된 것이 문제점으로 지적될 수 있다.

이러한 검토를 통해서 신라의 종장판갑은 크게 3단계의 변화를 설정할 수 있다. 1단계는 4세기 전후로 초기 종장판갑은 후동장식판(소매판)을 제작하였다. 그러나 2단계에 들어서 후동장식판을 붙이는 경향이 줄어들고 판갑의 외연에 진동판으로 마무리하는 형태가 자리를 잡는다. 장식도 좀 더 화려해져서 측경판에 새모양을 만들거나 짐승털을 꽂는 것이 많다. 마지막으로 3단계는 후동장식판을 찾아보기 어렵고 어깨나 몸통에 붙인 장식이 더욱 화려해진다. 경부 형태로 보아 계통이 다르다고 판단되는 나팔모양의 후경판이 달린 종장판갑은

3단계까지 제작되지 않는다. 경부가 반원상을 띠는 것보다 이른 시기에 소멸된 것으로 판단된다.

그런데 신라의 종장판갑은 지금까지의 출토 상황으로 보았을 때 가야의 종장판갑보다 제작이나 사용 시기가 길지 않다. 지금까지 확인된 자료는 4세기 전반에 집중되어 있어서 이후 찰갑이 주요 갑옷으로 자리잡은 것으로 판단된다.

나. 찰갑

찰갑은 수백 매의 작은 소찰을 가죽 끈으로 이어 만드는 갑옷이다. 유적에서 확인되는 찰갑은 대개 철제이다. 그러나 찰갑은 철로 만들기 이전에 가죽과 같은 유기질제로 만들었는데 대표적인 사례가 낙랑 석암리 고분, 다호리 2호 출토품이다. 그러므로 찰갑은 가죽 갑옷 제작 전통에서 출현한 것으로 판단된다. 현재 신라지역에서 찰갑은 유적 조사에서 모두 47점이 출토되었다. 판갑은 경주, 울산, 포항지역을 중심으로 출토되었는데 찰갑은 분포의 범위가 판갑보다 넓은 것이 특징이다(**그림 2-8**).

찰갑은 소찰을 엮어 만들었다는 공통점은 있으나 연결방법에 따라서 다양한 구조가 확인된다. 엮는 방법은 세로로 엮는 방법과 가로로 엮는 방법이 있고 가죽에 그대로 붙이는 방법도 있다. 소찰을 세로로 엮는 것은 상하단 소찰의 겹침을 달리할 수 있다. 하단의 소찰이 상단의 소찰 외면에 걸치는 것은 외중식外重式이라고 하고 그 반대를 내중식內重式이라고 한다. 그렇지만 이러한 구분도 찰갑 전체에 적용할 수 없다. 예를 들어 찰갑의 신갑이 외중식이라고 하더라도 상박갑이나 부속갑은 동일하다고 볼 수 없기 때문이다. 다만 신갑을 기준으로 한다면 한반도 출토 찰갑은 대부분 외중식 찰갑으로 볼 수 있다.

지금까지 찰갑을 분류하는 대표적인 방법은 개폐 방식이나 요찰의 만곡 여부에 의해 결정하는 것이다. 이를 동환식과 양당식으로 부르고 있다. 양당식은 옆구리로 개폐를 하는 것으로 주로 만곡되지 않은 요찰을 가진다. 그러나 소찰의 누중 방식은 동환식과 반대를 띠지만 요찰을 가진 것도 존재하여 완벽한 구분 기준이라 보기 어렵다. 최근 찰갑의 구조가 몸의 부위별로 나뉘는 것을 착안해서 유형별로 나누는 견해(황수진 2011)가 제시되었다. 이러한 분류는 부속구의 조합관계도 고려할 수 있는 강점이 있다(**그림 2-10**). 그렇지만 이 분류의 문

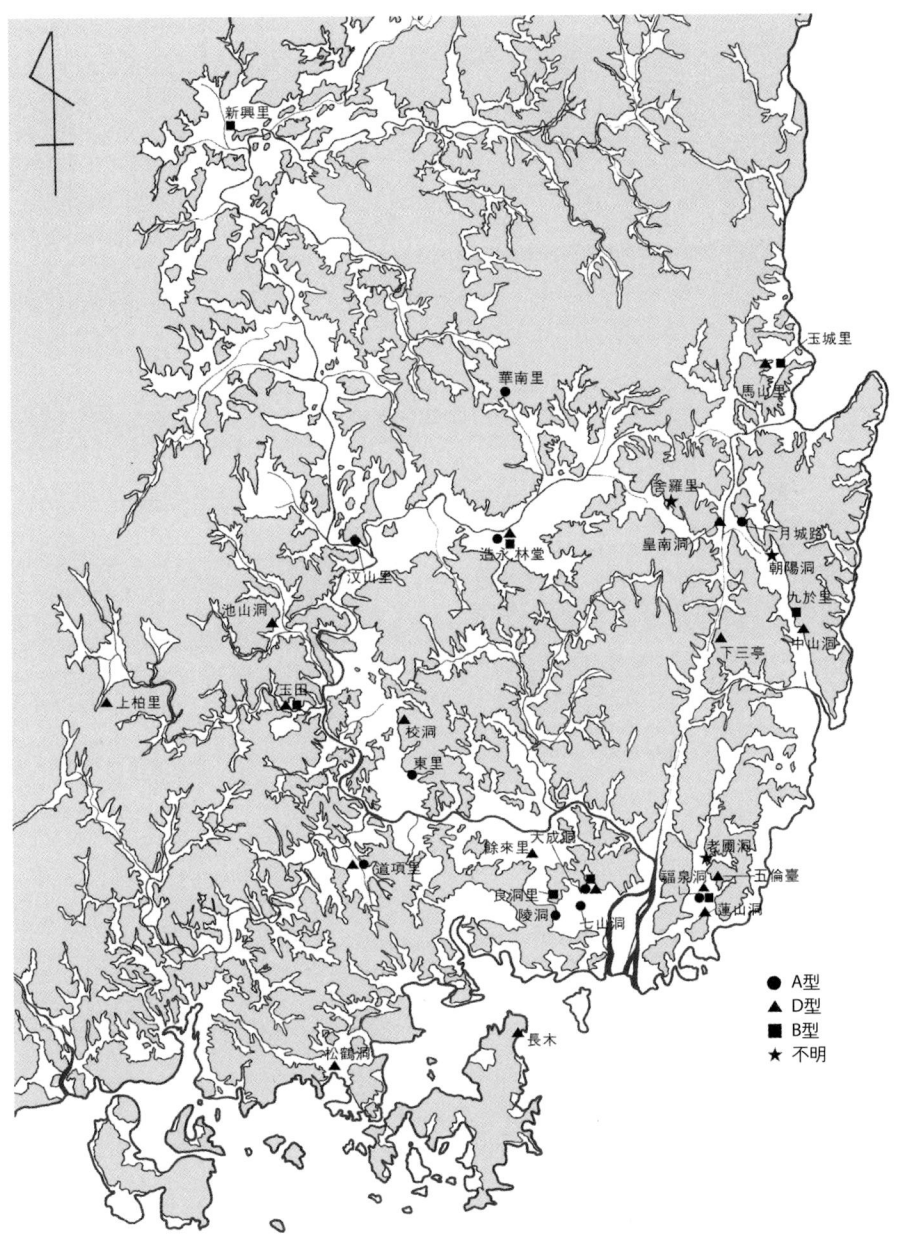

그림 2-8 신라·가야 출토 찰갑의 분포

제점은 찰갑이 착장방식 등 세부 구조에 따라 충분히 나눌 수 없다는 점에 있다. 다시 말해 구별한 각 유형 내에서도 다양한 특징이 있어서 이를 고려하여 세부적인 변화를 살펴보아야 한다.

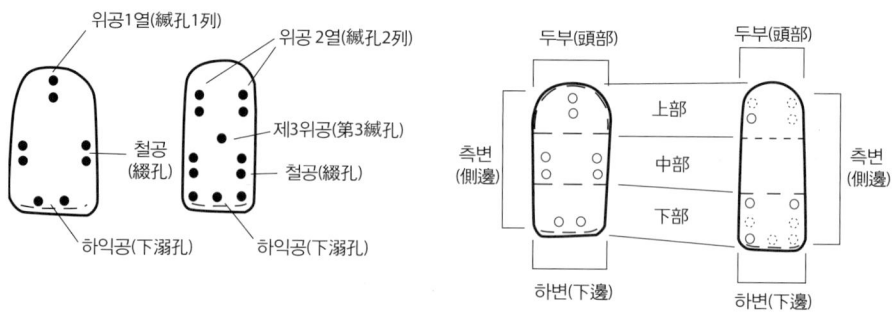

그림 2-9 소찰의 명칭

A형 찰갑	B형 찰갑	C형 찰갑	D형 찰갑	E1형 찰갑	E2형 찰갑
배자갑 형태로 소찰의 크기가 큼	유갑으로 경갑과 요찰만 철제로 제작	전체가 철제인 유갑으로 판단되나 정확한 부위는 알 수 없음	전체가 철제인 유갑과 부속갑으로 구성된 완전한 형태의 찰갑	부속갑으로 경갑만 갖춤	부속갑으로 비갑만 갖춤

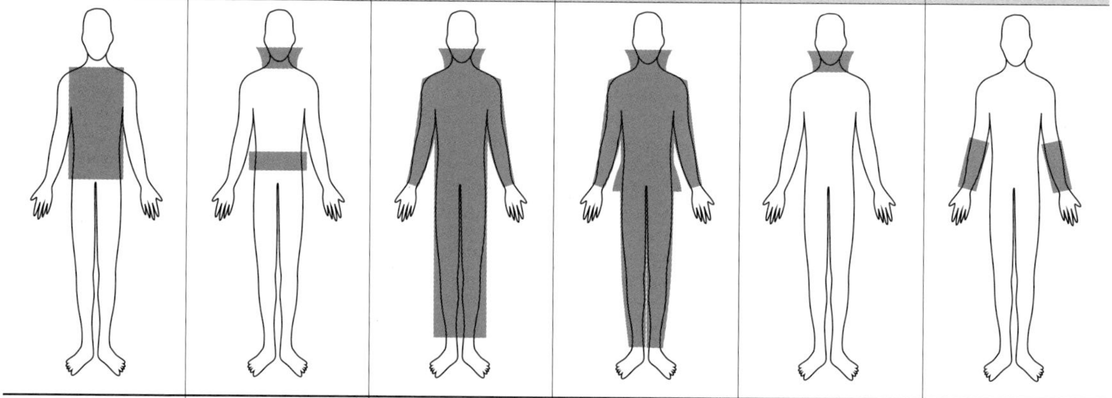

그림 2-10 찰갑의 유형 모식도(황수진 2011)

　　찰갑의 소찰 형태도 차이가 있다. 소찰 형태의 분류는 크게 평면과 단면 형태에 따라 구분할 수 있다. 평면 형태는 소찰의 상단과 하단의 형태에 따라 상원하방형[圓頭]과 상방하방형[方頭]으로 나눌 수 있다. 이 평면 형태에 크기와 투공 배치를 더해 다양한 종류가 확인된다. 평면 형태는 하단의 모서리에 각을 이루는 변형도 있으나 큰 범주에서 상방하방형과 상원하방형으로 나눌 수 있다. 소찰의 평면 형태는 대부분 상원하방을 띠고 있으나 상방하방의 형태도 적지 않다. 고구려지역 출토 소찰은 시기가 늦을수록 상방하방형의 형태로 제작된 경향이 있다(송계현 2005).

단면 형태는 소찰의 만곡 형태에 따라 구분할 수 있다. 찰갑은 여러 소찰이 연결되어 하나의 구조를 이루는데 허리를 감싸는 부위인 요찰의 단면 형태가 가장 다양하다. 요찰은 만곡하는 형태에 따라 'S'형, 'Ω'형, ')'형, ']'형으로 구분할 수 있다.

이 책에서는 우선 황수진(2011)의 분류를 참고하여 신라의 찰갑을 살펴보면서 필요하면 구조적 특징도 언급하고자 한다. 신라 찰갑은 이 유형을 기준으로 나누면 다양한 형태가 확인된다. 시기별 변화도 살펴볼 수 있는데 크게 4세기와 5세기로 나눌 수 있다.

4세기대는 철제 찰갑이 본격적으로 생산되는 시기이다. 출현 순서는 유기제 찰갑 B형과 요찰의 단면이 미약한 A형을 앞에 둘 수 있다. 이 중 B형 찰갑은 허리 부분과 목 부분을 제외한 소찰의 소재가 가죽 등 유기질제이다.

4세기대 찰갑을 '초기 찰갑'으로 명명할 수 있다. 신라의 4세기대 초기 찰갑으로는 임당유적(IB-60호, G-126호), 구어리유적(구어리 1호), 울산 하삼정유적(하삼정 나-26호), 영천 화남리유적(목곽묘 30호), 포항 남옥지구 유적 출토품을 들 수 있다. 이 중 포항 마산리유적 출토품은 경갑과 부속갑을 갖춘 자료이면서 전체가 가지런히 놓여 있어 소찰의 누중 방식이 전체 길이 등 당시 찰갑을 복원하는데 중요한 자료로 평가할 수 있다(한국문화재보호재단 2013). 이외에도 지금

표 2-7 신라지역 출토 찰갑(울문연-울산문화재연구원, 울발연-울산연구원)

유구	찰갑의 유형						전마구	
	A형	B형	C형	D형	E1형	E2형	마주	마갑
경산 임당 7B호				●				
경산 임당 G-5호				●				●
경산 임당 G-126호	●							
경산 조영 1B-60호	●							
경산 조영 CII-2호			●					●
경산 조영 EI-1호			●					
경산 조영 EIII-2호					●			
경산 조영 EIII-4호		●						
경주 구어리 1호		●						
경주 금관총				●				
경주 사라리 13호					●			
경주 사라리 65호					●		●	

유구	찰갑의 유형						전마구	
	A형	B형	C형	D형	E1형	E2형	마주	마갑
경주 월성로 가-29호	●							
경주 월성로 가-12호	?							
경주 인왕동 C구 1호	?	?	?	?	?	?		
경주 쪽샘지구 C10호				●			●	●
경주 계림로 1호				●				●
경주 황남동 109호3·4곽				?			●	●
경주 황남대총 남분						●		
경주 천마총						●		
경주 동산리 35호				●				
경주 탑동								
달성 문산리 II지구 M1-1호						●		
대구 달서 34호						●		
상주 신흥리 나-37호						●		
상주 신흥리 나-38호				●				
상주 신흥리 나-39호				●				
울산 중산동 IA-138호				●				
울산 중산동 IB-17호				●				
울산 중산리 27호(울문연)	?	?	?	?	?	?		
울산 중산리 67호(울문연)	?	?	?	?	?	?		
울산 약사동 북동 44호 (울문연)				●				
울산 하삼정 나-26호	●							
영천 화남리 3호				●				
영천 화남리 8호				●				
영천 화남리 24호				●				
영천 화남리 30호	●							
포항 옥성리 가-35호					●			
포항 옥성리 나-29호					●			
포항 마산리 3호								
포항 남옥지구 II구역 17호		●						
포항 남옥지구 II구역 16호			?	?				
창녕 교동 3호				●				
창녕 교동 89호				●				
창녕 동리			●					
부산 연산동 M3호				●			●	●
부산 연산동 M8호				●			●	
부산 연산동 M10호				●				●

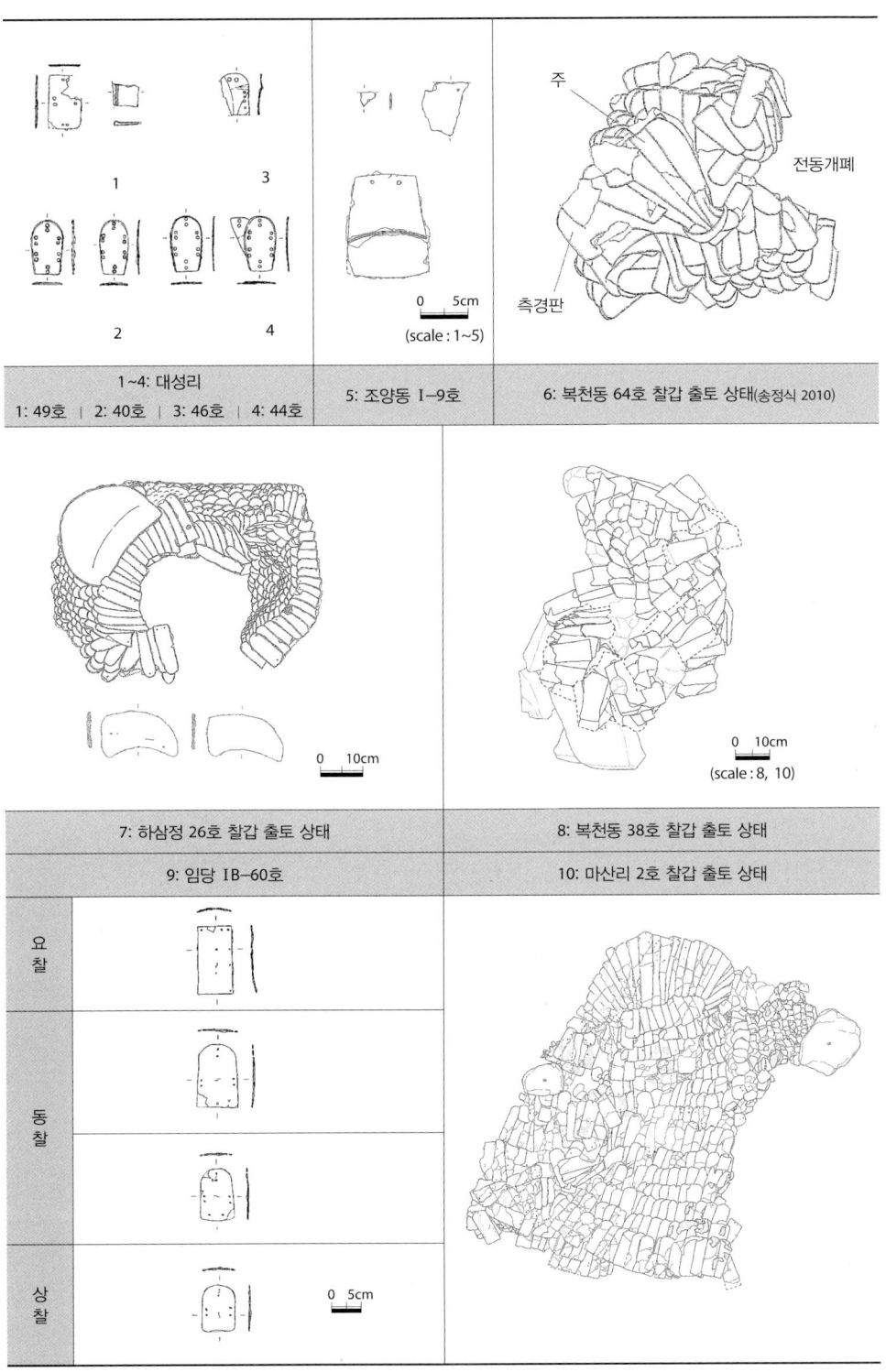

그림 2-11 4세기대 찰갑 구조

까지 주목하지 못했던 자료로 경주 조양동유적 I-9호에서 출토된 소찰 3점을 들 수 있다. 장방형의 소찰로 임당 IB-60호의 요찰 부분과 유사한 형태이다.

그런데 4세기대 A형과 B형 찰갑은 요찰 형태에 따라 구조를 좀 더 나누어 볼 수 있다. 요찰이 없는 것은 월성동 가-29호, 임당 G-126호, 울산 하삼정 나-26호, 영천 화남리 30호 출토품이다. 요찰이 있는 것은 임당 IB-60호, 구어리 1호 출토품이다.

A형 찰갑은 요찰의 유무로 A1형[無]과 A2형[有]으로 구분할 수 있다. A2형은 임당 IB-60호 출토품이 대표적이다. 소찰 형태는 장방형과 상원하방형으로 구성되어 있으며 요찰은 장방형의 소찰이다. 그리고 요찰이 없는 A1형은 하삼정 나-26호 출토 찰갑인데 A2형과 달리 경갑을 갖추고 있다.

A2형은 잔존 상태가 좋지 않아 개폐 방식을 알 수 없다. 투공 배치로 보아 수결공이 확인된다. A1형은 출토 상태를 토대로 전동개폐이며 연결 방식은 외중식의 소찰수결 형태를 띤 것으로 판단된다(송정식 2010). B형도 출토 상태로 보아 전동개폐로 판단된다. 그러나 B형은 요찰 유무만으로 A2형과 같은 계통이라 보기 어렵다. B형인 구어리 1호 출토 찰갑은 A2형인 임당 IB-60호 출토품과 소찰 형태에 차이가 있고 경갑이 있기 때문이다.

그러므로 4세기대 초기 찰갑으로는 형태와 구조에서 신갑과 요찰이 있는 것(A2형), 신갑이 있으나 요찰이 없는 것(A1형), 신갑이 없고 경갑과 요찰만 있는 것(B형)과 같이 세 개의 제작 계통을 상정할 수 있다.

신라의 A형에 해당하는 초기 찰갑은 조영 IB-60호, 월성로 29호, 하삼정 나-26호 출토품이 있다. 이 중 조영 IB-60호는 요찰이 있어 앞서 분류한 A2형에 해당된다. 이것들은 월성로 29호, 하삼정 나-26호 출토품과는 달리 요찰 형태가 장방형으로 다른 기술 계통으로 추정된다.

이러한 찰갑은 가야에도 확인되는데 세부적인 형태에 차이가 있어 제작자가 동일하다고 판단하기는 어렵다. 이런 현상은 종장판갑에서도 그러하듯 4세기 초의 활발한 기술 교류에 따른 결과일 것이다. 따라서 이러한 현상이 범영남적인 것이라면 이 시기 찰갑을 '초기 찰갑'으로 구분해 부르는 것도 타당하다고 생각된다.

A형 찰갑을 좀 더 살펴보면 A1형 중에서도 하삼정 나-26호의 경우는 철제

갑옷이 제작되던 시기의 과도기적 양상을 보여주고 있다. 그러한 모습은 어깨 부분에 목 부위를 보호하기 위한 경갑에 나타나는데 경갑의 형태가 동시기 종장판갑의 후경판 및 측경판과 유사하다.

4세기대 찰갑은 전체적으로 삼국이 거의 같은 양상이다. 이에 대하여 송정식(2010)은 중국 동북지방은 소찰수결계통, 중원지방은 소찰혁결계통이 있음을 밝히고 두 기술이 혼합된 후 영남지방에 유입되었을 가능성을 상정하였다. 즉 이 책의 유형에 맞추어 보면 A형 찰갑은 위의 양상과 관련이 있다. A1형 찰갑은 동북지방으로부터, A2형은 중원지역과 동북지방의 기술 계통이 혼합된 개체로 이해할 수 있다. 여기에 요찰과 경갑만을 갖춘 B형 찰갑을 고려한다면 B형 찰갑은 수결을 위한 투공과 만곡된 단면을 가진 소찰이므로 소찰수결 계통인 동북지방 계통일 가능성이 크다고 생각한다. 또한 B형 찰갑은 A1형 찰갑과 달리 요찰의 평면 형태가 상원하방형이고 단면 형태가 'S'에 가까운 단면을 이루고 있다. 이점에 주목하면 A2형 찰갑과 B형 찰갑은 5세기대 찰갑의 주류를 이루는 D형, 즉 동환식 찰갑 제작에 영향을 주었을 가능성이 크다.

또 다른 영남지방의 특징적인 갑옷으로 B형 찰갑을 들 수 있다. 표 2-8은 신라지역 출토 B형 찰갑의 개별 특징을 정리한 것이다.

요찰들은 모두 평면 형태가 상원하방형이나 크기, 투공 배치, 수량에서 조금씩 차이가 확인된다. 이 중에서 가장 다양한 것은 투공 배치이다. 투공은 각각의 소찰이 연결되는 방법에 따라 달리 뚫어졌을 것인데 세로로 소찰을 연결하기 위한 수결공과 가로로 소찰을 연결하기 위한 횡결공이 있다.

구어리 1호와 복천동 21·22호에서 출토된 찰갑은 중앙에서 여미는 방식으로 추정된다. 그 근거는 정중앙의 소찰(요찰)을 중심으로 좌·우 요찰이 누중되었고 이것이 일렬로 펼쳐진 상태가 대부분이기 때문이다.

그런데 구어리 1호의 B형 찰갑, 옥성리 나-29호의 경갑의 제작이 부산지역일 가능성이 제기되었다(황수진 2011). 4세기대 B형 찰갑 출토 수량이 가야지역에 집중되고 유구의 형태 등이 부산지역 묘제와 동일한 것을 그 근거로 들었다. 이것은 4세기대 찰갑 제작이 특정 지역을 중심으로 기술 전파가 있었다는 견해로도 이해된다.

그러나 4세기대 초기 찰갑을 포함한 철제 갑옷 제작은 특정 지역을 중심으

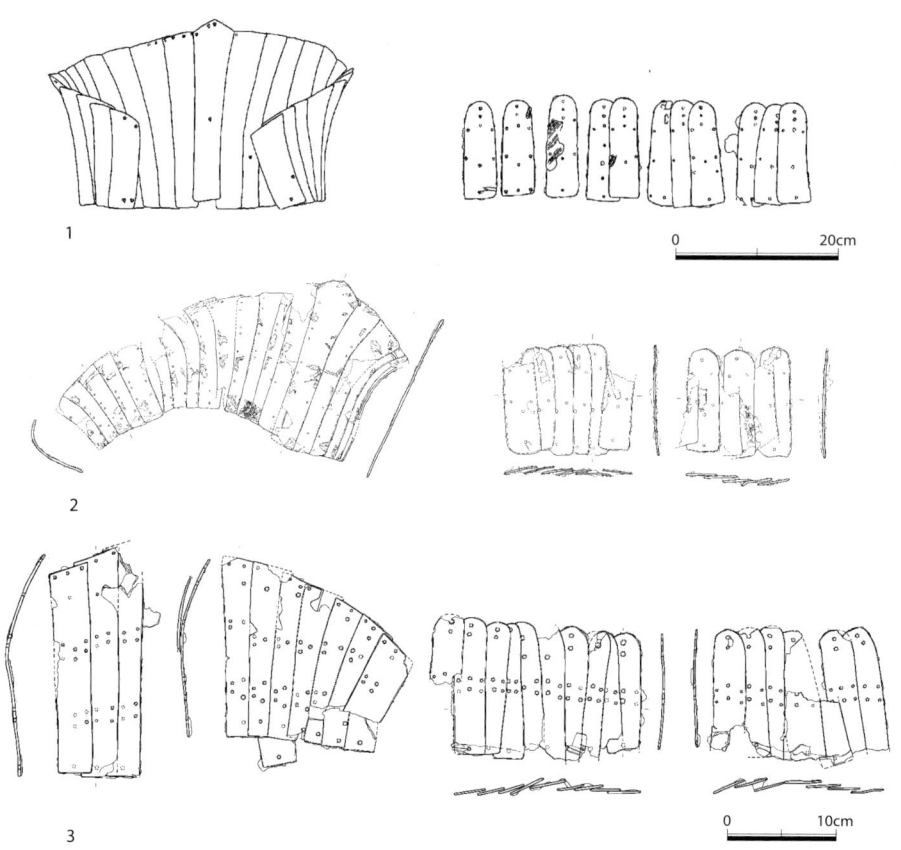

그림 2-12　유기질제 혼용 찰갑
1: 구어리 1호 ｜ 2: 대성동 1호 ｜ 3: 양동리 Ⅳ지구 1호

표 2-8　신라 출토 B형 찰갑

연번	유구	평면 형태	크기(cm)		투공 배치		소찰 수량	공반 갑주		
			길이	폭	수결공	횡결공		경갑	투구	종장 판갑
1	경주 구어리 1호	상원하방	10.5~13.4	3.4~4.1	c	a	32	●		●
2	포항 남옥지구 Ⅱ구역 17호	상원하방	·	·	·	·	·	●	●	
3	부산 복천동 21·22호	상원하방	12	4	d	c	49	●		●
4	부산 복천동(동) 8호	상원하방	13	4	d	·	·	●		
5	경산 임당	상원하방	12.4	3.3	b	c	?	●	●	

로 이루어졌다고 보기 어렵다. 종장판갑의 제작이 그러하듯 제작 기술의 교류가 활발히 있었다고 보는 것이 타당할 것이다. 부산지역에서 제작되었을 가능

성을 제시하였지만 B형 찰갑이 확인된 부산지역 중심고분군인 복천동고분군에서는 동 시기에 그와 동일한 찰갑이 없다. 오히려 신라문화가 확산된 이후 확인된다. 또한 신라인 경주지역에서는 구어리 1호 이외에 B형 찰갑이 확인되지 않았지만 인근 포항 남옥지구 유적에서 최근 확인된 사례가 있다. 더군다나 영천 화남리유적이나 포항 옥성리유적은 경갑만 확인되는 갑옷이 있어 이러한 사례가 B형 찰갑 제작 전통과 관련이 있을 가능성도 배제할 수 없다.

5세기대의 찰갑은 4세기대의 찰갑과는 다른 양상을 보인다(그림 2-13). 우선 요찰의 단면 형태가 미약한 것에서 굴곡이 있는 것으로 다양하게 변화하고 팔이나 다리 부분에 부속갑이 갖추어진다. 찰갑의 구조는 이미 4세기 후반에 이르며 점차 변화를 겪는다. 이 시기의 주요 찰갑 유형은 D형 찰갑이다. 임당 G-5호, 울산 중산리 IA-138호, IB-17호, 쪽샘 C-10호 출토품은 D형 찰갑의 이른 사례이다.

착장 방식은 앞에서 동환식과 양당식으로 분류할 수 있다고 하였다. 대부분은 동환식 찰갑이면서 D형 찰갑이다. 이것은 다시 요찰의 단면 형태에 따라 'S'형, 'Ω'형, '〉'형, ']'형으로 나눌 수 있다.[13] D형 찰갑의 선후 관계는 현재 가장 이른 중산리 IB-17호, 임당 G-5호, 쪽샘 C-10호 출토품을 보았을 때 'S'형, ']'형의 요찰을 가진 찰갑이 먼저 제작된 것으로 보인다.

D형 찰갑은 5세기 후반에 이르러 요찰의 단면 형태와 투공 배치에서 또 한 번 변화한다. 요찰의 단면 형태에서 'Ω'형이 나타난다. 투공 배치도 변화하여 중앙에 배치되었던 수결공(1열)이 양측변(2열)에 각각 하나씩 뚫리게 된다. D형 찰갑은 요찰과 거찰의 단면 형태를 통해 아래와 같이 네 종류로 세분할 수 있다.

    1류 : 만곡이 없는 평찰과 'S'형의 요찰을 가진 것
    2류 : 만곡이 없는 평찰과 ']'형의 요찰을 가진 것
    3류 : 만곡이 없는 평찰과 'Ω'형의 요찰, 평찰 형태의 거찰
    4류 : 만곡이 없는 평찰과 'Ω'형의 요찰, 'Ω'형의 거찰

---

13   삼국시대 출토 찰갑을 검토한 연구에 따르면 동환식 찰갑을 요찰의 만곡도에 따라 세 가지 유형으로 나누는 보는 견해(우순희 2001: 114)와 유형 내 변화 양상으로 보는 견해(장경숙 2007: 3)가 있다.

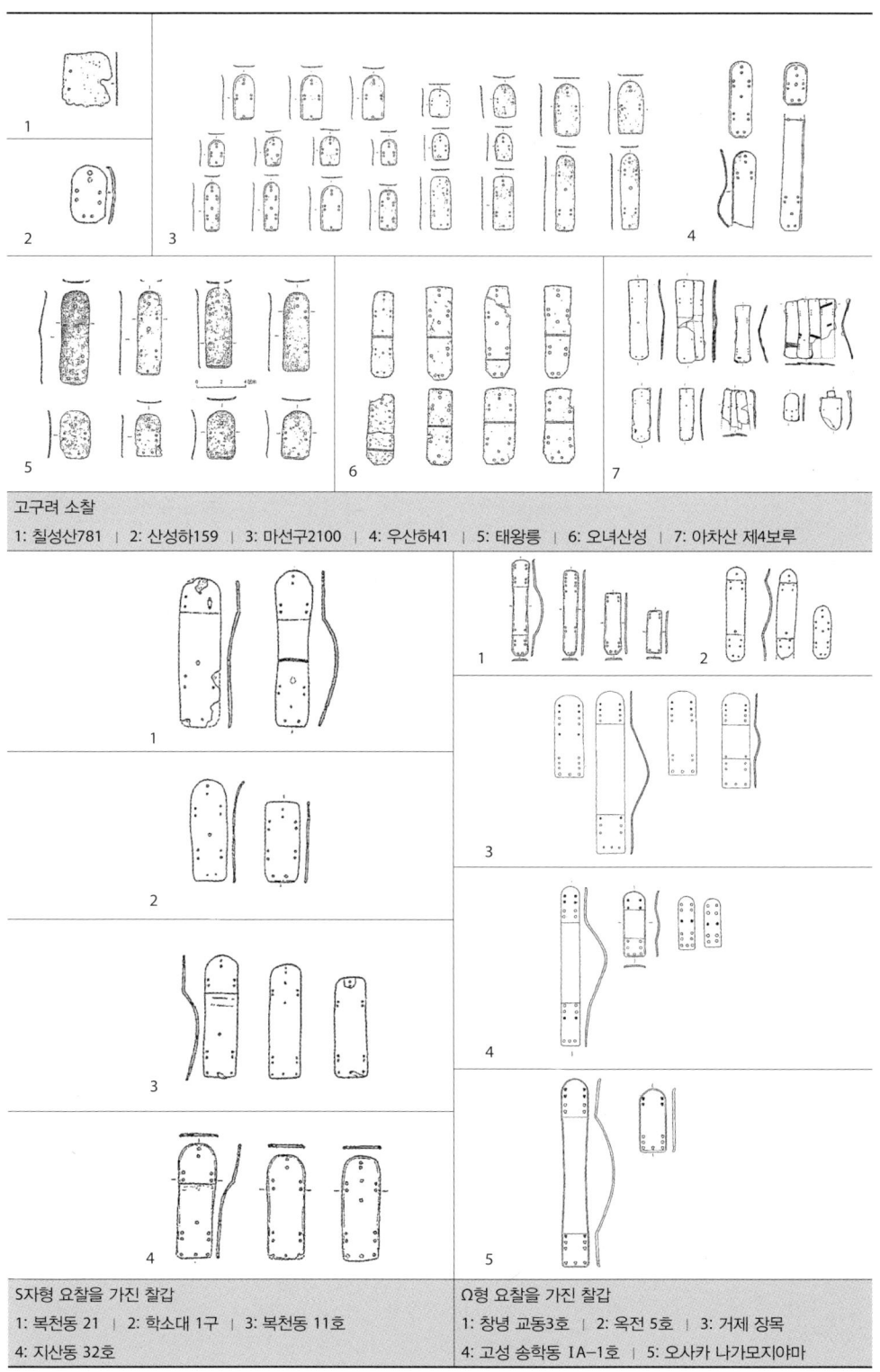

그림 2-13 한반도 찰갑의 시기에 따른 변화(5세기대 찰갑 구조)

그런데 요찰이 없는 C형 찰갑도 5세기에 계속해서 제작된다. 따라서 이 시기 찰갑의 제작 계통은 크게 두 개의 흐름이 있었음을 알 수 있다.

다음으로 주목되는 점은 소찰을 상하로 연결할 때 이용하는 투공 배치이다. 이 점이 주목받는 것은 투공의 위치에 따라 소찰을 연결하는 방식이 크게 달라지기 때문이다. 그런데 이 투공 배치는 요찰 형태와도 연관이 있어 보인다. 통상적으로 'S'형 요찰을 가진 동환식 찰갑은 대부분이 1열 배치이며 'Ω'형 요찰을 가진 찰갑은 2열 배치가 많다.

투공 배치의 선후 관계는 최근에 보고된 5세기 전반으로 추정되는 계림로 1호 출토 찰갑으로 알 수 있다. 이 찰갑은 2열 배치이나 'S'형인 요찰을 가지고

표 2-9 한반도 찰갑의 시기에 따른 변화

시기	유구	피갑(B형)	양당식(A형)	동환식(D형)			
				1류	2류	3류	4류
4세기 전반	경주 구어리 1호	●					
	부산 복천동 38호		●				
	경산 임당 IB-60호		●				
	경주 월성로 가-29호		●				
4세기 후반	김해 대성동 39호	●					
	김해 대성동 57호	●					
	김해 대성동 2호		●				
	경산 임당 G-5호			●			
5세기 전반	부산 복천동 21·22호	●					
	경주 쪽샘 C 10호				●		
	부산 학소대 1구 2호			●			
	부산 복천동 10·11호			●			
	김해 대성동 1호			●			
5세기 후반	고령 지산동 32호			●			
	경산 임당 7B호					●	
	창녕 교동 3호					●	
	부산 연산동 M10호				●		
	부산 연산동 M8호					●	
6세기	고성 송학동 1A-1호						●
	거제 장목 고분						●
	함평 신덕 고분						●
	광주 쌍암동 고분						●

있다. 이후 창녕 교동 3호에서 2열 배치를 확인할 수 있다. 이와 같은 투공 배치의 변화는 찰갑과 관련이 깊은 마갑에서도 확인된다.[14]

그런데 D형 찰갑은 당시 동북아시아의 주요 세력인 삼연과 고구려에서도 유행하였다. 삼연의 대표적인 유적인 북표 라마동유적에서 확인되는 'S'형 요찰과 상원하방형의 소찰, 그리고 소찰수결의 연결 기법은 영남지방 5세기대 찰갑의 특징과 큰 차이를 보이지 않는다. 고구려 역시 동일한 양상을 보이고 있다. D형 찰갑은 마주와 마갑 등이 공반되고 있어 중장기병 출현과도 관련이 있다. 아마도 신라는 D형 찰갑 제작 기술을 수용하면서 중장기병 전술을 도입하였을 가능성이 있다.

이외에도 신라는 E1형과 같이 투구와 경갑만이 출토되거나 비갑만 있는 것이 있어 4세기대 초기 찰갑처럼 5세기대에도 나머지 부분을 가죽 등의 소재로 제작한 피갑이 존재한 것으로 추정된다.[15]

신라 찰갑은 완전한 개체가 출토된 것은 아니지만 소량의 소찰이 고분에 부장되거나 부속갑의 일부만 부장한 사례도 있다. 이는 백제지역의 주거지 내에서 소량의 소찰이 확인되는 것과 비교해 볼 수 있다. 소량의 소찰이 부장된 구체적 사례로 조양동 Ⅰ-9호, 중산동 27호 목곽묘(울문연), 중산동 67호 목곽묘, 하삼정 가지구 19호 수혈식 석곽묘, 조일리 34호 수혈식 석곽묘에서 1점씩 출토된 것을 들 수 있다. 완전한 개체가 확인되지 않는 것은 고분 파괴에 따른 현상으로 볼 수도 있지만 임당 G-126호와 같이 소찰 일부를 부장하는 경우도 있어 일종의 의례적 행위와 관련지어 볼 수도 있다. 앞서 언급하였듯이 비갑이나 경갑과 같은 부속갑의 일부만 부장하는 행위도 신라의 갑주 부장의 특징이다.

(3) 부속갑

부속갑은 투구와 판갑 혹은 찰갑이 보호하지 못하는 신체의 나머지를 보호

---

[14] 마갑에 대한 연구 결과(장경숙 2009b: 183)에 따르면 수결공이 중앙 1열 배치에서 중앙 1열과 좌우 2열 혼용 배치를 거쳐 좌우 2열 배치로 변화해 간다고 하며 이러한 제작기법은 찰갑에서도 유사하게 적용되는 것으로 보고 있다.

[15] 이와 관련하여 김영민(2000)의 연구가 참고된다.

하는 갑옷이다. 부속갑은 일찍부터 제작되었는데 팔뚝을 보호하는 비갑과 목을 보호하는 경갑이 먼저 제작되었다. 이후 판갑과 찰갑이 발전함에 따라 더불어 많은 변화가 있었다. 신라 갑주는 부속갑 중 비갑의 장식성이 강하다. 이에 신라의 부속갑으로 경갑과 비갑을 살펴보고자 한다.

경갑은 갑옷 부위 중 목을 가리는 용도이다. 경갑은 유구 내에서 단독으로 출토되기보다 갑옷과 같이 나온 경우가 많다. 종장판갑은 경갑을 모티브로 하여 목 부위를 보호하는 부분이 있을 만큼 오랜 전통이 있다.

그러나 경갑은 갑옷의 부속갑으로만 평가되어 개별 연구는 상당히 부족한 편이다. 부족한 연구 상황에서도 경갑을 분석한 장경숙(2001)은 지판의 연결 방법, 지판의 매수를 기준으로 형식 분류를 시도하였다. 이를 간단하게 소개하면 그는 지판의 연결 방법에 따라 혁결기법(I류)과 원두정으로 연결한 정결기법(II류)으로 크게 구분하였다. I류는 다시 혁결기법의 종류에 의해 IA와 IB로 구분되며 전자는 혁결기법 1, 후자는 혁결기법 2가 사용된다고 한다. 마지막으로 지판 매수를 검토하여 세부 형식을 설정하였다. 모두 4개의 형식으로 세분되었는데 10매 이상에서 20매 이하는 IA1형식, 20매 이상 40매 이하는 IA2·IB2형식, 40매 이상은 IB3형식으로 구분하였다.

신라의 경갑 중 특징적인 형태는 정중앙 지판에 큰 투공을 뚫은 것이 있다. 경주 동산리 35호, 상주 신흥리 나-39호에서 확인되는데 용도는 알 수 없다. 아마도 장식을 달기 위한 구멍으로 판단된다. 최근 대성동 1호 출토 경갑에서도 확인되었는데 별다른 특징이 없어서 현재로서 정확한 용도는 알 수 없다.

다음으로 비갑을 살펴보고자 한다. 비갑은 팔꿈치에서 손목까지를 보호하는 부속갑이다. 형태에 따라 크게 두 가지 형식으로 구분할 수 있다.[16] 첫 번째는 통 모양으로 된 철판 2~3매를 연결하여 만든 것이고 두 번째는 폭이 좁고 긴 철판 여러 매를 가죽 끈으로 연결한 것이다.

통형으로 된 비갑은 복천동 10·11호, 황남대총 남분, 노동리 4호, 금관총, 쪽샘 E41호, 달서 34호, 상주 신흥리 나-37호, 경산 임당 1A호분, 전 창녕 출토품이 있다. 폭이 좁고 긴 철판 여러 매를 이용하여 제작한 비갑은 옥성리

---

16 비갑의 분류는 우순희(2006)의 연구를 바탕으로 구분하겠다.

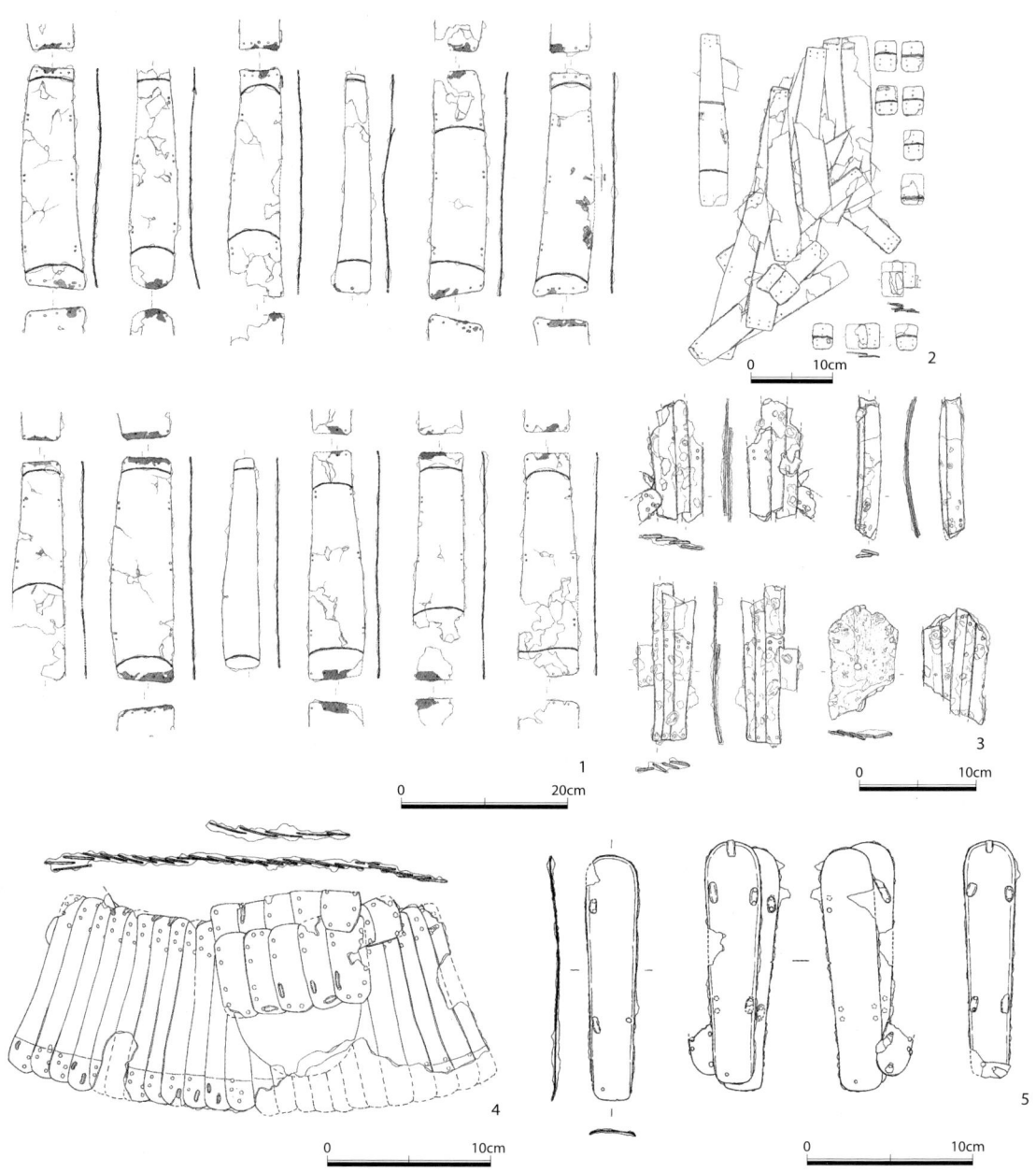

그림 2-14 종장형 비갑

1: 옥성리 가지구 35호 | 2: 학소대 1-3 | 3: 송학동 1A-1호 | 4: 문산리 M1-1호 | 5: 임당 G5호

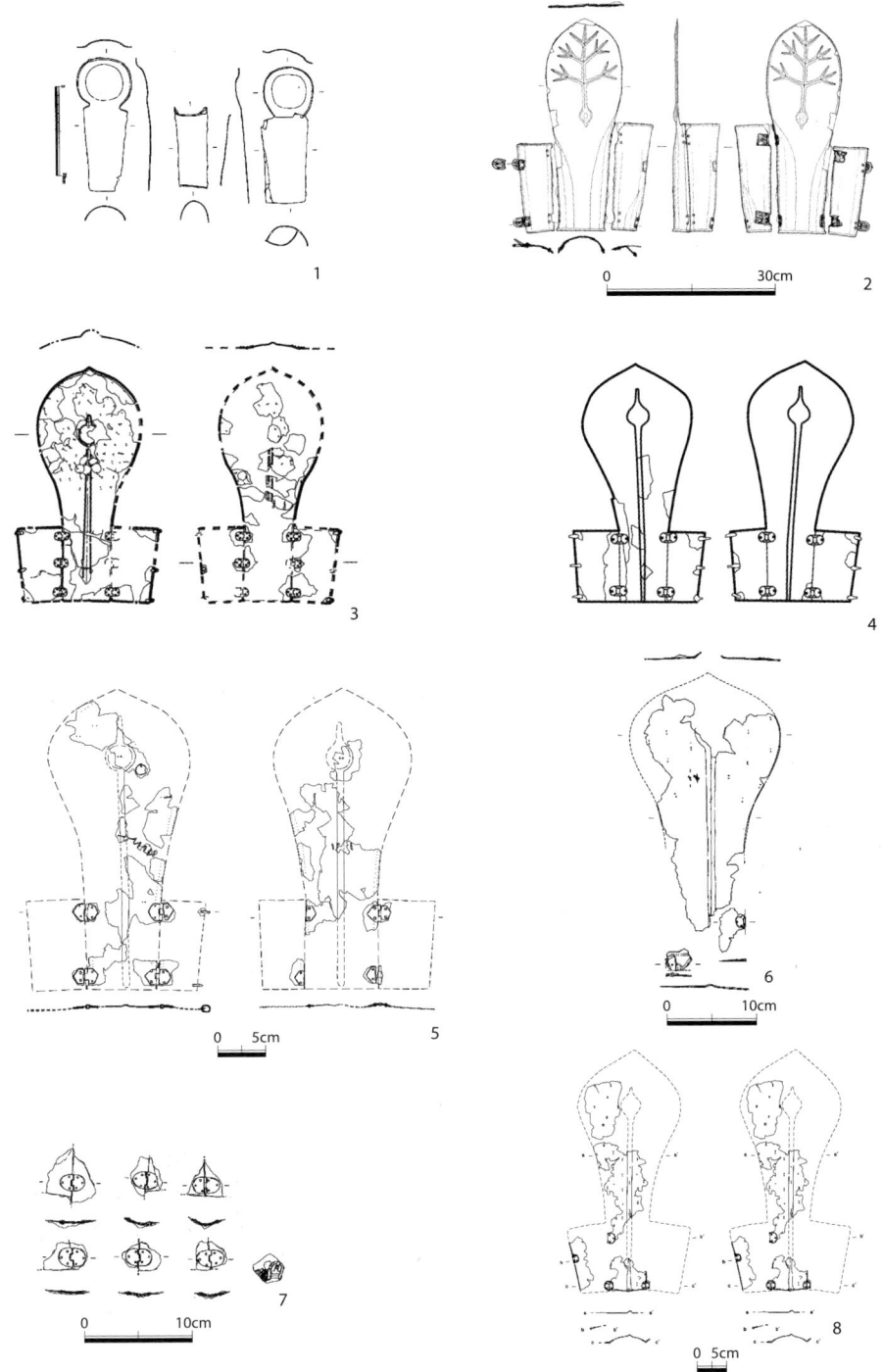

그림 2-15 원통형 비갑

1: 신흥리 나37호 | 2: 복천동 10·11호 | 3: 천마총 | 4: 황남대총 남분 | 5: 의성 대리리 48-1호
6: 노동리 4호 | 7: 임당 6A호 | 8: 금관총

표 2-10 신라지역 출토 비갑의 종류와 특징

형식	유구	재질	개폐 장치	복륜	장식
원통형	부산 복천동 10·11호	철	혁대경첩	없음	타출
	경주 황남대총 남분 a	은	요철경첩	절판복륜	타출
	경주 황남대총 남분 b	금동	요철경첩	절판복륜	타출+영락
	경주 노동리 4호	금동	요철경첩	없음	타출+영락
	경주 금관총 a	금동	요철경첩	절판복륜	타출+영락
	경주 금관총 b	금동	요철경첩	절판복륜	타출+영락
	임당 6A호	금동	요철경첩	?	?
	전 창녕	금동	요철경첩	절판복륜	타출+영락
	대구 달서 34호	금동	요철경첩	없음	타출+영락
	경주 천마총	금동	요철경첩	절판복륜	타출+영락
	경주 쪽샘	은	요철경첩	?	?
	상주 신흥리 나-37호	철	요철경첩		없음
	부산 연산동 M8호	철	요철경첩		?
	경산 임당 1A호분	금동	요철경첩		타출+영락
종장형	포항 옥성리 나-35호	철	혁대경첩		없음
	포항 남옥지구	철	혁대경첩		없음
	달성 문산리 Ⅱ지구 M1-1호	철	혁대경첩		없음
	경주 사라리 13호	철	혁대경첩		없음
	경주 사라리 65호	철	혁대경첩		없음

가-35호, 옥성리 남옥지구, 달성 문산리 Ⅱ지구 M1-1호, 학소대 1구 3호 출토품 등을 들 수 있다.

폭이 좁고 긴 철판을 이용한 비갑은 4세기부터 제작되나 찰갑의 부속갑이 되어서는 좀 더 세장하게 변화해 간다. 옥성리 남옥지구 비갑은 옥성리 가-35호 출토품과 더불어 가장 빠른 시기 비갑인데 종장판갑 안에 들어 있어 어떤 갑옷과 같이 사용하였는지 알 수 있는 좋은 자료이다. 원통형 비갑은 5세기 이후에 출현하는 것으로 보인다. 이 비갑은 모양에도 약간의 차이가 있으나 문양과 재질로 크게 구분할 수 있다. 소재는 금동, 은, 철로 만들었으며 가지 문양을 타출 기법으로 표현하거나 영락을 달아 장식하기도 하였다.

비갑은 신라 외에 가야에서도 찰갑의 부속갑으로 확인된다. 그렇지만 원통형 비갑은 가야지역에서는 드물다. 현재는 대부분 신라지역에서 출토되고 있어 원통형 비갑을 신라의 특징적인 갑옷으로 볼 수 있다.

(4) 마주 · 마갑

현재까지 한반도에서 출토된 마주와 마갑의 대부분은 공산성 출토 자료를 제외하면 영남지방에서만 확인되었다. 공산성 출토 자료도 당나라와 백제 사이에서 어느 곳을 제작지로 볼 수 있을지는 공식보고서 출간 후 종합적인 검토가 필요하다. 백제지역에 출토 사례가 적은 이유는 당시 백제의 철기 제작 수준을 보았을 때 제작하지 못하였다기보다는 매장 습속과 관련이 있을 것이라 짐작된다.

신라지역은 가야와 더불어 많은 출토 사례가 확인된다. 마주는 경주 황남동 109호 3·4곽, 사라리 65호, 황오동 쪽샘 C10호에서 출토되었고 마갑은 경주 황남동 109호 3·4곽, 황오동 쪽샘 C10호, 계림로 1호, 경산 조영동 CⅡ-2호, 부산 복천동 35호, 복천동 47호, 복천동 학소대 1구 2호에서 출토되었다.

영남지방 출토 마주는 크게 얼굴덮개부, 챙부, 볼가리개부로 구분된다. 형식은 부위별 형태나 일부 속성의 유무를 조합하여 A류와 B류로 분류되었다. 분류의 큰 기준은 얼굴덮개부의 분할 여부이며 상판이 분할된 것은 A류, 분할되지 않은 것은 B류로 구분된다(이상률 2005). 마주의 속성 중 측판의 범위에 대한 견해차이가 있으나(김재우 2004) 마주를 구분하는 큰 틀에서는 차이가 없다. 현재까지 확인된 자료로 보면 신라지역은 A류와 B류 모두 확인된다. 그러나 5세기 전반에 자료가 집중되어 이후에 어떤 마주를 제작하였는지 알 수 없다.

마갑은 여러 형태의 소찰로 구성되어 있다. 그러므로 찰갑처럼 소찰의 형태에 따라 구분한다. 찰갑의 소찰보다 크기가 크며 형태나 투공에 차이가 있다. 이것은 찰의 평면 형태에 따라 세종장방형찰(a), 상원하방장형찰(b), 장방형찰(c), 세장방형찰(d), 제형찰(e)로 나눌 수 있다. 여기에 장경숙(2009b)은 제형찰에서 변형사다리 1·2형을 추가하였는데, 변형사다리형인 사례는 도항리 6호에서만 확인된다. 또한 소찰의 투공 위치도 중요한 속성이다. 수결공의 위치가 중앙에 있는 것(Ⅰ), 중앙과 가장자리에 혼재하는 것(Ⅱ), 가장자리에 있는 것(Ⅲ)으로 분류할 수 있다(우순희 2010). 이러한 마갑의 여러 속성 중에서 형식 분류에서 가장 중요한 기준은 세종장방형찰이 있는 것(A류)과 없는 것(B류)으로 판단된다(김혁중 2015a).

표 2-11에 의하면 신라지역에서 출토된 마주 A류는 마갑 A류와 공반되며 마

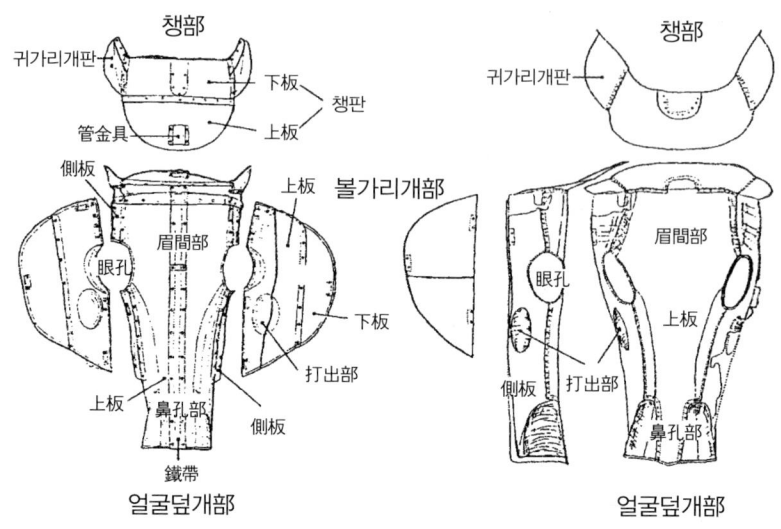

그림 2-16　마주의 유형

표 2-11 신라 마주·마갑의 조합관계

분류		유구						
		사라리 65호	계림로 1호	학소대 1구 2호	황남동 109호 3·4곽	황오동 쪽샘 C10호	조영동 CⅡ호	복천동 35호
마주		A류	없음	없음	B류	B류	없음	없음
마갑	속성	A류	A류	A류	B류	B류	B류	B류
	Ⅰ				●			
	Ⅱ			●			●	●
	Ⅲ	●	●			●	●	●
	a							
	b		●	●				
	c			●	●		●	●
	d		●		●		●	●
	e		●	●	●		●	●

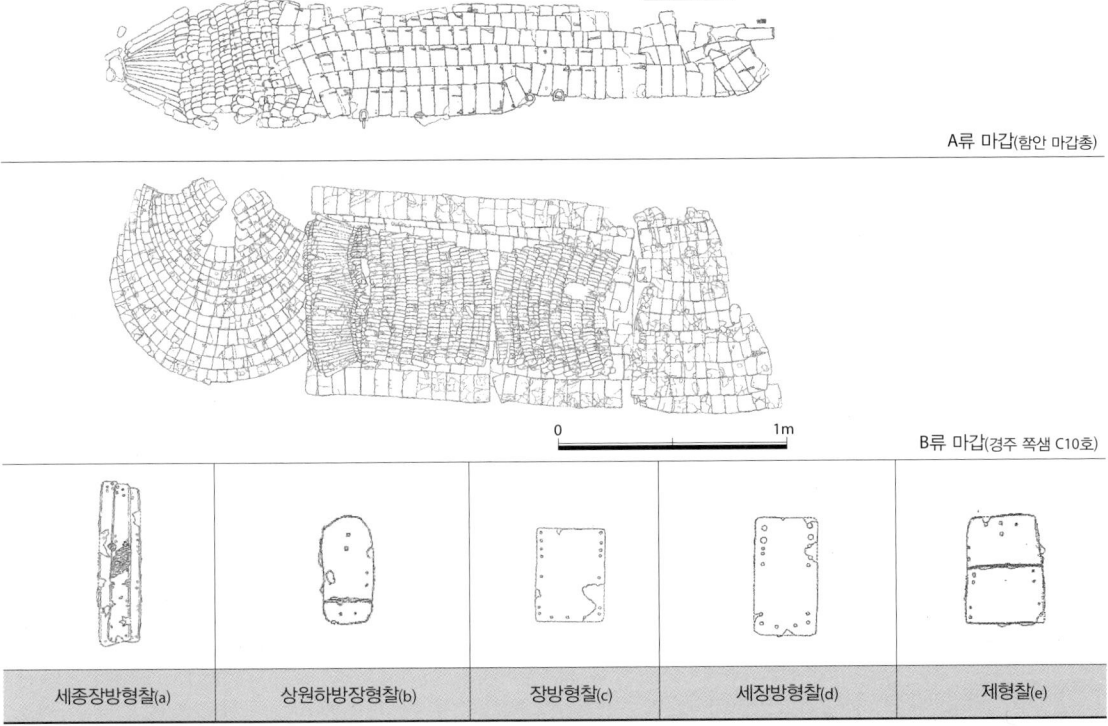

A류 마갑(함안 마갑총)

B류 마갑(경주 쪽샘 C10호)

| 세종장방형찰(a) | 상원하방장형찰(b) | 장방형찰(c) | 세장방형찰(d) | 제형찰(e) |

그림 2-17 마갑의 분류

주 B류는 마갑 B류와 공반된다. 그러나 마주 출토 사례가 많지 않아서 일반적인 조합관계라고 단정짓기는 어렵다. 마갑은 A류와 B류 모두 고르게 출토되었다.

2) 가야 갑주의 종류와 변천

가야는 일찍부터 다양한 형태의 갑주가 분묘에 부장되었다. 특히 금속제 갑주의 부장 시기는 4세기부터로 추정되며 제작 시기는 그와 비슷하거나 그보다 조금 빠를 가능성도 있다. 물론 금속제 갑주를 만들기 이전에 가죽 등 유기질제로 만든 갑옷이 있었으며 부산 노포동유적, 창원 다호리유적 출토품에서 그 형태를 추정해 볼 수 있다.

가야의 갑주도 신라와 마찬가지로 크게 머리를 보호하는 투구와 몸을 보호하는 갑옷, 그리고 부속갑과 마갑·마주로 구분해서 검토하고자 한다.

(1) 투구

가야의 투구는 다양한 형태가 확인되었다. 이 중 종장판주는 가야에서 가장 많이 출토된 투구 형태이다. 이외에도 소찰주, 차양주, 충각부주 등도 출토되었다. 소찰주는 복발 대신 관모를 이용해 다른 투구보다 장식성이 뛰어난 투구이다. 특히 가야는 투구를 복수로 부장하는 풍습이 나타나는 점에서 신라와 차별화된다.

가. 종장판주

종장판주는 가야 지역 무덤에서 출토된 투구 중 그 수가 가장 많다. 이로 보아 가야 전사가 주로 착용한 투구로 볼 수 있다. **표 2-12**는 주체를 명확하게 파악할 수 있으면서 정식 보고서가 간행된 자료를 중심으로 출토 투구의 여러 속성을 정리한 것이다.

가야 초기의 종장판주는 대성동 18호, 복천동 38호 출토품이 해당된다. 모두 주체가 만곡된 형태이다. 종장판주의 계통은 중국 동북지역의 유수노하심 중층에서 출토된 종장판주가 참고된다. 유수노하심유적 출토 종장판주는 주체의 형태가 만곡하지 않으며 소찰볼가리개를 가지고 있다. 대성동 18호와 복천동 38호 출토 종장판주는 주체가 만곡하고 볼가리개도 소찰이 아닌 지판볼가

표 2-12   가야 종장판주의 여러 속성

속성 유구	만곡 여부	지판 수	복발 유무 및 형태	볼가리개 형태	수미부 가리개 형태	기타
고령 본관동 C호	A	?	철제 반구형	소찰	?	
고령 지산동 32호	A		철제 반구형	소찰	?	
고령 지산동 44호	A	?	철제 반구형	소찰	?	
고령 지산동 75호	A	?	철제 반구형	소찰	소찰	
고령 지산동 518호	B	?	관모형	소찰	?	차양
김해 대성동 1호	B	11	없음	지판	없음	
김해 대성동 2호	A	?	없음	소찰	?	
김해 대성동 2호	B	?	없음	?	?	
김해 대성동 3호	A	?	없음	지판	?	주곽
김해 대성동 3호	A	?	없음	지판	?	부곽
김해 대성동 3호	A	?	없음	지판	?	부곽
김해 대성동 3호	A	?	없음	지판	?	부곽
김해 대성동 18호	A	18	철제 반구형	지판	없음	
김해 대성동 56호	A	18	없음	지판	없음	
김해 대성동 57호	A	16	없음	지판	없음	
김해 대성동 57호	B	17	없음	지판	없음	
김해 대성동 70호	B	?	없음	지판	?	
김해 대성동 77호	A	(31)	철제 반구형	소찰	?	
김해 양동리 78호	A		철제 반구형	지판	없음	
김해 양동리 Ⅳ-1호	A	11	없음	지판	없음	
김해 양동리 Ⅳ-1호	B	12	없음	지판	없음	
김해 예안리 150호	B	19	없음	?	?	
김해 본산리·여래리 Ⅱ-17호	A	13	철제 반구형	지판	없음	
창원 석동 388호 목곽묘	A	14	없음	지판	없음	
부산 복천동 38호	A	20	철제 반구형	지판	없음	
부산 복천동 34호	A	?	?	소찰	?	
부산 복천동 54호	B		없음	지판	없음	
부산 복천동 93호	A	15	없음	소찰	소찰	
기장 가동 Ⅱ-43호	B	16	없음	지판	?	
함안 도항리 6호	A		철제 반구형	소찰	?	
함안 도항리〈현〉8호	A		철제 반구형	소찰	소찰	
함안 도항리〈현〉22호	A		없음	소찰	소찰	
함안 도항리 36호	A		없음	지판	없음	
함안 도항리 39호	A	?	?	소찰	?	
함안 도항리 43호	A	?	철제 반구형	?	?	
함안 도항리 54호	A	?	철제 반구형	소찰	?	

유구 \ 속성	만곡 여부	지판 수	복발 유무 및 형태	볼가리개 형태	수미부 가리개 형태	기타
함안 마갑총	A	?	철제 반구형	?	?	
합천 옥전 8호	A		철제 반구형	소찰	소찰	
합천 옥전 20호	A		철제 반구형	소찰	소찰	
합천 옥전 23호	A		금동제 반구형	소찰	소찰	
합천 옥전 28호	A		철제 반구형	지판	없음	
합천 옥전 35호	A		철제 반구형	소찰	소찰	
합천 옥전 67-A호	A		철제 반구형	소찰	소찰	
합천 옥전 67-B호	A		철제 반구형	소찰	소찰	
합천 옥전 70호	A		철제 반구형	소찰	소찰	
합천 옥전 M1호	A		철제 반구형	소찰	소찰	
합천 옥전 M3호	B		없음	소찰	소찰	금동, 파상문
남원 월산리 M1-A호	B	?	없음(관모형?)	소찰	?	
남원 월산리 M5호	B	10	관모형	소찰	?	차양

리개이다. 중국 동북지역과 가야자료를 비교하면 엄밀한 의미에서 동일한 형태로 보기 어렵다. 그러나 가야는 조금 늦은 시기부터 만곡하지 않은 종장판주를 많이 확인할 수 있다. 따라서 종장판주 제작 형태가 조금은 변화되었으나 동북지역에서 제작되던 종장판주의 영향을 직간접적으로 받았다고 추정해 볼 수 있다.

여러 종장판주는 복발부, 주체부, 볼가리개부로 나뉘는 구조와 요소가 공통적이다. 이것들은 기술적 속성과 형태적 속성을 통해서 분류할 수 있다. 기술 속성은 연결기법과 복륜기법을 들 수 있다. 연결기법은 시간적인 변화도 보여주는데 가죽 끈을 이용하는 방법에서 못으로 연결하는 기법으로 변화한다. 그러나 가죽 끈을 이용하는 방법은 늦은 시기까지도 이용되었다.

앞에서 살펴본 신라 종장판주도 그러하지만 시간적인 변화를 보여주는 것은 형태적 속성이다. 가야 종장판주는 주체의 만곡하는 형태와 만곡하지 않는 형태를 상위 속성으로 분류할 수 있다. 종장판주의 형식은 주체의 만곡 여부에 따라 다른 계통을 나누고 그 안에 여러 속성의 조합관계를 설정한 것이다. 이를 참고하면 종장판주의 변화는 크게 3단계로 나눌 수 있다.

1단계는 4세기 전반으로 종장판의 지판이 20여 매 이하로 폭이 넓은 형태이다. 이 시기부터 주체 만곡하는 종장판과 만곡하지 않는 종장판 모두가 확인된다. 그러나 볼가리개는 소찰이 아니라 장방형 혹은 삼각형 철판을 이용한 지판볼가리개이다.

2단계는 4세기 후반으로 종장판의 지판이 세장하게 변화하고 매수가 20~40매로 증가한다. 또한 볼가리개도 소찰볼가리개가 이용된다. 또한 만곡하지 않는 종장판주의 제작이 점차 줄어든다.

3단계는 5세기 이후로 종장판에 장식성이 증대된다. 종장판주 중에 연결기법을 못으로 이용하는 병유기법도 확인된다. 종장판의 매수는 앞 단계에서 점차 늘어났으나 못으로 연결한 종장판주는 연결된 지판 매수가 20매 이하로 줄어든 것도 있다. 이 시기에 종장판주의 장식은 점차 화려해지는데 복발이나 지판을 금동으로 제작하기도 한다. 합천 옥전 M3호 출토 종장판주와 같이 지판 외연에 곡선 형태가 파상문도 있다. 또한 가야의 종장판주에서 가장 주목할 장식은 차양을 붙이거나 복발 부분에 관모를 얹어 놓은 것이다.

종장판주는 점차 주체가 커지며 이후 장식성이 증가하는 방향으로 변화한다. 종장판주에 장식성이 증가하는 이유는 몸통을 보호하는 찰갑이 장식을 표현하기 어려운 점에 있다(이성훈 2013).

최근에 종장판주의 분포 양상을 검토하여 주체 형태가 만곡되지 않은 종장판주를 가야의 특징으로 본 견해도 있다. 그는 신라지역의 만곡하지 않는 종장판주인 임당 G5호 출토 종장판주를 부산지역과의 교류에 의해 입수된 것으로 보았다(이현주 2010b). 그러나 신라지역에서도 점차 만곡하지 않는 종장판주가 확인되고 있다. 따라서 분포양상은 생산지를 판단하는 주요 근거로 삼기는 어렵다. 오히려 지역성보다 제작의 문제로 접근하고자 하는 견해(이성훈 2013)가 타당한 것으로 보인다.

종장판주는 가야뿐만 아니라 삼국시대 여러 나라에서 사용된 주요 투구이다. 따라서 형태적인 차이로 지역 간 특징을 구분하기 어렵다. 다만 가야의 종장판주는 장식성에서 다른 나라에 없는 특징을 일부 확인할 수 있다. 대표적인 자료로 대성동 57호 출토 종장판주가 있다. 이 종장판주의 볼가리개는 일정한 간격으로 투공을 뚫어 궐수문을 나타내었다. 가야지역에서 장식적 요소는 종장판주뿐만 아니라 종장판갑에도 확인된다. 이처럼 갑주에 궐수문이나 새 모양

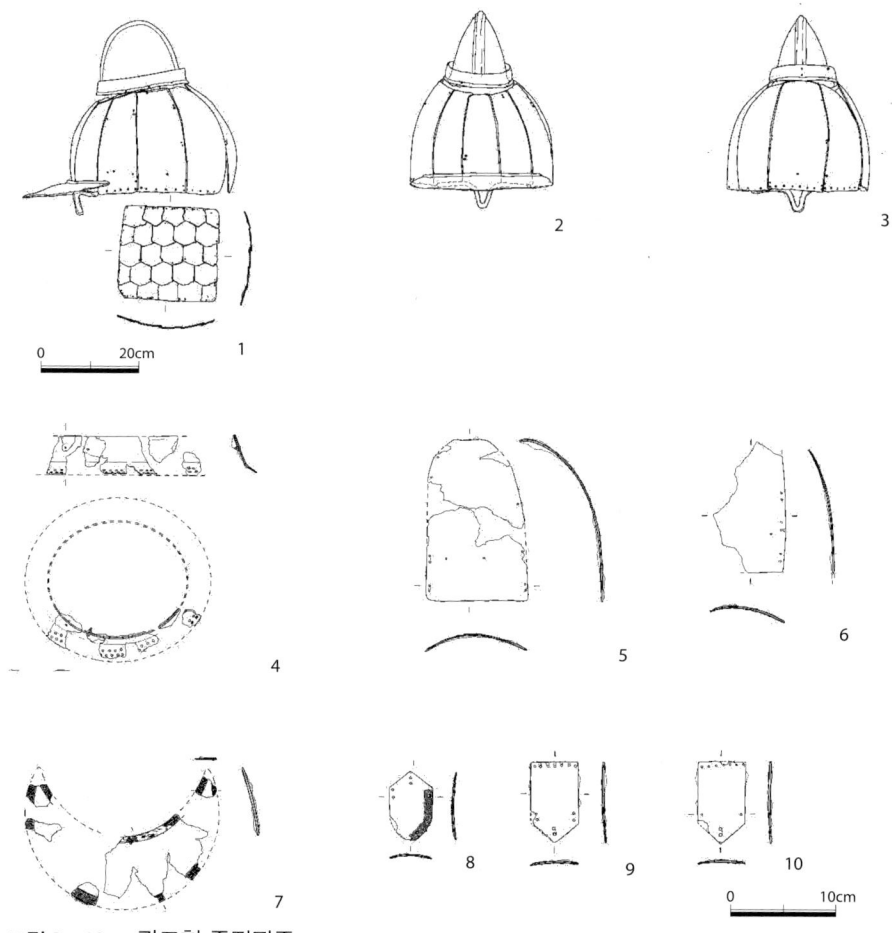

그림 2-18 관모형 종장판주

1~3: 남원 월산리 M5호분 | 4~10: 지산동 518호분

장식을 적극적으로 표현한 점은 가야 갑옷의 특징이라 할 수 있다.

 종장판주의 장식성과 더불어 주목할 자료는 차양이 달린 종장판주이다. 최근 남원 월산리 M-5호분, 지산동 518호분 등에서 출토되었으며 점차 자료가 증가하고 있다. 이 종장판주는 비교적 시기가 늦음에도 불구하고 넓은 지판을 사용하여 제작하였다. 그러나 복발을 얹는 부분은 관모 형태를 띠며 투구의 이마 부분은 햇빛을 가릴 수 있는 차양(챙)이 결합되어 있다. 주체가 종장판으로 되어있기에 종장판주로 명명할 수 있으며 그 안에 새로운 형식으로 둘 수 있을 것이다. 이외에도 교동 3호에서 출토된 관모 형태의 투구편이 주목된다.

 그러나 새로운 속성이 갑자기 생겨난 것은 아니고 기존 형식에 다른 투구의 속성이 결합된 형태이다. 이 중 광형 지판은 재지계의 영향이 상정되고 관모형 복발은 외부 기술이 더해진 것으로 추정된다. 광형 지판을 사용하여 제작된 종장판주는 양동리 78호, 합천 옥전 70호 출토품도 있으며 대성동고분군에서 출토된 종장판주는 늦은 시기에도 넓은 지판을 이용하여 제작하였다. 관모형 복발은 고구려 벽화에 보이는 소찰주처럼 북방지역에서 영향을 받았을 가능성이 있다.

이러한 종장판주를 '가야형 종장판주'로 설정할 수 있으며 가야 갑주의 특징을 잘 보여준다고 할 수 있다. 이 투구는 일본열도의 갑주 제작에도 큰 영향을 준 것으로 판단된다. 일본학계에서 돌기부주로 명명한 광형지판 종장판주는 군마현 간논야마(觀音山) 고분, 후쿠시마현 이케노우에(池の上)1호분에서 출토되었다. 일본 내 연구자들은 일본열도 내 이러한 종장판주를 광형지판 종장판주의 일종으로 보고 그 계보를 한반도계 투구에 두고 이해하고 있다. 이 투구는 남원 월산리고분이나 지산동고분에서도 점차 그 사례가 점차 증가하고 있어 타당성이 높다고 하겠다.

나. 소찰주

소찰주는 이름 그대로 작은 소찰 수십 혹은 수백 매를 가죽 끈으로 연결하여 만든 투구이다. 소찰주는 출토 사례가 많지 않다. 필자는 소찰주를 소찰 평면 형태와 복발 형태를 통해 형식을 분류한 바 있다(김혁중 2015a). 이를 간략히 소개하면 장방형 소찰은 하변이 직선적인 것과 오목한 것으로 구분되며 복발은 윗부분이 뚫린 관모형과 반구형으로 나뉜다. 상원하방형 소찰은 복발이 없으며(I류 소찰주) 장방형 소찰이면서 하변이 직선적인 것은 관모형 복발로 제작되었다(II류 소찰주). 또한 장방형 소찰이면서 오목한 것은 반구형 복발과 조합되었다(III류 소찰주).

가야의 소찰주는 관모형 복발에 주체는 하변이 직선적인 장방형 소찰로 II류 소찰주에 해당된다. 그런데 가야 소찰주는 사례가 많지 않지만 관모형 복발이나 금동 재질로 보아 장식이 화려하다. 이러한 형태의 소찰주는 고성 송학동고분과 합천 반계제 가A호분에서 출토되었다. 소찰주 중에 가장 전형적인 형태는 한남대학교 박물관 소장 금동소찰주이다. 다만 출토지가 분명치 않다. 당시 매납 상황 등 관련 정보를 알 수 없다. 가야의 주력 투구는 종장판주이지만 소찰주를 통해 장식을 더하여 위세품의 용도로 이용하였을 것으로 추정된다.

표 2-13 가야 출토 소찰주

연번	유구	관모	소찰 형태	공반갑주
1	고성 송학동 1A-1호	●	장방형	찰갑
2	합천 반계제 가A호	●	장방형	
3	옥전 M3호	●	장방형	찰갑

(2) 갑옷

가. 종장판갑

종장판갑이 제작되던 시기의 영남지방은 신라와 가야의 고지에 해당된다. 신라와 가야는 진한과 변한시기부터 상호 많은 교류가 있었다. 종장판갑도 그러한 정치적 영향 아래에서 제작되었을 가능성이 크다. 그렇지만 가야의 종장판갑은 신라보다 오랜 기간 제작되었고 한 고분군 내에 집중적으로 출토되는 경우가 많다. 중심고분군인 대성동고분군이나 복천동고분군은 종장판갑이 집중적으로 부장된다.

가야의 종장판갑은 새 모양을 포함하여 다양한 장식이 확인되는데 방어구라는 기본적 성격 외에도 의례 등에 사용된 일종의 복식일 가능성도 있다. 가야인들의 복식은 유기질로 남아있지 않기 때문에 철기로 그 형태가 온전하게 남아있는 갑옷은 당시 복식을 유추해 볼 수 있는 좋은 자료이다.

가야 갑옷의 소재는 철로 제작되기 이전에 유기질제로 제작되었을 것이다. 실제 종장판갑은 유기질제로 제작된 사례가 있다. 임당 저습지유적(영남문화재연구원 2014)에서 출토된 목제 갑옷편은 종장판갑의 전동부 상연으로 추정된다. 이와 관련하여 유기제 판갑 사례 연구(송정식 외 2008)가 있는데 극동지방의 사례를 들어 유사성과 의미를 논한 바 있어서 참고가 된다. 이외에도 고구려 벽화에서 유기제 판갑을 언급한 견해(송계현 1999)도 있다.

필자는 가야의 종장판갑의 변화 양상을 크게 3단계로 구분한 바 있다(김혁중 2009). 1단계와 2단계는 신라의 종장판갑과 큰 차이가 없으나 3단계에 지역 간 차이가 다소 확인된다. 3단계의 큰 특징은 장식이 화려해지는 것이다. 앞서 제작된 후경판이 나팔모양으로 된 종장판갑은 사라지면서 궐수문 등을 종장판갑의 동체부나 경부에 장식한다.

후경판이 나팔모양인 종장판갑은 경주지역을 중심으로 분포하고 반원상의

표 2-14 가야 종장판갑의 여러 속성

속성 유구	후경판				후동부 형태		후동 장식판		진동판				뒷길판			측경판				지판매수
	a	b1	b2	c	a	b	a	b	a	b	c	d	a	b1	b2	a	b	c	d	
복천동 38호	●				●		●		●				●			●				9
복천동 86호 A	●				●		●		●				●			●				9
복천동 71호 B	●				●			●	●						●	●				11
복천동 57호 A		●			●		●		●				●				●			11
복천동 57호 B		●			●		●		●					●				●		11
복천동 86호 B			●		●			●	●					●					●	15
대성동 57호			●		●			●	●					●				●		15
복천동 69호 B			●			●	●		●					●					●	11
복천동 69호 A			●		●		●		●					●		●				9
복천동 86호 C			●		●		●		●					●					●	13
복천동 86호 D			●		●		●		●					●					●	13
전 퇴래리			●		●		●		●					●					●	15
복천동 42호			●		●		●	●						●		●				11
대성동 2호			●		●		●				●			●		●				13
양동리 321호			●		●		●		●					●					●	13
양동리 78호			●		●		●			●				●				●		15
양동리 167호			●		●		●			●				●					●	11
복천동 46호			●		●		●	●						●		●				9
복천동 71호 A				●	●		●		●					●				●		11
복천동 164호		●			●		●		●				●					●		13
망덕 I-14호	●				●		●		●				●			●				11
석동 388호	·	·	·	·	·	·	·	·	·	·	·	·	·	·	·				●	13
기장 가동		●			●		●		●				●						●	13
양동리 Ⅳ-1호			●		●		●		●				●	●						11

후경판과 진동판을 가진 종장판갑은 김해지역을 중심으로 분포한다. 물론 최근 나팔모양의 종장판갑이 김해 망덕리유적에서 출토되고 장식을 가진 종장판갑이 포항 남옥지구유적에서도 출토되었다. 그러나 가야와 신라는 선호하는 종장판갑이 조금은 다른 형태를 가졌을 가능성이 크다. 가야와 신라는 종장판갑을 부장한 시기도 차이가 있다. 신라는 지금까지 출토된 자료를 본다면 4세기 전반에 종장판갑의 제작을 중단하고 찰갑으로 대신한 것으로 보인다. 가야는 4세기 후반에도 찰갑과 종장판갑을 제작하였는데 장식성을 극대화한 것에 차이가 있다.

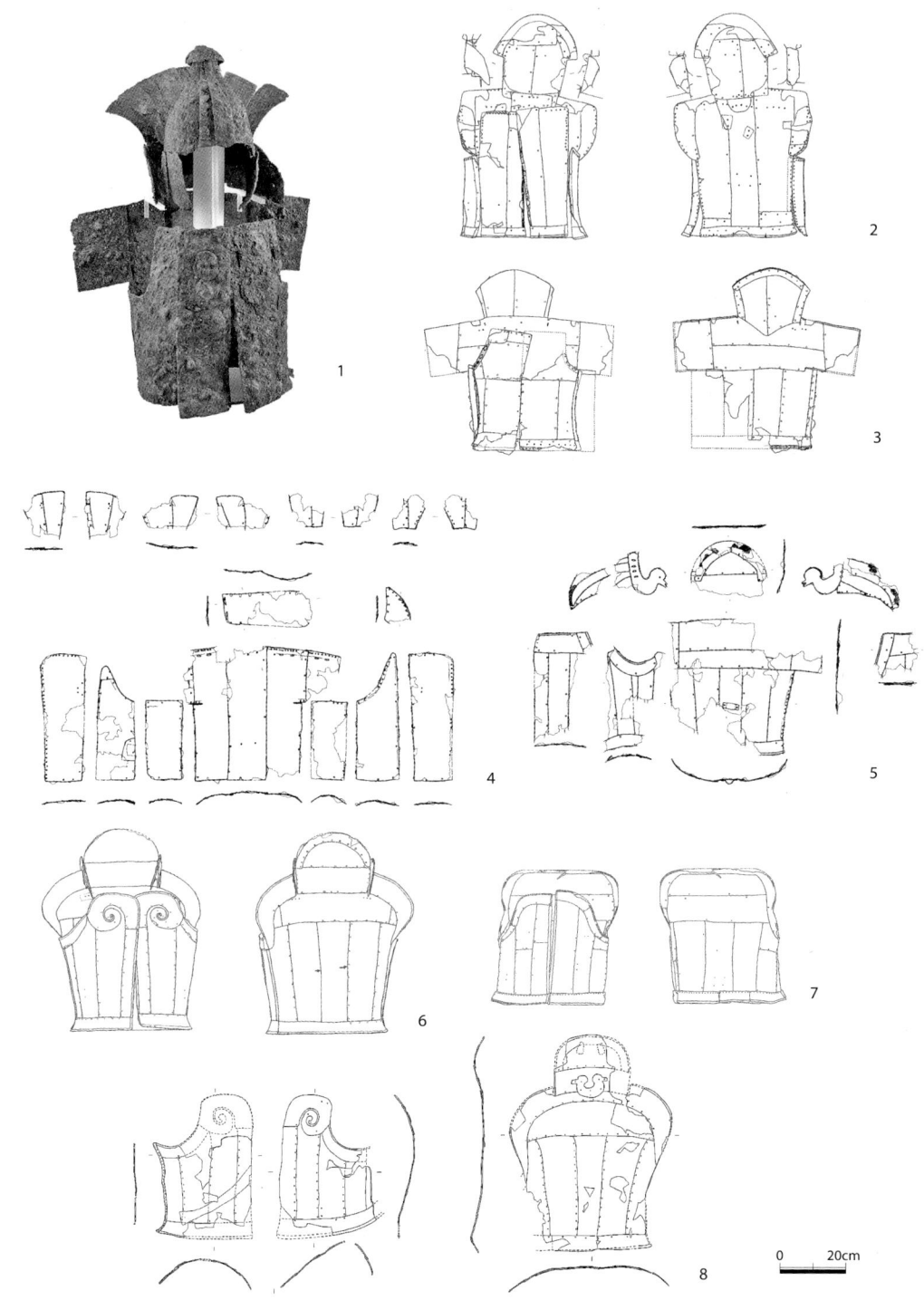

그림 2-19 가야지역 출토 종장판갑

1: 복천동 38호 | 2·3: 복천동 57호 | 4·5: 복천동 86호 | 6: 양동리 78호 | 7: 양동리 IV-1호
8: 대성동 2호

갑옷은 기본적으로 전쟁에서 방어를 목적으로 만든다. 하지만 이외에도 다양한 목적으로 제작하였다. 그 근거는 개개의 갑옷의 형태가 다양하고 찰갑과 같은 다른 갑옷보다 장식이 화려하지만 급조했다고 판단할 만큼 불량한 것도 확인되기 때문이다. 여러 용도 중에서 먼저 실전용으로 보는 근거는 수리흔이다. 복천동 38·57호, 대성동 57호 출토 종장판갑에서는 철판을 덧댄 흔적이 확인되었다. 부장용으로 보는 근거는 철판 여러 매를 연결하여 엉성하게 만든 종장판갑 사례 때문이다. 이런 종장판갑들은 1매의 도련판 내지 진동판을 제작한 소위 '비규격성'을 띠고 있다(송계현 1995). 이러한 점들로 보건대 가야는 종장판갑을 사회적 필요에 따라 그 용도를 다양화하여 제작한 것으로 보인다.

나. 찰갑

가야는 다양한 형태의 소찰이 고분을 중심으로 확인된다. 찰갑은 가죽 끈으로 연결된 특성상 가죽 끈이 삭아버려 출토 정황에서 얻을 수 있는 기초 정보가 많지 않다. 따라서 찰갑의 정확한 구조를 알기 어렵지만 출토 정황이 양호한 자료나 소찰 분석을 통해 다양한 구조가 있었음을 알 수 있다.

찰갑은 5세기대 자료를 중심으로 논의되었다. 4세기대 찰갑은 그간 자료가 부족하였기 때문이다. 4세기대 가야 갑옷의 주류는 종장판갑이라는 인식이 깊었기에 연구가 미진한 부분이 있었으나 최근에는 자료가 증가하고 구조에 대한 이해가 점차 깊어지고 있다. 이는 가야 갑옷의 계통을 구명하는데 반드시 필요하다.

현재 가야지역에서 확인된 찰갑은 **표 2-15**로 정리할 수 있다. **표 2-15**를 보면 중심 고분군에서도 찰갑이 출토되지만 중소형 고분군에도 확인된다. 이러한 양상이 좀 더 명확해진다면 가야의 전사 계층을 검토하는데 중요한 자료가 될 수 있다.

가야에서 찰갑은 처음에는 유기질제로 제작되었을 가능성이 크다. 원삼국시대의 대표적인 유적인 다호리유적 2호 목관묘에서 칠이 된 소찰이 확인되었다. 그렇지만 소찰 1점만 확인되어 전체적인 갑옷의 구조를 알 수 없다.

한반도에서 철제 갑옷이 언제부터 사용되었는지는 아직 분명히 알 수 없다. 필자는 이에 대한 의견(김혁중 2015a)을 간단히 피력한 바 있다. 중서부 지방의 가평 대성리유적과 인천 운북동유적에서는 찰갑의 최초 유입 시기를 점쳐 볼

표 2-15 가야지역 출토 찰갑

연번	유구	찰갑의 유형						전마구	
		A형	B형	C형	D형	E1형	E2형	마주	마갑
1	거제 장목 고분				●				
2	고령 지산동 32호				●				
3	고령 지산동 44호				●				
4	고령 지산동 45호				●				
5	고령 지산동 74호				●				
6	고령 지산동 75호				●				●
7	고성 송학동 1A-1호				●				
8	김해 대성동 1호		●					●	
9	김해 대성동 2호			●					
10	김해 대성동 3호	?	?	?	?	?	?		
11	김해 대성동 7호		●						
12	김해 대성동 11호	?	?	?	?	?	?		●
13	김해 대성동 39호		●						
14	김해 대성동 57호		●					●	
15	김해 대성동 68호		●						
16	김해 본산리·여래리 Ⅱ-40호				●				
17	김해 두곡 8호					●			
18	김해 양동리 107호		●						
19	김해 양동리 Ⅳ-1호		●						
20	김해 칠산동 35호	●							
21	남원 월산리 M1-A호					●			
22	남원 월산리 M5호			●					
23	부산 복천동 38호	●							
24	부산 복천동 34호				●				●
25	부산 복천동 64호	●							
26	함안 도항리 〈현〉8호				●			●	●
27	함안 도항리 39호	?	?	?	?	?	?		
28	함안 도항리 40호	?	?	?	?	?	?		
29	함안 도항리 43호			●					
30	함안 도항리 48호			●					
31	함안 마갑총			●				●	●
32	함안 말산리 암각화고분			●					
33	함안 말이산 26호				●				
34	합천 옥전 5호				●				
35	합천 옥전 20호				●				

연번	유구	찰갑의 유형						전마구	
		A형	B형	C형	D형	E1형	E2형	마주	마갑
36	합천 옥전 23호					●			
37	합천 옥전 28호				●			●	●
38	합천 옥전 35호				●			●	●
39	합천 옥전 67-B호				●				
40	합천 옥전 70호					●			
41	합천 옥전 M1호				●			●	●
42	합천 옥전 M3호		●		●			●	●

수 있는 자료가 출토된 바 있다. 이 유적은 상한을 두고 이론이 있다. 그러나 한반도에 늦어도 중국 한대漢代 이후에 철제 찰갑이 사용되었음을 보여주는 중요한 사례이다.

다호리유적 출토 철제 찰갑이나 노포동유적 출토 피갑은 철제 찰갑의 제작 시기를 좀 더 이르게 볼 수 있는 자료이다. 물론 기술적 문제로 철제 갑옷이 보편화되기는 어려웠던 것으로 보인다. 그것은 원삼국시대에 다양한 철제 무기가 제작되고 중국 중원지방에서 제작한 철제 찰갑의 존재를 인지하였음에도 불구하고 무덤에서 출토된 사례가 많지 않기 때문이다.

그러나 철제 찰갑의 시원형은 완성형에 가까운 형태이다. 대표적인 사례로 포항 마산리유적 149-4번지 2호 목곽묘와 울산 하삼정유적 26호 목곽묘 출토 찰갑을 들 수 있다. 이 찰갑들은 어깨를 보호하는 상박갑을 비롯하여 경갑과 같은 부속갑을 포함한 구조이다. 조금 시기는 늦지만 가야의 복천동 38호 출토 찰갑도 부속갑을 포함하여 상반신 아래까지 보호하는 형태이다.

앞서 찰갑은 그 구조가 '동환식'과 '양당식'으로 나뉜다고 설명하였다. 특히 동환식은 요찰의 단면 형태가 만곡하고 수결공을 갖춘 것으로 가야의 일반적인 찰갑 형태로 판단된다.[17]

그러나 '동환식'과 '양당식'을 찰갑 구분의 기준으로 나눌지는 좀 더 연구가 필요하다. 최근 자료가 축척되면서 요찰에 만곡이 없는 것도 앞에서 여미는 구조로 추정 복원한 사례가 있다(初村武寬 2015b). 찰갑이 유적에서 출토될 때 온전한 형태가 많지 않은 것이 가장 큰 문제이다. 이러한 이유로 소찰의 누중 방

---

17 양당식 찰갑은 한국이나 일본 모두 실례가 분명한 것이 없다.

식과 수결공 위치로 분류하는 방식이 선호되고 있다. 본장은 앞에서 신라 찰갑을 분류하였듯이 유형별로 분류한 연구(황수진 2011)를 참고하여 가야 찰갑의 형식과 변천을 살펴보겠다.

찰갑의 유형은 앞서 분류한 속성의 조합 여부에 따라 다양한 유형화가 가능하다. 그림 2-10과 같이 모두 6가지로 구분하여 A~E 유형으로 구분하였다.

찰갑의 변천은 형태적 차이도 있으나 제작 기술의 차이도 있다. 일례로 4세기대인 복천동 38호 출토 찰갑은 개별 소찰의 재단이 불량하고 동일한 규모로 제작되어야 할 소찰의 크기나 연결 구멍이 통일되어 있지 못하다. 또한 요찰은 만곡이 미약하거나 거의 없는 형태이다. 다만 요찰은 상찰과 다른 형태로 제작되어 구분이 가능한 형태이다.

5세기 이후는 가야에서 가장 진화된 형태인 D형 찰갑이 제작되었다. D형 찰갑은 요찰의 단면과 투공 배치를 통해 두 가지로 구분할 수 있는데 신라 찰갑에서 구분한 1~4류 모두가 확인된다.

가야 찰갑이 다른 지역과 다른 특징은 B형 찰갑이 많이 출토되는 점이다(김혁중 2009; 김재우 2010). B형 찰갑은 그림 2-10에 표현된 찰갑의 유형처럼 목과 허리 부분만 철제이다. 나머지 부분은 출토 정황과 허리 부분에 해당하는 철제 소찰에 남아있는 유기물 흔적으로 보아 유기질제 소찰로 추정된다. 따라서 전신을 철제 소찰로 엮은 찰갑보다 가벼운 장점이 있다. 신라도 찰갑 부장이 많이 확인되었는데 구어리나 임당고분군에서 출토되었다. 그러나 가야지역이 압도적으로 많은 수량이다. 표 2-16은 그간 출토된 가야지역 B형 찰갑의 개별 특징

표 2-16 가야 출토 B형 찰갑

연번	유구	평면 형태	크기(cm)		투공 배치		수량	공반 갑주		
			길이	폭	수결공	횡결공		경갑	투구	종장판갑
1	김해 대성동 1호	상원하방	12.3~13	3.5~4	d	a	40	●	●	
2	김해 대성동 3호	상원하방	10.5, 14	3.5, 4.5	a, b, d	a, b	45, 30	●	●	
3	김해 대성동 7호	상원하방	10.3	3.4	d	·		●	●	●
4	김해 대성동 39호	상원하방	13, 13	3.5, 3.8	·	a	40	●	●	●
5	김해 대성동 57호	상원하방	12, 12.4	3.3, 4	d	a	(32)(25)	●	●	●
6	김해 대성동 68호	상원하방	9	3.8	d	a	35	●	●	
7	김해 양동리 107호	상원하방	·	·	d	a	·	●	●	
8	김해 양동리 Ⅳ-1호	상원하방	12~13	3	c	c	39	●	●	●

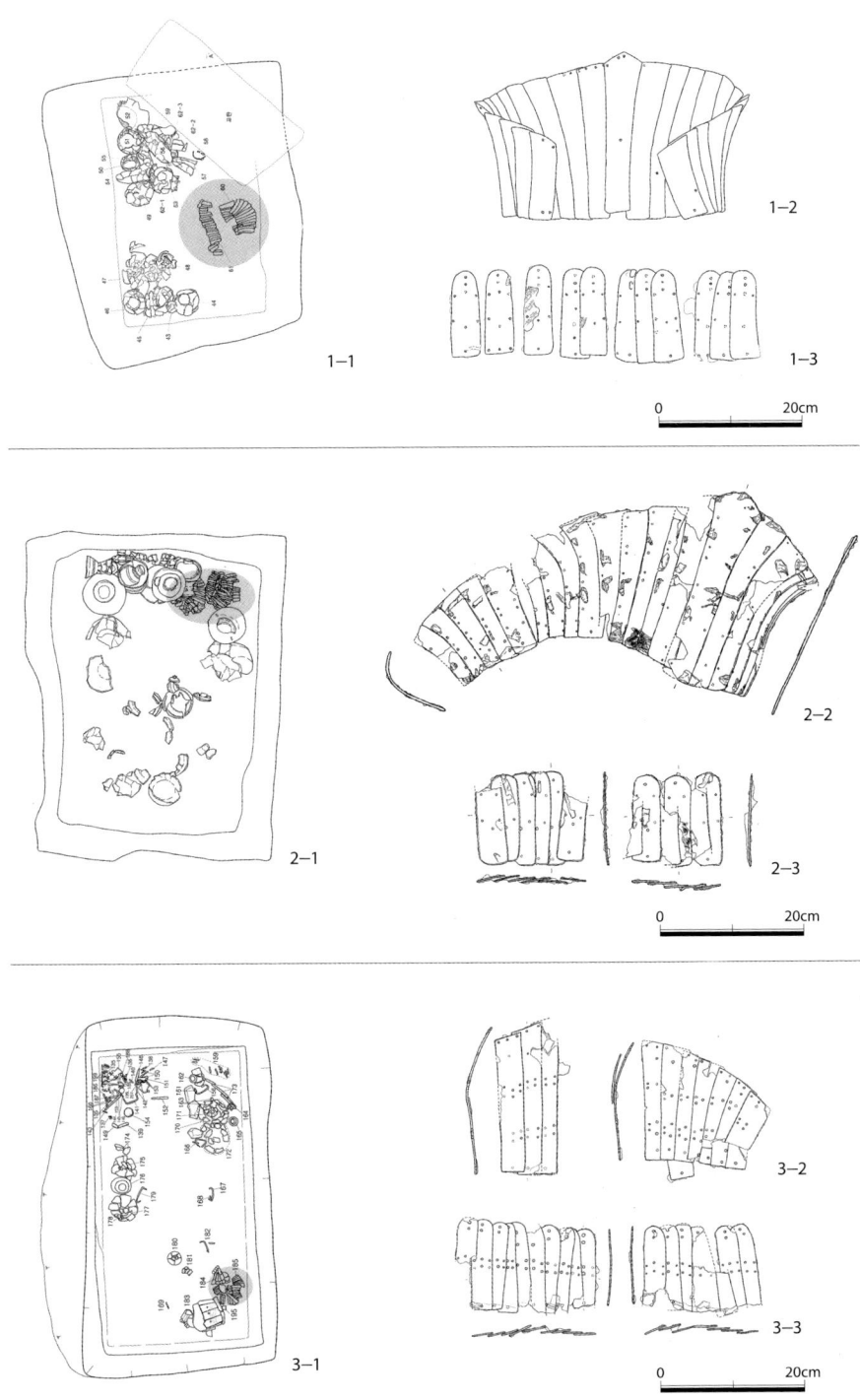

그림 2-20 B형 찰갑

1-1~3: 구어리 1호 | 2-1~3: 대성동 1호 | 3-1~3: 양동리 Ⅳ-1호

을 정리한 것이다.

　　B형 찰갑의 요찰들은 모두 평면 형태가 상원하방형이나 크기, 투공 배치, 수량에서 조금씩 차이가 확인된다. 이 중에서 가장 다양한 것은 투공 배치이다. 투공은 각각의 소찰이 연결되는 방법에 따라 달리 뚫어졌을 것이다. 세로 연결을 위한 수결공과 가로 연결을 위한 횡결공이 있다. 수결공은 총 4가지가 확인되고 횡결공은 총 3가지가 확인된다. 그러나 소찰 연결에 이용되었을 가죽 끈은 거의 남아 있지 않다. 그러므로 구체적인 연결 방법을 알기 어렵다.

　　신라지역인 구어리 1호와 복천동 21·22호에서 확인된 찰갑을 보았을 때 정중앙의 소찰(요찰)을 중심으로 좌·우 요찰이 누중되었고 이것이 일렬로 펼쳐진 상태가 대부분이다. 따라서 B형 찰갑의 착장은 중앙에서 여미는 방식으로 보인다.

　　다음으로 주목해 볼 수 있는 찰갑은 D형 찰갑 중 3류와 4류이다. 삼국시대 찰갑과 일본 고훈시대 찰갑을 비교하여 자주 언급되는 것은 바로 'Ω'형 요찰이다. 삼국시대 찰갑은 다양한 형태의 요찰을 가지고 있으나 'Ω'형 요찰을 가진 찰갑은 'S'형 요찰에 비하여 출토 사례가 적다. 현재까지 가야에서 'Ω'형 요찰을 가진 찰갑의 출토 사례는 **표 2-17**과 같다.

　　표 2-17을 보면 우선 'Ω'형 요찰은 모두 평면 형태가 상원하방형上圓下方形이다. 다음으로 'Ω'형 요찰을 가진 찰갑은 수결공垂結孔이 1열인 것도 있지만 대부분 2열이다. 그렇지만 수결공이 2열이라고 해서 모두 'Ω'형 요찰을 가진 것은 아니다. 요찰의 단면 형태가 'S'형인 찰갑도 있다. 이러한 'Ω'형 요찰을 가진 가장 이른 찰갑은 가야는 아니지만 신라지역인 임당 7B호, 조영 EⅢ-4호 출토

표 2-17 'Ω'형 요찰을 가진 찰갑

출토 고분	평면형태	長(cm)	幅(cm)	투공배치	공반갑주	묘제	Ω형 거찰
합천 옥전 5호	상원하방	9.9~10.2	1.7~2.7	1열		목곽	
함안 도항리 8호	상원하방	14	2.2	1열	종장판주 1, 마주 1	수혈식석곽	
합천 옥전 M3호	상원하방	8.9~9.1	2.8	1열	소찰주 1, 금동장주 1, 마주 2	수혈식석곽	
고성 송학동 IA-1호	상원하방				소찰주 1	수혈식석곽	◎
고령 지산동 45호	상원하방				마갑편	수혈식석곽	◎
거제 장목	상원하방	16	3	2열	대금식 판갑편	왜계 석실	◎
함양 상백리 호생원 1호	상원하방	?	?		충각부주 1	수혈식석곽	

표 2-18 수결공 2열을 배치한 찰갑

출토 고분	평면형태	長(cm)	幅(cm)	공반갑주	비고
옥전 28호	상원하방	12.5~13	2.5~3	종장판주 대금계 판갑	수결공 1열도 존재
지산동 44호	상원하방	?	?	종장판주	

품도 있다. 'Ω'형 요찰을 가진 찰갑은 5세기 전반부터 확인되며 대개 신라와 가야의 고지인 영남지방에서 출토된다. 6세기대가 되면 호남지방에도 확인된다.

'Ω'형 요찰과 더불어 중요한 속성으로 수결공 2열 배치가 주목된다(內山敏行 2008). 가야 찰갑에서 'Ω'형 요찰이 아니면서 2열 배치인 찰갑은 옥전 28호, 지산동 44호에서 출토되었다.

'Ω'형 요찰을 가진 찰갑의 변화는 다음과 같이 정리할 수 있다. 이 찰갑은 처음에 수결공이 1열인 투공을 가진 소찰로 제작되었다. 이후 소찰 양 옆에 수결공 2열로 투공을 배치한 소찰로 변화한다. 요찰뿐만 아니라 상찰裳札의 마지막 단인 거찰裾札도 'Ω'형으로 제작하게 된다.

(3) 마주·마갑

가야는 5세기에 들어 본격적으로 마주와 마갑을 고분에 부장한다. 이 시기에 마주와 마갑이 출현한 배경이나 시기에 대해서는 이견이 있지만 가야는 고분을 중심으로 가장 많은 마주와 마갑이 확인되었다. 앞서 신라 마주와 마갑을 검토하면서 형태적인 특징을 중심으로 여러 유형을 나누었는데 가야의 마주와 마갑도 이를 참고하면 표 2-19와 같이 조합 관계를 파악할 수 있다.

가야도 신라처럼 A류와 B류 마주 모두 확인된다. 마주 A류는 마갑 A류와 B류가 공반되나 마주 B류는 마갑 B류만 공반된다. 또 다른 특징으로는 초기 마주는 마갑이 공반된 사례가 많지 않다. 그리고 두곡이나 반계제를 제외하고 가야의 중심 고분군에서만 출토된다. 따라서 이러한 마주와 마갑은 중장기병을 상시 운영한 모습을 보여주는 것은 아니고 위세품의 일종으로 이해할 수 있을 것이다.

표 2-19 가야 마주·마갑의 조합 관계

분류		유구												
		대성동 57호	대성동 1호분	대성동 88호	옥전 23호	옥전 35호분	옥전 M1호	두곡 8호분	도항리 6호분	마갑총	옥전 M3호	옥전 28호	도항리 8호	반계제 가A호
마주		A류	A류	B류	B류	A류	A류	A류	A류	A류	B류	B류	B류	?
마갑	속성	.	.	.	.	.	B류	.	B류	A류	.	B류	B류	.
	Ⅰ	.	.	.	.	.	.	.	.	.	.	.	.	.
	Ⅱ	.	.	.	.	.	.	.	.	.	.	●	●	.
	Ⅲ													
	a	.	.	.	.	.	●	.	●	.	.	.	.	.
	b	.	.	.	.	.	.	.	.	●	.	.	.	.
	c	.	.	.	.	.	●	.	●	●	.	●	●	.
	d	.	.	.	.	.	●	.	●	.	.	.	.	.
	e	.	.	.	.	.	●	.	●	●	.	●	●	.

3) 왜계 갑주

(1) 신라 출토 대금식 갑주

대금식 갑주는 대금이라는 요소를 갖고 있는 투구와 갑옷을 통칭하는 명칭이다. 앞에서 대금식 갑주의 범주에 속하는 대금식 판갑의 용어를 살펴보았다. 대금식 갑주는 생산지와 관련해서 여러 논의가 있는데 그에 관해서는 Ⅳ장에서 자세히 살펴보도록 하겠다.

대금식 판갑은 철판의 형태에 따라 장방판갑, 삼각판갑, 횡장판갑으로 구분된다. 대금식 판갑은 철판을 연결하는데 가죽 또는 못을 이용하였다. 이러한 점을 중시하여 위의 분류를 좀 더 세분하여 장방판혁철판갑, 삼각판혁철판갑, 삼각판병유판갑, 횡장판병유판갑으로 구분하고 있다.

그런데 이와 같은 대금식 판갑은 신라지역을 포함하여 한반도의 여러 지역에서 분포하고 있다. 현재는 총 36령이 출토되었다. 신라지역에서도 대금식 판갑이 확인되는데 울산 하삼정 115호, 창녕 교동 3호, 부산 복천동 112호, 부산 연산동 M3·M8호·M10호 출토품을 들 수 있다.[18] 이것들은 장방판혁철판갑,

---

[18] 창녕 교동고분군이나 부산 복천동고분군을 축조한 정치체의 성격에 대해서는 이론이 있으나 대금식 판갑이 부장될 당시의 이 지역들은 신라에 완전한 복속이 아니더라도

삼각판혁철판갑, 삼각판병유판갑이다.

필자는 전고(2011a)에서 한반도 출토 대금식 판갑의 변화 양상과 그 의미를 검토한 바 있다. 그 이후 백제지역에서도 많은 자료가 출토되었고 연산동 고총 조사에 대한 종합보고서도 간행되었다(부산박물관 2014). 또한 대금식 갑주를 소재로 한 학위논문(박준현 2012)도 나오는 등 연구의 많은 진전이 있었다. 그러나 큰 틀에서 대금식 판갑의 전개 과정을 다르게 보기는 어렵다.

이를 간략하게 정리하면 한반도 출토 대금식 판갑은 방형판혁철판갑 → 삼각판혁철판갑 → 삼각판병유판갑 → 횡장판병유판갑 순으로 변화한다. 검토한 형식의 상대 순서는 총 7기로 구분하였다. 이 중 1기에 확인되는 복천동 4호 출토 삼각판혁철판갑과 연산동 8호분 출토 장방판혁철판갑은 공반된 유물과 시기 차가 많이 나므로 전세 가능성을 상정하였다.

각 기에 대한 절대연대는 출토 고분의 공반 유물로 살펴보았다. 전세된 1기의 복천동 4호 출토품을 제외하고 한반도에서 대금식 판갑이 등장한 시기는 5세기 초이며 소멸 시기는 5세기 후엽이나 6세기 초로 이해할 수 있다. 이 중 신라는 5세기대에 대금식 판갑이 확인된다.

표 2-20 영남지방 출토 대금식 판갑의 형식 변화(김혁중 2011a)

기	형식						
	장방판		삼각판혁철		삼각판병유		횡장판병유
1			등각I	복천동 4호			
2	Ⅲb	두곡 72호 하삼정 115호 연산동 8호	둔각Ia	도항리 13호			
3			둔각Ib	옥전 68호			
4			둔각Ⅱ	두곡 43호			
5					Ⅱa	가달 4호	
6					Ⅱb	교동3호 연산동8호	Ⅱb	지산동 32호
7							Ⅱc	옥전 28호 죽림리 망이산성

정치적으로 간접지배의 관계로 이해할 수 있다. 울산 하삼정고분군에서 출토된 사례를 볼 때 충분히 가능성이 있다고 생각된다.

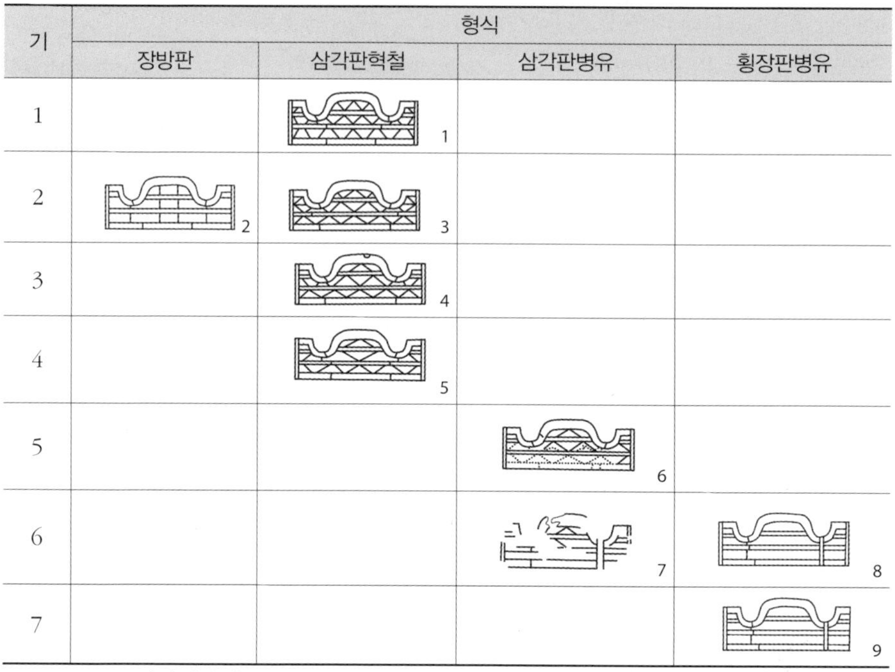

기	형식			
	장방판	삼각판혁철	삼각판병유	횡장판병유
1		1		
2	2	3		
3		4		
4		5		
5			6	
6			7	8
7				9

그림 2-21 영남지방 출토 대금식 판갑의 변천도(김혁중 2011a)

    그런데 대금식 판갑은 대부분이 위에 분류한 틀에서 벗어나지 않는 정형화된 모습이나 일부는 특이한 형태를 갖고 있다. 대금 사이에 삼각형이나 장방형으로 만든 지판 대신에 마름모꼴 형태의 지판을 만들거나 어깨 부분을 과장하여 만든 것이 있다. 한반도에서 출토된 대금식 판갑 중에도 본래의 형식에서 변형이 있는 갑옷이 출토되었다. 신라지역에서는 창녕 교동 3호와 부산 연산동 M3호 출토품을 들 수 있다.

    창녕 교동 3호에서 출토된 대금식 판갑은 전동 형태가 횡장판이고 후동 형태는 삼각판으로 특이한 구조이다. 게다가 투구도 일반적인 형태가 아닌 관모형 투구의 부속인 복발 형태가 공반되고 있다. 최근 남원 월산리 M-5호에서 관모형 투구가 출토(전북문화재연구원 2012)된 바 있는데 이 투구는 대가야에서 제작한 것으로 판단된다. 무엇보다 이 투구는 일본열도에서 제작된 관모형 복발주[突起附冑]의 제작에 영향을 준 것으로 보인다.

    연산동고분군은 대금식 갑주의 부장 양상이 앞서 살펴본 울산·창녕지역과 다르다. 이 고분군은 부산지역 유일의 고총으로 축조 집단의 성격을 두고 지금까지 견해 차이를 보인다. 이 고분군에서는 현재 13개의 고총이 확인되었는데 조사된 6기의 고총 중에서 절반 이상은 대금식 갑주가 확인되었다. 이러한 양상은 한반도 내에서도 유일하다. 또한 연산동 8호의 경우 장방판혁철판갑과 삼각판병유판갑이 복수로 부장된 점도 주목된다.

무엇보다 연산동 M3호에서는 대금식 판갑 중 독특한 형태인 금부계襟付系 판갑板甲이 출토되었다. 금부계 판갑은 기존의 대금식 판갑의 형태에 종장판갑의 후경판처럼 어깨 부분을 과장하여 만든 장식판이 있는 것이다. 금부계 판갑은 대금식 판갑만 600령이 출토된 일본열도 내에서도 총 11령밖에 되지 않는다(田中晋作·西川寿勝 2010). 또한 지역적으로도 기나이지역이 중심이다. 그렇다면 연산동고분군에 대금식 갑주가 집중해서 확인되는 배경은 무엇인지 살펴볼 필요가 있다. 이에 대해서는 당시 이 지역이 신라로 보는 입장에 서서 Ⅵ장에서 구체적으로 살펴보고자 한다.

(2) 가야 출토 대금식 갑주

가야는 신라와 달리 대금식 판갑이 여러 형식으로 나타나며 대형분을 포함하여 중소형분까지 넓은 범위로 확인된다. 이를 대략 시간순으로 살펴보면 장방판혁철판갑은 도항리 428-1-5호, 두곡 72호, 삼각판혁철판갑은 도항리 13호, 옥전 68호, 두곡 43호, 율하 B-1호, 삼각판병유판갑은 가달 4호, 교동 3호, 상백리, 횡장판병유판갑은 지산동 32호, 옥전 28호에서 출토되었다. 판갑에 대한 분석은 앞에서 신라의 대금식 갑주를 다루면서 검토하였기에 생략하기로 한다.

투구는 차양주(미비부주眉庇付冑)와 충각부주가 있다. 차양주는 지산동 1-3호, 두곡 43호에서 출토되었는데 이중 지산동 1-3호는 차양에 문양이 뚫려있다. 충각부주는 위에서 보면 정면이 앞으로 튀어나와 마치 복숭아 씨앗 같은 형태이다. 충각부주도 대금 사이에 있는 철판 형태에 따라 삼각판, 세장한 지판, 횡장판으로 형식을 나눌 수 있다. 가야에서는 지산동 32호, 김해 죽곡리 94호 등에서 확인된다.

대금식 갑주가 부장된 고분은 대형분과 중소형분에 있어 다른 갑주 외의 세트 관계가 다양하다. 다만 대형분에 부장될 경우 찰갑과 공반되어 출토된다. 판갑과 투구 등이 같이 부장되는 경우도 있지만 판갑만 부장되거나 투구만 부장된 경우가 대부분이다. 또한 공반 유물에 다른 왜계 유물은 거의 부장되지 않는

표 2-21 가야 출토 대금식 갑주 출토 양상

연번	유구명	형식			묘제	공반유물	
		판갑	투구	부속갑		기타 갑주	그 외
1	김해 삼계동 두곡 72호	장방판혁철			수혈식석곽		
2	김해 삼계동 두곡 43호	삼각판혁철 (鈴木一有 A형)	차양주		수혈식석곽		
3	함안 도항리 13호	삼각판혁철 (鈴木一有 B형)			목곽묘		
4	합천 옥전 68호	삼각판혁철 (鈴木一有 B형)			목곽묘		
5	김해 율하유적 B구역 1호 석곽	삼각판혁철			수혈식석곽		조설식 철촉
6	김해 생곡동 가달 4호	삼각판병유 (鈴木一有 B형)		견갑	수혈식석곽		
7	함양 상백리 석곽묘	삼각판병유 (鈴木一有 B형)					
8	고령 지산동 32호	횡장판병유	충각부주	견갑	수혈식석곽 (고총)	종장판주, 찰갑	
9	합천 옥전 28호	횡장판병유			대형 목곽묘	경갑, 굉갑, 찰갑 종장판주, 마갑, 마주	독립편 역자형 철촉
10	마산 현동	판갑			목곽묘		
11	거제 장목	판갑		견갑	횡혈식석실		
12	지산동 I-3호		차양주		수혈식석곽		
13	김해 죽곡리 94호		충각부주	견갑	수혈식석곽		
14	지산동 A구역 제27호		충각부주		수혈식석곽		

다. 대금식 갑주가 출토된 고분의 축조방식도 장목고분을 제외하면 왜계 고분이라 볼 수 없다. 이로 보아 피장자는 대개 왜인이 아니고 가야인이며 그가 소유한 부장품으로 보인다.

　가야에서 왜계 갑주 출토 유구 중 투구와 판갑이 같이 출토된 것은 지산동 32호, 두곡 43호뿐이다. 가야권역 내 왜계 갑주의 양상은 시기별로 살펴볼 필요가 있다. 대금식 갑주가 처음 확인되는 5세기 전반은 낙동강 하류를 중심으로 분포하고 5세기 후반에는 대가야와 관련 있는 지역으로 분포가 변화한다. 이와 같은 분포 변화는 가야와 왜의 대외교섭 변화에 따른 것으로 본다(박천수 2007). 따라서 지산동과 옥전고분군에서 출토되는 대금식 갑주를 포함한 왜계 갑주는 왜와의 교섭을 보여주는 상징적 유물로 볼 수 있다.

　가야와 마찬가지로 대금식 갑주가 많이 출토된 백제는 영산강 유역 혹은 충청도 내륙에서 확인되며 해로를 이용하기 용이한 곳에 고분이 입지한다(이정호 2014). 이곳은 가야와 달리 대개 갑옷과 투구가 공반되었으며 공반 유물에서도 왜계 유물이 확인된다. 대금식 갑주가 출토된 고분 역시 왜계 고분이며 피장자의 대부분이 왜인으로 추정된다.

대금식 갑주는 갑주 연구에서도 가장 활발하게 연구가 이루어지는 분야이다. 그중에서도 가야권역을 포함한 한반도 출토 대금식 갑주의 분포를 검토하고 입수 배경과 출현 의미를 종합적으로 연구를 시도하는 경우가 많다. 이와 같은 대금식 갑주의 역사적 배경이나 의미에 대해서는 Ⅵ장에서 검토해 보고자 한다.

4) 신라·가야 갑주의 변천과 분석

앞의 항에서 신라와 가야의 갑주를 개별적으로 살펴보았다. 이번 항에서는 갑주의 특성과 변화에서 의미가 있다고 판단되는 획기를 파악하여 갑주의 변천을 종합적으로 살펴보고자 한다.

필자가 나누는 획기는 새로운 형식의 갑주 출현을 기준으로 모두 4기로 구분하여 살펴볼 수 있다. 이 중에 마지막 4기는 5세기 후반 이후로 6세기 이후도 포함된다. 신라와 가야는 6세기 이후에도 갑주가 확인되나 자료 부족으로 그 양상을 충분히 알기 어렵다.

개별 단계를 설정한 데는 새로운 갑주의 출현과 기존 갑주의 소멸이 중요한 사항이며 아래에서는 관련되었을 것으로 추정되는 당시의 역사적 배경도 살펴보고자 한다.

(1) 1기(4세기 전반)

이 단계는 신라와 가야가 본격적으로 금속제 갑주를 생산한 시기이다. 역사적으로 4세기 전반에는 한반도에서 낙랑 군현의 축출이 있었고 대외 교역망에 큰 변화가 있었다. 이에 한 군현의 지배에서 벗어나 신라는 사로국을 중심으로, 가야는 구야국과 안야국이 서로 성장하던 시기이다. 따라서 잦은 전쟁을 예상해 볼 수 있으며 이전보다 격렬해진 전쟁과 더불어 내부적 결속 및 계층의 심화도 나타났으리라 짐작해 볼 수 있다.

표 2-22　신라·가야 갑주의 변천

기	갑옷													투구							
	종장판갑				대금식 판갑				찰갑						종장판주		소찰주			차양주	충각부주
	I	II	III	IV	장혁	삼혁	삼병	횡장	A	B	C	D	E1	E2	A	B	관모형	I	II	III		
I																						
II																						
III																						
IV																						

　금속제 갑주를 제작하기 이전에는 유기질로 갑주를 제작하였으리라 추정해 볼 수 있으며 구체적 사례로 평양의 석암리고분 출토 옻칠제 칠갑이나 임당동 저습지유적의 목갑편을 들 수 있다. 금속제 갑주의 출현은 기술적이고 사회적인 여러 배경이 더해져서 이루어진 것으로 추정된다. 출현 배경에 대해서는 갑주를 소유한 계층과 더불어 III장에서 좀 더 구체적으로 검토하고자 한다.

　4세기 전반에 금속제 갑주는 생산의 초기 단계이지만 다양한 형태가 확인된다. 이러한 양상은 당시 생산 기술에 대하여 시사하는 바가 많다. 또한 갑옷을 포함한 투구 등 각각의 갑주는 완성도도 높다. 이러한 점을 볼 때 신라와 가야가 단시간에 유기질제에서 금속제로 갑옷의 재질을 바꾸었다고 보기 어렵다. 이전에는 과거에 종장판주 일부나 소수의 종장판갑이 확인되었지만 찰갑을 포함하여 다양한 갑주가 확인되는 점에 주목해야 한다. 다시 말해 본격적인 금속제 갑주의 생산 시기는 좀 더 올라갈 가능성이 크다고 보인다.

　신라와 가야의 갑주 연구가 시작된 이래로 어디에서 먼저 금속제 갑주를 생산했는지 언급되기도 하였고 어느 한쪽에 우위를 두고 논하는 논자도 있었다. 그러나 현 자료로는 신라와 가야 모두 출현 시기에 큰 차이가 없으며 우위를 가릴 수 없다. 일부 연구자들은 아직도 갑주 생산의 중심을 두고 주변에 영향을 언급하고 있으나 과거와 달리 최근까지 축적된 이 시기 자료로 볼 때 신라와 가야 내에서 생산의 중심지를 논하기 어렵다.

4세기대 가야의 중심은 금관가야와 아라가야로 알려져 있다(박천수 2018). 그렇지만 아라가야는 이 시기 대형목곽묘 조사가 없어서 갑주 양상을 알지 못한다. 4세기대 가야의 갑주는 금관가야 중심으로 이해할 수밖에 없다. 금관가야는 4세기 전반 대 갑주로 복천동고분군과 대성동고분군 출토 사례를 들 수 있다. 그러나 이러한 중심 고분군이 아닌 주변 고분군에서는 확인하기 어렵다. 이와 달리 신라는 경주지역 이외에도 울산과 포항에도 갑주가 확인된다. 고분군 내 갑주가 출토되는 수량이나 밀집 양상은 가야에 비해 떨어지지만 분포 범위는 좀 더 넓은 것이 다르다.

앞서 살펴보았듯이 현재까지 종장판갑은 신라와 가야의 고지故地인 영남지방에 분포한다. 자료로 본다면 종장판갑은 이 지역 독자적인 갑옷으로 볼 수 있다. 그런데 최근 공주대학교 박물관에서 조사한 천안 두정동유적의 불명철기에 대하여 판갑의 가능성을 제기한 연구(鈴木一有 2016b)가 있었다. 필자도 이 자료를 실견한 바 있다. 주거지에서 출토된 한 매의 철판으로, 철판의 폭이나 길이 그리고 만곡을 보았을 때 판갑의 일부로 볼 수 있는 여지가 있다고 판단된다(김혁중 2020). 그리고 실견 결과 도면에서 표시하지 않은 투공도 일부 확인되었다. 만일 이 철판이 판갑의 일부분이라면 판갑의 계통 연구에도 많은 도움을 줄 것으로 보인다. 그러나 주거지에서 출토되었으며 공반 유물도 풍부하지 못해서 추후 면밀한 검토가 필요하다.

(2) 2기(4세기 후반)

다음 시기에서 주목할 부분은 찰갑 구조의 변화, 종장판갑의 장식 강화, 금속제 갑주 소유 계층의 확대를 들 수 있다. 또한 왜계 갑주가 이 시기부터 확인되어 그 출현 배경이 주목된다.

신라와 가야 갑옷의 차이가 두드러지게 나타내는 시기로 여러 요소 중 먼저 부장 양상을 들 수 있다. 신라는 점차 종장판갑의 출토량이 거의 확인되지 않으나 찰갑 출토량은 증가하여서 갑주 생산체계에 변화가 온 것으로 판단된다.

이 시기는 찰갑 구조에도 큰 변화가 확인된다. 먼저 찰갑을 구성하는 소찰의 변화를 들 수 있다. 이전 시기까지 찰갑은 두껍고 큰 크기에 형태 차이가 크지 않은 소찰을 엮어서 만들었다. 4세기 후반이 되면 신체 부위별로 구조를 분리해서 볼 수 있는 다양한 형태의 소찰이 제작된다. 이처럼 소찰 형태에 변화가 온 것은 장식적인 이유보다 기능적인 측면을 고려한 변화로 보인다. 특히 허리 부분에 해당하는 요찰은 만곡도가 이전보다 큰 형태로 제작된다.

가야는 신라와 달리 종장판갑이 계속 확인되는데 이전과 다른 점은 장식화가 더욱 심화되는 점이다. 찰갑도 제작되는데 주요 고분은 종장판갑과 찰갑이 공반되어 출토된 사례가 많다. 특히 이 책이 분류한 B형 찰갑이 급증한다. 또한 대성동고분군 이외에도 김해 양동리고분군, 망덕리고분군, 창원 석동고분군, 기장 가동고분군에서도 종장판갑의 출토가 확인되어서 소유 계층의 확대를 추정해 볼 수 있다. 그러나 갑주의 출토량과 종류에서 중심 고분군인 대성동고분군과 차이가 있어서 소유에 제한이 있었다고 이해할 수 있다.

앞 시기도 여러 형태의 갑주가 생산되었지만 좀 더 다양한 갑주가 확인된다. 그중에 주목되는 갑옷은 방형판갑과 대금식 판갑이다. 방형판갑과 대금식 판갑은 왜계 갑주로 추정되는데 방형판갑은 좀 더 면밀한 검토가 필요하다. 현재 방형판갑은 금관가야의 왕묘인 대성동고분군에서만 확인된다. 특히 최근에 보고된 대성동 88호 출토 갑옷은 대성동고분군 내에서도 시기가 가장 빠른 갑옷으로 주목된다. 대성동 88호 출토 갑옷편은 보고서에서 투구의 볼가리개 등으로 보고되었으나 일본 연구자 중 일부를 방형판갑편으로 보고 있다(鈴木一有 2016b). 그러한 이유로 좀 더 면밀한 조사가 필요한 실정이다. 이후 좀 더 늦은 시기는 옥전 68호에 출토된 삼각판혁철판갑과 같은 대금식 판갑을 시작으로 왜계 갑주의 종류와 범위가 넓게 확인된다.

이러한 갑주 출토 양상과 관련해서 여러 역사적인 배경을 고려할 수 있다. 우선 찰갑 구조의 변화는 새로운 기술 도입과 관련해서 이해할 수 있다. 일찍이 신라는 고구려의 도움으로 4세기 후반인 381년 전진에 사신을 파견할 수 있을 정도로 고구려와 긴밀한 관계를 맺고 있었기에 앞 시기보다 여러모로 진전된 구조의 찰갑을 제작할 수 있었다고 판단된다.

다음으로 가야에서 출현한 왜계 갑주는 신라의 성장으로 상대적으로 위축된 가야가 대외적으로 백제 그리고 왜와 교섭을 한 산물로 이해할 수 있다. 백제는 왜와 교역을 위한 안전한 남해안 항로가 필요하였을 것이고 왜도 가야와 철 등 필요한 물자를 받아들여야 했을 것이다. 이에 가야는 통형동기와 같은 청동제품과 더불어 교역의 상징적인 물품으로 왜계 갑주를 받았을 가능성이 크다. 또한 왜가 본격적으로 금속제 갑주를 제작한 시기도 이 무렵으로 가야의 갑주 제작 기술을 수용하여 생산한 갑주가 방형판갑으로 추정된다.

그런데 이러한 갑주는 일본 고고학에서 전기 갑주로 인식하고 소위 대금식 갑주는 중기 갑주로 구분하고 있다. 필자는 이러한 전기 갑주 중 소찰주와 찰갑이 중국과의 교류를 통해 도입한 물품이라는 견해에 의문을 제기한 바 있다(김혁중 2016a). 최근 대성동 88호에서 출토된 서진계 대장식구는 이러한 양상을 반영한다고 할 수 있는데 왜에서 확인된 서진계 대장식구를 포함하여 갑주도 가야를 매개로 수용하거나 가야에 이른 시기의 소찰주가 확인될 가능성도 전혀 배제할 수 없는 상황이므로 추후의 자료 증가를 기대한다.

(3) 3기(5세기 전반)

이 시기는 광개토대왕의 남정 이후로 신라와 가야에 많은 영향을 준 것으로 이해하고 있다. 갑주도 당시의 사회적 분위기가 반영되었다고 보이는 데 특히 가야는 남정의 영향으로 선진적인 고구려 군사 기술을 적극적으로 수용한 계기가 되었을 것이다. 이와 관련해서 이 단계에 주목되는 특징을 살펴보고자 한다.

이 시기부터 점차 종장판갑 생산이 중단되는 것으로 추정된다. 이와 반대로 종장판갑을 대신하여 찰갑이 생산량뿐만 아니라 소유 계층노 좀 더 넓은 범위로 확대된다. 그러나 종장판갑이 갖고 있던 장식성은 찰갑이 대신하기 어려웠다. 물론 신라는 금동제로 만든 소찰로 제작된 찰갑도 확인되지만 그것만으로 장식성을 높이기 어려웠을 것이다. 이를 대신하여 장식성이 높은 갑주들이 제작되는데 신라는 비갑을 들 수 있으며 가야는 투구로 장식성을 극대화하기 시작하였다.

찰갑은 이전 단계와 또 다른 모습을 확인할 수 있다. 특히 D형 찰갑이 본격적으로 생산된다. D형 찰갑은 부속갑을 완비한 형태로 마주와 마갑과 더불어 중장기병의 전형적인 갑옷이라 할 수 있다. 특히 요찰의 형태는 'S', 'Ω', 'ㅣ', '〈' 등 매우 다양한데 'Ω'형 요찰과 수결 2열을 갖춘 소찰은 이후 일본열도 찰갑 제작에 큰 영향을 주었다고 할 수 있다. 이 점은 IV장에서 갑주의 계통을 검토하기 위해 동북지방에서 출토된 찰갑을 비교하겠지만 기술 수용을 통한 발전으로 평가할 수 있다.

이 시기의 또 다른 변화는 마주와 마갑이 본격적으로 생산된 것을 들 수 있다. 마주와 마갑이 신라와 가야에서 언제부터 제작되었는지 그리고 수용 배경을 두고 고구려와 중국 동북지방으로 이견(이상률 1999; 김재우 2004)이 있지만 연구의 어느 한쪽이 정론이라 하기 어렵다. 계통 문제는 연대 문제도 있기에 쉽게 판단할 수 없다. 다만 5세기 전반이 되면 마갑과 마주의 생산이 이전보다 증가한다.

그런데 왜 이 시기부터 마주, 마갑의 생산과 부장량이 급증하는지 의문이다. 이를 두고 중장기병과 같은 새로운 무장체제가 언급되지만 여전히 마주와 마갑은 지배계층 중심의 부장품이기에 중국과 고구려가 보유한 중장기마 전사단이 신라나 가야에 있었다고 볼 수 없다(김혁중 2019a; 신광철 2019: 109 – 113).

앞 시기에 이어 대금식 갑주는 좀 더 넓은 범위에서 확인되며 금관가야의 권역 중심으로 출토된다. 이 시기는 백제지역에서도 대금식 갑주가 확인된다. 백제지역은 충청도와 같은 내륙에서도 확인되지만 주로 호남지방의 서남해안에 주로 분포된다. 특히 서남해안에서 왜계 갑주가 출토된 고분의 피장자는 왜인이며 교류에 종사한 집단으로 이해하기도 한다(이정호 2014; 高田貫太 2016). 서남해안에 확인되는 고분의 피장자를 그와 같이 보는 이유는 무엇보다 왜계 고분이면서 부장품도 재지적 성격을 확인하기 어렵기 때문이다. 이 점은 가야에서 출토되는 왜계 갑주의 양상과 차이가 있다. 가야권역에서 출토되는 왜계 갑주는 재지계 고분이면서 공반된 유물이 왜계 유물을 같이 부장한 사례가 많지 않다(김혁중 2011a; 김영민 2014). 따라서 지역에 따라 다른 관점에서 왜계 갑주를 이해해야 할 것이며 이는 VI장에서 살펴보도록 하겠다.

(4) 4기(5세기 후반 이후)

이 시기는 많은 자료는 아니지만 신라와 가야 갑주의 차이점이 좀 더 두드러지게 나타난 시기이다. 신라는 금관을 비롯한 장신구의 영향이 갑주에도 전해져 앞 시기에 제작된 금공 비갑이 최상위계층의 고분에서 확인된다. 가야도 금공 갑주가 없는 것은 아니나 신라와 달리 투구에 장식을 더하는 소찰주가 대표적이다.

이 중에 대가야는 이전 종장판주와 다른 형태의 투구를 제작하는데 관모와 차양을 더한 형식이 주목된다. 이는 신라의 금공 비갑과 비교하여 대가야만의 투구를 제작했다고 볼 수 있다.

'Ω'형 요찰이 구성된 찰갑은 이 시기부터 확인되는 사례가 증가한다. 그중에 장목고분에서 출토되는 찰갑은 마지막 단 소찰인 거찰도 'Ω'형이며 공반되는 갑주나 토기 등을 볼 때 왜계 찰갑일 가능성이 높다. 이러한 'Ω'형 요찰로 구성된 찰갑은 과거 왜계 찰갑으로 보는 견해(內山敏行 2008)가 있었으나 출토 사례가 증가하고 제작 시기도 영남지방 출토 찰갑이 이르기 때문에 쉽게 판단할 문제가 아니다.

판갑은 대금식 판갑으로 이 갑옷이 금관가야권에 집중되었던 이전 시기와 달리 대가야권역, 아라가야권역 등 좀 더 넓은 범위에서 확인된다. 특히 신라권역에서 대금식 갑주의 출토 사례가 증가하고 있는데 부산지역은 축조집단의 성격에 대한 이론이 있으나 울산지역에 출토된 대금식 판갑은 가야와의 관계로 이해할 수 없다. 또한 부산 연산동고분군 출토 사례가 흥미로운데 이 사례를 좀 더 심화하여 Ⅵ장의 갑주 활용 전략에서 면밀히 검토해 보고자 한다.

위와 같은 사례들은 문헌에서 기록된 역사적 정황을 대입해 두 가지 사실에 주목해 볼 수 있다. 우선 이 시기 대가야가 남제에 독자적인 사신을 보낼 만큼 성장하였다(479년). 이러한 상황에서 대가야는 차양과 관모를 갖춘 기존에 없던 새로운 양식의 투구를 창출한 것으로 보인다.

다음으로 5세기 후반은 고구려의 남진 정책에 대응하는 신라와 백제 그리고 가야의 노력(나제 동맹)이 있던 시기이다. 신라는 일찍이 일본열도에서 확인되는 고고 자료를 통해 볼 때 5세기 전반부터 왜와 교류를 한 것으로 이해(박천수 2016)되지만 대금식 갑주는 신라권역에서 5세기 후반부터 확인된다. 따라서 5세기 후반에 부산지역에 확인되는 대금식 갑주는 이러한 역사적 배경에서 이해할 수 있다.

지금까지 신라·가야 갑주의 변천을 모두 4기로 나누어 살펴보았다. 이를 통해 갑주는 시기별로 그 목적에 따라 다른 물품을 제작하였으며 아직 명확하게 구분되지는 않지만 신라와 가야 갑주의 차이점을 알 수 있었다. 또한 왜계 갑주가 일정 시기에 신라와 가야 모두 확인된다.

모두冒頭에 밝힌 바와 같이 갑주는 사회적인 요구와 기술 발전에 의해 생산체계가 구축되고 이 점이 시기별로 반영되었을 것이다. 또한 신라와 가야 갑주에서 나타나는 차이점은 갑주를 사용하는 주체가 그 목적에 따라 달리 활용한 점을 반영하는 것이며 이 점은 활용 전략이라 할 수 있다. 이번 장은 이러한 목적을 밝히기 위한 기초적인 분석으로 개별 갑주의 변천과 특성을 살펴본 것이다.

3. 신라·가야 유기질제 혼용 찰갑의 기술 계통과 특징

1) 문제 제기

삼국시대 갑주는 영남지방을 중심으로 다량의 자료가 확인되었다. 그중에서도 고분에서 출토된 자료가 대부분을 차지한다. 갑주를 소재로 한 연구는 1990년대 이후 본격화되었다. 초기의 연구 주제는 출토품 자체에 집중하여 전개과정과 특징으로 한정되었으나 최근에 와서는 지역성, 한일 교류 등 좀 더 넓은 범위에서 그 의미를 찾으려는 경향이 강하다. 이러한 연구 성과를 바탕으로 삼국시대 갑주에 대한 자료 집성(복천박물관 2010b)과 특별전 개최(국립김해박물관 2015)가 시도되었다. 무엇보다 고무적인 점은 지금까지 주요 연구 대상으로 다루어지지 않았던 갑주가 고고학 개론서에서도 개별 항목으로 소개(김영민 2015)된 점이다. 이처럼 갑주는 삼국시대 문화의 중요한 요소로 인정받고 있다.

철제 갑주가 본격적으로 생산된 것은 4세기로 추정[19]되며 도입기부터 다양한 종류가 만들어졌다. 대표적으로 종장판갑縱長板甲, 찰갑札甲, 종장판주縱長板冑를 들 수 있다. 이 초현기 갑주들은 형태나 제작 기술에 있어서도 완성도가 높

---

[19] 3세기대에 철제 갑주의 일부로 보이는 소찰 등이 가평 대성리 유적에서 출토되었으나 갑주 제작의 다양성과 공급 등에서 본격적인 생산은 4세기 이후로 판단된다.

은 형태이다.

그런데 출토 자료의 재질은 삼국시대 고고 자료가 대개 그러하듯 금속품이 대부분이다. 그러나 삼국시대 갑주의 다양한 종류와 높은 완성도는 철소재로 제작되기 전 가죽, 나무, 털 등 유기질을 재료로 한 갑옷에서 기본적인 형태가 잡혀있었기 때문에 가능했을 것이다. 실제로 많은 조사 사례가 있는 것은 아니지만 당시 상황을 추정해 볼 수 있는 자료가 최근 확인되었다.

대표적인 사례로 공산성 발굴조사(공주대학교박물관·공주시 2013)에서 출토된 옻칠제 찰갑을 들 수 있다. 자세한 내용은 공식적인 보고서가 미간이어서 알 수 없다. 그렇지만 산성이라는 특수한 상황은 유기질제 갑주가 실전에서 직접 사용되었음을 보여주는 중요한 사례라고 할 수 있다.

그러므로 갑주의 소재는 유기질에서 시작되어 점차 군사적 긴장에 따른 방어력 향상이나 혹은 철을 다루는 기술 발전 등에 따라 금속으로 전환하였을 것이다(김영민 2000). 이러한 추정은 삼국시대의 다양한 무기의 변화양상을 통해서도 알 수 있다. 관통력과 파괴력을 높이는 쪽으로 개량된 무기의 성능은 갑주의 소재 변화에 직접적인 영향을 주었을 가능성이 크다.

그런데 모든 갑주가 금속만을 재료로 제작된 것은 아니다. 금속은 나무나 가죽보다 단단한 성질을 가지고 있지만 그에 따른 한계도 있다. 두 가지를 거론할 수 있는데 첫째는 활동성 제약이 있다. 활동성의 가장 큰 문제는 무게일 것이다. 유기질제 갑주와 금속제 갑주를 무게로 비교한 정확한 자료는 없지만 단순 비교를 통해서도 금속제 갑주의 중량이 자유로운 움직임에 무리를 줄 것이라는 점을 충분히 추정할 수 있다. 둘째는 대량 생산 한계이다. 갑주의 주요 금속 재질인 철은 소재가 신분이 상당한 사람에게 별도로 부장되기도 하고 통화로도 사용되었을 가능성이 제기되고 있다. 따라서 쉽게 소유하기 어려운 점으로 보건대 제한된 신분을 가진 계층에게 금속제 갑주가 제공되었을 것이다. 또한 대량 생산과 관련해서도 소재를 구하기 어려운 점과 더불어 숙련된 전문 공인의 작업을 거쳐 제작되는 점도 고려할 수 밖에 없다.

따라서 철과 유기질 소재를 혼용하는 것은 방어력과 활동성을 동시에 고려한 결과라 할 수 있다. 이러한 이유로 유기질제 갑주는 계속해서 생산되었다. 영남지방의 저습지 유적이나 고분에서 출토되는 고고 자료는 그러한 상황을 잘 반영하고 있다. 그러므로 유기질제 갑주 연구는 삼국시대 철제 갑주의 발달 과정과 계통을 이해하고 다양한 갑주 제작 기술을 알기 위해 반드시 필요하다.

그간 갑주 연구는 철제 갑옷에 집중되었으며 반면 유기질제 갑주에 대한 연구는 그리 활성화되지 못하였다. 가장 현실적인 문제는 유기질제 갑주가 대부분 남아있지 않기 때문이다.

그렇지만 유기질제 갑주 연구가 전무한 것은 아니다. 지금보다 더 자료가 부족하고 갑주를 연구도 축적되지 못했던 십여 년 전에 이미 일부 선구적인 연구(김영민 2000)가 있었다. 그는 영남지방 출토 종장판갑의 계통을 검토하면서 공반되거나 다른 유구에서 확인되는 동 시기의 유기질제 갑주에 주목하였다. 특히, 고분에서 갑옷 전체가 확인되지 않고 목과 허리부분에 소찰이 남아 있는 사례에 주목하였다. 이러한 소찰을 경갑과 요찰로 보고 비어있는 부분은 철과 같은 금속제가 아니라 유기질인 피갑으로 제작하였을 가능성을 제기하였다.

이와 같은 유기질제 갑주가 철제화되는 과정을 추적하면서 중국의 수현증후을묘隨縣曾侯乙墓 출토 피갑과 평양 석암리 219호, 창원 다호리 2호에서 출토된 유기질제 소찰 등에 주목하였다. 이러한 사례들로 보아 처음에는 중국에서 피갑이 유입되었고 자체 제작된 이후 갑주의 소재가 철제화하였을 가능성을 제시하였다. 또한 한반도에서 자체 제작된 피갑의 형태를 부장 양상을 통해 추정하였는데 판갑과 찰갑의 두 유형으로 구분한 것이 특징이다.

그러나 이후 그가 제시한 유기질제 갑주에 대한 검증이나 새로운 방향 등을 성과를 담은 연구는 없었다. 그나마 이후 주목해 볼 연구를 꼽는다면 극동지방 원주민이 사용하던 유기질제 갑주를 검토한 연구(송정식 외 2008)가 있다. 이 갑주는 삼국시대에 제작된 것은 아니다. 그렇지만 극동지방 목갑木甲과 종장판갑의 제작 기술의 유사성을 통해 종장판갑의 원류와 계통을 유기질제 갑옷에서 찾고자 하였다. 앞서 소개한 논문(김영민 2000)에서 제기한 계통 문제도 접근하고자 하였다. 비교할만한 실질적인 자료가 부족한 상황에서 유기질제와 철제 갑주의 상관성을 넘어 판갑과 찰갑의 기술 계통을 언급한 점에서 주목된다.

이외에도 김해 대성동 고분 출토 갑주와 경주 구어리 1호분 출토 갑주, 김해 양동리 유적 출토 갑주를 정리하는 과정에서 유기질제 갑주의 존재 가능성과 그 구조를 검토한 연구(김혁중·김재우 2008; 김혁중 2011b; 김혁중 2013)가 있다.

이러한 과정을 통해서 철제 갑주와 유기질제 갑주가 공반하여 부장되는 특성이 금관가야 갑주의 특성 중 하나라는 점을 밝혀낸 것도 중요한 성과라고 할 수 있다(김재우 2010). 위의 연구들로 부족한 점이 있지만 유기질제 갑주의 실체와 성격을 이해하려는 노력은 진전되었다고 할 수 있다.

그런데 이 연구들은 대부분 유기질제 갑주의 존재 가능성 및 철제 갑주의 계통을 알아보기 위한 연구가 대부분이다. 그런 점에서 철제 갑주 이전부터 존재하여 온 유기질제 갑주의 전반적인 양상을 살펴보기에 부족한 점이 있다. 그러나 최근 금속제 갑주가 제작되기 시작한 4세기대 갑주 중 연구가 진전될 새로운 자료들도 많이 확인되었다. 이 자료로 구조를 알기 어려웠던 찰갑에 대한 연구도 진전이 있었다. 이러한 상황에서 유기질제 갑주의 선행연구를 바탕으로 구체적인 구조나 특성에 대한 부분이 밝혀질 필요가 있다.

유기질제 갑주 자료가 충분하지 않지만 그간의 연구 성과는 그 성격을 추론하는데 부족하지 않다. 2000년대 이후 증가된 갑주 자료와 연구로 알게 된 새로운 사실과 분석은 유기질제 갑주를 이해하는데 도움을 줄 수 있다는 뜻이다. 그중에서도 소찰을 이용한 갑주 중에 철제와 유기질제를 혼용하여 만든 갑옷이 적지 않게 확인된다.

따라서 본장은 한반도 출토 갑주가 가장 많이 확인된 영남지방이라는 공간적 배경에 소찰로 구성된 유기질제 갑주를 대상으로 하여 당시 삼국시대 갑주 문화의 일부분을 살펴보고자 한다. 또한 유기질제와 철제로 제작된 갑주의 상관관계를 살펴보고자 한다. 이를 통해 기술 계보를 검도해 보고자 하며 아울러 유기질제 갑주를 두고 언급되는 초기 갑주의 지역성 문제도 살펴보겠다. 삼국시대 유기질제 갑주 사례를 소개하여 연구의 중요성을 강조하려는 것도 이 글의 또 다른 목적이다.

2) 삼국시대 영남지방 유기질제 갑주의 현황과 구조적 특징

가죽 등 유기질로 만든 유물은 오랜 시간이 지나면 주변 환경에 의해 원 상태가 잘 보존되지 않는다. 무덤에 부장된 삼국시대 갑주도 예외가 아니다. 그럼에도 불구하고 유적에서 출토된 자료와 부장 양상과 같은 정황적 증거로 유기질제 갑주의 존재를 추정할 수 있다. 여기서는 이러한 자료를 정리한 후 유기질제 갑옷에 어떤 구조나 특징이 있는지 살펴보고자 한다. 대부분의 자료는 기존에 알려진 바와 같이 유기질제 소찰로 제작된 것이 분명하거나 출토 정황을 통해 추정된 기존 자료이다. 그래서 본장의 분석은 현재의 연구 성과로 그 특성을 재구성하려는 경향이 강하다. 그러나 좀 더 주목하고자 하는 부분은 일반적으로 알려진 철제 갑옷에 대한 재검토이다. 우리가 지금까지 철제 갑옷으로 판단한 자료 중 부분적으로 유기질을 이용한 것도 있어서 이를 소개하면서 유사한 사례로 일본 고훈시대 자료도 비교 검토해보고자 한다.

(1) 삼국시대 이전 유기질제 갑주의 현황

삼국시대 이전에 분명하게 확인할 수 있는 유기질제 갑주는 목갑과 피갑을 들 수 있다. 목갑으로는 부산 노포동 31호, 대구 달성 토성(목제찰갑), 피갑으로는 평양 석암리 219호, 창원 다호리 2호 등에서 출토된 바 있다. 유기질제 갑주는 재질뿐만 아니라 형태도 차이가 있다. 갑주는 투구와 갑옷 그리고 부속갑을 아울러 부르는 명칭이다. 유기질제 갑주도 원래는 이 세 가지 종류가 제작되었을 것으로 추정되지만 현재까지 확인된 자료는 갑옷뿐이다. 따라서 이 글에서 검토되는 유기질제 갑주도 갑옷을 중심으로 언급한다. 갑옷 형태는 크게 소찰을 이용한 찰갑과 넓은 판을 이용한 판갑으로 구별되는데 철제 갑옷의 구별과 다르지 않다.

한반도에서 출토된 유기질제 갑옷 중에서 시기가 분명하면서 가장 이른 자료는 평양 석암리 219호에서 출토된 찰갑을 들 수 있다. 이 찰갑은 완전한 개체가 확인된 것은 아니다.

그러나 형태로 보아 2종류로 구분된다. 혁제 소찰은 소찰 수백 매를 연결하기 위한 투공이 있다. 양변과 중앙에서 확인되며 2종류는 길이와 폭이 달라서 신체 부위에 따라 다른 개체가 사용되었을 가능성이 크다. 비슷한 시기로 추정되는 자료인 창원 다호리 2호 출토 소찰은 소량만이 확인되었고 완전한 형태를 알 수 있는 것도 1점에 불과하다. 소찰은 장방형이며 연결하기 위한 투공은 상부에 2개가 확인된다. 상부에 확인된 2개의 투공은 일반적인 소찰에 비하여 수결 혹은 횡결을 위한 연결 투공 수가 적다. 이러한 점은 삼국시대 찰갑을 구성하는 소찰과 다른 점이다. 기본적으로 소찰을 서로 연결하기 위해서는 많은 투공이 필요하다. 이점을 감안하면 다호리 2호 출토 소찰은 개별 소찰을 서로 연결하기보다 포에 붙은 형태를 추정해 볼 수 있다. 다시 말해 고정갑으로 추정해 볼 수 있다.

그런데 삼국시대 이전부터 철제 갑주를 인지하거나 사용했을 가능성은 없었던 것일까. 다시 말해 철을 포함한 금속제 갑주가 4세기대에 갑작스럽게 출현한 것이 아니라 유기질제 갑주를 제작하면서 숙련된 기술 부분이 이후 금속제 갑주 생산에 점진적으로 적용했을 가능성을 없는지 살펴볼 필요가 있다.

이러한 점에서 철제 소찰이 확인된 가평 대성리 유적과 경주 조양동 유적이 주목된다. 특히 가평 대성리 유적에서 출토된 소찰은 공반된 유물이 철경동촉과 화분형토기 등으로 낙랑과 관련된 유적으로 보는 시각도 있다. 따라서 철제 갑주 제작 기술의 유입과 관련하여 주목된다.

다만 4세기 초로 추정되는 찰갑 자료와 직접적으로 연계해서 이해할 수 있는 자료는 현재 확인할 수 없다. 이점은 당시 유기질제 갑주가 소재 전환뿐만 아니라 구조 등에서 어떤 영향을 주었는지를 알기 위해서 향후 보완되어야 할 과제로 생각된다.

유기질제 갑주는 중국과 일본에서도 확인된다. 중국은 서한西漢대의 수현증후을묘의 피갑을 들 수 있다. 이 갑옷은 찰갑 형태의 유기질제 갑주이다. 일본은 판갑 형태의 목갑이 다수 출토되었다. 그 수량은 한국과 중국보다 많다. 이러한 연구 여건으로 일찍부터 목갑 등 유기질제 갑주에 대한 연구가 이루어졌다. 이중 판갑 형태의 목갑을 자세히 분류하고 검토한 연구(橋本達也 2005)가 임당 저습지 출토품과 같은 목제 판갑 연구에 참고된다. 일본열도 출토 목제 판갑은 제작 방법에 따라 조합식 목갑과 고발식刳拔式 목갑으로 구분하고 있다. 이러한 목갑을 두고 橋本達也는 한반도 계통일 가능성을 제시하였다. 그 근거로 목갑이 제작되던 시기는 중국에서 문물이 유입되기 이전 단계로 일본열도의 청동기 문화가 한반도로부터 직접적인 영향을 들었다. 이러한 이유로 그는 한반도 저습지 유적의 조사를 기대한다고 하였는데 아직까지 청동기시대로 추정할 수 있는 목갑은 없다. 최근에 보고서가 출간된 임당 저습지 유적(영남문화재연구원 2014)에서 출토된 목갑(그림 5-1-4)은 시기는 다르지만 구조 등에 있어서 참고가 된다. 그러나 출토 정황이나 형태 등으로 인해 삼국시대 이전 자료로 판단되기는 주저되므로 향후 자료의 증가를 기대할 수 밖에 없는 상황이다.

(2) 삼국시대 유기질제 혼용 찰갑의 사례와 특징
가. 유기질제 혼용 찰갑의 사례 검토

앞에서 살펴본 바와 같이 유기질제 갑옷은 찰갑의 형태와 판갑의 형태로 크게 나눌 수 있다. 그렇지만 판갑의 형태인 목갑은 한반도 출토 사례가 임당 저습지 출토품 밖에 없다. 물론 복천동 71호 출토품처럼 판갑의 측경판 일부가 확인되는 사례는 나머지 부분이 유기질제로 제작되었을 가능성이 있다. 이번 장에서는 향후 확실한 자료가 확인되기까지 찰갑의 형태를 이루고 있는 유기질제 혼용 찰갑을 검토해보고자 한다. 이 글에서는 '유기질제 혼용 찰갑'이라는 용어를 제안하고자 하는데 굳이 이 용어를 사용하는 것은 현재까지 사용되는 '피갑'이라는 용어가 이 갑옷의 특징을 담기에는 너무 모호하기 때문이다. 현재까지 알려진 피갑의 사례 대부분은 유기질과 금속제를 소찰을 같이 사용하였다. 그렇지만 유기질이라는 재질의 특징을 좀 더 강조하는 의미로 '유기질제 혼용 찰갑'이라는 용어를 제시하였다. 향후 더 적절한 용어가 나오기를 기대한다.

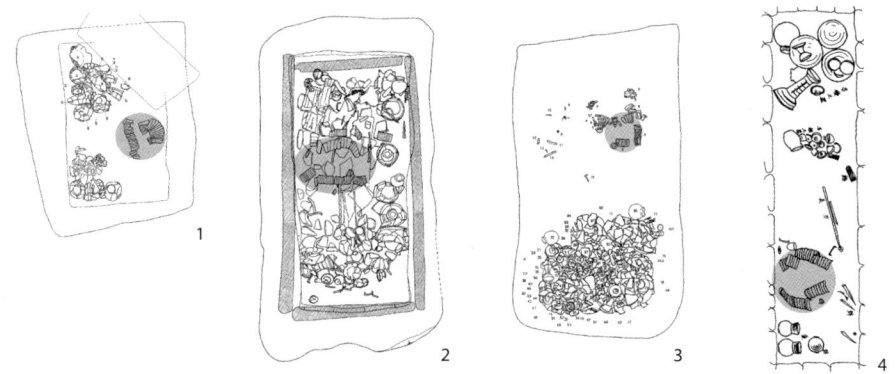

그림 2-22 유기질제 혼용 찰갑이 존재했을 가능성이 있는 철제 갑옷(경갑+요찰)의 부장 양상(김혁중 2011b)
1: 구어리 1호 | 2: 대성동 39호 | 3: 복천동 21·22호 | 4: 복천동(동) 8호

나. 요찰과 경갑의 공반 출토 사례로 보는 유기질제 혼용 찰갑

최근 영남지방을 중심으로 삼국시대 찰갑을 종합적으로 잘 정리한 연구(황수진 2011)가 있다. 이 연구는 기존의 형식분류의 방법을 탈피하고 부장유형별로 찰갑을 구분하였다. 그중에 이 글이 검토할 유기질제 혼용 찰갑을 소개하고 있으며 상당히 오랜 시간 사용되었음을 알 수 있다.

앞의 연구가 분류한 것처럼 별도의 유형으로 인정된다면 적지 않은 출토 사례를 꼽을 수 있다. 이중 경주 구어리 1호 출토품, 포항 남성리 유적 출토품이 가장 이른 시기에 제작되었다. 무엇보다 구어리 1호 출토품은 소찰에 특징적인 유기흔이 남아있어 주목된다(그림 2-23). 구어리 1호는 주곽과 부곽이 있는 대형 목곽묘로 갑옷은 토기와 함께 부곽에서 출토되었다.[20] 부장 위치로 보아 허리 부위를 감싸는 소찰과 목을 보호하는 경갑은 한 세트로 판단된다. 갑옷은 남장벽에 가지런히 놓여 있었으며 사이에 일정한 거리를 두고 비어있는 공간이 있다. 여기에 비어 있는 공간은 아마도 유기질로 제작된 소찰로 상반신을 구성하였을 것이다.

철제 소찰의 구조를 좀 더 살펴보면 수량이 모두 32매이다. 각 소찰은 출토 시 나란히 펼쳐져 있어서 정확한 위치를 알 수 있다. 또한 일부 소찰은 누중된 흔적이 남아 있으며 착장할 때 정후방 소찰을 중심으로 안으로 감싸는 형태이다. 소찰의 투공은 상부上部, 중부中部, 하부下部 그리고 양변에서 확인된다. 소찰은 중앙 상부에 세 개의 투공이 뚫려 있고 중부와 하부에 하나의 투공이 뚫려 있다. 소찰의 양변에는 3cm 정도의 간격으로 투공이 하나씩 뚫려 있다. 중앙의 투공은 기왕의 찰갑에서 허리 부위를 감싸는 소찰로 보건대 수결공이며 양변의 투공은 횡결공으로 판단된다.

소찰에서 확인되는 특이 사항은 요찰 뒷면에 확인되는 유기물 흔적이다. 오른쪽 소찰 중 뒷면에 4~4.5cm 정도의 폭으로 유기물이 확인된다(그림 2-23-2). 자세히 관찰하면 작은 실이 일정하게 묶여있고 총 3열이 사선으로 있는 것이

---

[20] 구어리 1호를 발굴 보고서의 유물 설명과 고찰에서 기술하였다(영남문화재연구원 2011). 그러나 다른 부위와 구분하는 별도의 갑옷으로 보기 힘들다고 판단되므로 이 글에서는 부위를 명명하는 요찰이나 소찰로 기술한다.

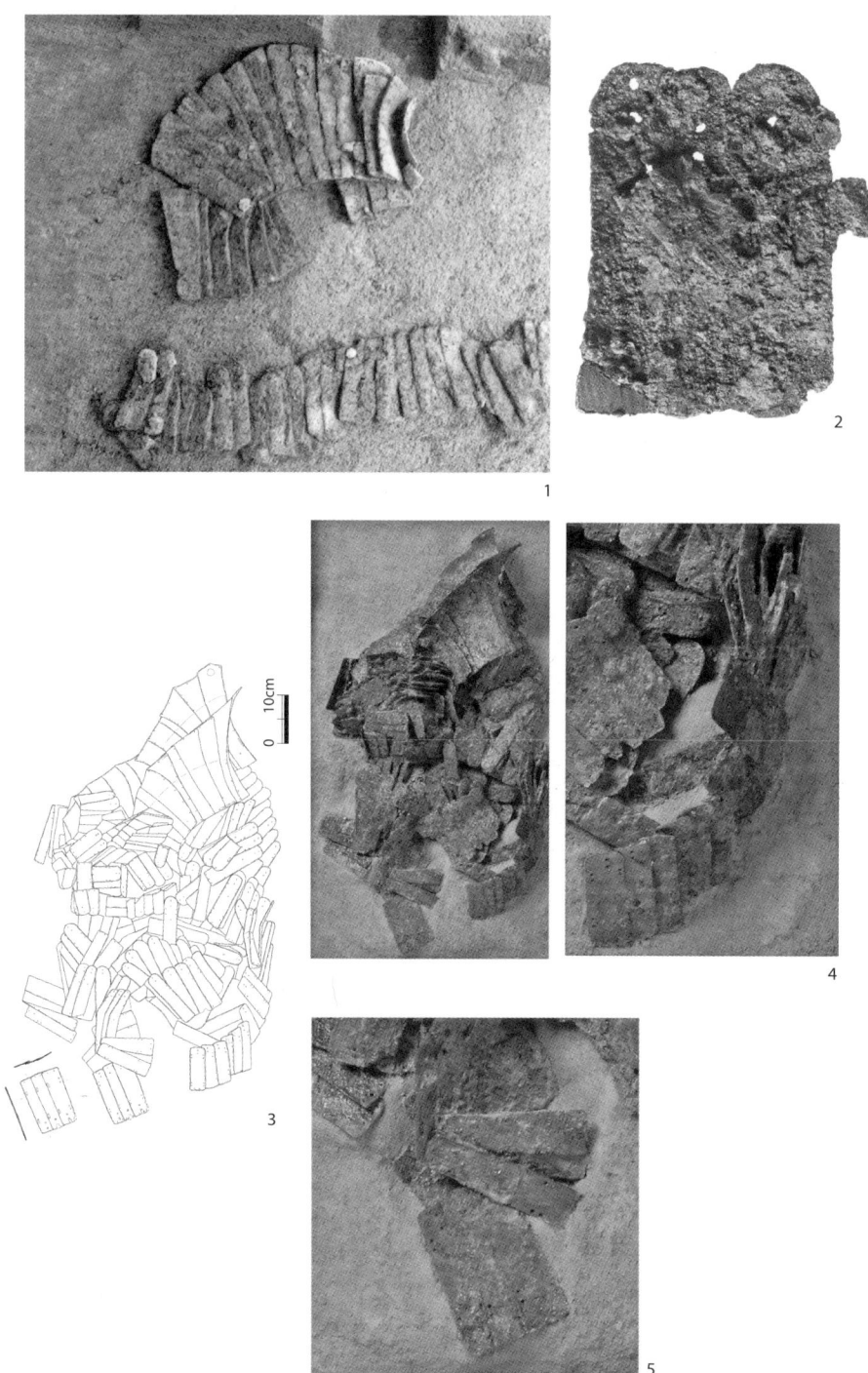

그림 2-23 구어리 1호 출토 갑옷(1, 2)과 진영 여래리 출토 찰갑(3~5)
1: 구어리 1호 갑옷 출토 전경 | 2: 구어리 1호 찰갑 유기제흔 | 3: 진영 여래리 출토 갑주 도면
4: 진영 여래리 찰갑 마지막 단 상세 | 5: 진영 여래리 찰갑 유기제흔

확인된다. 이것은 소찰과 경갑 사이에 있던 현재 남아 있지 않은 유기질로 제작된 갑옷을 연결하기 위한 가죽 끈으로 추정할 수 있다.

4세기대는 금속제 갑주가 본격적으로 제작되는 시기이다. 그럼에도 다양한 형태의 찰갑과 판갑이 제작되는데 유기질제 혼용 찰갑도 이러한 상황을 잘 반영하고 있다. 유기질제 혼용 찰갑은 출토 양상에서 유사한 사례가 많다. 대부분 철과 같은 금속재질로 제작한 요찰과 경갑이 같이 일정한 공간을 두고 출토된다. 아마도 피장자가 착장을 하거나 갑옷을 펼쳐놓은 상태로 부장했을 가능성이 높다. 고분에서 확인되는 금속제 찰갑과는 조금 다른 양상이며 오히려 이런 상태로 있어서 재질을 금속과 유기질로 혼용했던 점을 쉽게 이해할 수 있다. 찰갑이 어떤 모습으로 부장되었는지는 구체적으로 정리한 연구는 없다. 사례가 축적되면 이러한 양상도 정리가 필요하다고 판단된다. 여기서 간략하게 살펴보면 유기질제 혼용 찰갑처럼 전체를 펼친 상태로 부장한 경우와 부곽이나 주곽의 모서리에 일정 공간을 두고 세워둔 사례가 가장 많은 편이다. 일부 고분에서 심하게 흩어지거나 훼손된 양상도 확인되는데 이는 도굴의 피해도 의심해 볼 수 있지만 목곽 위에 부장되었을 가능성도 살펴보아야 한다. 목곽 위에 부장된 사례는 종장판갑에서도 확인되어 크게 예외적인 사례는 아니라 본다.

그러나 부장 양상만으로 유기질제 혼용 찰갑은 쉽게 판단할 수 없다. 고분에 갑주를 부장할 당시 상황을 정확하게 알 수 없기에 부분 부장의 가능성도 제외할 수 없는 것이다. 물론 일정한 공간을 두고 출토되는 사례가 적지 않은 것으로 보아 충분히 유기질을 혼용한 갑옷의 존재를 상정할 수 있다. 그런 의미에서 구어리 1호 유기질제 혼용 찰갑에서 확인된 철제 소찰 표면에 확인된 유기질흔은 그 가능성을 높였다고 할 수 있다. 철제 소찰인 요찰에 뚫려 있는 윗부분의 투공은 경갑 아랫부분의 투공과 그 사이를 연결하기 위해 마련한 부분인 셈이다.

또한 유기질과 철제가 혼용된 갑옷은 기존 유기질제 갑옷에서 어떤 형태로 제작되었는지도 의문이다. 그리고 유기질을 혼용한 찰갑의 전체적인 구조는 어떤 형태를 갖추고 있었는지 살펴볼 필요가 있다. 삼국시대 찰갑은 개폐방식을 통해 동환식과 양당식이라는 두 구조가 있는 것으로 이해되는데 유기질을 혼용한 찰갑도 위의 구조로 이해할 수 있는지 검토되어야 할 것이다.

다. 소찰의 부분 사용으로 보는 유기질제 혼용 찰갑

유기질제 혼용 찰갑은 요찰과 경갑만을 철제로 만든 갑옷 이외에도 대부분이 철제 소찰로 구성되어 있으나 부분적으로 가죽을 이용한 찰갑이 있다. 분명하게 확인되는 구체적인 사례는 김해 진영 여래리 Ⅱ지구 40호 석곽묘에서 출토된 찰갑(이하 여래리 찰갑)이다. 이 찰갑은 보통의 찰갑처럼 수백 매의 소찰로 구성되어 있다. 대개의 발굴조사에서 찰갑은 구성 소찰을 가죽 끈으로 연결하기 때문에 가죽 끈 부식이나 도굴로 심하게 흩어진다. 여래리 찰갑은 다행스럽게도 출토 상태가 양호하였다.

여래리 찰갑의 특징을 간단히 소개하면 다음과 같다. 우선 소찰의 평면 형태가 상원하방형과 장방형의 2가지로 확인된다. 착장방식은 가운데서 여미는 것으로 소위 동환식 찰갑으로 판단된다. 이중 장방형 소찰은 찰갑의 마지막 단에만 사용되었으며 나머지는 상원하방형 소찰이다. 다른 가야지역에서 확인된 찰갑과 달리 요찰은 단면이 '〈'형으로 꺾여 있다. 이러한 요찰은 고구려 찰갑에서 확인된 바 있다.

이 찰갑에서 부분적으로 가죽을 사용하였다고 판단되는 부분은 마지막 장방형 소찰단과 그 상단 소찰 사이로 일정한 간격을 두고 빈 공간이 있는 채로 빈공간으로 남겨진 곳이다(그림 2-23-4). 장방형 소찰은 일렬로 세워진 상태로 출토되었는데 소찰 뒷면은 일정한 형태의 유기질이 확인된다(그림 2-23-4). 이러한 점에서 부분적으로 피갑을 사용한 찰갑으로 판단된다.

여래리 찰갑은 현재 확인되는 철제 소찰로 판단하면 모두 10단 정도가 명확하다. 비슷한 시기에 소찰의 단수를 정확하게 추정할 수 있는 자료는 많지 않다. 최근에 확인된 쪽샘 C 10호 찰갑은 제자리를 이탈하지 않은 양호한 상태로 출토되어 참고가 된다. 쪽샘 C 10호 찰갑은 최근 복원 자료를 참고하면 총 12단이다. 또한 4세기 전반의 자료이나 포항 마산리 유적에서 출토된 찰갑은 전신이 펼쳐진 상태로 출토되어 당시 찰갑이 몇 단을 구성하고 있었는지 알 수 있는 좋은 자료이다. 마산리 출토 찰갑은 총 15단으로 구성되었다. 이것을 비교해 보면 진영 여래리 찰갑도 15단 이내로 구성되었을 가능성이 높다. 여기서 단수에 차이가 조금씩 있는 것은 찰갑을 입는 피장자의 신체 차이 등을 고려해 볼 수 있다.

그렇다면 무엇 때문에 이 부분을 가죽으로 제작한 것일까. 경갑과 요찰만을 철제로 제작한 찰갑은 무엇보다 갑옷의 경량화에 초점을 두었을 것이다. 이러한 찰갑 중에 종장판갑이 공반된 경우가 많은데 대개의 종장판갑은 장식성이 강하다. 이를 염두에 두면 찰갑은 활동성이 중시되는 실전용일 가능성이 높다. 그렇지만 대부분을 철로 만들고 부분만 가죽으로 만든 찰갑은 어떤 이유에서 제작되었는지 검토가 필요하다.

일본에서도 고훈시대 찰갑 중에 가죽과 철을 혼용하여 찰갑을 만든 갑옷이 있어 주목된다. 또한 이 자료들은 소찰의 형태가 잘 남아있어 가죽제 소찰이 분명하게 확인되지 않는 삼국시대 찰갑과 비교할 수 있다. 최근에 이와 관련하여 도야마현富山縣 가노미나미加納南고분군 10호분 출토품, 시즈오카현静岡縣 단고즈카団子塚 9호분 출토품이 주목된다. 이중 단고즈카 9호분 출토품은 필자가 직접 관찰할 기회가 있었다. 단고즈카 9호분 출토품 찰갑 구조를 간략하게 살펴보면 소찰은 상원하방형으로 요찰과 거찰은 'Ω'형태이며 동환식 찰갑으로 판단된다. 그런데 이 찰갑은 동찰과 상찰의 일부를 가죽 소찰로 제작하였다(그림 2-24). 무엇보다 가죽으로 만든 소찰은 모양이 잘 남아 있어서 수백 매가 흩어져 있는 찰갑에서 그 존재를 잘 추정해 볼 수 있다.

이처럼 가죽으로 만든 찰갑 이외에도 몽촌토성에서 출토된 찰갑과 같이 사슴뼈를 이용하여 만든 찰갑이 군마현群馬縣 가나이히가시우라金井東裏유적에서 최근 출토되었다(よがえれ古墳人 東國文化発信委員會 2015; 群馬縣教育委員會 2017). 이 유적에서는 한반도 관련 유물이 확인되며 갑옷을 입은 피장자의 인골이 당시 사람들과는 다른 체형으로 주목 받은 바 있다. 그러나 사슴 뼈로 만든 찰갑 형태는 몽촌토성 출토 찰갑과 소찰의 크기나 구멍 배치 등이 달라서 직접적으로 관련이 있다고 보기 어렵다. 다만 고훈시대에 철제 갑옷을 포함하여 유기질제 갑옷도 활발하게 제작되었음을 알 수 있는 자료로 보이며 한반도의 유기질제 갑옷과의 관련성도 조심스럽게 검토해 볼 필요가 있을 것이다. 가나이히가시우라유적 출토 골제찰갑은 수량이 46개이며 4단으로 구성되어 있어서 전신을 보호할 수 없는 수량이다(よがえれ古墳人 東國文化発信委員會 2015; 群馬縣教育委員會 2017). 목과 가슴 부위에 해당된다. 이러한 일본의 사례를 검토해보면 가죽을 비롯한 유기질로 제작된 부분은 장식성이 필요한 부분일 가능성이 높다.

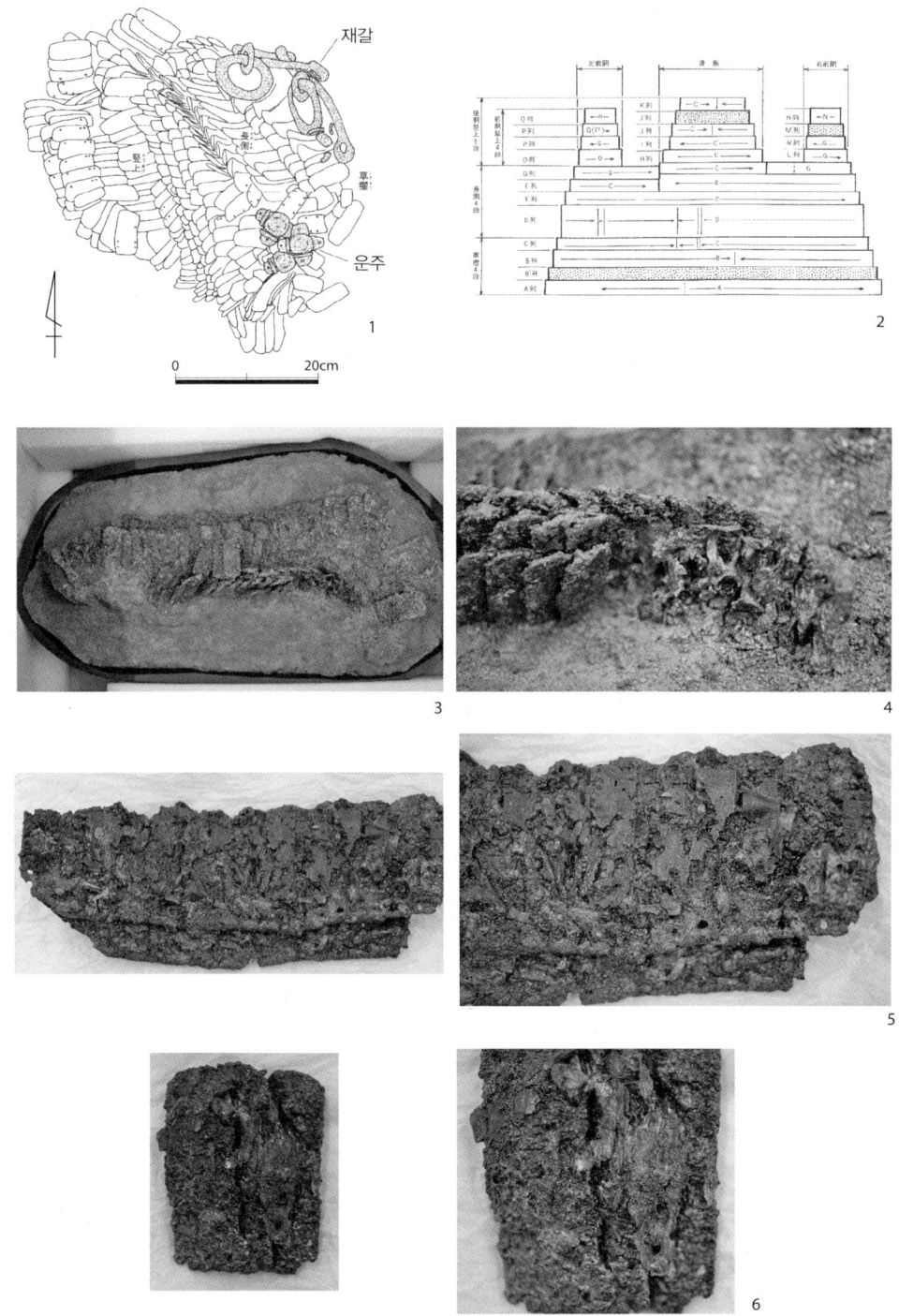

그림 2-24 단고즈카団子塚 9호분 출토 찰갑

1: 출토 상태 | 2: 찰갑의 구조(점으로 표시한 부분이 가죽 소찰) | 3: 찰갑의 아래 부분
4: 아래 부분에 확인되는 가죽 소찰 | 5: 소찰에 확인되는 가죽 소찰 | 6: 소찰에 확인되는 가죽 소찰

(3) 삼국시대 유기질제 혼용 찰갑의 구조와 특징

앞의 사례를 통해보면 유기질제 혼용 찰갑은 다양한 구조가 있을 것으로 판단된다. 그렇지만 현재까지 가장 많은 사례가 확인되는 것은 요찰과 경갑을 철제로 만들고 나머지 부분을 유기질로 혼용한 갑옷이다. 그 분포는 한정적인데 영남지방에만 확인되며 시기는 대개 4세기대가 중심이다. **표 2-23**은 지금까지 출토된 철과 가죽 혼용으로 추정되는 갑옷의 특징을 유구별로 정리한 것이다.[21]

소찰은 모두 평면 형태가 상원하방형을 띠고 있지만 크기, 투공 배치, 수량에서 조금씩 차이가 확인된다. 가장 다양한 속성은 투공 배치이다. 소찰 연결에 이용되었을 가죽 끈은 거의 남아 있지 않아 구체적인 연결 방법을 알기 어렵다. 소찰에 확인되는 투공 위치는 정확하지 않지만 연결 방식을 추정해 볼 수 있는 중요한 정보이다. 우선 소찰의 투공은 세로 연결을 위한 수결공과 가로 연결을 위한 횡결공으로 나눌 수 있다. 유기질 혼용 찰갑의 수결공은 지금까지 총 4가지가 확인되었으며 횡결공은 총 3가지이다. 출토량에 비하여 종류는 다양하지만 대부분 수결공은 d형이며 횡결공은 ⅰ형이다. 이중 구어리 1호의 요찰에서 확인되는 수결공은 다른 요찰과 달리 c형인 것이 특징적이다.

이러한 속성들을 조합해서 형식을 설정한다면 모두 5가지 형식 설정이 가능하다. 각각 Abⅱ식, Acⅰ식, Adⅰ식, Bdⅲ식, Cbⅲ식으로 조합된다. 이중에 Cb식은 제작 시기가 다른 것들보다 늦어서 단면형태가 'Ω형'과 같은 속성을 가지고 있다.

이 갑옷들은 출토 상태가 분명하지 않지만 구어리 1호와 복천동 21호에서 확인된 것을 보았을 때 정중앙의 소찰을 중심으로 좌·우 소찰이 누중되었고 이것이 일렬로 펼쳐진 상태가 대부분이다. 따라서 요찰의 착장은 중앙에서 여

---

[21] 이 자료들 외에도 포항 남옥지구 도시개발지구내 유적(세종문화재연구원 2019)과 대성동 고분군에서 새로운 자료(5~7차 조사)가 확인되었다. 그러나 포항 남옥지구 출토품은 아직 정식보고서가 출간되지 않았으며 대성동 고분군 출토품은 도굴로 교란이 심하여 전체가 철제 찰갑인지 아니면 부분적으로 유기질제 혼용 찰갑이 존재했는지는 단정짓기 어려우므로 좀 더 면밀한 검토가 필요하다.

표 2-23 유기질제 혼용 찰갑의 특징

연번	출토유구	평면형태	단면형태	크기(cm)		투공 배치		수량	공반 갑주		
				길이	폭	수결공	횡결공		경갑	투구	종장판갑
1	구어리 1호	상원하방	일자형(A)	10.5~13.4	3.4~4.1	c	i	32	◎		
2	대성동 1호	상원하방	일자형(A)	12.3~13	3.5~4	d	i	40	◎	◎	
3	대성동 3호	상원하방	일자형(A)	10.5, 14	3.5, 4.5	a, b, d	i, ii	45, 30	◎	◎	
4	대성동 7호	상원하방	일자형(A)	10.3	3.4	d	i	·		◎	◎
5	대성동 39호	상원하방	일자형(A)	13	3.5, 3.8	·	i	40	◎		◎
6	대성동 57호	상원하방	일자형(A)	12, 12.4	3.3, 4	d	i	(32)(25)	◎	◎	◎
7	대성동 68호	상원하방	일자형(A)	9	3.8	d	i	35	◎	◎	
8	양동리 107호	상원하방	일자형(A)	·	·	d	i	·	◎	◎	
9	양동리 IV-1호	상원하방	일자형(A)	14	3.3	b	ii	32	◎	◎	◎
10	복천동 21호	상원하방	s형(B)	12	4	d	iii	49	◎	◎	
11	복천동(동) 8호	상원하방	s형(B)	13	4	d	·	·	◎		
12	임당 7B호	상원하방	Ω형(C)	12.4	3.3	b	iii	·	◎	◎	
13	옥전 M3호	상원하방	Ω형(C)	8.9~9.1	1.7~2.7	b	·	·	◎	◎	
14	남성리 Ⅱ구역 17호 목곽묘		·					·		◎	◎

미는 방식이 이용되었음을 추측해 볼 수 있다. 찰갑의 구조는 요찰을 중앙에서 여미는 상태를 본다면 동환식으로 추정할 수 있을 것이다. 현재 자료에서는 고정갑의 소찰로 추정할만한 자료는 없다.

　유기질제 혼용 찰갑은 수량이 많다고 할 수 없지만 굳이 시간성을 찾는다면

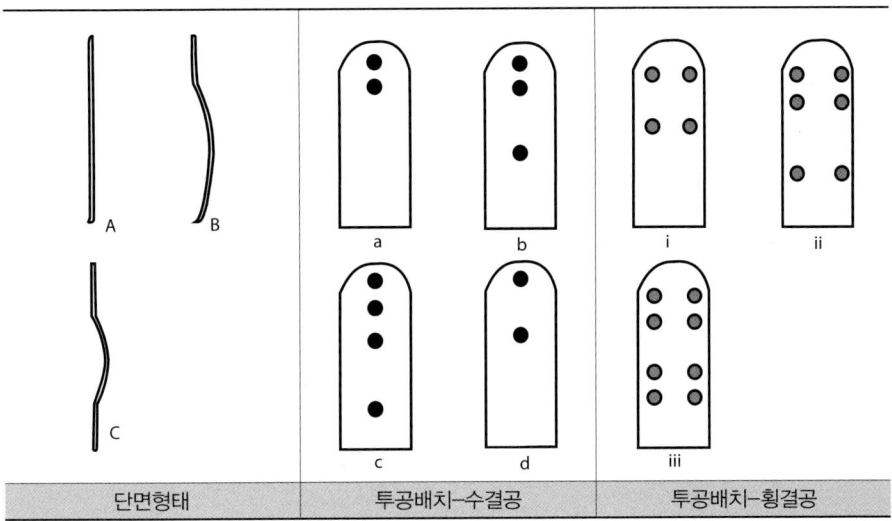

그림 2-25 요찰의 수결공과 횡결공 위치

요찰의 만곡 형태가 가장 유효하다. 영남지방에서 출토된 찰갑은 일반적으로 요찰의 단면 형태로 시간적인 변화를 볼 수 있는데 위의 자료들에서 나타나는 것처럼 일자형에서 'S'형 또는 'Ω'형으로 형태가 변화한다. 이러한 변화는 전신을 철제로 제작한 찰갑에서도 큰 차이는 없다.

유기질제 혼용 찰갑의 부속갑인 경갑은 4세기 말에서 5세기 초에 출현하는 비갑이나 굉갑과 달리 4세기 초부터 제작된 것을 알 수 있다. 경갑은 앞서 언급한 요찰과 공반하여 출토되기도 하지만 단독 또는 투구와 공반하여 출토되는 사례도 적지 않다. 경주 동산리 35호, 사라리 13호, 부산 복천동 39호, 합천 옥전 70호, 상주 신흥리 나 38·39호, 포항 옥성리 나 29호, 남원 월산리 M1-A호 출토품은 투구와 공반되거나 단독으로 확인되었다. 그러나 경갑은 그것만으로 방어구 역할을 제대로 하기 어려움이 있다. 따라서 또 다른 유기질제 혼용 갑옷의 사례로서 목 아래 나머지 부분을 유기질 소재로 한 갑옷이 제작되었을 가능성을 생각해 볼 수 있다.

경갑은 판갑과 찰갑 모두에서 부속구로 제작되기 때문에 그 형태를 구분해서 살펴보아야 한다. 이러한 점은 계통의 문제에 있어서도 중요한 실마리가 될 수 있다. 우선 찰갑의 부속구로서 경갑을 분석한 장경숙(2001)은 경갑 지판의 연결 방법, 지판의 매수를 기준으로 형식 분류를 시도하였다. 크게 Ⅰ류와 Ⅱ류로 구분하였는데 지판의 연결이 Ⅰ류는 혁결기법이며 Ⅱ류는 원두정으로 연결된 정결기법이다. Ⅰ류는 혁결기법의 종류에 의해 다시 ⅠA와 ⅠB로 구분되며 전자는 혁결기법 1, 후자는 혁결기법 2가 사용된다. 또한 지판 매수가 10매 이상에서 20매 이하는 ⅠA1형식, 20매 이상 40매 이하는 ⅠA2·ⅠB2형식, 40매 이상은 ⅠB3형식으로 구분하였다. 이중 유기질제 혼용 찰갑에 사용되는 경갑은 Ⅰ류만 확인되며 매수는 다양하다.

다음은 판갑의 부속구로서의 경갑은 영남지방의 대표적인 판갑인 종장판갑에만 부착되었다. 이 경우 경갑보다는 후경판 등의 다른 명칭으로 불려진다. 종장판갑에서 경갑은 처음에 경갑을 모티브로 하여 목 부위를 보호하는 나팔상喇叭狀으로 제작되다가 점차 크기가 작아지고 반원상半圓狀으로 변화해 갔다. 이와 같은 종장판갑에서 목 부위 갑옷 형태의 변화를 감안하면 철제 경갑과 요찰만 확인되는 갑옷의 나머지 부분은 소찰의 형태를 띤 유기질제 갑옷일 것이다. 이외에도 경산 임당 G-126호, 복천동(동) 2호, 김해 예안리 150호분 출토 소찰 역시 유기질제 갑옷의 부분일 가능성이 크다.

유기질제 혼용 갑옷의 적극적 사례로 경갑만이 출토된 유적 중 영천 화남리 유적이 주목된다. 이 유적은 모두 31기의 목곽묘가 조사되었는데 갑주가 출토된 목곽묘가 7기로 이중 3기에서 경갑이 출토되었다. 중심 고분군이 아닌 유적에서 이처럼 많은 갑주가 출토된 사례는 찾아보기 힘들다. 이 유적의 조사도 전면이 아닌 일부분이기 때문에 비율을 보면 갑주 출토량은 더 늘어날 가능성이 높다. 갑주 부장량보다 주목할 부분은 절반 정도 출토된 경갑으로 전신을 보호하는 별도의 갑옷은 없었다. 이러한 양상을 좀 더 적극적으로 해석한다면 유기질제 혼용 찰갑이 이 유적을 조성한 집단의 주요 갑주로 사용되었을 가능성도 배제할 수 없다고 판단된다.

유기질제 혼용 찰갑은 신라와 가야 갑옷의 특징으로 구분된 바 있다. 가야의 대표적인 고분인 대성동 고분군은 갑주가 확인될 때 종장판갑과 유기질제 혼용 찰갑이 공반되어 출토되는 사례가 많다. 반면에 신라는 최근에 조사된 포항 남옥지구 도시개발사업 부지 내 유적(세종문화재연구원 2019) 사례를 제외하고 단독으로 확인되어 부장양상에서 차이를 보여준다. 신라와 가야의 유기질제 혼용 찰갑은 표 2-23에서 보듯이 형태적으로 큰 차이를 구분하기 힘들기 때문에 현재 자료로 본다면 부장 풍습의 차이로 생각해 볼 수 있다.

또한 유기질제 혼용 찰갑과 부장된 종장판갑은 각각 그 용도가 무엇이었을 지도 주목된다. 부장된 갑옷이 용도를 달리하여 사용되었다면 앞서 언급한 바와 같이 유기질제 혼용 찰갑은 다른 어떤 갑옷보다 실전용일 가능성이 높다. 이에 반해 공반된 종장판갑은 비규격성이나 장식 등으로 단순 부장용(송계현 1995: 5)이나 의례적 성격으로 보는 견해(송정식 2012)도 있듯이 다른 용도일 가능성이 높다. 이와 관련하여 최근에 확인된 포항 남옥지구 도시개발사업 부지 내 유적 출토품은 궐수문 등을 앞뒤로 장식하였다. 장식성에 대한 기존의 견해를 존중하면 실전용보다 의례용일 가능성이 높다고 판단된다. 이에 이 고분에 부장된 유기질 혼용찰갑과 종장판갑은 용도를 달리하여 피장자가 생전에 사용했을 가능성도 고려해 볼 수 있을 것이다.

3) 삼국시대 영남지방 유기질제 혼용 찰갑의 제작 기술 계통

(1) 유기질제 갑옷으로 살펴본 판갑과 찰갑의 기술적 계보 검토

유기질제 갑옷이 철제 갑옷으로 소재를 전환한 배경으로 기술의 발전이나 전쟁과 같은 사회적 긴장과 갈등 증가가 많이 언급되었다(송계현 1995; 김영민 2000; 신경철 2000).

그런데 기술의 발전은 갑자기 이루어지는 것이 아니라 여러 여건을 고려해야 한다. 그중에서 기술을 받아들이는 수용자 입장은 내적인 측면과 외적인 측면이 달라서 세분하여 검토해 볼 수 있다. 외적인 측면은 기술을 가진 세력의 직접적인 이주나 기술 전파 혹은 외부 세력이나 내부 세력 간 전쟁이 격화된 역사적 배경 등을 들 수 있다. 이러한 점은 기존 연구에서 자주 언급되어 왔지만 내적인 측면은 아직까지 고려의 대상이 아니었던 것 같다.

내적인 측면은 기술을 도입해 나간 과정을 검토하여 살펴볼 수 있을 것이다. 한반도의 여러 정치체는 철제 갑주 생산 이전에도 다양한 철제품을 생산하였고 무덤에 부장된 다양한 철제 무기들은 철제 갑주를 생산하는데 필요한 철기 생산 기술의 발전을 잘 보여주고 있다. 그럼에도 불구하고 철제 갑주 생산이 4세기가 되어서야 본격적으로 확인되는 것은 제작 기술에 대한 정보 수용의 문제 이외에도 여러 요인을 생각해 볼 필요가 있을 것이다. 이웃하는 일본에서도

3세기대부터 철제 투구를 통해 중국과의 교류 등을 언급하고 있으나 현재 자료로만 볼 때 한반도에서는 철제 갑주를 생산하였다고 분명하게 볼 수 있는 3세기대 자료는 확인되지 않았다.

유기질에서 철제로 재질을 변화한 계기는 중국 등의 선진지역에서 제작 기술의 도입 등 외적인 측면이 가장 크지만 그들의 기술을 그대로 도입하여 바로 생산되었다고 보기 어렵다. 다시 말해 수용자 측은 필요에 의해서 유기질제 갑옷을 계속해서 철제와 병행하여 생산하였고 이후 철제 갑주의 출현배경과 과정에도 이러한 점이 반영되었다고 할 수 있다.

앞서 삼국시대 이전 남아있는 유기질제 갑옷 사례를 보건대 낙랑과 관련된 석암리 219호분 출토 찰갑을 포함하여 유기질제 갑옷 대부분은 찰갑이다. 그러나 재질을 철제로 전환하면서 영남지방의 주요 정치체는 '종장판갑'과 같은 판갑도 철제로 제작하였다. 종장판갑을 생산한 배경은 중국의 기술을 수용하였으나 생산체계를 바로 이룰 수 있을 만큼 안정적이지 않았음을 보여준다고 할 수 있다. 구체적으로 이러한 내용을 이 글에서 다루기에 어려움이 있으므로 차후에 별도의 논고에서 다루고자 한다.

여기서는 유기질이라는 소재 중에서도 가죽과 목제 중 어떤 소재로 찰갑과 판갑이 제작되었는지 검토하고 아울러 초기의 철제 갑옷에 적용된 유기질제 갑옷 기술을 검토해 보고자 한다.

가죽 갑옷 즉 피갑의 존재 여부를 구체적으로 언급하고 검토한 김영민(2000)은 이 부분에 대한 언급도 하였다. 그는 최초로 피갑이 도입되었을 때는 찰갑의 형태였으며 이후 피갑에서 철제 판갑으로 재질을 전환하게 되었다고 보았다. 피갑의 소찰이 판갑으로 변화하는 중요한 계기에 대해서는 작업 공정의 난이도보다는 작업 공정 축소가 필요하여 철제 판갑을 채택한 것으로 이해하였다. 이러한 피갑은 찰갑과 판갑의 형태로 나누어 볼 수 있다고 하였다. 찰갑은 복천동 21·22호, 대성동 39호와 같은 철제 경갑과 허리 부분만 철제 소찰로 남아있는 것이고 판갑은 복천동 71호에서 확인되는 것과 같이 측경판側頸板이 남아있는 사례에 주목하였다.

위의 연구가 피갑에 주목하였다면 목갑 자료를 통해 유기질제 갑옷을 검토해 보려는 연구(송정식 외 2008)도 있었다. 앞의 연구와 다른 점은 판갑이 피갑과 관련성이 있을 가능성보다 목갑과 관련 있다고 본 점이다. 목갑과 철제 판갑을 관련시켜 연결 제작 기술의 유사성과 판갑 경부 구성 및 문양에 주목하였다. 또한 일본열도에서 출토된 목갑에서 나타난 다양한 문양들도 주목하였다.

필자도 판갑은 목갑과 관련성이 크다고 판단된다. 앞서 살펴본 근거 외에도 종장판갑의 제작 초기에는 목가리개 형태가 나팔상으로 제작되었으나 이후 반원형으로 제작되었다는 점도 들 수 있다. 반면 찰갑은 가죽과 관련성이 크다고 추정된다. 찰갑의 특성은 무엇보다 활동이 편리한 점이다. 만일 찰갑을 구성하는 소찰 수백 매가 나무 재질로 만들어 진다면 가죽에 비하여 유동성 측면에서 자유롭지 못하기 때문에 제작기간 등의 노동력이 많이 드는 찰갑을 제작할 이유가 없을 것이다.

최근 임당 저습지 출토 목제품 중에서 판갑의 상연에 해당하는 유물 편(**그림 5-1-4**)이 확인되었다. 이처럼 판갑은 철제로 제작되기 이전에 목갑으로 제작되었을 가능성이 높다. 또한 오래전에 알려진 임당 저습지 유적 출토 목기 중에 갑옷 틀로 알려진 자료가 있다. 이것은 일반적으로 철제 갑옷을 제작하기 위해 만들어진 것으로만 이해되고 있으나 유기질제 갑옷을 만들 때도 사용되었을 가능성도 고려해 볼 필요가 있다. 예를 들면 목제 판갑을 만들 때 부위별로 제작하고 조립하기 전에 일종의 고정장치로 임당 저습지 유적 출토 목제 틀이 필요했을 가능성도 있다. 이처럼 철제 찰갑을 만들기 이전에는 주로 가죽 등의 소재로 찰갑을 제작하였을 것이다. 수백 매의 소찰을 엮는 다양한 기술은 이미 가죽제 찰갑을 제작하기 위하여 고안해 낸 많은 방법이 있을 것이다. 이를 통해 재질을 철로 변환하였을 것인데 철제 찰갑으로 전환되면서 가죽제 찰갑과는 다른 재질적 특성을 고려하여 발전했을 가능성이 있다. 특히 가죽제 갑옷은 연성軟性이 좋아서 몸에 밀착감이 좋은 반면에 철제 찰갑은 그렇지 못하므로 철을 다루는 기술이 발달하면서 요찰의 형태 등에서 단면의 만곡 형태가 'S'자 등으로 변화한 것을 일례로 들 수 있다. 이 부분은 실제 가죽으로만 제작한 유기질제 갑옷이 없어서 추정에 불과할 뿐이지만 조선시대의 류성룡 갑의와 같은 갑옷이 좋은 참고가 될 것이다.

그러나 찰갑은 피갑이고 목갑은 판갑의 기술 계보를 갖고 있다고 반드시 이분법적으로 나눌 수는 없다. 그 사례로 울산 하삼정 26호에서 출토된 찰갑이

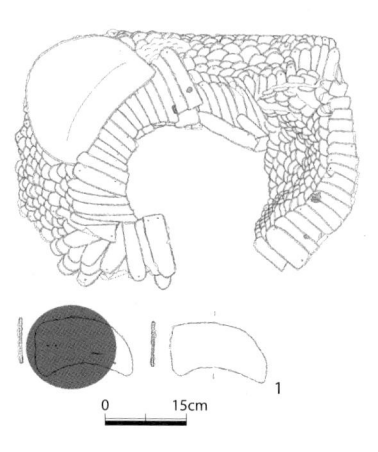 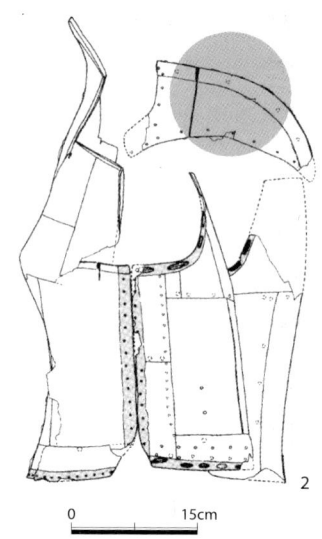

● 찰갑과 판갑의 유사 형태

그림 2-26 초기 철제찰갑과 종장판갑의 상관관계
1: 하삼정 26호 찰갑 | 2: 복천동 57호 종장판갑

주목된다. 하삼정 26호 출토 찰갑은 종장판갑의 경판을 갖춘 갑옷이다. 즉 찰갑 제작 기술과 판갑의 제작 기술이 모두 확인된다(이현주 2010b: 58). 물론 당시 철제 갑주를 제작하는 기술이 판갑과 찰갑으로 공인이 모두 나누어져 있지 않았을 가능성도 있다. 이를 보면 유기질제 갑옷이 철제로 전환하기 이전에 판갑은 목갑이고 찰갑은 피갑이라고 반드시 나누어보기 어려울 수도 있다. 그러나 이 찰갑이 출토된 곳은 신라의 중심지역이라고 보기 어렵기 때문에 앞으로의 자료 증가가 주목된다.

(2) 유기질제 혼용 찰갑과 초기 찰갑의 비교 검토

철제 갑옷이 본격적으로 제작된 4세기 갑주를 초기 갑주 또는 초현기 갑주로 부르고 있다. 초기 갑주는 최근에 분포 범위나 출토량이 증가하고 있다. 포항 마산리 유적 출토 찰갑을 비롯하여 경주 및 울산지역 출토 종장판갑과 마산지역 출토 종장판갑 등이 대표적이다. 또한 구조 복원 등으로 여태까지 보고되지 못했던 복천동 38호, 구정동 3호 등 초기 갑주와 관련된 주요 보고서가 발간되어 이 시기 갑주에 대한 연구가 조금씩 진전되고 있다.

최근 초기 갑주와 관련하여 주목할 만한 연구 주제는 지역성과 제작지 문제이다. 초기 갑주가 제작된 시기는 진·변한에서 점차 신라 및 제 가야로 성장하던 때로 철제품의 제작 기술 또한 많은 부분에서 발전이 있었다. 그중 대표적인 것이 철제 갑주이다. 그러므로 초기 갑주의 지역성과 관련한 생산지 검토는 신라·가야의 성장과 관련하여 당연히 검토되어야 할 사안이지만 아울러 신중히 다루어져야 할 문제이다.

지역성과 관련하여 갑옷의 구조도 그렇지만 갑옷의 부장 양상도 주목된다. 이를 테면 가야는 투구와 공반되어 출토되는 사례가 대부분이다. 반면에 신라에서 출토된 종장판갑은 투구가 공반되어 있지 않다. 갑주가 실전용임을 감안하면 투구와 갑옷은 세트로 착장했음은 당연하다. 또한 신라지역은 갑옷이 없는 경우에도 투구 단독으로 출토되는 경우도 심심찮게 있어 신라가 철제 갑주로 투구를 제작하지 못했다고 볼 수 없다. 보기 드문 사례이지만 최근 확인된 포항 남옥지구 도시개발지역 내 발굴조사(세종문화재연구원 2019)에서는 초기 갑주이지만 투구와 갑옷이 세트로 부장되었다. 이를 두고 투구와 종장판갑의 제작 공인이 달랐음을 보여준다는 견해도 있다. 그러나 그보다는 종장판갑과 공반된 투구가 가죽과 같은 유기질제로 제작되어 이후 부식으로 인해 오늘날 확인하기 어려울 수도 있다. 그렇다고 하더라도 갑옷과 투구의 재질을 굳이 철제와 유기질로 다르게 부장한 이유는 좀 더 고려해 볼 필요가 있다.

초기 찰갑과 경갑 그리고 종장판주의 구조를 구체적으로 분석하여 지역성을 찾으려는 시도가 있었디. 이 중에서 경주지역에서 확인되는 유기질제 혼용 찰갑의 생산지나 계통을 김해·부산지역에서 찾으려는 견해(황수진 2010; 이현주 2010a: 355-356)가 있었다. 그러한 주장이 나온 근거를 살펴보면 경주지역 출토 유기질과 철을 혼용한 갑옷이 구어리 1호 밖에 확인되지 않았으며 구어리 1호의 묘제가 부산지역과 관련되어 있다는 것이다.

그러나 다음과 같은 점에서 부산·김해 관련설은 수용하기 어렵다. 먼저, 갑주의 구조 및 부장양상이다. 요찰은 앞서 살펴본 바와 같이 전체적인 형태에서 제작 기술상 큰 차이를 보이고 있지 않다. 그러나 구어리 1호와 동 시기 자료로 비교할 만한 유물은 없으며 앞에서 보았듯이 연결을 위한 투공 배치도 큰 차이가 확인된다. 또한 복천동 고분군은 대성동 고분군에서 유기질과 철제 혼용 갑옷이 줄곧 확인되는 것과 달리 늦은 시기에 그것도 신라관련 유물이 대거 확인되는 상황에서 부장되므로 이 갑옷의 제작지 문제가 간단치 않다. 임당 고분군에서도 철과 유기질을 혼용한 갑옷이 확인되었다. 따라서 김해·부산지역만의 갑옷은 아닐 것이다.

오히려 초기 갑주에서 지역성이 분명한 것은 종장판갑이다.[22] 이와 관련해서는 경주·울산지역과 김해지역의 차이에 대한 면밀한 구조 분석(김혁중 2009; 송정식 2011)이 있었다. 종장판갑은 현재 영남지방에서만 확인되는 특징적인 갑옷이다. 그 배경으로 진·변한 시기에 있던 물질문화의 공통요소를 들 수 있다. 그러나 이러한 점도 점차 상대를 구별하는 특징적인 갑옷을 제작하는 환경에 들어서게 되었으며 그 결과로 종장판갑에 형식적인 차이가 나타나게 된 것이다.

그러나 찰갑을 포함하여 유기질제 혼용 갑주에 이르기까지는 현재의 자료를 통해 분명한 차이를 얻어낼 수 없다. 특히 찰갑은 신라와 가야 모두 초기 갑주의 제작에서 아직은 수용하는 단계로 판단되므로 분명한 차별성을 나타내기 어려웠을 것이다. 따라서 지역성 문제는 앞으로의 자료 증가를 통해 좀 더 면밀한 검토가 필요할 것이다.

유기질제 혼용 찰갑과 관련해서는 신라와 가야의 차이를 현 상황에서 나누어 살펴보는 것보다는 동시기 철제 찰갑과의 비교 검토가 먼저 선행되어야 한다. 다시 말해 4세기대 찰갑의 특징이나 이를 만들어낸 공인 집단의 차이를 우선 밝혀볼 필요가 있다.

필자는 전고에 4세기대 찰갑을 정리하면서 세 개의 유형을 설정한 바 있다. 유형을 설정하는 기준은 철로 제작한 신갑身甲이 어떤 상태인가를 우선시하고 요찰의 유무를 기준으로 나누었다. 이를 다시 소개하면 동찰과 요찰이 있는 것(Ⅰ형), 동찰만 있는 것(Ⅱ형), 경갑과 요찰만 있는 것(Ⅲ형)으로 나누었다(김혁중

---

[22] 최근 김해 망덕리 고분군에서 출토된 나팔형 경갑을 갖춘 종장판갑과 포항 남옥지구 유적에서 출토된 궐수문종장판갑은 기왕의 견해와 차이점을 보이고 있다. 그러나 이 자료들만으로 종장판갑의 지역별 부장양상이나 특정 형태의 종장판갑의 분포 양상이 그 비중으로 보건대 기왕의 논의를 크게 달리 보기에는 어려움이 있다. 다만 이러한 갑주들이 양 지역에도 확인되는 배경에 대한 연구가 필요한 실정이다. 이 점은 향후 연구에서 검토하고자 한다.

2015a). 여기서 요찰이 있다고 판단한 것은 단면 형태가 다르거나 동찰과 다른 별도 형태의 소찰을 사용하였는가가 기준이었다.

이와 같은 기준으로 4세기대 찰갑을 구분하면 Ⅰ형은 복천동 38호, 임당 ⅠB-60호를 대표적인 사례로 볼 수 있으며 Ⅱ형은 하삼정 26호, 마산리 목곽묘 2호가 대표적이다. 여기서 Ⅲ형은 이 글이 검토한 유기질제 혼용 찰갑이다.

이처럼 4세기대 찰갑 생산은 여러 공인 집단을 상정할 수 있을 정도로 다양한 계통으로 나뉜다. 각 유형 간 유사한 점을 유기질제 혼용 찰갑을 기준으로 한번 살펴보자. Ⅰ형 찰갑과 유기질제 혼용 찰갑의 공통점은 요찰 형태이다. Ⅱ형 찰갑과 유기질제 혼용 찰갑의 공통점은 경갑이라는 부속갑을 가진 점이다. 이처럼 유기질제 혼용 찰갑은 4세기대 Ⅰ형과 Ⅱ형 찰갑의 요소를 모두 갖고 있다.

앞서 유기질제 혼용 찰갑을 속성 분석과 조합을 통해 5가지 형식을 설정하였다. 이 중에 요찰의 단면 형태가 분명하지 못한 것은 A식, 분명한 형태를 갖고 있는 것은 B식과 C식이다. 그런데 이런 요찰 형태는 시간적인 변화를 반영하는 것으로 A식에서 B·C식으로 변화하는 것을 보여준다. 그렇다면 최초의 유기질제 혼용 찰갑과 밀접한 관계에 있는 것은 Ⅱ형 찰갑으로 판단된다.

4세기대 찰갑과 판갑을 제작하는 공인이 어떤 관계를 맺고 있었는지를 보여주는 사례로 하삼정 26호 찰갑이 자주 언급된다. 왜냐하면 이 찰갑은 앞서 언급하였듯이 마치 경갑처럼 목부위를 보호하는 부속갑이 있는데 종장판갑의 후경판 및 측경판과 유사한 형태의 구조를 갖고 있기 때문이다.

앞의 분류에 의하면 이 찰갑은 Ⅱ형 찰갑이다. Ⅱ형 찰갑은 구조적인 면에서도 유기질제 혼용 찰갑과 밀접한 관계를 맺고 있는데 Ⅰ형 찰갑보다 종장판갑과 자주 공반되어 출토된다. 유기질제 혼용 찰갑도 종장판갑과 자주 공반되어 출토된다. 이점은 당시 지배 계층이 공인집단을 포함한 생산기반을 장악하는 상황에서 두 공인집단을 모두 갖추고 있었으며 상호 영향을 받아 제작하였을 가능성도 있다고 볼 수 있다.

4) 맺음말

　최근 우리는 금속을 소재로 한 삼국시대 갑주의 형태가 다양했음을 고고학 조사로 알게 되었다. 주로 무덤의 부장품으로 찰갑과 판갑이 대부분이다. 그렇지만 최근에는 육안으로 쉽게 확인할 수 없었던 유기질제 갑옷 자료도 축적되고 있다. 이러한 유기질제 갑옷은 피갑과 목갑이 있었으며 이것이 철제 갑옷인 판갑과 찰갑의 제작이 활발해진 삼국시대에도 여러 용도로 사용되었을 것이다. 특히, 찰갑은 철로 소재가 변화한 이후 다양한 부위를 유기질제와 혼합하여 제작하였음을 알 수 있었다. 구체적인 형태로 삼국시대 찰갑 중 목과 허리 부분만 남아있는 경우를 들 수 있다. 사라진 부분은 출토 정황과 남겨진 유기질 흔적으로 유기질을 소재로 제작하였음을 알 수 있다. 구체적인 형태로 삼국시대 찰갑 중 목과 허리 부분만 남아 있는 경우를 들 수 있다. 그리고 유사한 사례가 일본 고훈시대에도 확인되고 있어서 이것은 한반도에서만 제작한 갑옷이 아니라 동아시아 고대 갑옷 문화에 보편적인 방식일 가능성이 있다. 이러한 점을 염두에 두고 시각을 넓혀보면 투구나 일부 부속갑만 무덤에 확인되는 경우를 주목해 볼 수 있다. 이 경우 갑주는 부속구 등의 부분 부장을 검토해 볼 수 있지만 나머지 부분이 유기질제로 제작된 갑옷을 부장하였을 가능성도 고려될 필요가 있다.

　이 글에서 유기질제 갑옷을 사례로 든 것 중에 좀 더 면밀한 자료 검토가 필요한 부분이 있다. 그것은 유적에서 소찰이 아주 작은 수량만 확인된 경우 소찰 표면에 남은 유기질 흔적이다. 찰갑은 그 크기에 따라 사용된 소찰 수량이 다를 것이나 한 사람의 갑옷으로 제작되려면 적어도 수백 매가 필요하다. 또한 부위별 형태나 크기가 다르기 때문에 개별 찰갑의 구조 검토는 유기질제 갑옷을 사용하였을 사례도 증명할 수 있게 된다. 그러나 유기질제 갑주 연구는 육안 관찰이나 고고학적 정황만으로는 한계가 있기 때문에 좀 더 명확한 연구 성과를 위해서 보존과학 등의 학제 간 연구도 필요하다. 이점을 염두에 두고 앞으로의 연구과제로 삼고자 한다.

제Ⅲ장   신라 · 가야 갑주의 기술과 제작 공정

그간 제철 유적에 대한 조사가 많이 이루어지고 고대 제철의 공정에 대한 많은 성과가 축적되었다. 신라와 가야가 관련되는 경상권 제철 유적은 모두 40여 개소가 있다(한국매장문화재협회 2012). 제철 유적에서는 철소재 또는 철제품을 만드는 과정이 이루어졌으며 크게 제련·정련·단야 과정으로 나눌 수 있다. 그중에 갑주 생산과 직접 관련이 있는 행위는 단야 유적에서 살펴 볼 수 있을 것이다. 그러나 갑주를 비롯한 철제품을 제작한 단야 유적은 아직까지 발견된 바 없다.[23]

그러한 가운데 갑주에서 확인되는 여러 제작 기술은 당시 생산체계를 추정해 볼 수 있는 좋은 자료로 판단된다. 한편 토기에 관해서는 가마늘이 확인된 생산 유적 조사 사례가 증가되어 생산체계에 대한 이해가 점차 심화되어가고 있다. 토기가 철기와 동일한 공정으로 생산된 것은 아닐테지만 제작 기술의 차이를 토대로 '비전업적', '반전업적', '전업적' 생산체계로 구분한 안(이성주 2014: 87)은 많은 참고가 된다. 갑주 생산체계에 이를 그대로 적용할 수는 없을 것이다. 토기 생산체계 분석을 통해서 당시 사회적 배경을 구명하려는 시도도 중요

---

23   일본에서도 고훈시대에 해당하는 갑주편이 출토된 후루야마(古山)유적 등을 갑주 제작 공방을 추정하지만 갑주를 제작했다고 단언할 수 있는 공방은 확인된 바 없다(橋本達也 2015).

한 연구 방안을 제시했다고 할 수 있다. 그러므로 이번 장은 신라와 가야 갑주의 생산체계를 살펴보기 위한 목적으로 작성하였다.

지금까지 갑주의 연구에서는 제작 기술에 관한 검토 자료가 상당히 축적되었다. 제작 기술을 살펴보는 것은 궁극적으로 갑주 복원에 일차적인 목적이 있겠지만 당시 신라와 가야의 생산체계를 복원하는데도 기초 자료가 될 수 있다. 그렇지만 이제까지 이를 종합적으로 살펴본 연구는 드물다. 이에 초보적인 수준이지만 당시 신라·가야 갑주 제작 기술과 공정을 통해 생산체계를 복원해보고자 한다.

1. 신라 · 가야 갑주의 제작 기술

이제까지 갑주 연구를 통해 많은 제작 기술이 밝혀져 왔다. 제작 기술과 관련되어 현재까지 대부분 특정 갑주의 형식이나 유형을 나누기 위한 목적에서 개별 속성을 검토하는 방식으로 이루어졌다. 최근에는 특정 기술만 대상으로 단일 연구 주제가 다루어진 것도 있다(오광섭 2004; 박준현 2013).

그간 연구되어온 제작 기술을 검토하면 필자는 모두 네 가지 기법으로 정리할 수 있다고 본다. 그것은 '연결 기법', '착장 기법', '복륜 기법', '장식 기법'으로 명명할 수 있다. 표 3-1에서 보듯이 이 기술들은 갑주 안에서 제작이 필요한 부분에 따라 취사선택 되는데 각 갑옷은 많은 부분에서 제작 기술을 공유하고 있음을 알 수 있다. 표 3-1로 드러나지 않지만 특정 제작 기술은 매우 중요해서 갑주 내 형식을 구분하는 요소로 인식되기도 한다. 구체적인 예로 판갑을 들 수 있는데 '삼각판혁철판갑'과 '삼각판병유판갑'은 철판을 연결하는 기법을 구분

표 3-1 신라 · 가야 갑주의 제작 기술

구분	갑옷			투구		부속갑	
	판갑		찰갑	종장판주	소찰주	경갑	굉갑
제작 기법	종장판	대금식					
연결 기법	혁철, 혁결, 정유	혁철, 병유	횡결, 수결	혁철, 병유	혁철	혁철, 병유	혁철, 병유
착장 기법	혁대, 고리, 동일련	혁대, 고리, 동일련	동환식, 양당식	-	-	혁대, 고리	혁대, 고리
복륜 기법	혁뉴, 혁포, 절판	혁뉴, 절판	혁뉴, 혁포	혁포, 절판	혁포	혁포, 절판	절판
장식 기법	문양	금동	-	금동, 대륜	금동, 대륜	문양	축조기법

의 주요 기준으로 삼고 명칭에도 반영한 것이다. 그리고 기술 자체가 시간성을 나타내는 경우도 있다. 앞서 Ⅱ장에서 살펴보았지만 예를 들어 '삼각판혁철판갑'은 '삼각판병유판갑'보다 제작 시기가 이르다. 철판 연결 기법에서 병유기법이 이후에 도입되었기 때문이다.

그런데 갑주 제작 기술은 갑주 제작에만 단독으로 사용되었다고 보기 어렵다. 마구와 같은 당시 여러 금속품과 일정 부분 제작 기술을 공유하고 연동되었던 것으로 추정할 수 있다. 일부 연구자 중에는 마구에 확인되는 병유기법이 판갑제작에 도입되었다고 보기도 한다(박준현 2013).

아래에서는 필자가 분류한 제작 기법을 기준으로 서술하되 특이점이나 연구자마다 의견이 분분한 부분도 검토하고자 한다.

1) 연결 기법

연결 기법은 갑주의 기본 구조를 잘 조합하기 위해서 필요한 제작 기법이다. 이 기법은 크게 연결하는데 사용한 재료로 나눌 수 있는데 가죽과 금속을 이용한 방법이다. 가죽으로 연결한 기법은 단순한 끈으로 시작해서 색깔을 달리하거나 매듭을 복잡하게 하는 방향으로 변화하여 장식성도 갖추게 된다. 금속으로 연결한 기법은 못을 이용한 기법이다. 이 기법은 다른 제작 기법보다 일찍부터 주목받아 여러 논의가 있었다(塚本敏夫 1993; 장경숙 2006; 박준현 2013).

이 책에서는 연결 기법과 관련해서 가장 논의가 많이 이루어진 판갑과 찰갑을 대상으로 특징을 살펴보겠다.

(1) 판갑
가. 못의 기능과 관련된 논의

못을 이용해서 철판을 연결하는 기법은 '정결'·'정유'·'병결'·'병유'와 같은 다양한 명칭으로 불려왔다. 이처럼 다양한 용어가 사용된 것은 못 머리와 못 뿌리 중 어느 부분을 기준으로 두는가와 관련되며 실은 못의 기능과 관련이 있는 것이다(박준현 2013). 그러한 의미에서 필자도 못의 기능을 중요시하는 기준으로 설정한 용어에 동의한다. 따라서 못의 형태와 기능을 감안하면 현재까지 갑주에서 못으로 연결하는 기법은 '정유법'과 '병유법'으로 구분할 수 있다.

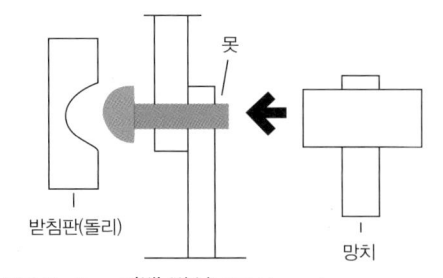

그림 3-1 리벳 방식(오광섭 2004)

두 기술의 출현 시기를 보자면 정유법이 병유법보다 먼저 사용되었다. 초기의 종장판갑부터 철판 연결이 모두 정유법으로 이루어진 만큼 못을 이용하여 철판을 연결한 방법은 상당히 숙련된 기술이 바탕이 되었을 것이다.

그런데 어떤 이유로 정유법에서 병유법으로 전환했는지 그 배경에 대한 분석은 없었다. 정유법과 병유법은 외관상 못 머리 형태 말고는 별다른 차이가 없으며 둘 다 기본적으로 두 철판을 고정하는 기능을 가진다. 병유법은 못 머리가 둥근 형태인데 철판과 철판을 고정하는데 굳이 못 머리가 둥글 필요는 없다. 생산성을 감안하면 병유법에 사용하는 못은 이전에 사용하던 못보다 공력이 더 들어간다. 그러므로 둥근 못 머리 자체는 고정을 위한 기능보다 장식성을 위한 것이다.

그렇다면 종장판갑은 정유법만 사용하고 병유법을 왜 사용하지 않았는지 검토할 필요가 있다. 종장판갑도 궐수문 등 다양한 장식이 가미된 갑옷이다. 물론 모든 종장판갑에 장식성이 더해지진 않았다. 종장판갑의 장식은 궐수문이나 새 모양 같은 별도의 판을 덧대거나 짐승털을 이용한 장식을 선호하였다. 그렇기에 필자가 판단하기에 못머리를 둥글게 사용하여도 다른 장식으로 그 효과를 크게 기대할 수 없는 상황이다. 또한 종장판갑의 외연은 철판 자체가 비규격성을 띤 것이 많다. 외연적으로 균형이 맞지 않는 부분도 보인다. 이러한 상

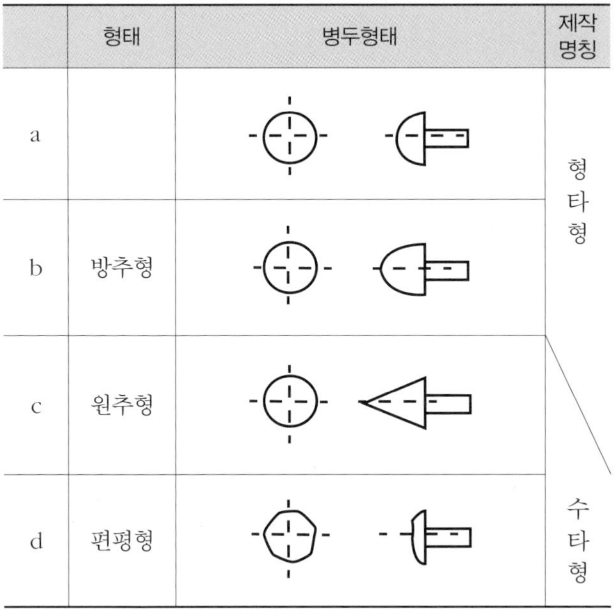

형태	병두형태		제작명칭
a			형타형
b	방추형		형타형
c	원추형		수타형
d	편평형		수타형

그림 3-2 갑주 제작에 사용된 병두 형태(塚本敏夫 1993 도면 수정)

황에서 못 머리에 장식을 하는 것에 큰 의미를 두지 않았을 수도 있다.

병유법을 이용한 갑옷은 대금식 판갑, 경갑, 비갑이 있다. 대금식 판갑은 종장판갑과 달리 장식을 위해 모양이 있는 별도의 판을 붙이거나 짐승털을 동체부에 부착한 흔적을 확인할 수 없다. 다만 복천동 112호 판갑처럼 경첩을 금동으로 만들어 장식하는 사례가 있다. 이러한 구조라면 둥근 못을 이용한 장식은 효과를 볼 수 있을 것이다. 또한 대금식 판갑은 종장판갑에서 보이는 철판의 비규격성도 확인되지 않아 외연 장식이 효과를 볼 수 있다. 다른 사례로 비갑을 들 수 있다. 비갑 중 원통형 비갑은 판이 연결되는 부위에 둥근 못 머리로 장식 효과를 더 하였다. 신라에서 출토된 금동비갑이 좋은 사례이다.

이러한 병유법을 두고 마구와 관련해서 도입 배경을 설명하는 연구(김두철 2005)가 있다. 갑주에서 병유법이 처음 확인되는 자료는 복천동 11호 비갑을 들 수 있으나 마구에서는 그보다 앞선 시기인 대성동 2호 판비, 대성동 1호 등자에서부터 병유법이 사용되었음을 그 근거로 제시하였다. 이러한 견해가 타당하다면 마구를 제작하던 공인과 갑주를 제작하던 공인이 기술을 공유하였거나 혹은 동일인이 제작했을 가능성도 상정할 수 있다.

그런데 최근 포항 마산리유적 적석목곽묘에서도 원두정을 사용한 종장판갑이 출토되었다. 이 유구는 늦어도 4세기 전반에 해당한다고 할 수 있는데 마구는 출토되지 않았다. 보고서(한국문화재보호재단 2013)에서는 출토 위치를 보건대 종장판갑과 관련이 있는 것으로 보고 있다. 원두정은 머리 모양이 화변형으로 장식을 의도한 것으로 보인다. 이러한 사례로 보아 갑주의 병유법 도입이 반드시 마구와 관계가 있는지는 좀 더 검토가 필요하다.

최근 박준현(2013)은 병유법이라는 기술이 확산되는 중심적인 역할을 한 곳으로 부산지역을 들었다. 그 근거로 병유법의 시기적 분포 양상을 들었다. 그러나 필자는 이러한 결론에 동의하지 않는데 앞서 언급한 것처럼 병유법이라는 기술을 이른 시기부터 부산지역 이외에서도 확인할 수 있으며 단순히 분포 양상만 가지고 중심지를 정하는 데에는 무리가 있다.

표 3-2 종장판갑의 제작 기법

구분	연결 기법	착장 기법	복륜 기법	장식 기법
복천동 86 A	혁철+정유	동일련	혁뉴+혁포	새모양, 毛
구정동 3호 A	정유	혁대경첩 Ⅱ류	혁뉴	
복천동 57호 A	정유	혁대경첩 Ⅱ류	혁뉴+혁포+절판	
중산동 IA-75호	정유	혁대경첩 Ⅱ류	혁뉴	
복천동 57호 B	정유	혁대경첩 Ⅱ류	혁포+절판	毛
구정동 3호 B	정유	혁대경첩 Ⅱ류	혁뉴	
부산박물관	정유	혁대경첩 Ⅱ류	절판	
복천동 46호	정유	혁대경첩 Ⅱ류	혁뉴	
복천동 71호 A	정유	혁대경첩 Ⅱ류	혁뉴	
복천동 42호	혁철+정유	혁대경첩 Ⅱ류	혁뉴+절판	
복천동 86호 B	정유	혁대경첩 Ⅱ류	절판	
복천동 69호 B	정유	혁대경첩 Ⅱ류	절판	
복천동 71호 B	정유	혁대경첩 Ⅱ류	혁뉴+절판	
복천동 10호	정유	혁대경첩 Ⅱ류	절판	궐수문, 毛
사라리 55호	정유	혁대경첩 Ⅱ류	절판	
호림박물관	정유	혁대경첩 Ⅱ류	절판	
복천동 69호 A	혁철+정유	혁대경첩 Ⅱ류	혁포	
양동리 167호	정유	혁대경첩 Ⅱ류	혁뉴+절판	毛
복천동 86호 C	정유	혁대경첩 Ⅱ류	절판	
복천동 86호 D	정유	혁대경첩 Ⅱ류	절판	
양동리 78호	정유	혁대경첩 Ⅱ류	절판	궐수문, 毛
대성동 2호	정유	혁대경첩 Ⅱ류	절판	새모양, 毛
전 퇴래리	정유	혁대경첩 Ⅱ류	절판	궐수문, 毛
대성동 57호	정유	혁대경첩 Ⅱ류	절판	毛
양동리 321호	정유	고리		없음
기장 가동 Ⅱ-43호	정유	혁대경첩 Ⅱ류, 고리	절판	궐수문, 毛, 선각

나. 지판 연결과 재단

판갑에서 지판 연결이 가장 어려운 부분은 철판 3매가 겹칠 경우이다. 일찍이 3매판의 연접은 기술적인 어려움 때문에 가급적 피한다는 연구 결과가 있다.[24] 구체적으로 3매의 판이 연접되는 것을 피하려고 철판 끝부분을 □ 모양

---

[24] 塚本敏夫(1993)은 공인이 판갑을 제작할 때 철판 3매가 겹치는 부분은 의도적으로 피했다고 보았다. 그것은 철판 3매의 구멍을 동시에 맞추는 것이 어렵고 2매 연접시 사용

으로 따내기 했다는 의견(최재현 2004)도 있다. 이와 같은 견해를 염두에 두고 종장판갑에서 3매의 판이 겹칠 경우 어떠한 방식을 이용해서 철판들을 연접했는지 알아보자. 철판 3매가 겹친 경우에 대해서는 직접적으로 언급한 경우가 드물어서 여기서는 구정동 3호와 사라리 55호 출토품의 검토 사례를 참고하도록 하겠다.

먼저 구정동 종장판갑에서는 3매의 판이 겹치는 부분, 즉 철판과 철판 그리고 도련판이 연접되는 곳에는 종장판갑 A와 B가 다른 기술로 연접하고 있다. 기본적으로 두 판을 놓고 도련판을 다시 못으로 고정하는 것을 피하는 것은 동일하지만 도련판을 사용한 방법에서 차이가 난다. 우선 종장판갑 A의 경우는 도련판을 몇 매로 나누어 두 종장판이 못으로 겹치는 부분을 피하고 연접하였다. 종장판갑 B의 경우 도련판이 중간에 절단된 부분이 없어 한 판을 두 철판의 위에 연접하였다. 횡으로 된 두 판과 도련판이 겹치는 부분은 먼저 횡으로 된 판들을 연접하고 나서 3매 판이 겹치는 곳을 피해 지판과 도련판이 연접되는 부분에 구멍을 뚫고 못을 이용해 연접하였다. 이러한 현상은 다른 종장판갑에서도 확인되는데 후자는 울주 구미리 709-3번지유적, 울산 중산동 615번지 유적 출토 종장판갑에도 확인된다.

따라서 종장판갑에 3매 판이 연접될 때 사용된 방법은 모두 세 가지이다. 첫째는 도련판이나 진동판을 여러 매로 나누어 3매 판이 겹치는 곳에 못을 박는 것을 피하는 방법이 있으며 둘째로, 겹치는 부분의 지판 한 매를 □자 모양으로 따내기를 함으로써 한 판으로 도련판을 연접한 경우가 있다. 마지막으로 지판을 서로 연접한 후에 도련판이나 진동판을 3매 판이 겹쳐 못을 박아야 하는 부분을 피해서 지판과 도련판에 대응되는 구멍을 뚫어 연접한 것이다.

이러한 관찰 결과를 모든 종장판갑의 경우에 적용하면 두 번째의 경우는 외관상으로 드러나지 않아 철판 따내기를 확인하기 위해서는 개개 철판을 정확하게 분해해야 한다. 첫 번째와 마지막은 도련판이나 진동판을 여러 매 인지 한 매로 되어 있는지를 보면 확인은 가능하다. 그리고 도련판과 진동판이 하나의 철판으로 연접되는 것이 아니라 여러 매가 연접된 경우를 보고 비규격성으로

되는 못보다 길이가 긴 못을 제작해야 하는 어려움이 있기 때문이라고 하였다.

파악하면서 이는 실용적인 방어구가 아니라 부장용 방호구일 가능성을 제시한 견해(송계현 1995)가 있다. 그러나 철판의 비규격성을 모두 위의 견해처럼 이해 하기보다 제작과 관련하여 나타난 현상으로 볼 수도 있다. 특히 도련판이 나누 어진 것은 제작 시 3매 판이 겹치는 부분을 피하기 위해 도련판을 여러 판으로 나누어 연접했다고 보는 견해가 타당하다고 생각한다. 즉 그러한 연접기법은 제작의 용이성을 위해 생겨난 현상이라 판단되는 것이다.

(2) 찰갑
가. 가죽 끈 연결 기법

찰갑은 다양한 연결 방법으로 소찰을 가죽 끈으로 연결하여 제작된다. 소찰 은 찰갑의 규모(신체를 감싸는 부위나 크기)에 따라 그 수량에 차이가 있다. 그중에 소찰을 세로로 엮는 것은 상하단 소찰의 겹침을 달리할 수 있다. 하단의 소찰이 상단의 소찰 외면에 걸치는 것은 외중식이라고 하고 그 반대를 내중식이라고 한다. 이러한 방법은 찰갑 전체 구조가 동일하지 않고 외중식과 내중식이 혼합 되기도 한다. 하지만 신갑을 기준으로 본다면 한반도 출토 찰갑은 대부분 외중 식 찰갑으로 판단된다.

찰갑을 분류하는 대표적인 방법은 개폐 방식이나 요찰의 만곡 여부에 의해 동환식과 양당식으로 나누는 것이다. 양당식은 옆구리로 개폐하는 것으로 주로 만곡되지 않은 요찰을 가진다. 동환식은 앞에서 개폐를 하여 마치 오늘날 조끼 를 입는 방식과 동일하다. 이러한 양당식과 동환식 찰갑은 기본적으로 외중식 찰갑을 염두에 두고 분류한 방법이다.

그러나 소찰의 누중 방식은 동환식과 반대를 띠지만 요찰을 가진 것도 존재 하여 적합한 분류 기준이라 보기 어렵다. 이러한 점에서 몸의 부위별 보호 여부 를 구분해서 찰갑을 나누는 견해(황수진 2011)도 있다. 이 분류법은 찰갑의 부속 갑을 포함한 여러 사항을 고려하여 타당성이 높다(**그림 2–10**). 특히 고분에서 출 토된 찰갑은 소찰이 심하게 흩어져서 정확한 구조를 알 수 없기에 개폐 방식을 기준으로 나누는 것보다 분류가 수월하다. 그렇지만 이 분류법도 동일 유형이 더라도 다양한 특징이 있기 때문에 세부적인 특징을 잘 살펴보아야 한다.

찰갑의 연결기법과 관련하여 중요한 요소는 투공 배치이다. 투공 배치는 각각

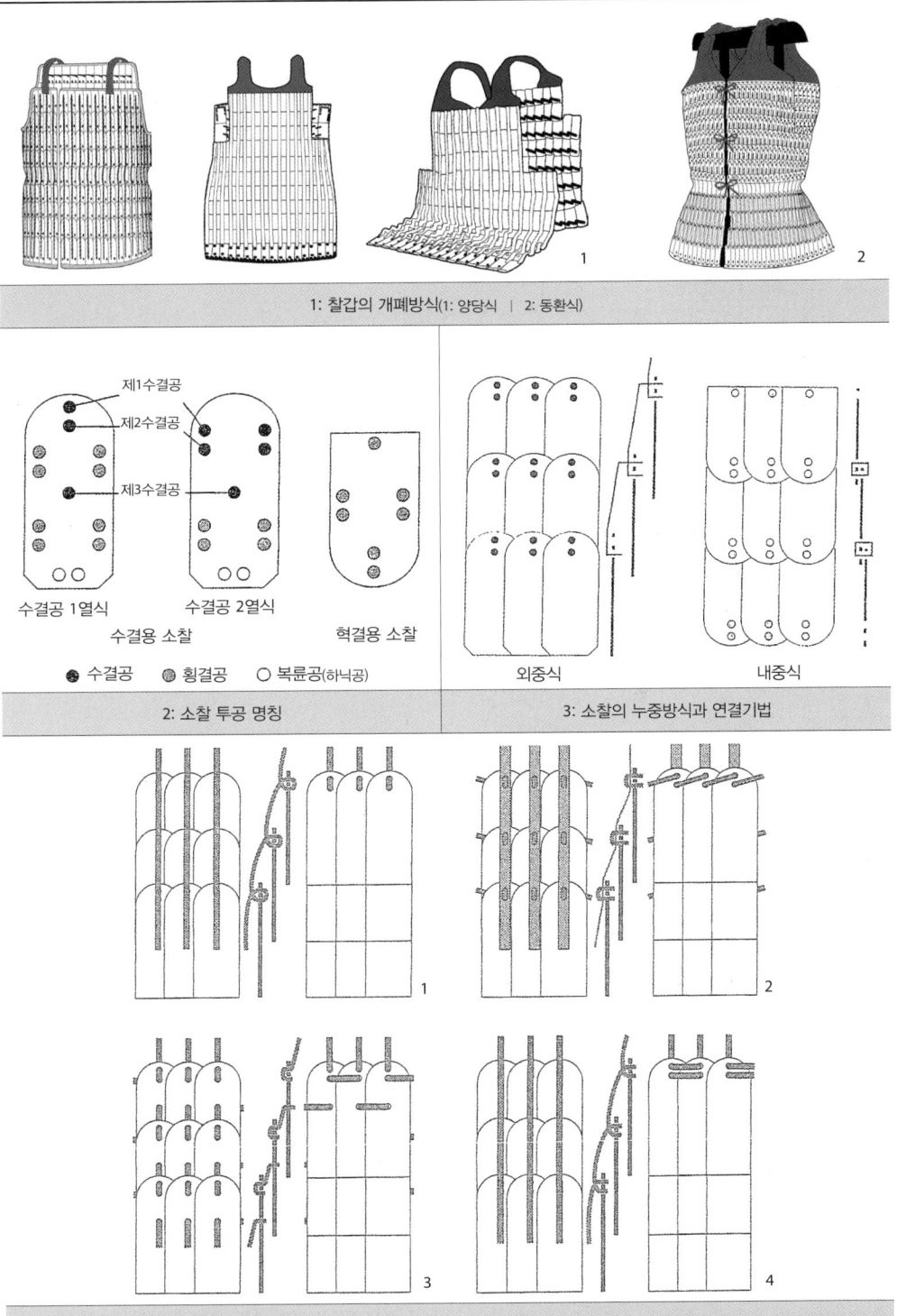

그림 3-3 찰갑의 제작 기법

의 소찰이 수결과 횡결을 위한 여러 방법을 결정한다. 우선 수결을 위한 투공 배치는 한 방향(1열)과 두 방향(2열)으로 나눌 수 있다. 투공 배치에 따라서 가죽 끈으로 소찰과 소찰을 엮는 방법이 달라지므로 1열과 2열의 차이는 크다고 할 수 있다. 그리고 1열로 된 투공은 기본적으로 2공 1조가 되는데 여기에 투공이 하나 더 더해지는 경우가 있다. 이를 제3수결공이라 부르고 있다. 제3수결공이 중요한 것은 이것의 유무에 따라 가죽 끈을 묶는 방식에 차이를 가져올 수 있기 때문이다.

아직까지 어떤 투공 배치가 효율적이라는 연구 결과는 없다. 다만 이러한 투공 배치가 어떤 연결 기법으로 세분되는지 검토된 바 있다. 가장 참고가 되는 방법으로 일본 고훈시대 찰갑의 수결기법 분류인 「通段緘」, 「各段緘」, 「綴付緘」의 구분법이다(淸水和明 1993). 그러나 일본 찰갑과 신라·가야 찰갑의 투공 배치는 차이가 있어서 이를 동일하게 반영할 수 없고 면밀한 검토가 필요하다.

그러나 지금까지 신라와 가야를 아울러 찰갑에서 수결기법을 정확하게 파악할 수 있는 자료는 많지 않았다. 그 이유는 소찰에 가죽끈이 잘 남아있는 자료가 많지 않기 때문이다. 가장 잘 남아있는 자료로 복천동 10·11호, 연산동 8호, 지산동 44호 출토품 정도를 들 수 있다.

이 중에 연산동 8호분 출토품은 소찰과의 연결에서 가죽 끈뿐만 아니라 직물 조직[組紐]을 이용한 부분도 잘 확인되고 있다.[25] 이러한 직물 조직은 횡결을 위한 부분에서는 보이지 않고 수결을 위한 부분에서 확인된다. 현재까지 한반도 출토 삼국시대 찰갑에서는 이 연결 기법에 대한 자세한 보고가 없어 확인하기 어렵다. 그러나 연산동 8호 출토 찰갑의 예에서 봤을 때 단순한 가죽 끈과 여러 끈을 묶어서 하나의 가죽 끈처럼 이용한 방법으로 두 가지가 확인된다. 이 중에 후자는 소찰 연결 기능 이외에도 장식적인 부분도 고려한 것으로 추정된다. 이러한 가죽 끈 연결 기법을 편의상 '직물 조직'으로 명명하며 지산동 44호

---

25   각각의 소찰은 연결을 위한 가죽 끈이 필요하다. 직물 조직은 소찰을 연결하기 위한 가죽 끈 중 여러 끈을 이용한 것으로 평면상 교차 형태로 여러 끈이 보이며 수결을 할 때 주로 사용된다. 현재 이 부분에 대한 정식 명칭은 우리나라의 삼국시대 찰갑 연구에 없다. 따라서 단순 가죽 끈과 구별하기 위해 편의상 '직물 조직'이라는 명칭을 붙여보았다. 일본에서는 '組紐'라고 한다.

출토 소찰에도 이와 같이 수결공 부분에 남아 있어 다른 출토품에서도 확인될 가능성이 있다.

2) 착장 기법

(1) 판갑

가. 밀착 장치

종장판갑에는 여러 부위에 구멍이 뚫려 있다. 이러한 구멍들은 주로 가장자리에 위치하고 있으며 대개 복륜이나 개폐에 관련된 것들이다. 그러나 이 외에도 전동부나 후동부의 특정 부위에 구멍이 뚫려 있다. 이러한 구멍들은 갑옷을 착장했을 때 가죽 끈을 이용해 갑옷이 신체에서 이탈하는 것을 방지하려는 목적과 관련이 있을 것이다. 이러한 부분을 '밀착 장치'라 보고 판갑에 남아 있는 구멍의 흔적을 가지고 이를 유추해 보고자 한다. **표 3-3**은 지금까지 보고서나 논문 등에 언급한 밀착 장치와 관련된 구멍을 부위별로 나누어 본 것이다.

표 3-3을 보면 구멍 유무의 부분적인 차이는 있지만 밀착 장치는 기본적으로 허리와 어깨를 감싸는 방법으로 이루어졌음을 알 수 있다.

그러나 이를 다시 세부적으로 살펴보면 차이점도 존재한다. 어깨 부분(A)에 위치한 구멍은 대부분 일렬로 배치되어 있으나 구정동 종장판갑 B의 경우는 사선으로 되어 있다. 또한 구멍 수도 차이가 있는데 적은 것은 2개에서부터 많은 것은 7개로 편차가 심하다.

후동부 중앙 철판 부분(B)은 대부분 4개의 구멍이 방형을 이루고 배치되어 있다. 또한 이 구멍들이 있으면 어김없이 전동부 부분(D)에 구멍이 존재한다. 따라서 이것들은 허리 부분을 고정하기 위해 뚫은 구멍이라고 보아도 무방할 것이다.

표 3-3 종장판갑 밀착 장치 관련 투공 위치

어깨 부분(A)		사라리 55호, 중산리 IA-75호, 구정동 판갑B 복천동 10호, 복천동 57호 A·B, 복천동 71호 A, 양동리 78호
후동부 중앙 철판 부분(B)		복천동 57호 A·B, 사라리 55호, 중산리 IA-75호, 구정동 판갑A, 부산박물관 소장품
전동부 부분(C·D)	C	구정동 판갑 B, 복천동 38호
	D	중산리 IA-75호, 사라리 55호, 부산박물관 소장품 복천동 46호, 복천동 57호 A·B, 양동리 78호

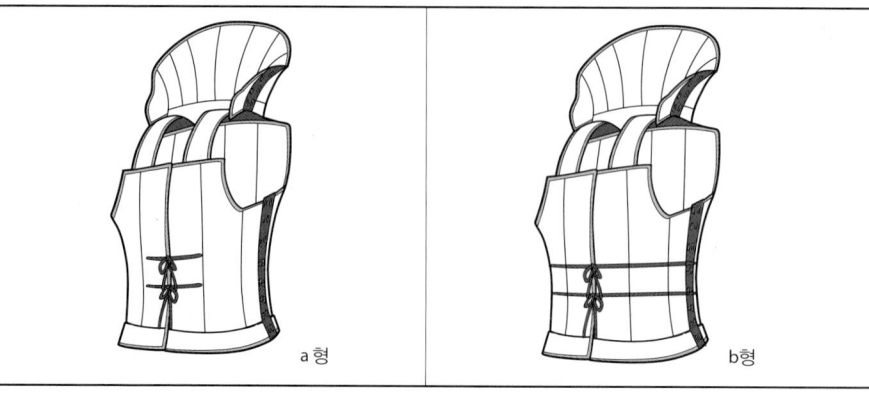

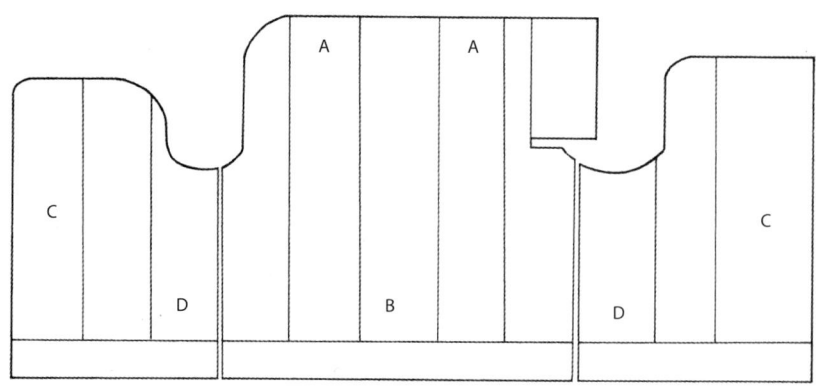

그림 3-4 밀착 기법

이러한 점을 염두에 두고 **그림 3-4**와 같은 밀착 장치를 상정해 보았다. 종장판갑마다 세부에서 다소 차이점이 있을 수 있으나 기본적인 형태는 이러한 2가지 방식을 벗어나지 않는 것으로 보인다.

최근에는 갈고리 모양의 장치가 전동부 양쪽에 확인된 사례(가동 Ⅱ 43호, 대성동 39호)가 있다. 이 갈고리도 종장판갑을 착장할 때 고정을 위한 밀착 장치로 판단된다.

나. 개폐 장치

개폐 장치는 종장판갑을 입고 벗기 용이하도록 마련된 장치이다. 종장판갑에 주로 설치된 방식은 송계현이 분류한 혁대경첩 Ⅱ류 즉 가죽 띠를 겉에 댄 후 철판과 가죽 띠의 가장자리에 촘촘하게 구멍을 뚫고 가죽 끈을 끼워 연결하는 방법이다.

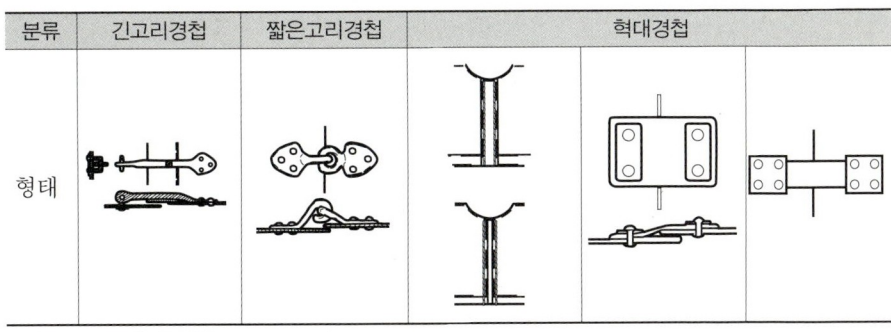

그림 3-5 개폐 장치(송계현 1988)

그런데 최근에는 고리경첩 개폐 장치를 설치한 예가 발견되었다(金美道梨·吳光燮·金東阮 2005: 15). 이는 가죽 띠를 이용한 경첩말고도 종장판갑에 경갑이나 찰갑 혹은 대금식 판갑처럼 다양한 경첩이 이용되었을 가능성을 보여주는 것이다. 그러나 양동리 321호 출토품이나 대성동 39호 출토품처럼 자료의 예가 한정되어 있으므로 정확한 구조를 알 수 없다.

따라서 판갑에서 개폐 장치의 구체적인 분류는 어렵다. 위치나 유무에 따라 개폐 장치가 없는 것(a), 양측에 존재하는 것(b) 그리고 한 쪽에만 존재하는 것(c)으로 나누고자 한다.[26]

3) 장식 기법

갑주는 다양한 장식 기법이 확인된다. 가장 가시적 효과를 보이는 것은 철판을 오려서 만든 문양 장식을 붙이거나 짐승 털을 붙이는 방식이다. 이외에도 금속에 선을 긋거나 축조기법을 통해 문양을 그린 것이 확인된다. 이 중 주목되는 장식 기법은 축조기법으로 금관총 출토 비갑을 들 수 있다.

금관총에서는 다양한 장식의 금공품이 출토되었다. 금공품의 제작에는 여러 공인들이 참여하였을 것으로 추정된다. 그런데 축조 기법은 금공품을 제작

---

[26] 송정식은 그의 논고(2003: 38[도9])에서 사라리 55호 출토품을 양측으로 보고 있지만 좌전동에서는 후동부와 고정되는 철판이 확인되므로 경첩의 역할을 하지 못할 것으로 생각되어 편측으로 보고자 한다. 이와 같이 개폐 장치가 편측일 경우 그 것이 우측인가 좌측인가도 고려 대상이 되지만 대부분 우측에 해당된다.

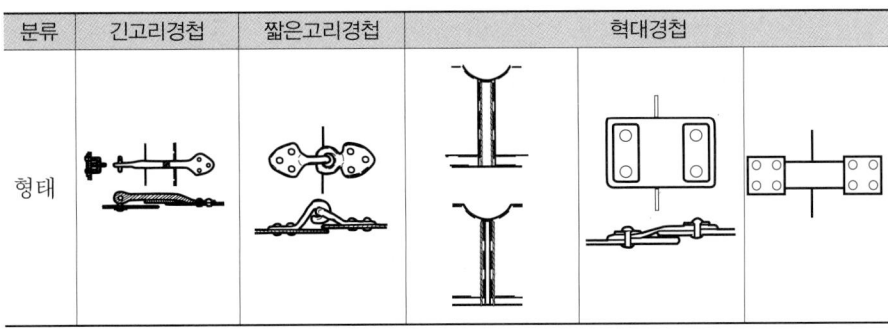

그림 3-5 개폐 장치(송계현 1988)

그런데 최근에는 고리경첩 개폐 장치를 설치한 예가 발견되었다(金美道梨·吳光燮·金東阮 2005: 15). 이는 가죽 띠를 이용한 경첩말고도 종장판갑에 경갑이나 찰갑 혹은 대금식 판갑처럼 다양한 경첩이 이용되었을 가능성을 보여주는 것이다. 그러나 양동리 321호 출토품이나 대성동 39호 출토품처럼 자료의 예가 한정되어 있으므로 정확한 구조를 알 수 없다.

따라서 판갑에서 개폐 장치의 구체적인 분류는 어렵다. 위치나 유무에 따라 개폐 장치가 없는 것(a), 양측에 존재하는 것(b) 그리고 한 쪽에만 존재하는 것(c)으로 나누고자 한다.[26]

3) 장식 기법

갑주는 다양한 장식 기법이 확인된다. 가장 가시적 효과를 보이는 것은 철판을 오려서 만든 문양 장식을 붙이거나 짐승 털을 붙이는 방식이다. 이외에도 금속에 선을 긋거나 축조기법을 통해 문양을 그린 것이 확인된다. 이 중 주목되는 장식 기법은 축조기법으로 금관총 출토 비갑을 들 수 있다.

금관총에서는 다양한 장식의 금공품이 출토되었다. 금공품의 제작에는 여러 공인들이 참여하였을 것으로 추정된다. 그런데 축조 기법은 금공품을 제작

---

[26] 송정식은 그의 논고(2003: 38[도9])에서 사라리 55호 출토품을 양측으로 보고 있지만 좌전동에서는 후동부와 고정되는 철판이 확인되므로 경첩의 역할을 하지 못할 것으로 생각되어 편측으로 보고자 한다. 이와 같이 개폐 장치가 편측일 경우 그 것이 우측인가 좌측인가도 고려 대상이 되지만 대부분 우측에 해당된다.

한 공인을 구분하는 좋은 방법으로 최근 이와 관련하여 제작 기법을 면밀히 고찰한 연구(諫早直人 2016)가 있다. 이 연구에서 주목한 제작 기법은 삼각점열문 등을 이용한 축조기법으로 금공품마다 제작 방식이나 결과에 차이가 있음에 주목하였다.

그에 따르면 동일 공인이나 공방이라면 축조 기법에 차이가 크지 않을 것이지만 다르다면 크기나 순서, 모양 등에 차이가 있을 것이다. 구체적 사례로 황남대총 남분과 같은 출토 정황이 분명한 고분을 대상으로 연구를 진행하였다. 필자도 금관총 출토 금공 갑주인 비갑(굉갑)의 축조 기법을 검토한 바 있는데 크게 3가지 축조 기법이 확인된다(김혁중 2016c).

구체적으로 설명하면 금관총 비갑은 점열문으로 새겨서 외연을 한줄로 새기고 그 사이에 파상문이나 사선문을 새긴다. 그런데 파상문은 위아래가 둥근 것과 삼각상을 띠는 것으로 나눌 수 있다. 또한 파상문 사이에는 원문을 시문하기도 한다. 금동제 비갑은 점열문을 사선방향으로 새겼다. 이것과 동일한 축조 기법은 지금까지 다른 금공품에도 확인되지 않았다. 이에 축조 기법 자체만 보면 금공 갑주를 제작한 공인과 장신구 및 마구의 제작자가 다르다고 할 수 있다.

4) 재단 – 정형성 등

찰갑은 소찰 수백 매가 엮어진 형태로 다른 갑주보다 제작에 시간과 공력이 많이 필요하다. 그렇기 때문에 좀 더 체계적인 작업 공정이 필요하였을 것이다. 찰갑의 소찰 분석은 정형성을 살펴볼 수 있는 좋은 대상이다.

(1) 찰갑 – 소찰의 규격과 그 의미

찰갑 분석을 위해서는 단일 유적 검토가 필요하다. 단일 유적을 검토하려는 이유는 갑주가 제작이 쉬운 물품이 아니어서 제작 공방은 복수가 아니라 단일 공방일 가능성이 크고 일정한 제작 전통을 확인할 수 있을 것이기 때문이다. **표 3-4와 표 3-5**는 복천동고분군과 옥전고분군 출토 찰갑의 요찰을 분석한 표이다. 표에서 제시한 규격을 보면 두 고분군의 찰갑 제원에 큰 차이가 있음을 알 수 있다.

표 3-4 복천동고분군 출토 찰갑의 요찰 상세

구분	평면형태	단면형태	수결열	투공	규격 장	규격 폭	장/폭
복천동 38호	장방형	평찰	1열	2-1-2[1]/2(2)-2(2)/1	13.5	6	2.25
복천동 64호	장방형	평찰	1열	2-1-2[1]/2(?)-2(?)-2	12.5	4.7	2.66
복천동 34호	상원하방	S	2열	?	?	3.2	?
복천동 21.22호	상원하방	S	1열	2-1[1]/2(2)-2(2)/3	12.3	3.6	3.42
복천동 10.11호	상원하방	S	1열	2-1[1]/2(2)-2(2)/3	9.5	2.5	3.8
학소대	상원하방	S	1열	2-1-1[1]/2(2)-2(2)/3 2-1-1[1]/2(2)-2(2)/3	13.5	3	4.5

표 3-5 옥전고분군 출토 찰갑의 요찰 상세

구분	평면형태	단면형태	수결열	투공	규격 장	규격 폭	장/폭
67-B호	상원하방	S	1열	2[1]/2(2)/3	8.3	3.3	2.52
M1호	상원하방	S	1열	2-1[1]/2(2)-2(2)/1	7.2	2.3	3.13
5호	상원하방	Ω	1열	1-1[1]/2(2)-2(2)/2 2-1[1]/2(2)-2(2)/2	10.4	2	5.2
28호	상원하방	S	2열	2-1[2]/2(2)-2(2)/2 2-1[2]/2(2)-2(2)/2	12.3	3.2	3.84
35호	상원하방	S	1열	2-1[1]/2(2)-1(2)-2(2)/2	10.8	3.2	3.38
M3호	상원하방	Ω	1열	2-1[1]/2(2)-2(2)-2(2)/3	9.2	3.1	2.97

　　복천동고분군 출토 찰갑은 4세기와 5세기 찰갑의 소찰 정형성에서 큰 차이가 있다. 4세기 찰갑은 소찰 폭에 큰 차이가 확인된다. 5세기 이후 제작된 찰갑은 폭이 2~3cm 정도로 앞 시기와 비교한다면 소찰 간에 큰 차이가 없다.

　　그러나 복천동고분군이나 옥전고분군 출토 찰갑을 보면 소찰의 규격에서 완전한 정형성이 보이지 않는다. 대량 생산을 구축하기 위해서는 무엇보다 제품 규격의 통일이 필요할 것이다. 이와 관련해서 도량형이 중요한 요소가 될 것인데 이 시기에 도량형 제도가 안정적으로 운용되었다고 보기 어렵다.

　　도량형과 관련해서는 삼국시대에 한척, 당대척, 남조척, 고구려척 등이 사용되었을 가능성(이종봉 2016)을 제시하고 있으나 적어도 찰갑의 소찰은 아직까지 정형화된 길이 단위를 제시하긴 힘들다.

2. 신라 · 가야 갑주의 제작 공정

앞서 언급한 것처럼 토기는 제작 기술을 통해 '비전업적', '반전업적', '전업적' 생산체계라는 가설이 제시된 바 있다(이성주 2014). 그러나 갑주는 토기와 달리 희소성이나 경제성 등의 문제 때문에 특정한 생산체계를 상정하기가 쉽지 않다. 다만 갑주 생산체계에 대량생산 가능성이 제기되고 있으나 구체적인 검토는 이루어진 바 없다. 그렇지만 제작 공정은 지금까지 검토한 기술을 통해 검토 가능한 모델을 제시할 수 있다.

그러므로 이번 절은 우선 갑주의 제작 공정을 살펴보고자 한다. 갑주 제작 공정을 구체적으로 제시한 연구자는 송정식(2003)이다. 그는 제작 공정을 제품 설계, 부품 가공, 개체 조립으로 크게 3단계로 구분하고 각 과정에 대응하는 기술과 속성을 제시한 바 있다(표 3-6).

필자도 이러한 제시안을 수용하고 종장판갑의 지역성을 분석한 바 있다. 당시에도 언급한 바 있지만 이러한 제작 공정은 다른 갑주 제작에도 적용 가능하다고 판단된다. 다만 공정별 참여자의 수와 기간에 차이가 있을 것이다(김혁중 2008: 64). 특히 찰갑은 시간과 인력이 증가하여 좀 더 복잡한 과정이 필요할 것이다. 이러한 양상을 신라와 가야 갑주 전체에 적용하면 우선 Ⅱ장에 언급했던 구조를 기준으로 나눌 수 있을 것이다. 그것은 소찰을 이용한 갑주와 지판을 이용한 갑주이다. 이러한 구분은 阪口英毅(2013)가 제시한 갑주 분류를 우리 갑주의 실정에 맞게 필자가 적용한 것이다.

지판을 이용한 갑주는 대표적으로 종장판갑과 종장판주를 들 수 있다. 그런

표 3-6 종장판갑의 제작 공정과 제작 기술(송정식 2003 개변)

제작 공정	제품 설계			부품 가공		개체 조립		
제작 기술	설계 원리			구성 원리		제작 기법		
기술 속성	종적 원리	기능성	장식성	동체부	경부	연접 기법	개폐 장치	복륜 기법

데 종장판주는 이후 볼가리개가 소찰볼가리개로 변화하므로 지판만으로 제작되던 공정에 소찰 제작이 더해져 제작 공정에 변화가 있을 수 있다. 소찰을 이용한 갑주는 찰갑과 소찰주를 들 수 있다. 이렇게 분류된 갑주는 다른 공정에도 차이가 있을 수 있지만 가장 큰 차이가 나타나는 공정은 개체 조립에서 이다.

개체 조립에서 추정해 볼 수 있는 부분은 공정의 분업화인데 종장판갑은 조립을 위한 지판 수가 20개 이하로 분업화가 이루어지지 않았어도 적은 노력으로 생산이 가능하다. 그러나 찰갑은 허리 등의 특정 부위를 제외하고 동일한 형태의 소찰을 수백 매로 재단하고 엮는 작업을 추정할 수 있으므로 제작 공정의 분업화를 생각해 볼 수 있다.[27] 이러한 과정을 좀 더 적극적으로 해석한다면 지판과 혹은 소찰로 구성된 갑주는 서로 구조가 다르기 때문에 제작 공인들도 처음부터 다른 집단이었을 가능성이 크다. 금속제 갑주가 출토되는 유적 중 4세기 초에 해당하는 곳은 종장판갑과 찰갑이 공반되어 출토된 사례가 많지 않다는 점도 근거로 들 수 있다.

그런데 종장판주는 흥미롭게도 지판과 소찰이라는 구조 모두를 갖고 있다. 물론 이러한 특징은 종장판갑이 일찍 제작되지 않는 것과 달리 6세기 이후까지 새로운 요소가 더해지면서 변화하는 전후 사정을 고려할 수 있다. 이성훈(2013: 148)은 종장판주의 이러한 특징을 고려하여 4세기와 5세기 제작 공정상의 차이점을 지적한 바 있다. 특히 그는 4세기대는 대규모의 철기 생산 집단에서 갑주류 생산을 한 반면에 5세기대는 소규모 공방의 역할이 중요하였다고 보았다. 그 근거로 이 단계가 되면 조립공정의 비중이 높아지는 점을 들었다.

그러나 필자는 가공공정 즉 조립단계의 변화에 대해서는 동의하지만 5세기대 이후 소규모 공방의 역할이 중요하게 되었다는 가설은 회의적이다. 오히려 갑주 제작의 복잡도가 높아지고 국가의 권력 집중도가 높아져가는 시점에 소규모 공방의 역할이 중요해졌다고 보기 어렵기 때문이다.

그런데 종장판주의 볼가리개가 지판에서 소찰로 변화한 것은 기능적 측면이라 볼 수 없다(이성훈 2013). 소찰 자체도 신축성이 없는데 어떤 이유로 소찰을

---

[27] 우리나라의 문헌은 아니지만 일본의 헤이안시대 문헌인 『연희식(延喜式)』이 찰갑을 만드는 과정을 기록하고 있어 참고된다.

이용한 복잡한 공정을 거쳐 생산하게 되었는지 좀 더 면밀한 연구가 필요하다.

다만 복잡한 공정을 거치더라도 좀 더 넓은 계층까지 보급이 가능하게 되었다는 점은 분명하다. 그러나 이러한 상황을 두고 소규모 공방의 역할이 중요하게 되었다고 보기 어렵다. 이 시기 주력 갑옷인 찰갑도 이전과 달리 부속갑이 다양해지고 점차 복잡한 모습을 보이는 양상은 별반 차이가 없기 때문이다.

따라서 종장판주에 소찰볼가리개가 덧붙여지는 것은 제작집단의 변화를 고려해 볼 필요가 있다고 생각한다. 앞서 종장판갑과 찰갑을 생산하던 제작집단이 달랐다면 시기가 갈수록 이를 제작하는 집단이 통합되고 장점을 혼합하여 새로운 요소를 더해가며 기존의 갑주를 보강했을 가능성도 고려해 볼 수 있을 것이다. 이러한 통합의 움직임은 갑주가 기존에 비해 단순하지 않고 복잡화되어 가는 기술적인 변화에도 대응하려는 노력의 일환으로 볼 수 있을 것이다. 이러한 상황을 염두에 둔다면 소규모 공방의 역할이 중요해 졌다고 보기 어렵다고 판단된다.

다음 절에서는 지금까지 살펴 본 제작 공정을 염두에 두고 신라와 가야 갑주의 생산체계를 여러 시각에서 검토해 보겠다.

3. 신라 · 가야 갑주의 생산체계

앞서 갑주 생산을 담당한 공인은 초기에는 이분화되었으나 종장판주의 형태 변화로 볼 때 이후 단일화되었을 가능성을 제시하였다. 이번 절은 생산체계를 생산자(공인집단)와 수요자 그리고 사회적 환경으로 나누어 그 특징을 살펴보고자 한다.

1) 대량 생산 재검토

갑주 생산과 관련해서 일찍부터 언급되고 있는 것은 대량 생산의 가능성이다. 그러나 갑주 생산체계가 대량 생산이라고 언급할 정도로 이루어졌는지는 의문이다. 실제로 '대량 생산'이라는 용어에 대한 면밀한 검토는 이루어진 바 없다. 그리고 '대량 생산'이라는 용어가 오늘날 생산체계와는 차이가 있는 것인지 동일한 것인지도 논의된 바 없다. 실제로 오늘날의 공산품이 생산되는 의미에서 대량 생산이라고 언급할 수 있는 것은 토기 등 일부 출토품뿐일 것이다.

갑주의 대량 생산에 대한 언급은 일본 갑주 연구에서 어렵지 않게 볼 수 있다. 일본 출토 갑주 일람표[28]에 보면 한 고분에 24점 이상 부장하는 현상도 확인된다. 그렇지만 이러한 현상도 모든 고분에서 나타난 양상이 아니라 규모가 있는 일부 고분에서만 확인된다.

물론 금속제 갑주가 처음 생산되던 4세기보다 5세기로 갈수록 출토량은 증대되고 있다. 또한 금속제 갑주의 소유 범위도 Ⅱ장에서 살펴보았듯이 확대되고 있는 것은 분명하다. 그러나 이를 두고 대량 생산이라고 언급하기 어렵다. '대량 생산'을 논의하기 위해서는 출토량 증가를 근거로 두기보다 관련 조건에 대한 검토가 필요할 것이다. 필자가 생각하기에 대량 생산의 충분 조건으로 '대량 생산의 사회적 필요성', '설계의 표준화' 등이 먼저 증명되어야 할 것이다.

먼저 '대량 생산의 사회적 필요성'은 출토 양상을 보았을 때 성립하기 어렵다고 판단된다. 갑주 부장 초기보다 점차 중소형분까지 확대되었지만 그 수량이 압도적이라 볼 수 없다.

두 번째로 '설계의 표준화'이다. 4세기부터 제작된 갑주를 검토하면 동일한 형태로 제작된 갑주는 찾아보기 어렵다. 특히 종장판갑은 기본 구조는 공유하지만 완전히 동일한 형태는 없다. 오히려 장식 등에서 저마다의 특징을 갖고 있다. 찰갑도 소찰을 엮는 기본 구조는 공유하지만 소찰의 크기 등에서 동일한 형태를 찾아보기 어렵다. 기초적인 검토이지만 앞서 살펴본 옥전고분군 출토 찰갑의 소찰 크기를 비교해 보면(표 3-5) 이 시기까지 갑주의 표준화가 이루어졌다고 보기 어려울 것이다.

그러므로 '대량 생산'이라는 용어보다 '생산과 소유의 확대'라는 표현이 좀 더 타당할 것이다. 물론 이전과 달리 생산체계가 좀 더 분업화되고 정교화되어 생산성이 높아진 것은 사실일 것이다. 그러나 금속제 갑주의 소유 문제에서 누구나가 소유할 수 없다면 굳이 대량 생산도 필요 없을 것이다. 따라서 '대량 생산'이라는 개념을 기본으로 하여 신라·가야의 생산체계를 이해하기는 어렵다.

---

28 일본 갑주 일람표는 橋本達也(2012)의 연구를 참고하였다.

2) 생산의 관점

앞서 갑주를 크게 지판계와 소찰계로 분류하였다. 그렇다면 이러한 갑주의 분류가 공인 집단의 차이를 나타내는 것인지 검토할 필요가 있다. 이는 단순히 분류의 문제가 아니라 생산체계에서도 시사하는 바가 많기 때문이다. 다시 말해 공인 집단의 계통으로 단수의 집단이나 복수의 집단을 상정할 수 있다.

그런데 공인 집단의 계통 분류를 갑주의 분류에 그대로 대입할 수 있을지는 좀 더 신중할 필요가 있다. 만일 하나의 공인 집단이 상정되더라도 다양한 기술을 보유한 것으로 볼 수도 있기 때문이다. 그러나 제작 기술을 다양하게 보유하더라도 계통이 다른 갑주마저 생산하였다고 보기는 어려웠을 것이다. 물론 일부 공인은 다른 공인이 제작했던 갑주를 모방해서 만들었을 수는 있지만 이런 경우는 그 공인이 해당 물품을 자발적으로 생산했다고 보기 어렵다. 갑주는 수요가 제한적인 점도 고려해야 한다. 그러므로 계통이 다른 갑주는 복수의 공인 집단을 상정하는 것이 가능하다고 본다.

이러한 관점을 두고 신라와 가야에서 갑주를 제작하는 공인 집단이 단일한 계통인지 복수의 집단인지 검토해 볼 필요가 있다. 가장 좋은 방법은 갑주를 제작한 생산 유적의 양상을 면밀히 검토하는 것이 좋다. 그러나 앞서 언급했듯이 갑주를 직접적으로 생산했다고 볼 수 있는 단야 공방유적은 현재까지 확인되지 않았다. 이에 고분군에서 출토되는 양상으로 그 모습을 추정해 볼 수 밖에 없다.

신라와 가야 고분에서는 모두 구조가 다른 갑옷 즉 판갑과 찰갑이 일찍부터 확인된다. 신라는 월성로 가-29호분이 있고 가야는 복천동 38호분에서 종장판갑과 찰갑을 모두 확인할 수 있다.

그러나 초기에는 판갑과 찰갑이 동시에 부장되는 고분은 많지 않다. 대개 동일 유적 내에서도 서로 다른 구조의 갑옷이 부장된다. 투구는 이른 시기부터 종장판주가 확인되는데 갑옷과 같이 부장되는 양상이 많다.

그렇지만 종장판주는 4세기대에 종장판갑 없이 찰갑과 같이 부장되는 사례가 없다. 종장판주가 찰갑만 공반하는 양상은 주로 5세기대 이후이다. 물론 이 시기는 종장판갑이 더 이상 제작되지 않는다. 그러나 4세기대 양상을 보면 종장판갑과 종장판주의 상관성이 더욱 높아 보인다.

이렇게 보면 판갑을 제작하는 공인은 종장판주를 제작하는 공인과 연관이 있다고 볼 수 있다. 방어구는 투구와 갑옷을 분리해서 생각할 수 없는데 그렇다면 4세기 초에 찰갑을 제작하는 공인은 어떤 투구를 제작하는 공인과 연결할 수 있을지 좀 더 면밀한 검토가 필요하다. 이와 관련하여 사라리 유적에서 출토된 이형주가 주목된다. 사라리 5호 출토 이형주는 가로로 긴 세장한 철판으로 주체를 이루고 지판볼가리개를 가진 투구이다. 이 투구가 찰갑과 조합되었다고 말할 수 없지만 4세기 초에 찰갑은 다양한 형태를 가진 투구와 조합이 될 가능성이 크다.

4세기 후반 이후 찰갑은 종장판주와 공반되는 양상이 높으며 이는 앞서 종장판주가 지판볼가리개에서 소찰볼가리개로 구조가 달라진 점에서 제작 집단의 변화를 추정해 볼 수 있다. 이를 통해 제작 공인 집단을 지판계와 소찰계 제작 공인 집단으로 구분해보고자 한다.

그런데 상호 기술 교류는 4세기대부터 있어 왔다고 할 수 있다. 그 사례로 울산 하삼정 나 26호 출토 찰갑을 들 수 있다. 이 찰갑에는 측경판이 부속으로 달려 있는데 측경판은 종장판갑을 구성하는 주요 속성이다. 또한 종장판갑에서 나타나는 찰갑의 요소로 나팔 모양의 후경판을 들 수 있다. 이외에도 종장판갑의 고리 경첩과 같은 개폐 기법은 찰갑 제작에 영향을 주었다. 이러한 상황에서 다양한 갑주가 상호 영향을 받았을 것으로 추정할 수 있다. 종장판주 제작 공인도 지판볼가리개에서 소찰볼가리개로 변화하게 되었을 가능성이 있다.

3) 착장자(소비자)의 관점

갑주 생산은 소유하는 계층이 확대됨에 따라 착장자의 요구가 반영되었을 가능성이 있다. 이렇게 추정하는 근거는 신라와 가야 갑주가 큰 틀에서 일정한 형식으로 구분할 수 있지만 그 안에서도 다양한 형식으로 나눌 수 있기 때문이다.

다양한 형식이 공존하는 것은 용도의 다양성도 생각해 볼 수 있지만 계층에 따라 요구하는 갑주가 차이가 있을 수 있다. 혹은 갑주를 소유하더라도 일정 이상의 장식이나 구조를 추가할 수 없는 제한도 상정해 볼 수 있다.

그런데 이러한 가설은 현재 자료를 가지고 입증하긴 어렵다. 다만 두 가지 변화가 신라와 가야 갑주에 있었기에 그 가능성은 크다.

첫 번째는 용도로 4세기대에 보여진 의식과 관련된 갑주가 점차 줄어드는 점이다. 4세기대는 종장판갑에 궐수문이나 새 모양을 장식한 것이 적지 않았다. 문양의 기능을 알 수 없지만 방어구라는 역할보다 갑주의 의기화된 모습을 충분히 그려 볼 수 있다. 그러나 5세기대 이후 갑옷에는 특별한 문양을 확인하기 어렵다.

두 번째는 계층으로 방어구의 기본적 성격을 탈피한 금공 갑주의 출현이다. 5세기 이후는 갑주 이외에도 장신구와 같은 화려한 금공품이 많이 제작되었다. 특히 신라는 복식을 추정할 정도로 정형화되어 있는데 갑옷도 계층의 권위나 위신을 위한 용도로 제작되었을 것이다.

4) 생산체계의 사회적 환경

앞서 대량 생산이라는 용어의 문제점을 지적하고 생산과 소유의 확대라는 표현이 더 타당하다고 하였다.

이번 항에서는 생산체계의 형태를 몇 가지 가설로 설정해보고자 한다.

첫 번째는 공방의 체제로 갑주를 포함한 금속품은 당시 수공업 생산체계에서 제작되었다. 수공업 생산체계는 가내 수공업과 관영 수공업으로 나눌 수 있는데 갑주는 어떤 수공업 체계 내에서 제작되었는지 살펴보고자 한다. 이에 대한 부분은 앞서 제작 공정 부분에 견해를 밝힌 것처럼 가내 수공업보다 관영 수공업으로 제작되었을 것이다. 이는 갑주를 소비하는 계층이 한정적이고 다른 철제품보다 복잡한 제작 기술을 요구하기 때문에 가내 수공업과 관련된 생산체계를 상정하기 어렵다. 두 번째는 중앙과 지방의 관계에 대한 부분이다. 다시 말해 갑주 생산은 중앙 집중 생산 방식으로만 제작되었는지 지방 생산도 가능하였는지에 논의될 필요가 있다.

필자는 지방 생산의 가능성도 있다고 판단한다. 모든 갑주가 그런 것은 아니지만 일부 갑주는 지방에서도 생산하였을 것이다. 여기에는 소유가 한정적인 금공품과 마구의 지방 생산에 대한 논의(이현정·류진아 2011)가 참고된다. 지방 생산이 가능하다고 보는 근거는 두 가지 이유가 있는데 첫 번째는 표준화된 형태가 없으며 두 번째는 중심 고분군과 주변 고분군의 갑주 제작 기술에 차이가 보이기 때문이다.

표 3-7 영천 화남리고분군 출토 갑주 상세

구분	묘제(목곽묘)	출토 갑주		
		투구	경갑	찰갑
목곽 3호	이혈주부곽식	●	●	
목곽 8호	이혈주부곽식	●	●	
목곽 9호	주부곽식	●		
목곽 10호	주부곽식	●		
목곽 24호	위석		●	
목곽 30호	목곽묘	●		●
목곽 31호	목곽묘	●		
계		6	3	1

이와 관련해서 신라의 5세기대 사례를 간단하게 검토해 보고자 한다. 신라의 주변지역인 영천에서 조사된 영천 화남리고분군은 31기의 목곽묘가 조사되었는데 이 중 7기에서 갑주가 출토되었다. 신라의 주변 고분군임에도 불구하고 조사 면적에 비하여 많은 갑주가 출토되었다. 이를 정리하면 표 3-7과 같다.

영천 화남리고분군에서 출토된 갑주는 찰갑, 경갑, 종장판주 등이 확인된다. 신라의 5세기대 고분 중에서 갑주 부장량의 비율이 다른 유적의 밀집도와 비교해서도 상당히 높다.

그러나 갑주 자체를 놓고 보면 최상품이 부장되었다고 보기 힘들며 부장된 갑주의 세트 관계도 단순하다. 찰갑을 보아도 당시 경주 지역과 같은 중심지에서 출토된 것과 차이가 크다. 또한 화남리고분군 출토 찰갑은 구조도 단순하고 부속갑 등이 완비된 형태가 아니다. 이러한 양상은 생산과 소유가 확대되었으나 모든 갑주가 지방 생산된 것은 아니고 종류가 제한된 것으로 판단된다.

지방 생산이 제한된 갑주는 신라와 가야 갑주 안에서 특색이 있고 높은 기술을 요구하였다. 신라는 비갑과 같은 금공 갑주를 들 수 있다. 다만 금공 갑주는 중앙에서 생산해서 위세품으로 배분되었을 가능성이 있다. 가야는 금공 갑주가 있으나 신라만큼 정형성을 파악하기 어렵고 대신 대가야 갑주로 인식할 수 있는 관모와 차양이 달린 종장판주를 주목할 수 있다.

제IV장   신라·가야 갑주의 계통

1. 동북아시아 자료 비교로 본 신라·가야 갑주의 계통

기왕에 동북아시아 갑주 계통과 전개에 대해 검토해 온 연구들은 갑옷의 기본 형태와 연접기법의 차이를 주목하였다. 먼저 高橋工(1995: 152)은 찰갑의 기본 형태를 크게 소찰과 지판으로 구분하였으며 이를 연결하는 연접기법은 고정연접과 가동연접으로 나누었다. 그리고 동아시아 갑주 문화에 소찰위小札緘, 소찰철小札綴, 지판철地板綴이라는 세 가지 계통이 존재한다고 보았다. 중국계는 어린갑魚鱗甲으로 대표되는 소찰철 계통이고 북방계는 찰갑으로 대표되는 소찰위 계통, 한반도 남부와 일본열도는 지판철 계통이면서 토착계로 보았다. 앞서 II장의 갑주 분류에서 기본 구조로 나눈 부분들이 여기에 해당된다.

그런데 I장 연구사 검토에서도 언급하였지만 최근 송정식(2010)은 동아시아의 갑주문화 계통을 두 가지 큰 흐름으로 나누는 것에 대해 의문을 제기하였다. 그는 중원지방과 동북지방에서 기술이 혼합된 개체가 양 지역에 확인되므로 기술적으로 두 지역이 상호 교류하였을 가능성을 제기하였다.

이처럼 동북아시아 갑주를 거시적인 측면에서 살피고 그 계통을 파악하려는 시도는 일찍부터 이루어져 왔다. 그러나 자료 부족으로 인해 일부 유물이나 지역이 강조된 측면이 없지 않았다. 최근 새롭게 확인된 자료를 통해 갑주 전체를 종합적으로 살펴볼 필요가 있다. 또한 수용과정에 대한 면밀한 검토가 부족하여 이를 통해서 신라와 가야 출토 갑주의 독자적인 부분이나 특징을 부각하기 어려웠다.

1) 동북아시아 지역 출토 갑주 비교

(1) 찰갑

중국의 중원지방은 한대漢代부터 철제 찰갑이 활발히 제작되었고 그 이전에는 유기질제 갑옷이 제작되었다. 신라와 가야 지역인 영남지방은 창원 다호리 유적, 부산 노포동유적, 경산 임당유적에서 확인되는 자료[29]를 통해 철제 찰갑이 제작되기 전에는 가죽이나 나무 등 유기질 재료를 이용하여 갑주를 제작한 것으로 보인다.

이후 신라와 가야는 Ⅱ장에서 살펴본 갑주자료의 출현 시기를 기준으로 한다면 4세기 초부터 철제 갑주를 본격적으로 생산하였다.

그런데 한반도에서 철제 찰갑의 출현은 그보다 이른 시기로 판단된다. 이와 관련하여 최근 확인된 가평 대성리유적과 인천 운북동유적 출토 소찰을 들 수 있다. 이 소찰들은 철제 갑옷의 수용 시기를 좀 더 올려 볼 수 있는 중요한 자료이다. 소찰들의 형태를 유적별로 나누어 살펴보면 다음과 같다.

먼저 가평 대성리유적에서는 원삼국시대 유구인 40호 주거지, 44·46·49호 수혈에서 찰갑편이 출토되었다. 유구별 소찰의 특성은 다음과 같다. 40·44호 출토품은 양변에 2공 1조의 투공이 두 개가 있고 중앙에 2공 1조의 투공이 양끝으로 두 개가 있다. 평면 형태는 상방하원형으로 아래쪽으로 갈수록 약간 퍼

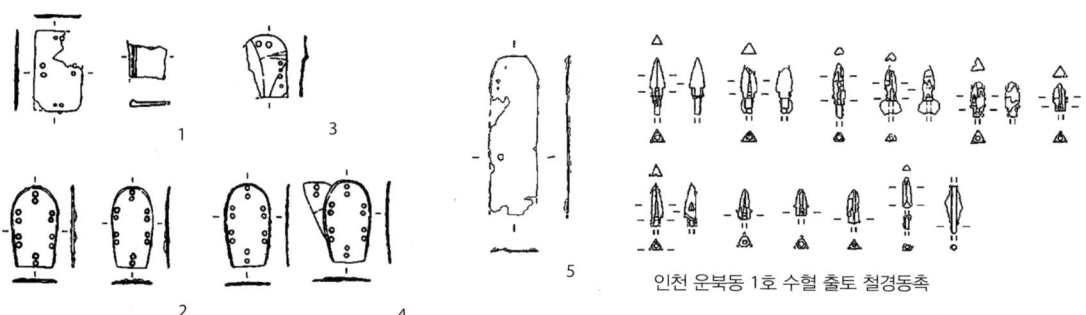

1~4: 가평 대성리(1: 49호 | 2: 40호 | 3: 46호 | 4: 44호)   5: 인천 운북동 1호 수혈

그림 4-1 3세기 이전 한반도 출토 찰갑

---

29 임당동 저습지유적은 pit2 3-1층에서 출토된 유물 중 목갑편으로 추정되는 것이 있다(영남문화재연구원 2014).

진 형태이다. 46호 출토품은 양변에 2공 1조의 투공이 두 개가 있으며 가운데에 세로로 두 개의 구멍이 나란히 뚫려있다. 평면 형태는 상원하방형이다. 49호 출토품은 양변에 2공 1조의 투공이 하나가 있으며 가운데에 가로로 2공 1조의 구멍이 양 끝으로 두 개가 있다. 평면 형태는 장방형이다.

대성리유적에서 출토된 소찰의 투공 배치와 형태를 같은 시기 중국의 중원지방 자료와 비교하면 한대 찰갑의 소찰과 유사하다. 즉 40호와 44호는 낙양洛陽 서교西郊 M3023호, 유수노하심楡樹老河深유적의 M67호와 유사하여 이 갑옷들의 복원을 참고하면 소찰혁결로 연결된 고정식 어린갑의 일부로 판단된다. 또한 46호는 서한西漢 장안長安 무고武庫, 서주徐州 북동산北洞山 서한 초왕묘楚王墓, 내몽고內蒙古 호화호특呼和浩特 십이가자한성지二十家子漢城址 찰갑 소찰과 동일하다. 49호도 서한 장안 무고, 서주 북동산 서한 초왕묘의 찰갑 소찰과 동일하다. 46호와 49호 출토 소찰은 40·44호 소찰과 달리 소찰수결로 가동성이 있는 것으로 보아 신갑과 관련 있다기보다 소매나 치마부분과 관련된 부속갑으로 판단된다(이현주 2011).

또 다른 자료인 운북동유적은 1호 수혈에서 소찰 1점이 화분형토기, 낙랑토기, 삼각형점토대토기, 철경동촉 등과 공반되어 출토되었다. 상원하방형의 소찰로 양변에 2공 1조의 투공이 각각 2개씩 있고 상변에 가로로 두 개의 투공이 뚫려 있다.

가평 대성리유적과 운북동유적 출토 소찰을 보았을 때 대부분 형태가 중원계 찰갑의 소찰과 유사하다. 그러나 대성리유적 40·44호는 유수노하심유적의 M67호와 유사하고 대성리유적 49호의 경우도 연하도 출토 소찰주의 소찰과 유사하므로 앞으로의 자료에 따라 동북지방과의 관련성도 무조건 배제할 수는 없는 것으로 판단된다.

가평 대성리유적과 인천 운북동유적은 낙랑과 관련 있는 유물을 동반하였다. 출토되는 소찰의 양이 많지 않지만 찰갑의 도입 시기와 관련하여 중요한 정보이다. 낙랑은 한사군의 하나이므로 당시 한나라에서 제작한 찰갑을 공급받거나 제작 기술을 받아들였을 가능성이 크다.

그러나 중국의 중원과 동북지방의 자료를 가지고 가평 대성리유적과 인천 운북동유적 출토 찰갑의 성격을 파악하기에는 자료의 한계가 너무나 크다. 다만 이 자료로 당시 한반도의 여러 정치체는 늦어도 이 시기에 철제 갑주가 도입되었고 이후 자체적으로 철제 갑주를 제작하였을 가능성을 점쳐볼 수 있다.

이처럼 한반도에서 찰갑이 출현하고 수용된 시기는 3세기 이전까지 올려 볼 수 있지만 4세기 초가 되어야 철이 갑옷 제작에 본격적으로 활용된 것으로 판단된다. 그 근거는 철제 갑주의 부장 사례가 점차 증가하며 공반된 철제 무기가 다종다양해진 것을 들 수 있겠다. 앞에서 언급한 중국 중원지방과 동북지방에 확인된 소찰혁결[小札綴]의 전통과 소찰수결[小札織]의 전통도 이 단계에서 살펴볼 수 있다. 소찰혁결과 소찰수결의 가장 큰 차이점은 허리 부분을 인식한 요찰의 유무로 판단된다.

그런데 유수노하심 M67호 찰갑이나 호화호특 십이가자한성지 T703수혈의 찰갑을 살펴보면 허리부분의 소찰 중첩방식이 위와 아랫단의 좌우방향 중첩방식과 다르게 제작되어 있다. 이러한 차이를 송정식(2010)은 공인이 의도적으로 허리부분을 구분하기 위해 다르게 제작하였다고 보았다. 이러한 구분은 앞서 Ⅱ장에서 구분한 신라와 가야의 A형 찰갑 계통과 관련하여 생각해 볼 여지가 있다. 사실 A형은 요찰 부분이 4세기 말이나 5세기에 확인되는 D형 찰갑의 요찰과 비교하여 만곡이 약하다. 그렇지만 A형 찰갑의 요찰도 다른 부위와 달리 장방형 소찰을 사용하거나 크기 등에서 차이를 두어 구분하고 있다. 이는 앞서 중국 동북지방의 공인들이 찰갑 제작에 의도적으로 차별화하여 제작한 점과 일맥상통한다.

이와 달리 C형은 기술계통을 파악하기 어렵다. 이는 중국 중원지방과 동북지방의 요소가 같이 보이기 때문이다. 신갑 부분에 사용되는 소찰은 중원지방과 유사하고 전동개폐에 길고 세장한 소찰은 동북지방의 찰갑과 유사하기 때문이다. 그러므로 C형은 중국 중원지방과 동북지방 즉 소찰혁결계통과 소찰수결계통이 혼합된 개체로 보고 있다(송정식 2010).

다음으로 A형과 C형은 5세기대에 제작된 동환식과 양당식 찰갑과 관련하여 생각해 볼 여지가 있다. 동환식은 요찰을 중심으로 상반신과 하반신을 연결하며 동체의 전면에서 여미는 것을 말하며 양당식은 요찰 없이 흉갑이나 배갑을 옆구리에 여미는 것을 말한다. 현재까지 한반도는 양당식 찰갑의 정확한 구조가 출토 양상에서 확인된 예는 없다. 다만 요찰이 없는 찰갑의 경우 양당식

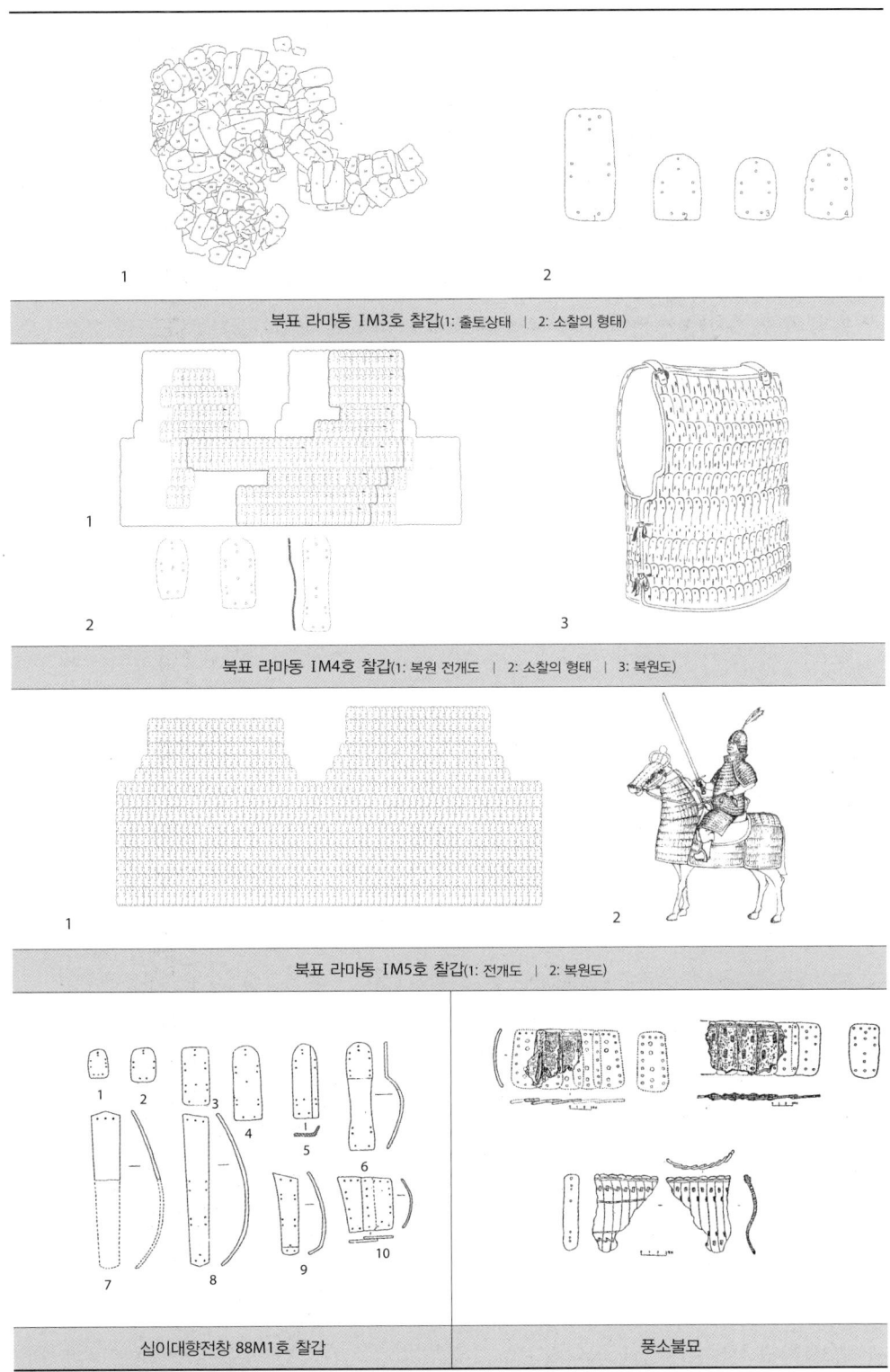

그림 4-2 동북지방 출토 찰갑

찰갑으로 추정할 뿐이다. 현재 확인된 4세기대 찰갑을 통해 5세기대 찰갑의 계통을 추정한다면 A형은 요찰을 중심으로 보아 동환식 찰갑 제작과 관련된다. 그러나 전신을 보호하는 구조를 고려하면 C형도 관련이 있다. 그렇다면 요찰을 별도로 구분하기 어려운 양당식의 찰갑은 4세기대 찰갑의 제작 계통과 관련하여 어떻게 이해해야 할지 문제가 된다. 현재 자료를 통해 보면 5세기대 찰갑도 동체의 전면에서 여미는 구조에 요찰이 있는 것과 없는 것이 모두 존재한다. 따라서 동환식과 양당식 찰갑이라는 개념은 한반도의 찰갑 구조를 분명하게 구별할 수 있는 개념으로 보기 어렵다는 것이 필자의 생각이다.

B형은 중국 중원이나 동북지방에서는 확인할 수 없는 구조이다. 대부분의 연구자들이 허리와 목을 제외한 나머지를 가죽과 같은 유기질 소재로 만들었을 가능성을 제기하였다. 고구려 벽화 등에서 확실한 증거가 있는 것은 아니지만 색채를 통해 피갑의 가능성을 제기한 견해도 있는 것처럼 피갑(유기질제)일 가능성이 크다. 이것에 대하여 피갑의 범주로 보는 견해와 부분 부장으로 보는 견해로 나뉘지만 출토양상을 고려한다면 피갑일 가능성이 크다(김영민 2000).

그런데 철제 갑주가 제작된 영남지방을 보면 4세기대 중엽까지 찰갑은 종장판갑이라는 갑옷 때문에 주요 방어구의 역할을 하지 못한 것으로 판단된다. 이는 전대에 사용된 유기질제 갑옷이 크게 작용하였을 가능성이 있다. 즉, 종장판갑 형태의 유기질제 갑옷이 찰갑과 같은 갑옷을 경험하여 재질이 철제로 변화하고 동시에 B형과 같은 일부 철제 소찰로 제작하는 피갑이 제작되었을 가능성이 있다. 또한 이러한 B형 찰갑은 계속해서 제작되는데 부산과 김해지역에 주로 출토되는 특성을 보인다(김혁중 2009). 그러나 5세기대에는 점차 종장판갑과 B형 찰갑이 제작되지 않고 C형과 D형 찰갑이 주요 방어구로 자리잡게 된다.

이러한 철제 찰갑과 더불어 한반도에서는 중국 동북지방에서 사용하던 종장판주가 수용되었으며 시기는 4세기 초로 판단된다. 그런데 이와 같은 종장판주의 계통과 관련해서 주목되는 속성은 주체의 만곡 여부로 만곡종장판주와 종장판주로 구분한다. 이현주(2010b: 66)는 이 투구들은 철제화가 실현된 시점의 차이, 분포의 차이 등에서 계통이 다르고 지역적인 차이도 있음을 지적하였다. 울산 중산리 IA100호, 복천동 38호 출토품 등은 만곡한 형태의 종장판주이고 구어리 1호 출토품은 만곡하지 않은 종장판주이다. 이현주는 이러한 종장판주의 계통을 만곡 여부로 구분하고 영남지방 출토 종장판주의 지역성에 대하여 논의하였다. 만곡종장판주의 출현 시기가 빠르고 만곡하지 않은 종장판주의 분포가 부산, 김해지역에 집중된 것을 근거로 계통에 차이가 있고 지역성을 띠는 것으로 보았다.

그러나 최근 자료로 보면 만곡종장판주와 종장판주의 출현 시기는 그다지 차이가 없는 것으로 판단된다. 또한 분포의 지역성도 점차 자료가 확보되어야 하겠지만 임당 G-5호에만 있다고 보았던 만곡되지 않은 종장판주가 포항 학천리나 영천 화남리유적 그리고 경주 구어리유적에서 확인됨으로써 재고의 여지가 있다. 따라서 한반도, 특히 영남지방 출토 종장판주의 수용은 지역별로 시기 차이가 거의 없이 이루어진 것으로 판단된다. 다만 김해지역은 대성동 57호와 같은 경우로 보건대 동시기 다른 지역과 비교하여 만곡되지 않은 종장판주에 지판볼가리개를 갖춘 것이 있어서 이러한 형식을 제작하는 전통이 다른 지역보다 오래 지속되었을 가능성이 크다. 이것은 소찰 중심의 중국 동북지방 갑주 제작 기술이 지역내 수용된 후 토착화하는 과정에서 나타난 현상으로 이해하고 싶다.

(2) 투구

한반도에서 출토된 투구는 종장판주와 소찰주 이외에도 차양주, 충각부주, 이형주 등 다양한 형태가 확인된다. 그중 종장판주는 가장 많은 수가 확인되고 존속 시기가 가장 길다.

이러한 종장판주는 한반도에서만 확인되는 투구가 아니고 중국 동북지방의 주요 투구이다. 중국 동북지방에서 가장 빠른 출토 사례는 유수노하심 유적 출토품이 있으며 신라·가야와 관련이 깊은 삼연三燕과 고구려에서도 유행하는 투구이다. 구체적인 사례는 삼연 관련 유적인 라마동 IM5호, IM7호, IM10호 출토품이 있다. 여기서는 만곡종장판주와 종장판주 모두 출토되어 한반도 출토 종장판주의 계통을 검토하는데 중요하다. 또한 고구려에서도 이와 같은 만곡종장판주 및 종장판주가 고분의 벽화에서 확인되며 유적에서 출토되었다. 이로 보아 종장판주의 분포는 당시 동아시아 투구 제작에서 활발한 교류를 잘 보여준다. 또한 종장판주의 특징있는 형식도 확인된다. 이 형식은 지판 형태의 양변을 파상문처럼 오린 종장판주로 라마동 IM5호, 합천 옥전 M3호분, 고구려의 롱오리산성에서도 출토되었다. 이로 보아 형식이 단순한 종장판주부터 장식성이 강한 종장판주까지 삼연이나 고구려의 영향이 있었음을 짐작할 수 있다.

이러한 종장판주의 계통은 앞에서 살펴본 중국 동북지방과 관련한 북방계통으로 보는 견해와 고구려계통으로 보는 견해로 나뉜다. 중국 동북지방으로 보는 견해는 유수노하심 유적 출토 종장판주와 유사성을 근거로 부여족의 남하로 인한 외래계(신경철 1997)로 인식하고 있으며 고구려 계통으로 보는 견해는 4세기대 동아시아 전역에 확산된 종장판주가 고구려를 통해 남부지방으로 유입되었다고 보는 견해(穴澤和光 1988)가 있다. 그러나 송계현의 지적처럼 단순히 종장판주가 유입되었다기보다는 소찰볼가리개가 아닌 지판볼가리개의 채택 등과 같은 제작의 지역성을 감안한다면 한반도에 도입된 후 토착화한 것으로 이해할 수 있다.

소찰주는 많은 수량이 출토되지 않았다. 현재의 자료로 소찰주의 속성 분류는 소찰의 평면 형태와 복발의 형태로 구분이 가능하다. 소찰의 평면 형태는 크게 상원하방형과 장방형으로 구분할 수 있다.[30] 이 중 장방형 소찰은 하변이 직선적인 것과 오목한 것으로 구분할 수 있다. 소찰의 복발은 윗부분이 뚫린 관모형태의 복발과 반구형의 복발로 구분할 수 있다.

이 중 상원하방형의 소찰은 복발이 없으며 장방형 소찰로 하변이 직선적인 것은 관모형태의 복발로 제작되고 장방형 소찰에 오목한 것은 전부는 아니지만 반구형의 복발과 조합되었다. 따라서 현재의 자료로 소찰주는 세 개의 유형으로 구분할 수 있으며 편의상 Ⅰ~Ⅲ류로 구분하여 간략하게 살펴보겠다.

먼저 상원하방형의 소찰이 달린 복발이 없는 Ⅰ류는 현재 임당 EⅡ-1호에서 출토된 사례가 있다. 일본 열도에서도 소찰주는 10례가 출토되었다(橋本達也 1996). 일본에서 출토된 것은 이마 부분에 가로로 길게 된 철판이 있는 것으로 특이한 구조이지만 전체적인 형태는 임당 EⅡ-1호 소찰주와 흡사하다. 그러

---

[30] 소찰주는 주체를 구성하는 장방형 소찰 안에서도 상변이 약간 둥근 형태는 상원하방형으로 보는 견해(송계현 2005)도 있다. 그러나 임당 EⅡ-2호 출토 소찰주나 일본 출토 소찰주의 상원하방형 소찰과 비교하면 장방형으로 분류할 수 있다고 생각한다.

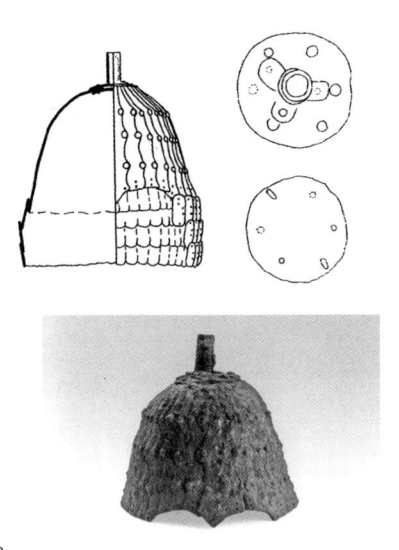

1: 종장판주의 이형 (a: 喇嘛洞 IM-5호 | b: 롱오리 산성 | c: 옥전 M3호)

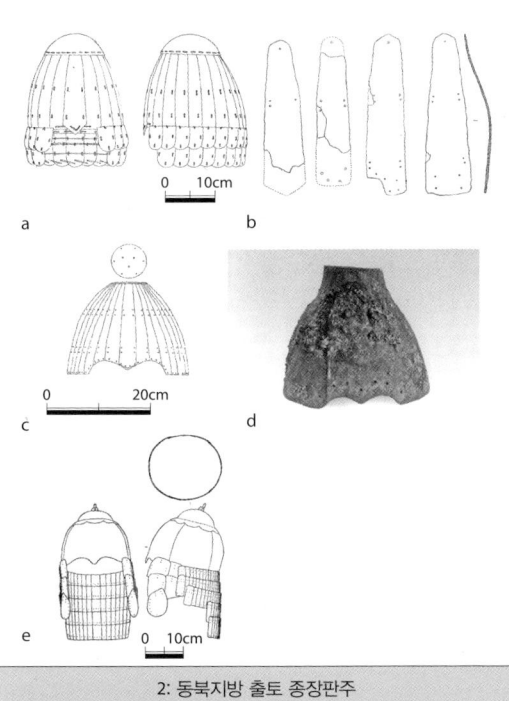

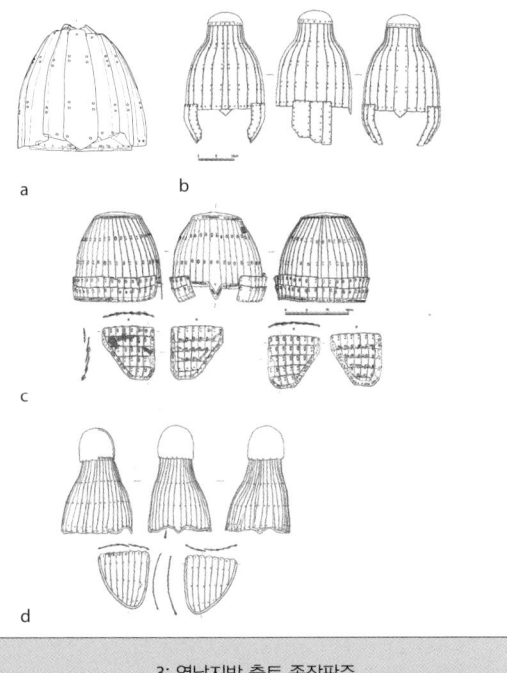

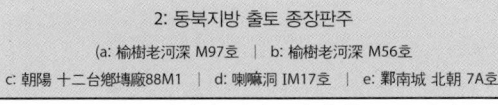

2: 동북지방 출토 종장판주	3: 영남지방 출토 종장판주
(a: 楡樹老河深 M97호 | b: 楡樹老河深 M56호 c: 朝陽 十二台鄕塼廠88M1 | d: 喇嘛洞 IM17호 | e: 鄴南城 北朝 7A호)	(a: 예안리 150호 | b: 중산리 IA-100호 | c: 임당 G-5호 | d: 옥전 28호)

그림 4-3 동북지방과 신라·가야 출토 종장판주

나 현재 영남지방은 임당 EⅡ-1호 소찰주가 5세기 전반인 반면에 일본열도의 소찰주는 4세기대에만 확인되므로 양자 간의 연관성은 알기 어렵다.

Ⅱ류는 합천 반계제 가-A호, 합천 옥전 M3호, 고성 송학동 1호, 전 한남대 소장품 등이 있다. 소찰주는 소찰의 형태나 구조에서 큰 차이가 없는데 이는 출토 고분의 연대가 5세기 후엽에서 6세기 초에 한정된 것과 무관하지 않을 것이다.

Ⅲ류는 백제·신라·가야지역에서 출토된 사례가 없으므로 고구려의 고유한 소찰주로 판단된다. 한강 변에 축조된 고구려 보루에서 출토된 사례가 많으며 이 보루들은 대개 5세기 말이나 6세기 전반경으로 추정된다(최종택 2004).

이러한 신라와 가야의 소찰주는 중국 동북지방에 같은 시기의 자료가 없으므로 고구려나 중원지방의 영향을 받아 제작된 것으로 보인다. 그러나 종장판주도 볼가리개 등의 구조에서 차별화가 보이듯이 신라와 가야가 제작 기술을 수용한 후 앞에 분류한 것처럼 특징있는 소찰주를 제작하였다고 판단한다. 소찰주의 출토예가 많지 않지만 현재 자료로 보아 한반도 남부에서 소찰주의 제작과 수용은 Ⅰ류에서 Ⅱ류로 변화했다고 할 수 있다. 그러나 출토 빈도 수로 보아 소찰주는 주력 투구가 아니며 가야는 재질을 금동으로 만들거나 복발에 관모를 얹혀 장식성을 가미한 형태로 위세품적 성격이 강하다.

(3) 마주·마갑

동북지방의 삼연과 고구려에서도 마주와 마갑의 실물 자료가 확인된다. 기왕에 신라와 가야의 마주에 대해서는 동북지방과 고구려지역 중 어느 쪽의 영향을 받았는지 논의가 되었다.

그런데 마주와 마갑은 이제까지 분리되어 검토되었지만 종합적으로 살펴볼 필요가 있다. Ⅱ장에서 검토한 마주와 마갑의 형식분류를 대입하면 삼연은 마주 A류에 마갑 A류가 확인되고 마주 B류는 마갑이 없다. 고구려의 유적에서 출토된 마갑과 마주는 모두 B류이다.

한반도의 영남지방에서 먼저 출토된 마주 A류인 사라리 65호 출토 마갑은 A류이며 대성동 57호는 마주가 있으나 마갑이 없다. 사라리 65호의 A류 마주·A류 마갑 조합 양상은 삼연지역과 동일하다. 이와 같은 점은 대성동 57호의 사례가 일찍이 동북지방의 4세기대 실용마구에 편승하여 수용되었다는 견해(이상률 2005)를 참고하면 신라 역시 마주·마갑을 동북지방과의 관계에서 생각해 볼 수 있다. 그러나 신라 단독으로 이러한 기술을 입수하였다고 보기 어렵다. 이에 고구려를 경유해서 도입했을 가능성이 크다. 또한 남정 이전부터 신라는 고구려와 긴밀한 관계가 있었기에 신라의 마주·마갑의 보급이 가야보다 늦다는 견해는 성립하기 어려울 것으로 판단된다.

　　최근 경주 쪽샘유적 C10호에서도 마주와 마갑이 출토되었다. 최근에 발간된 자료(국립경주문화재연구소 2019)를 보았을 때 마주와 마갑은 B류이다. 이 유적의 마주·마갑은 당시 고구려와 신라의 관계를 보건대 고구려의 영향으로 제작되었다고 판단된다. 그러므로 사라리 65호 마주와 약간의 연대차가 있지만 두 유적의 양상을 고려하면 신라의 마주·마갑 제작은 황남동 109호 3·4곽 출토품을 포함하여 고구려 남정보다 그 이전에 수용되었을 가능성도 배제할 수 없다.

　　그런데 5세기 이후 가야지역은 마주 A류와 마갑 B류의 조합이 확인된다. 또한 마주 B류에 마갑 A류도 확인된다. 앞서 살펴보았듯이 중국 동북지방과 고구려는 A류 마주는 A류 마갑, B류 마주는 B류 마갑으로 조합되었다. 그러나 신라와 가야는 서로 다른 마주와 마갑이 조합되는 양상도 보인다. 필자는 이러한 현상이 신라와 가야가 마주·마갑을 수용한 이후 토착화하는 과정에서 생긴 다양성으로 판단한다. 특히 도항리 6호분에서 출토되는 변형사다리형의 소찰도 그런 이유로 제작되었을 가능성이 크다. 따라서 현 자료를 볼 때 '가야형'이라는 마주의 성립도 4세기대 보다는 찰갑이나 투구의 예처럼 5세기 이후에 성립된 것으로 판단된다.

2) 신라·가야 갑주의 계통

(1) 고구려 영향 재검토

　　영남지방 갑주문화를 언급하는데 있어서 빠지지 않고 나오는 배경이 고구려 남정의 영향이다. 그렇기에 신라와 가야 갑주의 계통에서 고구려 남정은 빼놓고 이해할 수 없다. 그러나 고구려 문물의 이입 시기를 남정 이후로 한정해서 볼 수 없다는 연구 결과(강현숙 2004; 주보돈 2006)도 있으므로 남정이 영남지방 갑주문화에 끼친 영향에 대한 올바른 평가가 필요하다.

고구려 남정의 영향으로 가장 많이 언급된 갑주는 찰갑이다. 찰갑이라는 갑주 자체보다 중장기병이라는 전술적 무장에 주목하였다. 따라서 찰갑을 구체적으로 검토할 필요가 있다. 400년을 전후하여 고구려의 찰갑은 요찰의 단면 형태가 'S'형이며 소찰수결이 있는 구조이다. 이러한 찰갑은 이미 4세기 후반대 유적으로 판단되는 경산 임당 G-5호나 울산 중산리 IB-17호에서도 확인되고 김해 대성동유적에서도 미약하나 요찰의 단면에 변화가 있는 찰갑이 제작(김재우 2010)되기에 신라와 가야에 이른 시기부터 제작 기술이 전해지고 있었다.

더군다나 남정 이후 5세기 후반에 영남지방의 찰갑은 이전 시기의 구조와 또 다른 변화를 보인다. 이 시기 찰갑은 요찰의 수결공이 2공 1조에 2열로 배치되고 요찰의 단면 형태는 'Ω'형을 이룬 것도 제작되었다. 그런데 이러한 찰갑은 소찰수결로 제작하는 구조가 있는 중국 동북지방 및 고구려에서는 확인하기 어려워 한반도와 일본열도에서만 제작되었음을 알 수 있다.

한반도와 일본열도에서 확인되는 이러한 찰갑은 세부적인 부분에서 다시 나눌 수 있다. 이 중에 수결공이 2공 1조로 양변에 2열로 배치되고 요찰과 신갑의 끝부분인 거찰이 'Ω'형의 단면 형태를 가진 것은 당시 일본열도와 관계된 왜인의 찰갑으로 판단된다(김혁중 2009). 그러나 이러한 찰갑은 2열 배치의 수결공과 요찰의 단면 형태에서 'S'형과 'Ω'형이 한반도에서 모두 확인되고 시기적으로 앞서므로 한반도의 제작 기술을 일본열도에서 수용하여 변용한 결과로 판단된다.

고구려도 이 무렵에 이전과 다른 유형의 찰갑을 제작하였다. 오녀산성, 구리 아차산 제3·4보루, 홍련봉 제1·2보루에서 출토된 소찰은 상부직선형을 띠거나 사다리꼴 형태이다. 이러한 소찰들은 이전에 상원하방형 소찰로 제작된 찰갑과는 다른 유형이다(송계현 2005).

이로 보아 신라와 가야에서 제작된 찰갑은 기왕의 견해처럼 고구려 남정 이후 중장기병 전술 도입에 따라 찰갑이 수용되었다고 볼 수 없다. 5세기 이전부터 찰갑 제작에 중국 동북지방 혹은 고구려의 영향이 있었으며 남정 이후에는 영남지방의 자체 발전을 통해 지역적 특징을 가졌다고 보는 것이 합리적이다.

Ⅱ장에서 살펴본 신라와 가야 찰갑 구조를 세부적으로 살펴보면서 좀 더 중국 동북지방 및 고구려와의 관련성을 언급해보고자 한다. Ⅱ장에서도 언급하였

지만 5세기대 신라와 가야는 다양한 유형의 찰갑이 있으며 특히 중장기병과 관련된 D형 찰갑이 제작되고 있었다. 이외에도 C형 찰갑이 제작되었는데 C형 찰갑은 D형 찰갑이 다양한 모습으로 개량을 거듭하는 것과는 달리 4세기대 찰갑과 큰 차이가 없다. 이 시기 C형 찰갑은 상원하방형의 소찰에 가운데 1열로 뚫은 수결공과 상하 소찰이 바깥쪽으로 누중하는 형태이다. 이러한 찰갑의 구조는 4세기대 찰갑(복천동 64호, 하삼정 26호)이나 5세기대 찰갑(임당 EⅡ-1호, 도항리 43·48호)에 큰 차이가 없다.

그런데 C형 찰갑의 대표적인 형태로 판단되는 임당 EⅡ-1호는 소찰주가 공반되었다. 이러한 소찰주는 C형 찰갑의 제작에 중국 중원지방과 동북지방의 찰갑 제작 기술의 영향을 생각할 수 있다. 또한 지역 내 고분군에서 시기 차이가 크지 않은 임당 7B호의 경우는 B형 찰갑이 출토되어 동시기에 다른 찰갑을 제작하는 공인 집단이 한 집단 내에 있었다는 것은 흥미로운 사실이다.

만일 C형 찰갑과 D형 찰갑의 차이를 용도에서 찾는다면 중장기병과 같은 전술적인 차이로 추정할 수 있다. 즉, 다양한 부속갑을 갖추고 전신을 보호하는 중장기병은 D형 찰갑인 반면에 C형 찰갑은 단순 방어구가 아닐까 생각되는 것이다. 그 이유는 C형 찰갑은 소찰의 전체 수량이 적고 마갑 혹은 마주와 공반되어 출토된 사례가 확인되지 않는 것을 들 수 있다. C형 찰갑이 확인되는 가야는 중장기병보다는 주로 경기병이 활용되었다는 견해(류창환 2010: 155)를 참고하면 C형 찰갑은 제작 계통뿐만 아니라 그 용도에 차이가 있었을 것이다.

다음으로 영남지방의 5세기대 대표적인 투구인 소찰주와 종장판주의 계통과 관계를 살펴보겠다. 소찰주의 제작 계통과 관련하여 주체胃體의 연결방법 차이에 주목하고자 한다. 종장판주는 폭이 좁고 긴 철제 지판을 가운데로 하여 서로 누중하는 방법이다. 반면에 소찰주는 소찰들을 먼저 가로로 연결하고 각각을 위아래 소찰들과 연결한다. 이런 점을 보아 소찰주와 종장판주는 누중방식에 차이가 있으며 이를 기준으로 서로 다른 계통으로 이해할 수 있다. 신라와 가야의 소찰주와 종장판주는 서로 다른 지역에서 영향을 받았는데 소찰주는 중국 중원지방, 종장판주는 중국 동북지방이다.

신라와 가야 소찰주의 계통과 관련해서 I류인 임당 EⅡ-1호 출토 소찰주와 4세기대에 제작된 사라리 5호 이형주가 주목된다. 임당 EⅡ-1호 출토 소찰주는 사라리 5호 이형주의 연결방법과 유사하다. 사라리 5호 이형주는 소찰을 이용하여 엮지는 않았지만 요권판과 같은 가로된 철제 지판이 있고 그 위에 편평한 복발을 얹은 형태이기 때문이다. 따라서 임당 EⅡ-1호와 같은 소찰주의 출토 사례는 많지 않지만 4세기대부터 찰갑 제작 기술처럼 중원지방의 제작 기술이 갑주 제작에 영향을 미쳤을 가능성을 보여주는 것이다. 그리고 공반된 찰갑 역시 이 책에서 분류한 C형 찰갑으로 동북지방의 찰갑과 유사한 제작방법인 전동개폐와 소찰수결의 전통을 가지고 있지만 요찰이 없는 점에서 중원지방의 기술계통도 확인할 수 있다.

소찰주의 분류 중 Ⅱ류는 중국-낙랑-백제로 이어지는 중국계 갑주문화의 영향으로 보는 견해(신경철 1998)가 있었다. 그러나 이 소찰주는 소찰을 이용하여 주체부를 제작하였으나 복발 형태가 관모형 복발로 중국의 중원지방보다 삼실총과 통구 12호분과 같은 고구려 고분 벽화에서 그 형태가 확인된다. 그러므로 이 소찰주의 계통은 현재의 자료를 볼 때 중원지방보다 고구려의 계통으로 볼 가능성이 높다.

종장판주와 소찰주는 동시기에 한반도의 방어구로 사용되었다. 그렇다면 이 투구들은 각각 어떠한 용도로 사용되었는지가 문제이다. 삼국은 모두 소찰주가 확인되지만 백제는 갑주의 출토예가 빈약하며 신라는 임당 출토품을 제외하고 사례가 없다. 이와 달리 가야는 소찰주의 출토예가 상대적으로 높다. 이에 가야는 종장판주와 달리 어떤 다른 용도로 소찰주를 제작했을 가능성을 둘 수 있겠다. 가장 쉽게 고려해볼 수 있는 것이 종장판주보다 위세품적 성격을 강화할 목적으로 제작되었을 가능성이다. 특히 복발을 관모 형태로 꾸미고 금동 등의 소재로 제작하였기에 신분이나 위계를 나타내기 위한 투구로 추정된다.

그렇지만 소찰주는 종장판주의 출토량에 비추어 볼 때 한반도에서 그다지 선호되는 방어구가 아니었다. 이러한 상황에서 소찰주가 제작된 것은 찰갑의 제작과 더불어 중국 중원 및 동북지방의 기술을 수용하면서 이루어진 것으로 보인다.

(2) 신라의 가야 갑주 영향 재검토

만곡종장판주를 북방계통으로 보는 데는 대부분 일치하나 북방의 갑주 문화와 동일한 투구가 처음으로 유입된 지역에 대해서는 김해·부산지역으로 보는 견해(신경철 1997)와 경주지역으로 보는 견해(장경숙 1999)로 구분해 볼 수 있다. 이러한 연구 결과를 바탕으로 최근 이현주(2010a)는 계통적 차이가 지역적 차이와 결부시켜 재지적인 만곡이 없는 종장판주가 경주지역에는 없고 김해·부산지역에서 확인된다고 지적하였다. 또한 그는 신라지역에서 출토된 임당 G-5호분 출토품을 유일한 종장판주로 보고 공반된 광구소호와 유개대부파수부완을 근거로 금관가야와의 교류로 인해 이 지역에 이입된 것으로 보았다.

그러나 구어리 2호, 임당 G-5호, 밀양 귀명리 148호, 학천리 126호, 영천 화남리 30호에서 만곡이 없는 종장판주가 확인되었다. 그러므로 만곡되지 않은 종장판주가 신라지역에 없다는 견해는 당시의 부족한 자료에 따른 해석으로 보이며 신라지역에서도 4세기대에 만곡되지 않은 종장판주가 제작되었음을 알 수 있다. 또한 그가 근거로 제시한 광구소호와 유개대부파수부완은 영남 전역에 분포하는 것으로 특정 지역을 중심으로 이해하기 어렵다. 오히려 종장판주의 지역성은 김해지역에서 확인되는 종장판주 볼가리개의 장식을 주목할 필요가 있다(김혁중 2009). 이것은 종장판주뿐만 아니라 종장판갑에도 궐수문 형태로 장식을 하는 것에서 신라와 가야 갑주에 대한 인식의 차이를 보여준다고 할 수 있다. 또한 5세기에 들어서 신라는 만곡이 없는 종장판주가 사라지는 반면에 가야는 이 모든 형식이 제작되고 있어 차이가 있으며 신라지역의 종장판주는 점차 볼가리개를 큰 지판으로 제작하기보다 소찰을 가죽 끈으로 엮어 만든 소찰볼가리개를 선호하고 있다. 이와 반대로 가야지역은 오랫동안 지판볼가리개를 수용하고 있는데, 이것은 기술적인 우위를 보여준다기보다는 갑주 제작에 따른 전통의 차이를 보여준다고 할 수 있다.

그리고 가야에서 만곡종장판주와 종장판주의 경우 피장자의 신분적인 차이를 나타내는데 사용되었을 가능성이 있으며 신라의 경우 지판볼가리개는 없고 소찰 볼가리개만 제작하는 것은 제작 공인과의 관계도 생각해 볼 수 있다. 즉, 가야는 판갑 제작 공인이 투구도 제작했을 가능성이 있다. 이것은 가야지역에 종장판갑과 종장판주의 공반 관계가 자주 확인된 것과 달리 신라지역은 종장판갑 부장시 종장판주가 없고 찰갑만 종장판주가 공반되는 정황에서도 추론이 가능하여 보인다.

종장판주는 가야뿐만 아니라 삼국시대 여러 나라의 주요 투구이다. 따라서 형태적인 차이에서 특징을 찾아내기 어렵다. 다만 가야 종장판주는 장식성이 증대됨에 따라 다른 나라에 없는 특징을 일부 확인할 수 있다. 장식성의 대표적인 자료로 대성동 57호 출토 종장판주가 있다. 이 종장판주의 볼가리개는 궐수문을 나타내기 위해 일정한 간격으로 투공을 뚫었다. 장식성은 종장판주 뿐만 아니라 가야의 종장판갑에도 궐수문이나 새 모양 장식이 종종 사용되어 가야 갑옷의 특징이라 할 수 있다.

장식성에서 주목하여 살펴볼 것은 남원 월산리 M-5호분에서 출토된 종장판주이다. 이 종장판주는 앞서 살펴본 종장판주의 지판 매수가 증가하는 것과 달리 넓은 지판을 사용하여 제작하였다. 그러나 복발을 얹는 부분은 관모 형태를 띠고 있으며 투구의 이마 부분은 햇빛을 가릴 수 있는 차양(챙)이 결합되어 있다. 주체가 종장판을 사용하였기에 종장판주로 명명할 수 있으며 그 안에 새로운 형식으로 둘 수 있을 것이다. 이것 이외에도 지산동 518호 출토 투구나 교동 3호에서 출토된 투구편이 주목된다.

이와 같은 종장판주는 이전 종장판주 및 다른 투구의 특성을 결합하여 제작되었을 것이다. 광형지판을 사용하여 제작된 종장판주는 양동리 78호, 합천 옥전 70호 출토품도 있으며 대성동고분군에서 출토되는 종장판주는 늦은 시기에도 넓은 지판을 이용하여 제작하였다. 관모형 복발은 고구려 벽화에 보이는 소찰주처럼 북방지역의 영향을 받았을 가능성이 있다.

가야형 종장판주는 일본열도에도 큰 영향을 준 것으로 판단된다. 돌기부주로 명명한 광형지판 종장판주는 군마현 간논야마觀音山고분, 후쿠시마현 이케노우에池の上1호분에서 출토되었다. 일본의 연구자들은 일본열도 내 이러한 종장판주를 광형지판 종장판주로 보고 그 계보를 한반도계 투구로 이해하고 있다(內山敏行 2001). 남원 월산리고분이나 지산동고분에서도 점차 그 사례가 한반도에서 증가하고 있어 타당성이 높다고 하겠다.

필자는 전고(2008, 2009)에서 종장판갑의 지역성 검토를 목적으로 하였다. 당시 설정한 형식 중 ⅠA1·ⅡA1·ⅢA2형식은 신라지역에서 확인할 수 있다.[31]

---

31 종장판갑에 대한 용어는 김혁중(2009)의 연구를 따른다.

이 형식들은 대개 중산리 IA-75호와 사라리 55호를 제외하고는 나팔형의 후경판을 가진 종장판갑이다. 부장 양상도 가야와 차이가 있는데 종장판주 뿐만 아니라 여타 갑옷과 공반되는 경향이 적다.[32]

이러한 분석의 결과는 종장판갑이 출토되는 부산과 김해지역의 양상과 차이점을 보여준다. 최근 이 지역 종장판갑의 특징을 필자의 연구에 더해서 언급하였는데 필자의 I·II식과 IIIA1·2식에 해당하는 것을 경주·울산식 판갑이라고 하고 나머지는 부산식 판갑으로 구분하였다(송정식·이유진 2008).

I식은 구정동 3호 출토 판갑을, II식은 중산리 IA-75호 출토 판갑을 표지로 들 수 있다. 그런데 IIIA1·2식은 II식의 후동장식판과 III식의 측경판과 같은 두 가지 속성을 확인할 수 있다. 따라서 점이적인 속성을 갖춘 IIIA1·2식은 기존의 연구처럼 지역성을 나타낸다기보다 신라와 가야의 종장판갑 제작에 있어서 기술 교류나 영향 등을 생각해 볼 수 있다. 최근에 보고된 복천동 164호와 165호에 출토된 종장판갑이 앞서 기술 교류나 영향을 이해할 수 있는 자료로 생각되는데 이를 소개한 논문은 이 갑옷들을 경주·울산식 판갑으로 구분하고 경주식 목곽묘에 외절구연고배와 같은 금관가야식 토기가 부장된 양상을 주목하였다(이유진 2011). 따라서 전통적인 신라식 판갑은 I·II식으로 볼 수 있을 것이다.

이 중에서 후경판이 나팔모양으로 제작된 종장판갑은 경주지역을 중심으로 분포하고 반원상의 후경판과 진동판에 장식을 가진 종장판갑은 김해지역을 중심으로 분포한다. 신라와 가야의 중심지인 두 지역에서 제작된 종장판갑은 다른 형태를 가졌을 가능성이 크다. 종장판갑의 부장양상에서도 차이가 있다. 신라는 현재까지 확인된 자료를 본다면 4세기 전반에 종장판갑 제작을 중단하고 찰갑으로 대신한 것으로 보이고 가야는 4세기 후반에도 찰갑과 더불어 계속해서 종장판갑을 제작하면서 장식성을 극대화한 것에 차이가 있다.

신라와 가야의 종장판갑에 가장 큰 차이는 표현된 장식을 들 수 있다. 물론 외형적인 차이에 따른 장식의 차이로 볼 수 있지만 지금까지 출토된 자료로 보건대 신라의 종장판갑은 외연에 별다른 장식을 하지 않는 반면에 가야의 종장판갑은 궐수문을 다양한 방법으로 표현하고 있다. 또한 가야의 종장판갑은 목

---

[32] 현재까지 월성로 29호와 복천동 10호를 제외하고는 다른 갑옷과 부장된 사례가 없다.

을 보호하는 후경판과 측경판의 외연에 동물 털을 이용한 장식 표현을 함으로써 갑옷의 외연에 장식성을 극대화하고 있다. 이러한 차이는 용도의 차이도 생각할 수 있지만 신라와 가야의 종장판갑을 제작하는데 있어 인식의 차이가 있었음을 알 수 있다. 더 나아가 신라는 갑주를 장식 등 위세를 표현하는 대상이라기보다 실용적인 갑주로만 인식하여 일찍이 찰갑으로 전환하였을 가능성을 생각해 볼 수 있다. 이것은 부장 양상에서도 찾아볼 수 있다. 가야는 대표적인 유적인 대성동고분군의 경우 찰갑을 부장하면서도 장식성이 있는 판갑을 동시에 부장한다. 그러나 신라는 갑주를 부장하는 유구의 경우 찰갑이나 판갑을 동시에 부장하지 않았으며 별다른 장식을 찾아볼 수 없다.

지금까지 가야 갑주가 신라 갑주 제작에 영향을 주었다는 견해에 대하여 종장판주와 종장판갑을 중심으로 반론을 제기하였다. 신라와 가야는 갑주 제작에 있어서 상호 영향을 주고 받았으나 일방적으로 기술을 전파하고 수용하는 양상이라 볼 수 없다. 다만 앞서 살펴보았듯이 신라와 가야는 중국 동북지방과 중원지방 그리고 고구려 갑주의 영향을 받았으며 점차 각각의 특징을 갖는 독특한 갑주 문화를 갖게 되었음을 알 수 있다.

2. 신라·가야 출토 대금식 갑주의 계통

대금식 판갑은 그것과 공반되는 투구와 부속구를 아울러 대금식 갑주로 명명하는데, 제작지를 둘러싸고 이견이 있다.

그러나 최근에는 왜계 갑주로 인식하는 사례가 늘고 있다. 백제사와 관련하여 주목받은 고흥 안동 길두리고분은 관련 학술회의에서 고분 출토 판갑을 왜계 갑주로 보고 그 관계에 대해 설명되었다(김영민 2011). 또한 최근 국립청주박물관 특별전 '신봉동, 백제의 전사를 만나다'에서는 청주 신봉동고분군 90B-1호에서 출토된 판갑을 가야·왜의 국제관계로 생겨난 물품으로 소개하고 있다(국립청주박물관 2012).

이러한 판갑의 형식을 왜계 갑주로 볼 수 있는 큰 이유는 제작 기술적인 면이 동시기 삼국시대 갑주와 다르기 때문이다(김혁중 2011a).

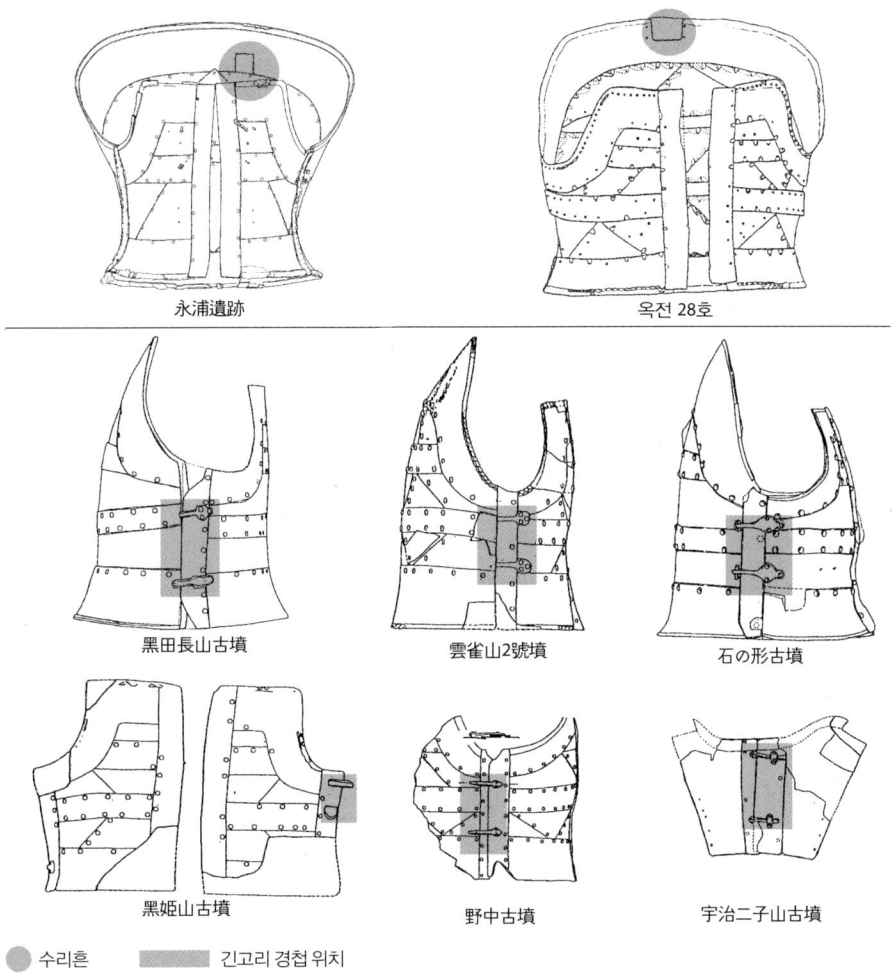

● 수리흔　■ 긴고리 경첩 위치

그림 4-4　한반도 출토 대금식 판갑 및 일본열도 출토 대금식 판갑 비교 자료

필자는 이에 대해서 기술적 부분과 정황적인 부분을 근거로 일본열도산일 가능성을 제시한 바 있다(김혁중 2011a). 기술적 부분은 앞에서 한반도산만이 가지고 있는 특징이라고 본 요소가 일본열도에도 있으며 제작의 형식적 변천도 일본열도가 앞선 부분을 지적하였다. 정황적 측면은 대금식 판갑이 한반도에 분포하는 상황을 현재의 자료로 검토해보면 과거에 가야 남부에 집중된 출토량이 범위가 확대되어 분포의 중심지를 확인하기 어렵다는 점을 들었다.

필자가 대금식 판갑을 왜계 갑주로 보는 또 다른 이유는 장식성이다. 대금식 판갑은 종장판갑에 보이는 궐수문이나 조장鳥裝을 상기시킬 수 있었던 장식적 요소가 일본열도뿐만 아니라 한반도 출토품에도 보이지 않는다. 반면에 대금식 판갑은 종장판갑에는 보이지 않는 어깨 부위를 크게 과장하거나 마름모꼴 형태로 지판을 만드는 등의 장식적 요소가 있으며 이것은 5세기 중엽에 이르러 가시성이 최대에 달한다(阪口英毅 2000).

이러한 점 외에도 당시 한반도와 일본열도의 무기 체계를 비교해 보았을 때 대금식 판갑은 한반도의 무기 체계에서 적합한 갑옷이라 할 수 없다. 이미 체계적인 전술이 성립했던 고구려와 동북지방의 갑주에서 판갑은 거의 없고 찰갑 일색임을 보아서도 알 수 있다.

이에 비하여 대금식 판갑이 많이 출토된 일본열도는 당시 가야와 비교해 갑주와 마구의 도입이 늦었으며 철모 대신 대부분 장도長刀를 사용하여 왜의 무장은 개인의 능력을 중시하는 단병기 일색이었다. 이로 보아 왜는 당시 무장 체제가 체계적이지 않았다(김두철 2005). 따라서 공격용 무기의 변화에 민감한 갑주의 성격을 고려해 보아도 대금식 판갑을 한반도산으로 보기 어렵다.

3. 고대 한일 찰갑 계통의 재검토 – Ω형 요찰의 계통 재검토

철제로 만든 찰갑이 등장하기 시작한 것은 낙랑군이 한반도에 있던 3세기 이전이다. 그러나 찰갑은 소찰의 형태나 연결기법에서 많은 변화가 지속적으로 이루어져 왔음을 Ⅱ장을 통해 알 수 있었다. 찰갑에서 눈에 띄게 변화한 것은 요찰의 형태이다.

찰갑은 S형 요찰에서 5세기대에 들어서면 단면 형태가 Ω형인 요찰도 제작된다. 이 찰갑은 한반도 출토 찰갑과 일본열도 찰갑을 비교하여 자주 언급된다. Ω형 요찰을 가진 찰갑은 S형 요찰에 비하여 출토품이 적지만 〈형 요찰을 가진 찰갑보다 많으며 그보다 넓은 범위에서 분포한다. Ω형 요찰을 가진 찰갑의 출토 사례는 **표 4-1**과 같다.

표 4-1을 보면 우선 공통적으로 Ω형 요찰은 모두 평면 형태가 상원하방형이다. 다음으로 Ω형 요찰을 가진 찰갑은 수결공이 1열과 2열로 나뉘며 1열인 구조가 조금 많다. 일본열도에서 제작된 Ω형 요찰을 가진 찰갑과는 다른 점이다. 또

표 4-1 Ω형 요찰을 가진 찰갑 사례

연번	출토 고분	평면 형태	장(cm)	폭(cm)	투공배치	공반갑주	묘제	Ω형 거찰
1	경산 임당 7B호	상원하방	12.4	3.3	1열		종장판주 1	목곽	
2	경산 조영 EⅢ-4호	상원하방	15.7	3.3	1열			
3	합천 옥전 5호	상원하방	9.9~10.2	1.7~2.7	1열		목곽	
4	창녕 교동 3호	상원하방	12	2	2열	대금식 판갑 1, 관모형주 1	횡구식 석실	
5	함안 도항리 8호	상원하방	14	2.2	1열	종장판주 1, 마주 1	수혈식 석곽	
6	합천 옥전 M3호	상원하방	8.9~9.1	2.8	1열	소찰주 1, 금동장주 1, 마주 2	수혈식 석곽	
7	고성 송학동 IA-1호	상원하방	14.6	1.5	2열	소찰주 1	수혈식 석곽	◎
8	고령 지산동 45호	상원하방	7	-	-	마갑편	수혈식 석곽	◎
9	거제 장목	상원하방	16	3	2열	대금식 판갑편	왜계 석실	◎
10	광주 쌍암동	상원하방	-	-	1열		왜계 석실	
11	함평 신덕	상원하방	-	-	1열		왜계 석실	◎
12	함양 상백리	상원하방	-	-	2열	충각부주 1	수혈식 석곽	

다른 특징으로 철제 찰갑이 동찰이나 상찰 없이 Ω형 요찰과 경갑만으로 구성된 사례가 있다. 그것은 임당 7B호, 조영 EⅢ-4호, 옥전 M3호 출토품이 해당된다.

이러한 Ω형 요찰을 가진 가장 이른 찰갑은 임당 7B호, 조영 EⅢ-4호 출토품이다. 한반도 남부에서 이른 시기의 Ω형 요찰을 가진 찰갑은 대개 신라와 가야의 고지인 영남지방에서 확인된다. 이후 6세기대가 되면 호남지방에서도 확인된다. 그러나 호남지방의 분포 범위는 상대적으로 백제의 매장의례에서 무구 부장이 적기 때문에 넓은 분포를 보이는 것 이상의 의미는 찾기 어렵다. 이외에 Ω형 요찰과 밀접한 관계에 있는 수결공 2열 배치가 주목된다(內山敏行 2008). 이 중 Ω형 요찰이 아니면서 2열 배치의 찰갑은 계림로 1호, 옥전 28호, 지산동 44호에서 출토되었다.

그런데 內山敏行(2008)은 2열 배치인 수결공 2열 기법의 출현 예로 복천동

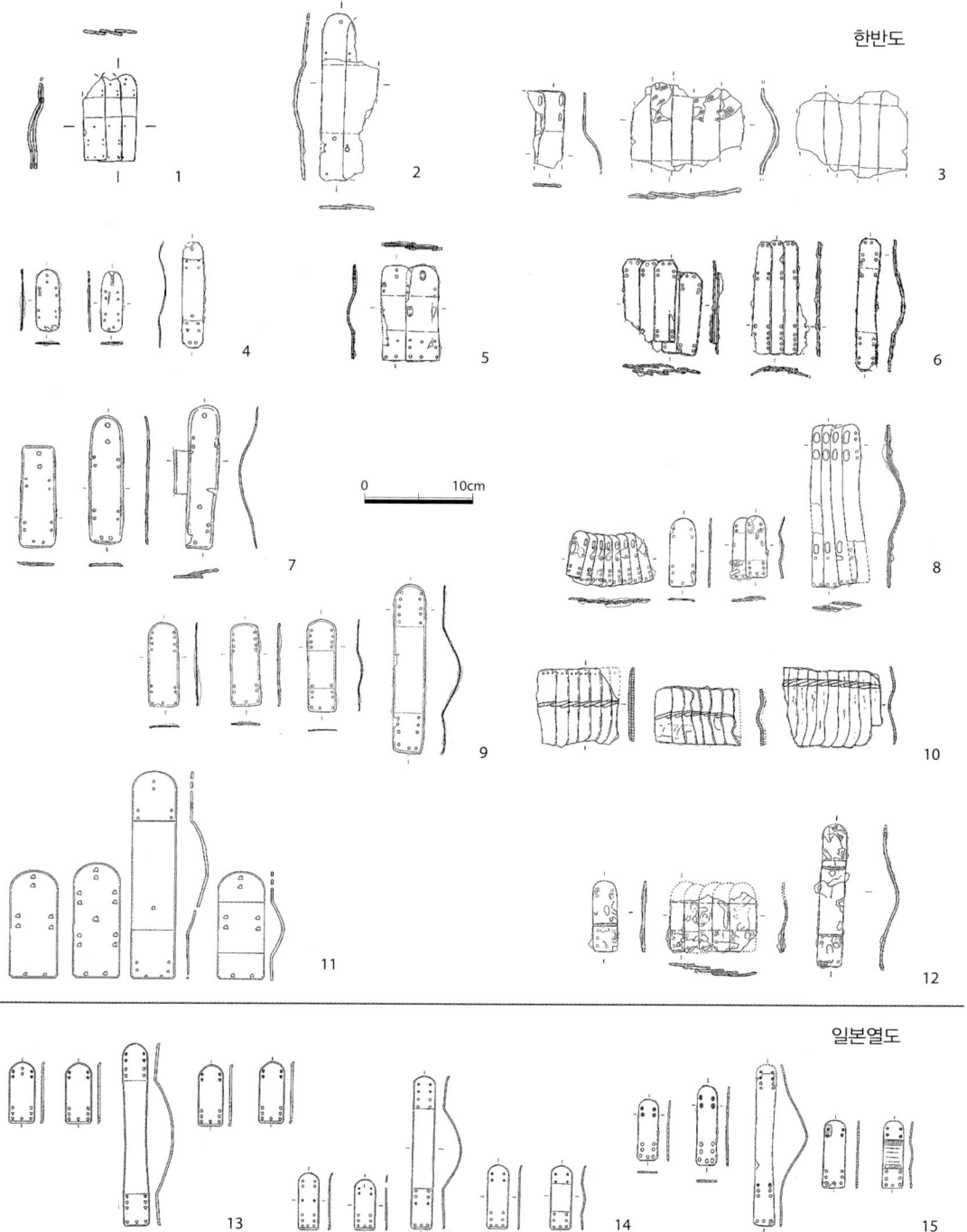

그림 4-5 Ω형 요찰을 가진 한일 찰갑

1: 경산 임당 7B호 | 2: 경산 조영 EⅢ-4호 | 3: 연산동 8호 | 4: 합천 옥전 5호 | 5: 합천 옥전 M3호
6: 창녕 교동 3호 | 7: 함안 도항리 8호 | 8: 고성 송학동 IA-1호 | 9: 거제 장목 | 10: 고령 지산동 45호
11: 광주 쌍암동 | 12: 함평 신덕 | 13: 오사카부 나가모치야마(長持山)고분 | 14: 사이타마현 이나리야마
(稻荷山)고분 | 15: 후쿠오카현 반즈카(番塚)고분

10・11호 종장판주 볼가리개[頬當] 소찰편을 들었다. 그러나 현재 자료로는 2열 배치인 수결공 2열 기법이 그보다 이른 계림로 1호 찰갑에서 확인되어 투구의 볼가리개 소찰에서 2열 기법이 비롯되었다고 보기 힘들다. 임당 7B호, 조영 EⅢ-4호에서는 앞의 두 예보다 이른 형태의 Ω형 요찰이 확인된다.

Ω형 요찰을 가진 찰갑과 관련하여 쪽샘지구 C10호 출토 찰갑이 주목된다. 이 찰갑은 4세기 후반에서 5세기 초에 제작된 찰갑으로, 소찰 단면에 변화가 있는 요찰을 본격적으로 만든 시기에 해당한다. 이 찰갑은 요찰이 Ω형과 동일하다고 보기 어렵지만 [형으로 양단을 꺾어 만든 것으로 동일한 기능을 가지고 있다고 판단할 수 있다. 따라서 Ω형 요찰의 초보적인 제작과정으로 이해할 수 있다. 이러한 쪽샘 C10호의 요찰은 Ω형 요찰의 한반도 출토 기원으로 이미 지적된 옥전 5호와 창녕 교동 3호 출토품(內山敏行 2008)보다 좀 더 초보적인 형태라고 할 수 있다.

Ω형 요찰을 가진 찰갑은 처음에 수결공 1열인 투공을 가진 소찰로 제작되었다가 이후 수결공이 양 옆을 2열로 투공을 배치한 소찰로 제작되는 것으로 변화한다. 요찰뿐만 아니라 상찰의 마지막 단인 거찰도 Ω형으로 제작하게 된다. 일본열도에서 출토된 Ω형 요찰을 가진 찰갑은 기존의 연구(內山敏行 2008)에 따르면 중기 제5단계에서 출현한다. 한반도에서 출토된 찰갑은 중기 제4~5단계로 이해하고 있다. 이 책에서 검토한 바로는 현재 자료로 보아 그보다 이른 시기에 Ω형 요찰을 가진 찰갑이 제작된 것으로 판단된다. 이후 한반도에서 이와 같은 찰갑은 요찰을 2열 투공의 수결공이면서 단면을 Ω형으로 구부려 만들게 되었다. 이후 일본열도에서 거찰을 Ω형으로 제작하여 일본 고유의 고대 찰갑을 생산하였다고 판단된다. 이 점을 염두에 두고 한반도 내 왜계 찰갑에 대한 이해를 살펴볼 필요가 있다.

內山敏行(2008)은 옥전 28호, 교동 3호, 장목고분 출토 찰갑을 왜에서 가야로 반입되었다고 보았다. 그 근거로 유사한 구조인 옥전 28호, 교동 3호, 장목고분 출토 찰갑은 수결공 2열 소찰이며, 모두 왜계 갑주가 공반되는 점을 들었다. 장목고분은 왜계 고분으로 피장자가 왜인일 가능성이 커서 갑주 또한 왜계일 가능성이 크다. 그러나 옥전 28호는 수혈식석곽묘에 공반 갑주로 종장판주가 있고, 교동 3호는 찰갑에 Ω형 거찰도 없다. 또한 앞서 검토한 자료를 보면 Ω

표 4-2 요찰에 수결공 2열 배치된 찰갑

연번	출토 고분	평면형태	길이(cm)	폭(cm)	공반갑주	비고
1	계림로 1호	상원하방	12	2.6	종장판주	수결공 1열도 존재
2	옥전 28호	상원하방	12.5~13	2.5~3	종장판주 대금식 판갑	수결공 1열도 존재
3	지산동 44호	상원하방	?	?	종장판주	

형 요찰을 가진 찰갑이 한반도에서 먼저 제작되었을 가능성이 커서 왜계 찰갑으로 보기 어렵다. 대금식 판갑이 공반된 연산동 M8호 출토 찰갑도 같은 맥락에서 이해해야 할 것이다(김혁중 2009). 그러므로 Ω형 요찰을 가지면서 수결공이 2열인 찰갑을 모두 왜에서 가야로 이입된 물품이라 보는 견해(內山敏行 2008)는 재고할 필요가 있다.

4. 백제 초기 갑주의 양상 검토 – 천안 두정동 유적 출토 이형철기의 성격

1) 문제 제기

『삼국사기』는 많은 전쟁 기록이 있다. 그러나 우리는 문헌 기록에서 당시 전쟁이 일어난 배경이나 결과를 알 수 있으나 전쟁의 구체적인 양상을 알기 어렵다. 특히 전쟁에서 사용한 무기나 갑주는 자세한 기록이 없다. 그렇기에 오늘날 유적조사에서 출토된 각종 무기와 갑주는 당시 상황을 알 수 있게 해주는 중요한 자료이다. 특히 갑주는 당시 전사의 모습과 더불어 기술 수준 등의 문화사적 의의도 알 수 있게 해준다.

갑주는 해방 이후 급증한 유적조사를 통해서 많은 수량[33]이 확인되었다. 자료의 증가와 더불어 다양한 주제 연구[34]도 심화하여 질적 성장도 동반하였다.

---

[33] 구체적 통계를 작성한 자료는 복천박물관(2010)의 자료가 참고되며 2010년 기준으로 450여 건 확인되었다. 그러나 그 이후에도 수량은 계속 증가하는 상황이다.

[34] 갑주 연구의 현황은 지면 관계상 모두 열거할 수 없다. 필자는 전고(2018)에 삼국시대 갑주 연구를 주제별로 정리한 바 있다. 이를 통해서 연구가 변천, 계통, 기술, 정치사회 등 다양한 관점에서 분석되었음을 알 수 있었다.

최근에는 그 성과를 기초로 다양한 특별전(복천박물관 2001; 국립김해박물관 2015)이 대중에게 소개된 바 있다.

그렇지만 대부분의 연구 대상이 신라와 가야 중심으로 이루어져서 백제 갑주에 대한 인식 수준은 현재까지 높지 않다. 가장 큰 이유는 출토 유물의 수량이나 상태를 들 수 있다. 그럼에도 백제 갑주를 소재로 한 연구는 미약하게나마 이루어져 왔다.

기왕의 연구는 크게 계통에 대한 부분과 갑주 개별의 특징을 중심으로 검토되었다. 각각의 연구를 좀 더 살펴보면서 이 글의 연구 목적과 필요성을 부각해 보고자 한다.

백제 갑주의 원류를 구체적으로 검토한 신경철(1998)은 몽촌토성 출토 골제찰갑과 청주 신봉동 90B-1호 출토 대금식 판갑을 포함한 동북아시아 자료를 상호 비교하여 계보를 살펴보고자 하였다. 그(1998: 269)는 여기서 북방-고구려-낙동강 이동지역의 북방계 갑주문화와 중국-백제-낙동강 이서지역의 중국계 갑주문화로 양분하여 이해하였다. 이를 통해 낙동강 이서지역의 대금식 판갑은 백제 갑주문화의 영향을 받았을 것으로 추정하였다.

이후 가평 대성리 유적과 같이 백제와 관련된 갑주 자료의 시기 폭이 넓어지면서 찰갑을 중심으로 백제 갑주의 기술 계통에 대한 연구(이현주 2011; 성정용 2011)가 진행된 바 있다. 이 연구를 통해서 백제를 포함한 삼국시대 찰갑은 기술 계통에서 동일한 양상을 보이고 있음이 지적된 바 있다.

그러나 백제 갑주는 제작 기술이나 갑주를 다루는 인식 등에서 주변국과는 다른 특징들이 밝혀진 바 있다. 제작 기술은 파주 주월리 유적 출토 삼각지판의 투공 배치 등을 통해서 기존에 알려진 구조와 다른 점이 지적(송계현 2001)된 바 있다. 또한 백제 관련 유적에서 갑주가 출토되는 양상은 대부분 고분 부장품으로 사용되는 점과 달리 주거지에서 출토되는 양상이 주목된다. 이러한 양상의 의미를 일종의 벽사적인 의미(경기도박물관 2006)로 해석한 것은 백제가 주변 국가와 다르게 갑주를 사용하였기 때문이다.

마지막으로 갑주는 백제와 왜의 대외 교섭이나 교류를 연구하는데 빼놓을 수 없는 중요 자료이다. 주로 서남해안지역에 분포하는 왜계고분을 중심으로 갑주가 출토되고 있다. 이 중에 찰갑을 통해서 그 계통이나 특징이 검토된 바 있다

(森川祐輔 2008). 이외에도 이 지역에서 출토된 갑주 일부를 분석해서 출현 배경과 그 의미를 밝혀보려는 연구(김영민 2011; 박준현 2012; 김혁중 2019b)도 있었다.

이제까지 연구되어온 백제 갑주는 기술적 검토가 이루어진 계통의 대상으로 주로 찰갑이 분석되었다. 그러나 서남해안에 백제와 관련된 유적은 주로 판갑 자료가 중심이다. 물론 판갑 자료의 대개가 5세기 후반에 해당되는 자료로 백제 판갑의 초기 양상을 밝혀보기에는 많은 무리가 있다.

그런데 최근 한일 갑주를 분석한 鈴木一有가 발표한 논문(2016b)에 따르면 이러한 약점을 보완해 줄 수 있는 자료를 언급하고 있어 주목된다. 그 자료는 공주대학교 박물관에서 1998년에 조사한 천안 두정동 유적 출토 이형철기이다. 그는 이 자료를 판갑편으로 인식하고 본문의 圖 1(2016b: 29)에 수록하였다. 그러나 이 철기편 1점을 판갑편으로 본 자세한 이유나 근거가 없기에 과연 두정동 유적 내 주거지에서 출토된 이형철기편은 어떤 용도로 제작되었는지 그 성격을 구명할 필요가 있다.

이에 이 글은 두정동 유적내 주거지 출토 이형철기편의 성격을 동시기 자료로 비교 분석해보고 이 유물을 통해서 살펴볼 수 있는 역사적 의의를 밝혀보고자 한다.

2) 천안 두정동 유적 출토 이형철기의 성격과 제작 시기

이 글이 분석하고자 하는 두정동 유적은 공주대학교박물관에서 1998년도에 발굴 조사한 곳이다. 이 유적은 이 일대를 택지로 개발하는 과정에 확인되었다. 발굴조사는 두 개의 지구로 구분하여 실시하였다. 이 곳은 노태산에서 동쪽으로 뻗어 내린 능선을 기준으로 남쪽으로 흘러 내린 두 개의 가지 능선에 위치한다. 조사단은 이 가지 능선의 동쪽을 Ⅰ지구, 서쪽을 Ⅱ지구로 편의상 구분하였다.

두정동 출토 이형철기는 주거지가 조사된 Ⅰ지구에서 출토되었다(그림 4-6-1). 주거지는 모두 4기가 확인되었다. 두정동 출토 이형철기는 이 중 4호 주거지의 형태나 위치가 불규칙한 여러 구덩이 중 하나에서 출토되었다. 좀 더 자세한 출토 상황은 보고된 사진(공주대학교박물관·천안시 2000: 353)을 통해 알 수 있다. 이 사진을 보면 이형철기는 주거지 바닥내 부정형의 수혈에 놓여 있으며 도

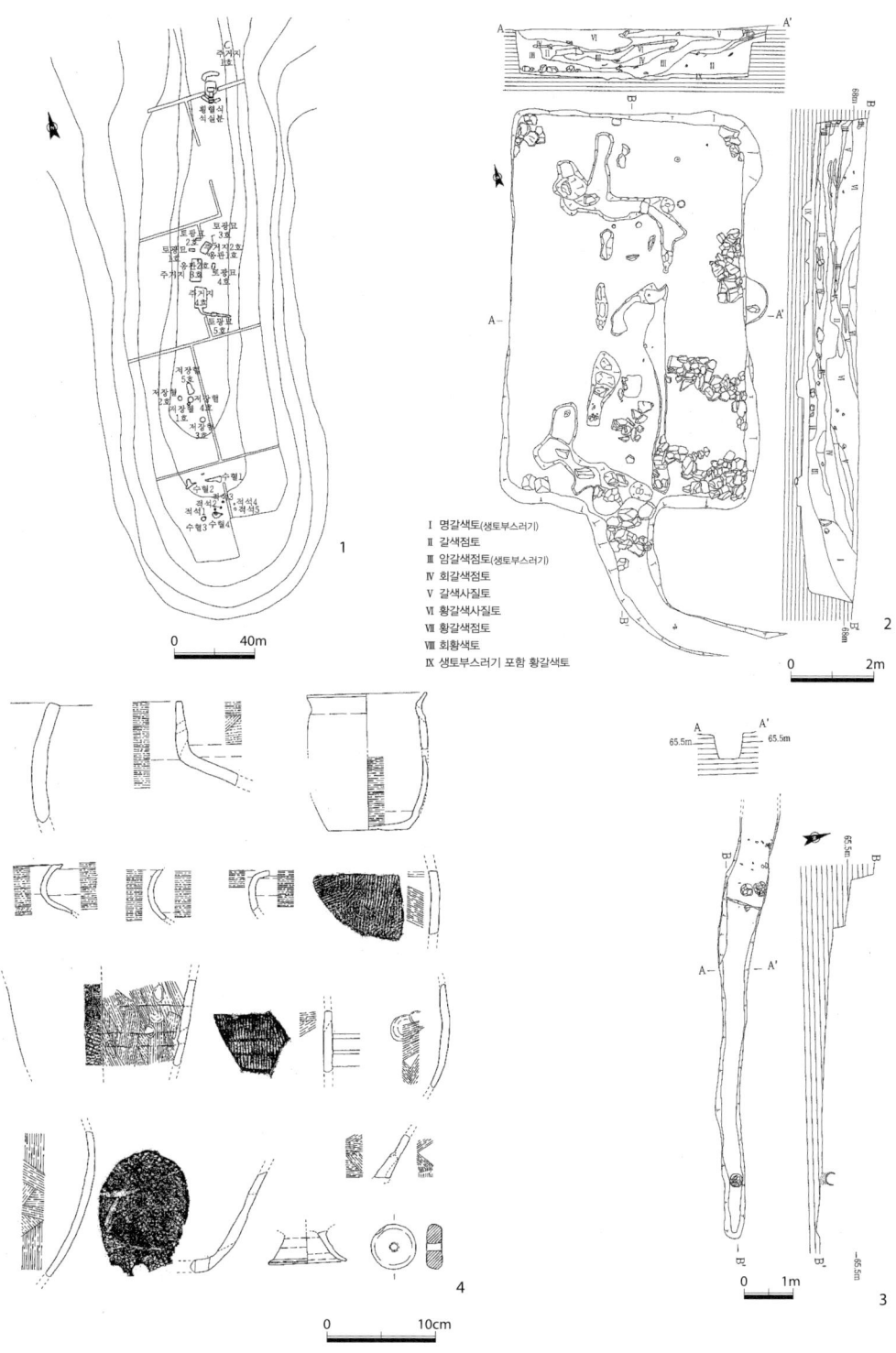

그림 4-6 두정동 유적 Ⅰ지구 유구 분포도(1)와 두정동 4호 주거지(2, 3)와 출토 토기류(4)

굴 등으로 교란된 상태가 아닌 비교적 안정적인 상태에서 수습한 것으로 판단된다. 그러나 수혈 주변으로 별도의 유물은 확인되지 않는다.

이 유구의 또 다른 특징은 중복관계이다. Ⅰ지구 4호 주거지는 Ⅰ지구 5호 목관묘와 중복관계이다. 다시 말해 Ⅰ지구 5호 목관묘는 Ⅰ지구 4호 주거지의 일부를 파괴하고 축조되었다. 이러한 양상은 Ⅰ지구 5호 목관묘에서 연대를 추정할 수 있는 마구가 출토되어 Ⅰ지구 4호 주거지에서 출토된 유물의 하한을 추정하는데 중요한 근거를 마련해 주었다.

(1) 천안 두정동 출토 이형철기 형태와 특징(그림 4-7)

먼저 두정동 유적 발굴조사 보고서에서 이형철기를 관찰한 내용을 정리해본다. 이 이형철기는 세장방형을 띠고 있어서 위와 아래의 가로 폭에 차이가 있

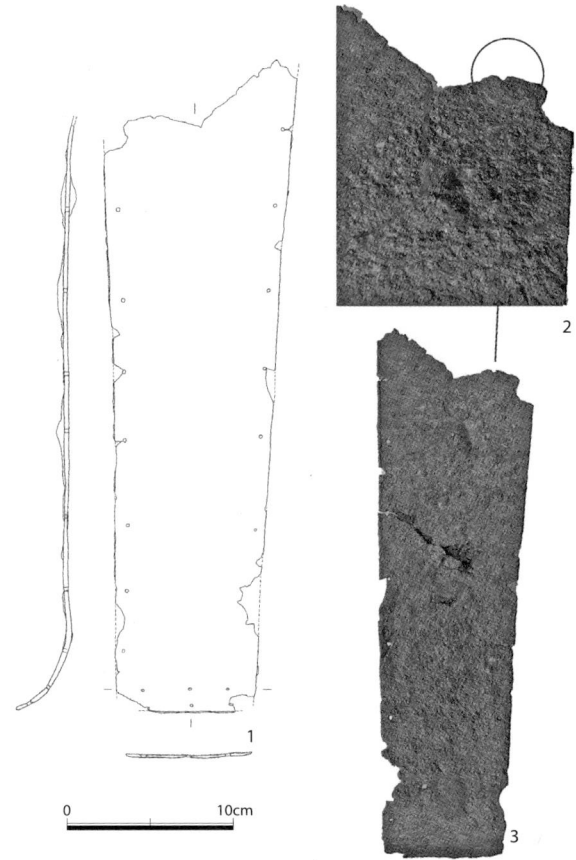

그림 4-7   두정동 유적 4호 주거지 출토 이형철기(1)와 세부 사진(2, 3)

다. 보고서는 이 철기의 한쪽 끝단이 반원형으로 굴곡져 있는 것에 주목하였다. 이렇게 한쪽 끝이 구부러진 이유는 명확하지 않다고 보았다. 보고서는 철기편이 출토될 당시부터 주거지내 구덩이 안에 꼭 끼워져 있었으며 이러한 이유로 철기 제작시부터 한쪽 끝단을 굴곡시켜 사용하였던 것인지, 아니면 원래는 반듯하게 펴져 있던 것이 철기보다 작은 구덩이 속으로 들어가면서 접힌 것인지는 확실하지 않다고 보았다(공주대학교박물관·천안시 2000: 59).

이 철기의 또 다른 특징은 한쪽이 좁고 다른 한쪽이 넓게 되어 있으며 넓은 쪽은 끝단을 물고기의 지느러미처럼 처리하였다고 표현하였다. 필자가 보기에 이 부분은 폭이 좁은 반대쪽과 반대방향으로 철판을 구부린 것으로 판단된다. 결실로 정확한 형태를 추정하기 어렵지만 남은 부분으로 전체적인 형태를 충분히 추정해 볼 수 있다. 또한 이 철기편의 가장자리는 일정한 간격으로 원형의 작은 투공이 남아 있다. 이 투공은 다른 부위를 연결하기 위한 투공으로 보인다. 철기편의 제원은 잔존 길이 38.8cm, 좁은 쪽 폭 8.4cm, 넓은 쪽 11.1cm, 추정 최대폭 12cm, 두께 0.3cm이다.

필자는 이 유물을 실견하고 한 가지 보고서에서 기재하지 못한 특징을 확인하였다. 보고서는 앞에서 언급한 것처럼 가장자리 부근에만 투공이 있음을 지적하였다(**그림 4-7-2**). 그러나 결실이 많이 이루어진 폭이 넓은 부분에도 투공이 뚫려 있음을 육안으로 확인하였다. 이러한 특징이 가지는 의미는 이형철기의 성격을 논의한 뒷부분에서 분석해보고자 한다.

(2) 비교 분석과 시기 비정

앞에서 언급하였지만 鈴木一有는 이 이형철기를 판갑의 일부로 인식하였다(2016b). 그 근거를 명확하게 밝힌 바 없기에 여기서는 동시기 판갑 자료를 비교하면서 이형철기의 성격을 추정해보고자 한다.

두정동 이형철기편은 판갑으로 볼 수 있는 첫 번째 근거로 단면형태가 주목된다. 이 철기편은 평면형태가 세장방형이지만 양끝단의 폭에 차이가 있어서 사다리꼴 형태에 가깝다. 이 양끝은 단면형태가 방향을 달리하여 외반하고 있다. 이러한 특징은 동시기 영남지방에서 확인되는 종장판갑에도 확인된다. 종장판갑은 여러 매의 세장방형 철판을 가죽끈이나 못으로 연결한 구조인데 가장 아랫단의 단면은 바깥으로 외반된 형태이다. 또한 종장판갑의 후동부는 철판의 윗부분이 안으로 약간 구부러진 형태이다. 이러한 구조로 만들게 된 이유는 갑옷이 인체 구조에 맞게 제작되었기 때문이다. 다시 말해 판갑을 입은 사람의 등에 닿는 부분은 인체의 어깨 부분이 약간 앞으로 굽은 것을 감안하여 자연스럽게 안쪽으로 구부려 제작했기 때문이다. 그러므로 두정동 유적 출토 이형철기는 단면의 양쪽 끝이 방향을 달리하며 굽은 형태를 띠는 것도 이러한 이유 때문일 것이다.

다음으로 중요한 요소는 양쪽 가장자리에서 확인되는 투공이다. 이 투공은 약 6cm 정도의 일정한 간격으로 위치한다. 철판의 양쪽 장변에 뚫은 투공은 다른 철기를 연결하기 위한 용도이다. 연결방법은 공반 유물에 못이 확인되거나 수착된 흔적이 없으므로 가죽끈을 이용한 것으로 추정된다.

마지막으로 당시 유사한 형태의 구조를 가진 갑옷의 규격도 중요한 근거이다. **표 4-3**은 영남지방 출토 종장판갑의 규격을 정리한 것이다. 이 중에 주목되는 것은 장축길이로 종장판갑의 후동부의 규격이 최대 42cm에서 최소 34cm 정도이다(**표 4-3** 굵은 테두리 표시). 두정동 유적 출토 이형철기의 전체 잔존 길이는 38.8cm로 다른 종장판갑의 장축길이와 크게 차이가 나지 않는다. 그러므로 이형철기의 길이도 판갑으로 볼 수 있는 중요한 근거이다.

그렇다면 이 이형철기편은 판갑을 구성하는 여러 지판 중 어디에 해당하는 부위일까. 필자는 이형철기편의 위치로 판갑의 후동부에서 가장 중앙에 위치하는 지판으로 생각한다. 그렇게 판단하는 근거는 평면형태에 있다. 종장판갑은 기본적으로 세장방형 철제지판이 서로 연결된 구조이지만 철제지판 각각이 모두 동일한 형태는 아니다. 그리고 이러한 세장방형 철제지판은 중앙에 위치한 철판을 기준으로 연결된다. 물론 이러한 사례를 벗어난 예외도 있으나 대부분은 중앙에 위치한 철판을 기준으로 양쪽으로 지판이 누중되는 구조이다. 중앙에 위치한 지판은 뼈대와 같은 역할을 하기 때문에 세로로 된 지판 중에서 길이가 가장 긴 것이 많다. 또한 지판의 가로 폭은 위와 아래가 동일하지 않고 위쪽이 조금 넓다. 이러한 형태는 갑옷을 입는 사람의 상체가 허리를 감안하면 역삼각형에 가까운 형태를 감안한 것이다. 따라서 두정동 유적 출토 이형철기편의 위치는 후동부 중앙지판으로 추정할 수 있다.

표 4-3   종장판갑 규격 분석(송정식 2012 참고)

지역	유물	장축길이	단축길이	둘레길이	최초둘레길이	가슴둘레	최초가슴둘레
경주	구정동 3호 a	34.8	30.8	103.23	83.23	83.23	81.2
	구정동 3호 b	36.8	27.8	102.45	82.45	82.45	
	사라리 55호	42.5	21	105.3	85.3	85.3	
	평균	38		103.66			
부산	복천동 10호	42.7	22.5	107.21	87.21	87.21	
	복천동 38호	42		95.2	75.2	75.2	
	복천동 42호	41.6		104	84	84	75.2
	복천동 57호 a	34.8	27.4	98.39	78.39	78.39	
	복천동 57호 b	34.4	23.2	92.17	72.17	72.17	68.8
	복천동 69호	-		100.8	80.8	80.8	
	복천동 71호 a	39.2	22.2	100.07	80.7	80.07	75.8
	복천동 71호 b	38.4	24	100.59	80.59	80.59	
	복천동 86호 a	-		98.12	78.12	78.12	
	복천동 86호 b	39		96.8	76.8	76.8	
	복천동 86호 c	38		102.4	82.4	82.4	
	복천동 164호	40.6	33.9	105.8	85.8	85.8	
	부산박물관 소장품	37.6	26.4	102.05	82.05	82.05	
	평균	38.9		100.27			
김해	대성동 2호	38		109.2	89.2	89.2	85
	대성동 57호	38.2	25.2	101.66	81.86	81.66	
	양동리 78호	39	28.2	106.91	84.43	86.91	83.87
	전 퇴래리 출토품	37	29	104.43		84.43	
	평균	38		105.55	81.83	81.83	80.61

그러므로 보고서에 표현한 두정동 유적 4호 주거지 출토 이형철기 도면은 상하 방향을 반대로 조정하여 배치하는 것이 유물의 성격을 잘 보여주기에 수정할 필요가 있다(그림 4-7).

그렇다면 두정동 유적 4호 주거지 출토 판갑편의 시기는 언제로 판단할 수 있을까. 두정동 유적 4호 주거지에서는 이형철기와 공반하여 토기도 여러 점 출토되었다. 그러나 공반된 토기는 완형이 없어 시기 비정을 할 만한 특징을 찾기 어렵다.

다행스럽게도 시기 비정과 관련하여 참고할 수 있는 중요한 자료가 전혀 없는 것은 아니다. 우선 두정동 유적 4호 주거지는 후대에 축조된 두정동 유적 5

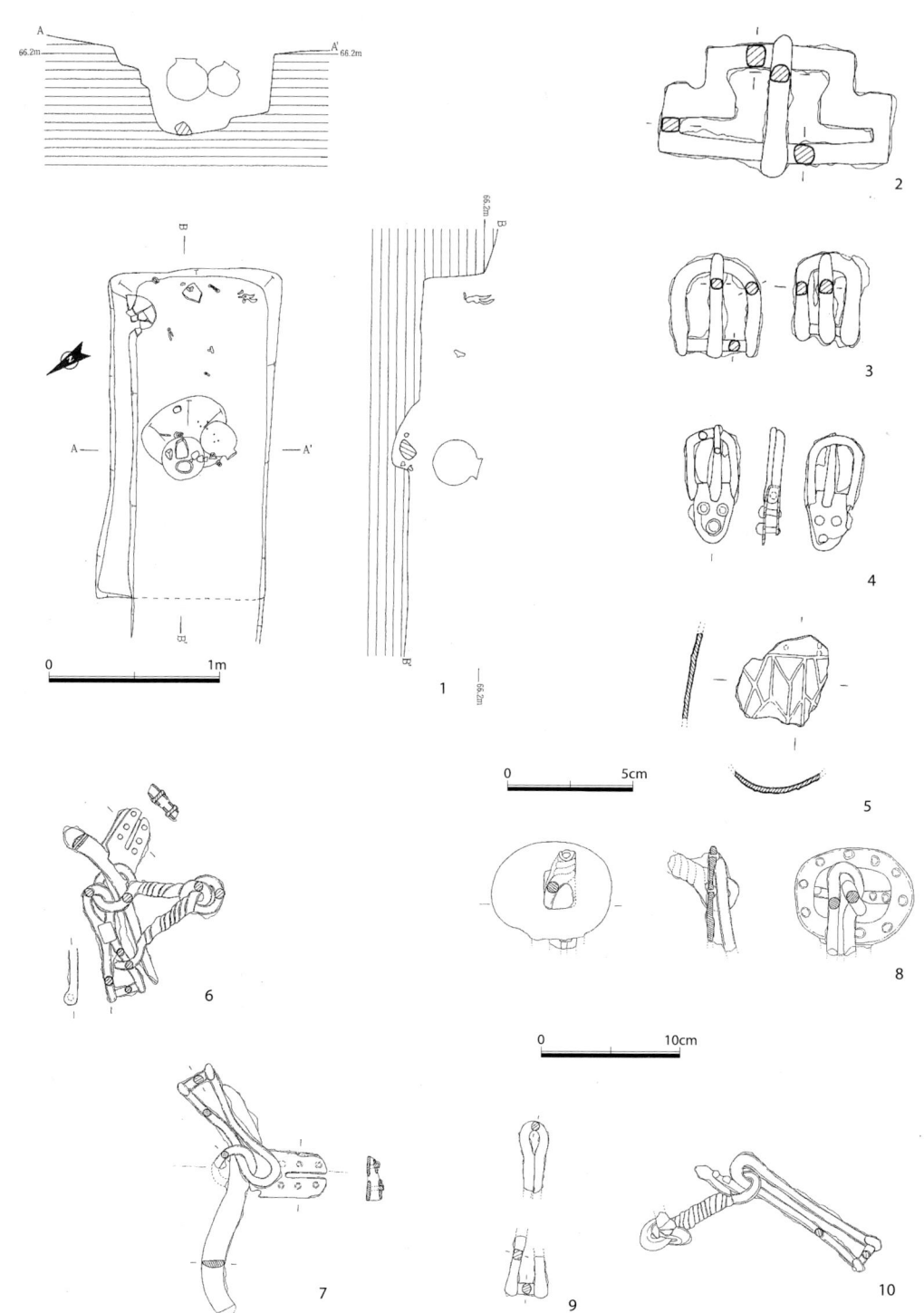

그림 4-8 두정동 5호 토광묘(1)와 출토 마구(2~10)

호 토광묘와 중복관계이다. 따라서 두정동 유적 5호 토광묘의 축조 시기가 파악되면 유구가 폐기된 시점의 하한은 추정해 볼 수 있다. 이와 관련해서 두정동 유적 5호 토광묘는 시기 비정에 도움을 줄 수 있는 마구가 출토되었다(그림 4-8-2~10).

두정동 유적 5호 토광묘 출토 마구는 비(재갈), 등자, 동령이 출토되었는데 이 중에 비(재갈)는 표비와 판비가 각각 1점씩 출토되었다. 이곳에서 출토된 마구는 일찍부터 백제 초기 마구 자료로서 중요한 자료로 평가받았다(성정용 2000; 이상률 2001). 기왕의 연구를 참고하면 4세기대 백제 초기마구로 보는 견해는 차이가 없으나 비(재갈)에 대한 연대는 약간의 이견(이상률 2001)이 있다. 이 중에 이상률은 일찍부터 이른 시기 자료가 확인된 영남지방 자료와 비교하여 두정동 유적 5호 토광묘 출토 비에 대한 연대를 검토하였는데 4세기 후반으로 추정하였다(이상률 2001: 143). 최근에 마구 편년에 대한 접점을 주제로 개최한 세미나에서도 이 유적 출토 마구에 대한 연대의 폭은 넓어서 여전히 확정적이지 못하다(권도희 2019: 31).

그렇지만 판갑이 제작된 상한 연대를 파악하는 것은 백제 지역 내 다른 유적에서 같은 종류의 판갑 자료가 확인된 사례가 없기에 판단하기 어렵다. 백제 지역을 벗어나 철제 판갑이 본격적으로 제작된 시기는 대체로 4세기 초로 보고 있다(김혁중 2018). 따라서 이 자료도 이 시기 위로 비정하기는 어렵고 비교자료가 없는 현재 상황을 감안하면 두정동 유적 출토 판갑의 제작 시기는 안정적으로 4세기 후반으로 해 두는 것이 타당할 것이다.

3) 백제 초기 판갑의 역사적 의미

앞의 검토를 통해서 두정동 유적 4호 주거지 출토 이형철기는 판갑편으로 볼 수 있다. 이번 장은 백제 갑주의 양상을 간략하게 살펴보면서 두정동 유적 4호 주거지 출토 판갑편이 가지고 있는 역사적 의미를 살펴보고자 한다.

표 4-4는 백제 지역에서 현재까지 확인된 갑주를 정리한 자료이다.

백제 지역은 고분, 주거지, 제사 유구 등 다양한 유적에서 확인된다. 특히 주거지에서 확인되는 비율이 높다. 그러한 출토 양상은 완형이 없고 종류는 소찰로 구성되는 찰갑이 대부분이다. 그러나 두정동 유적 출토 판갑 사례도 있듯

표 4-4 백제지역 출토 갑주 현황(이현주 2011 수정 보완)

지리적 위치	유적명	유구	계통	출토 갑주
서해안유역	인천 운북동 1호	수혈	한	찰갑
북한강유역	가평 대성리 40	주거지	한	어린갑소찰편
북한강유역	가평 대성리 44	수혈	한	어린갑소찰편
북한강유역	가평 대성리 46	수혈	한	어린갑소찰편
북한강유역	가평 대성리 49	수혈	한	어린갑소찰편
한강유역	하남미사리 A1	주거지	백제	종장판주편
임진강유역	포천자작리 1	주거지	백제	찰갑
내륙접경지	청주 봉명동 c10	목곽묘	백제	찰갑
한강유역	오산 수청동 5-1지구 67	주구목관묘	백제	찰갑
한강유역	용인 수지 Ⅱ-1	주거지	백제	찰갑
서해안 유역	화성 백곡리 1	석실묘	백제	찰갑
한강유역	하남 미사리 b지구 k040	주거지	백제	찰갑
한강유역	서울 몽촌토성 85-4	저장공	백제	골제찰갑
남해안	해남 외도 1	분묘	왜	삼각판혁철판갑
남해안	고흥 안동고분	분구묘	왜	차양주2, 장방판갑1, 견갑
임진강유역	파주 주월리 유적 97-2	주거지(관방내)	고구려	찰갑
임진강유역	파주 주월리 유적 96	지표(관방내)	백제·고구려	찰갑편 다수, 삼각판혁철판갑
서해안유역	화성 사창리 고분군	분묘	왜	횡장판정결판갑
남해안	여수 죽림리 차동 2-10	석곽묘	왜	횡장판정결판갑
내륙접경지	청주 신봉동 90B-1	목곽묘	왜	삼각판정결판갑, 견갑
영산강유역	광주 쌍암동고분	분구묘	왜	찰갑
영산강유역	장성 만무리	분묘	왜	횡장판정결판갑
내륙접경지	음성 망이산성	산성	왜	횡장판정결판갑
영산강유역	함평 신덕고분	횡혈식석실	백제·왜	만곡종장판주, 소찰주, 찰갑
사비도읍	전 부여	미상	백제	금동소찰주(한남대소장품)
사비도읍	부여 송국리 76-58 지구	수습	백제	찰갑
내륙접경지	청주 신봉동 92-2	횡혈식석실	백제	종장판주
임진강유역	포천 성동리 44호	소형수혈	신라	찰갑
서해안	부안 죽막동 유적	제사 유구	백제	찰갑
사비 도읍	부여 부소산성	보축토 내부	백제	찰갑
웅진 도읍	공산성	저수시설	백제·당	마주, 마갑, 찰갑
북한강 유역	화천 연천리 30호 주거지	주거지	백제	마갑
내륙	천안 두정동 Ⅰ-4호 주거지	주거지	백제	판갑
내륙	천안 도림리 3호	고분	왜	
내륙	천안 동면	고분	왜	판갑
내륙	연기 송원리 KM-94	고분	왜	
영산강유역	고흥 야막	고분	왜	판갑
영산강유역	신안 안좌도 배널리 3호	고분	왜	판갑
영산강유역	영암 옥야리 방대형분	고분	왜	판갑

이 종류를 제한하기 어렵다. 이처럼 갑주가 주거지에서 출토되는 이유로 벽사적인 의미를 부여하기도 하지만 당시의 사용맥락을 반영하는 것으로 이해하는 견해(성정용 2011: 265)도 있다. 그러나 신라와 가야 지역은 갑주가 백제보다 절대적으로 많은 수량이 출토되었으나 고분에만 출토되고 주거지에서 출토된 사례가 없다. 이러한 상황에서 백제 갑주가 주거지에서 출토되는 배경은 사용하던 갑주가 폐기되었다고 이해하기보다 벽사와 같은 의례적 양상을 염두에 둘 필요가 있다고 판단된다.

다음으로 갑주 현황을 분석하여 살펴볼 수 있는 다른 특징은 판갑의 종류이다. 이 시기 판갑은 종장판갑과 대금식 판갑으로 구분할 수 있다. 이 중에 두정동 유적 출토 판갑과 관련이 있는 종장판갑은 세장방형 철제지판을 여러 매 이어 붙인 형태의 갑옷이다. 종장판갑은 현재까지 영남지방에만 확인되는 것으로 알려졌다(송정식 2003; 김혁중 2008). 종장판갑은 2018년 현재 모두 44령이 확인되었다(김혁중 2018: 43). 그러나 이번 두정동 출토 판갑편은 종장판갑으로 추정되기에 기존에 알려진 분포 범위와 수량을 수정해야 할 필요가 있다.

그런데 종장판갑은 일본열도 초기 판갑 제작에 영향을 준 것으로 알려져 있다(橋本達也 2013: 340; 阪口英毅 2019: 그림 5 참고). 일본열도 초기 판갑은 '수신판혁철판갑'으로 명명하고 있는데 세장방형 지판을 여러 매 이어 만든 구조가 종장판갑과 거의 동일하다. 그러나 일본열도에서 확인되는 갑주 수량에 비교하면 그 수량이 매우 적다. 또한 고훈시대를 대표하는 판갑인 대금식 판갑은 가로로 된 지판 사이에 삼각형이나 장방형의 지판을 연결하는 구조이기에 수신판혁철판갑과 기본적인 구조가 다르다.

阪口英毅는 이러한 수신판혁철판갑과 종장판갑의 구조를 비교 검토한 바 있다(2005). **표 4-5**는 그가 일본열도 출토 수신판혁철판갑과 종장판갑의 초기 형식을 비교한 자료이다. 이 **표 4-5**를 보면 수신판혁철판갑과 종장판갑이 세장방형 지판을 이어 만든 구조가 동일하지만 다른 세부 요소들은 차이가 있음을 알 수 있다.

차이점을 간략히 정리하면 우선 한국의 종장판갑은 연결기법이 가죽끈을 이용하는 혁철기법과 못을 이용하는 병유기법이 모두 확인된다. 다음은 **표 4-5**에 '금판襟板'이라고 표현된 속성의 유무가 한국의 종장판갑은 있는 반면 일본

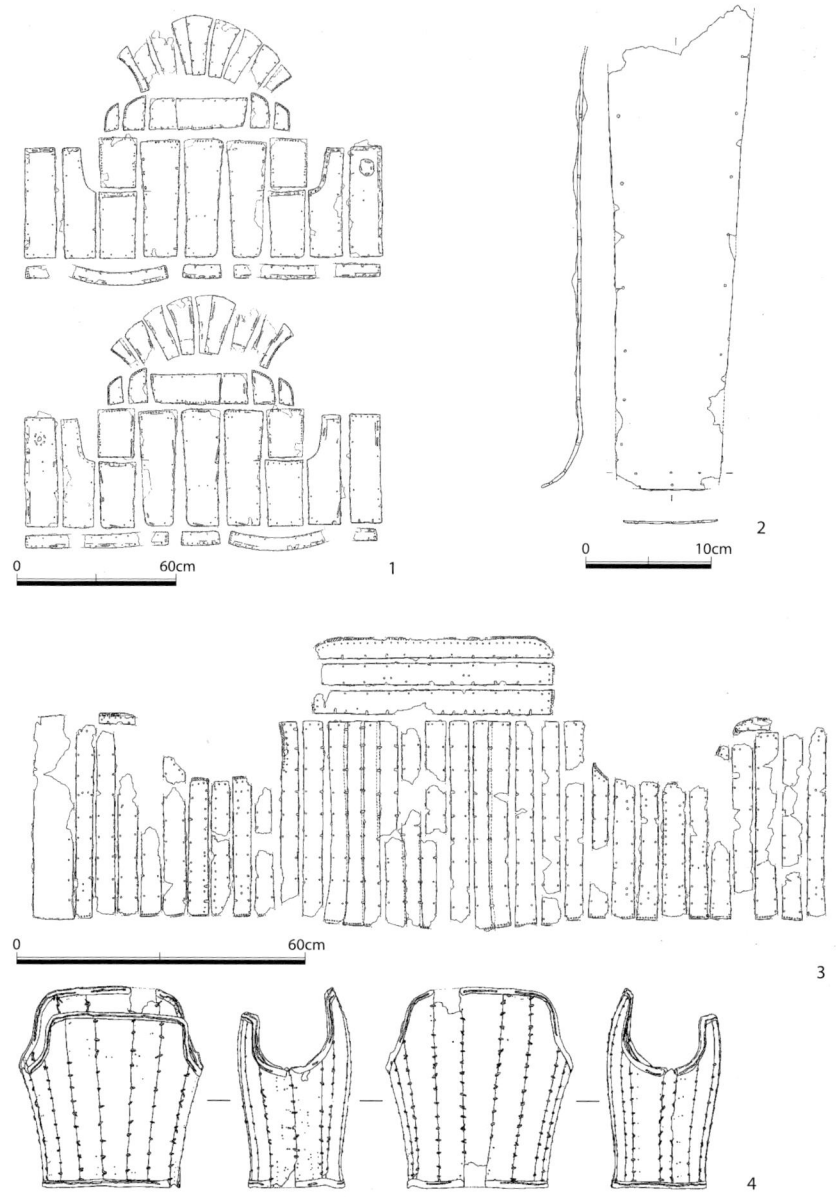

그림 4-9 판갑의 사례

1: 복천동 38호분 | 2: 두정동 4호 | 3: 紫金山古墳 | 4: 大丸山古墳

의 수신판혁철판갑은 확인되지 않는다. 또한 지판의 매수도 일본에서 출토된 판갑의 수량이 더 많은 구조이다. 이러한 여러 요소를 근거로 한반도의 종장판갑이 수신판혁철판갑에 직접적인 영향을 주었다고 보기 어렵다는 견해(阪口英

표 4-5 일본열도 출토 수신판혁철판갑과 종장판갑의 초기 형식 비교(阪口英毅 2019)

출토지	출토 고분명	전체구성						수신판·종장판매수		주요연접기법	복륜
		금판	압부판	수상판	섶판	거판	인합	인합판	지판		
한국	복천동 38호분	○	×	×	○	○	○	0	9	혁철제1기법	혁뉴, 혁포
한국	구정동고분 3호 A	○	×	×	○	○	○	0	10	병유기법	혁뉴
일본	大丸山古墳	×	×	×	×	×	×	-	17	혁철제1기법	혁뉴 혹은 혁포
일본	奧の前1號墳	×	×	×	×	×	×	2	12 혹은 13	혁철제1기법	미공표
일본	紫金山古墳	×	○	○	×	×	○	1	33	혁철제1기법	혁뉴, 혁포

毅 2019: 201)도 있다.

그렇지만 두정동 4호 주거지 출토 판갑편은 거판이 없는 형태이고 혁철기법으로 연결된 구조로 신라와 가야 지역에서 출토되는 종장판갑보다 일본열도에서 출토되는 수신판혁철판갑과 유사한 점이 많다. 그렇다면 백제 지역에서 출토된 판갑을 당시 왜와 비교하여 어떻게 이해해야 할 것인지 살펴볼 필요가 있다.

앞에서 신경철은 이러한 판갑의 계통을 중국-백제로 연결하여 이해한 바 있다. 물론 그러한 인식의 배경은 낙동강 이서지역에서 확인되는 대금식 판갑의 계통을 어디로 보아야 하는 문제에서 비롯된 결론이었다. 그러나 백제 지역에서 확인되는 대금식 판갑은 당시 충분한 자료가 있지 못하였으며 일본열도에 직접적으로 연결되는 종장판갑과 같은 초기의 판갑 자료가 확인된 바 없었다.

그래서 그가 주목한 자료가 방형판갑과 소찰혁철주이다(신경철 1998: 205). 당시의 발표자료는 현재의 관점에서 갑주 자료 수가 증가하고 관련 연구가 많이 축적되어 사실관계나 해석해서 수정이 필요하지만 백제 갑주의 계통에 대해서는 여전히 시사하는 바가 적지 않다. 여기서 그가 백제 갑주의 계통을 논의하는데 방형판갑의 구조를 주목한 것은 소찰로 구성된 중국계 갑주와 연결되기 때문이다. 그런데 문제는 방형판갑이 현재까지 모두 가야 유적(복천동 64호분, 대성동 1호분)에서만 확인된다. 이러한 점은 백제 갑주와 대금식 갑주를 직접적으로 연결하는데 논리적으로 어려움이 있을 수 있다.

다음은 대금식 갑주의 출현 과정을 일본학계에서 어떻게 이해하고 있는지 살펴볼 필요가 있다. 대금식 갑주는 일본열도에서 그 수량이 많고 오랫동안 연구되었기에 출현 과정에 대한 연구도 검토되었는데 크게 두 가지 견해로 나누어 볼 수 있다.

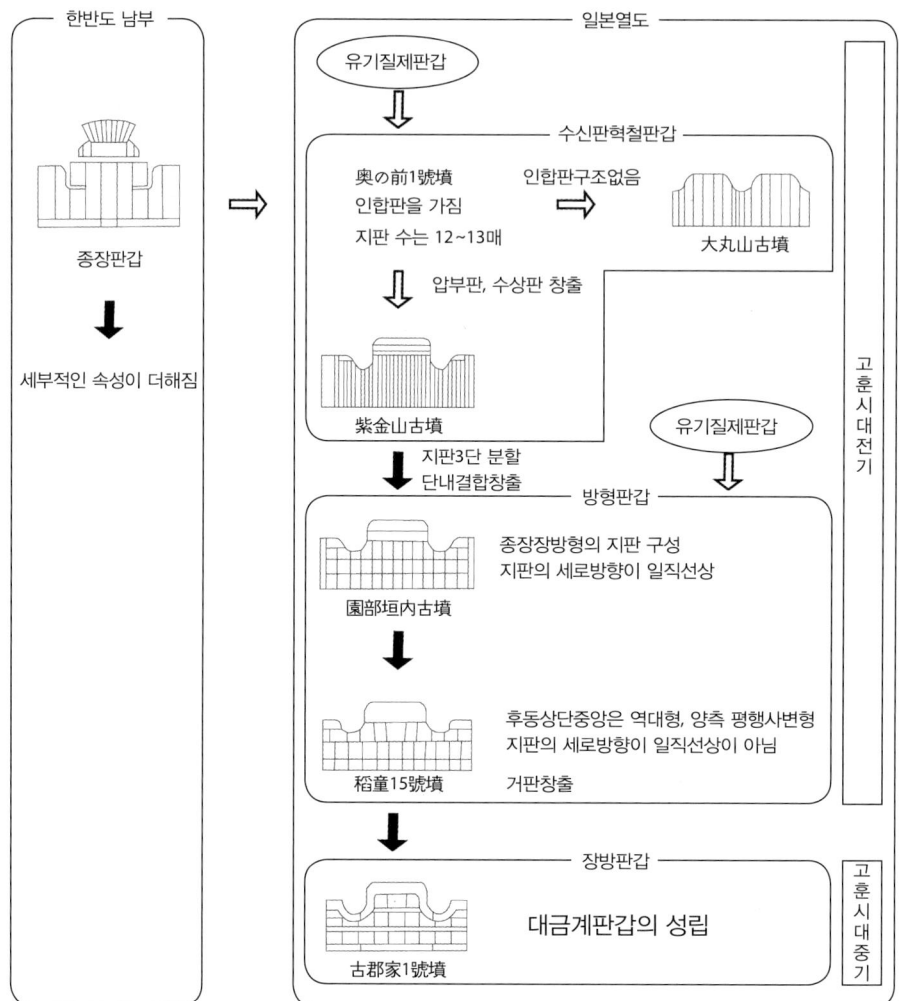

그림 4-10 판갑의 일본열도 기술 전파(阪口英毅 2019 개변)

첫 번째 견해는 칠지도七支刀에 새겨진 태화泰和4년(369년)을 근거로 백제와 왜의 통교로 대금식 갑주가 성립되었다고 보는 것이다(橋本達也 2005). 두 번째 견해는 광개토대왕비문에서 보이는 신묘년(391년) 기사를 근거로 한반도의 남부지역에 왜의 군사활동은 새로운 무장의 출현을 필요로 하여 대금식 갑주가 제작되었다고 보는 것이다(田中晋作 2005). 그런데 후자는 전자에서 언급한 시기인 태화4년은 대금식 판갑이 아니라 전단계 판갑인 방형판갑이 등장한 시기로 이해하고 있다. 다시 말해 방형판갑의 출현을 백제와의 통교와 연결 지어 이해하는 것이다.

그러나 앞에서 살펴보았듯이 현재까지 백제지역에서 출토되는 갑주 안에 방형판갑은 확인되지 않았다. 그러므로 필자는 두정동 4호 주거지 출토 판갑편을 근거로 이 시기에 백제가 왜에 전해 준 갑주 제작 기술은 종장판갑 또는 수신판혁철판갑으로 판단된다.

백제와 왜의 교류 시작점이라 볼 수 있는 문헌기록은 『일본서기』 신공 46년 조 기사에 기록되어 있는 탁순국을 매개로 한 왜와 교류(367년)로 볼 수 있다(노중국 2012: 197). 여기서 왜의 사신에게 보여준 철정은 철을 다루는 기술을 상징적으로 보여주는 행위일 것이다(노중국 2012: 211). 또한 369년 백제에서 제작되어 372년 왜에 전달되었다는 칠지도도 동일한 의미를 가지는 것으로 보인다. 그렇다면 백제가 당시 높은 기술이 필요한 철제품인 종장판갑 제작 기술을 왜에 전하는 시기도 4세기 중후엽 이후로 추정할 수 있을 것이다.

그런데 이제까지 논의는 백제가 두정동 유적 출토 판갑을 제작하였다는 가정을 전제하여 분석한 것이다. 만일 이 판갑이 왜계라면 위의 해석이 이루어지기 어렵다. 그러나 공반 유물에서 왜와 관련된 유물이 출토되지 않았다. 또한 출토 유구의 폐기 시점도 중복된 두정동 5호 토광묘로 본다면 백제와 왜의 교류가 시작된 시점이기에 왜계 갑옷으로 보기 어렵다.

지금까지 논의를 보면 두정동 유적에서 출토된 판갑은 왜의 대금식 판갑의 성립과 직접적인 영향이 있다고 보기 어렵다. 그러나 대금식 판갑이 성립하기 이전에 제작된 수신판혁철판갑이나 방형판갑의 계통을 논의하는데 중요한 위치를 차지한다.

백제와 왜의 관계를 현재까지 백제 지역에서 출토된 갑주 자료를 통해 좀 더 검토해 보면서 천안 두정동 유적 출토 판갑편의 의의를 좀 더 살펴보고자 한다. 이제까지 백제 지역에서 확인된 판갑은 두정동 유적 출토 자료를 제외하면 모두 대금식 판갑이 확인된다.

대금식 판갑은 한국과 일본 양 지역의 유적에서 출토되기 때문에 생산지 문제는 오랫동안 갑주 연구에서 중요한 연구 주제였다. 필자는 이에 대해서 기술적 부분과 정황적 측면으로 구분 가능하고 보았으며 일본열도산일 가능성을 제시한 바 있다(김혁중 2011a). 지면 관계상 이를 상세하게 논할 수는 없으나 그 근거를 간략하게 제시하시면 다음과 같다. 우선 기술적 부분은 앞에서 한반도산만이 가지고 있는 특징이라고 본 요소가 일본열도에도 있으며 제작의 형식적 변천도 일본열도가 앞선 부분을 지적하였다. 정황적 측면은 대금식 판갑이 한반도에 분포하는 상황을 현재의 자료로 검토해 보면 과거에 가야 남부에 집중된 출토량이 범위가 확대되어 분포의 중심지를 확인하기 어렵다는 점을 들었다.

필자가 대금식 판갑을 왜계 갑주로 보는 또 다른 이유는 장식성이다. 대금식 판갑은 종장판갑에 보이는 궐수문이나 조장鳥裝을 상기시킬 수 있었던 장식적 요소가 일본열도뿐만 아니라 한반도 출토품에도 보이지 않는다. 반면에 대금식 판갑은 종장판갑에는 보이지 않는 어깨 부위를 크게 과장하거나 마름모꼴 형태로 지판을 만드는 등의 장식적 요소가 있으며 이것은 5세기 중엽에 이르러 비중이 최대에 달한다(阪口英毅 2000).

이러한 점 외에도 당시 한반도와 일본열도의 무기 체계를 비교해 보았을 때 대금식 판갑은 한반도의 무기 체계에서 적합한 갑옷이라 할 수 없다. 이미 체계적인 전술이 성립했던 고구려와 동북지방의 갑주에서 판갑은 거의 없고 찰갑 일색임을 보아서도 알 수 있다.

이에 비하여 대금식 판갑이 많이 출토된 일본열도는 당시 가야와 비교해 갑주와 마구의 도입이 늦었으며 철모 대신 대부분 장도를 사용하여 왜의 무장은 개인의 능력을 중시하는 단병기 일색이었다. 이로 보아 왜는 당시 무장 체제가 체계적이지 않았음을 알 수 있다(김두철 2005). 따라서 공격용 무기의 변화에 민감한 갑주의 성격을 고려해 보아도 대금식 판갑을 한반도산으로 보기 어렵다.

그러나 대금식 판갑을 포함한 대금식 갑주는 일본열도에서 비하여 출토 수가 적으나 그 형태나 구조가 희소하거나 예를 찾을 수 없는 특수한 형태가 많다. 이러한 점은 가야 지역도 마찬가지인데 그 구체적 사례는 다음과 같다(그림 4-11). 우선 송계현도 지적하였듯이 파주 주월리 유적에서 출토된 삼각판혁철판갑이다(그림 4-11-1). 이 유적에서는 전체가 확인된 것이 아니라 지판 일부가 확인되었는데 삼각지판의 투공 배치가 이 형식의 일반적인 배치와 차이가 있다.

최근에 서남해안지역을 중심으로 왜계 고분이 확인되고 부장품 안에서 대금식 갑주가 출토되는 사례가 증가하고 있다. 이 중에 야막고분과 안동고분이

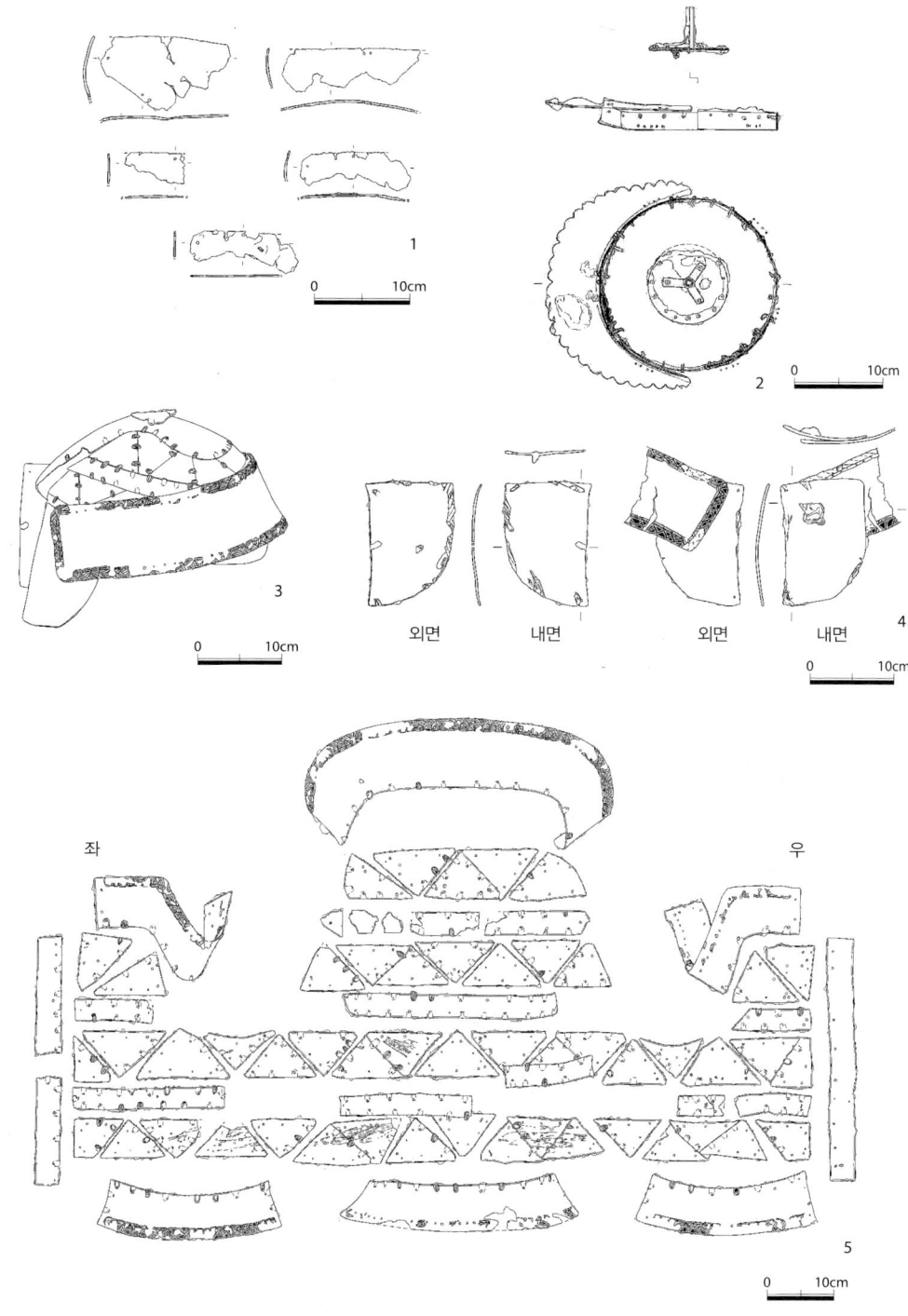

그림 4-11 한반도 출토 대금식 갑주의 특징적 사례

1: 파주 주월리 | 2: 고흥 안동고분 | 3~5: 고흥 야막고분

대표적인 사례로 이 고분들은 일본열도에도 확인 사례가 적은 특징적인 형태의 대금식 갑주가 출토되었다.

먼저 야막 고분은 대금식 갑주로 삼각판혁철판갑과 견갑 그리고 충각부주가 각각 1점씩 출토되었는데 충각부주는 볼가리개가 지판볼가리개이며 삼각판혁철판갑은 전체가 9단 구성이다(국립나주문화재연구소 2014, **그림 4-11-3~5**). 이러한 특징은 대금식 갑주가 600건 이상이 확인된 일본열도에서도 매우 드문 사례이다. 특히 9단으로 구성된 삼각판혁철판갑은 일본열도 사례에서도 우위성이 인정되므로 왜 왕권과 관련이 있다는 견해(鈴木一有 2018: 95)가 있다.

다음으로 안동고분은 장방판혁철판갑 1점, 견갑 1점, 차양주 2점이 출토되었다. 이 중에 차양주 1점은 일반적인 차양주가 전부 철제로 제작되는 것과 달리 차양과 복발부 일부를 제외하고 유기질로 제작된 점이 특징이다(**그림 4-11-2**). 차양의 형태도 별도의 문양 없이 톱니에 가까운 형태로 제작되었는데 일본열도에도 유사한 사례를 찾기 어렵다(전남대학교박물관 외 2015: 80).

그러므로 한반도에서 확인되는 대금식 갑주의 생산지를 모두 왜로 보기 어렵다. 따라서 대금식 판갑의 생산지를 일원화하여 이해할 수 있는지도 검토해 볼 필요가 있으며 갑주 부장 유무로 피장자가 왜인인지 아닌지는 단정 짓기 어렵다.

그러한 의미에서 두정동 유적 4호 주거지 출토 판갑은 백제에도 판갑을 생산하였다는 증거를 보여주는 중요한 자료이다. 앞으로 축적되는 자료로 좀 더 두고 보아야 할 필요가 있지만 두정동 유적 4호 주거지 출토 판갑을 통해서 기왕에 검토되어온 대금식 갑주와 관련된 가야와 왜의 관계에 백제의 영향도 고려해 볼 필요가 있다.

4) 맺음말 – 요약과 과제

이제까지 천안 두정동 유적 4호 주거지에서 출토된 이형철기의 성격을 갑옷으로 밝혀내고 그 역사적 의미를 주변 자료로 비교하여 살펴보고자 하였다.

천안 두정동 유적 4호 주거지 출토 이형철기는 갑옷의 형식 중 판갑에 해당한다. 이 유물의 시기는 4세기로 백제 철제 갑옷의 초기 양상을 보여주는 자료로 판단된다. 이 시기 판갑은 백제뿐만 아니라 신라와 가야에도 제작되었다. 또한 왜는 한반도로부터 다양한 문물을 수용하고 있었는데 당시 우수한 제작 기술이 필요한 갑옷(판갑)도 그들이 수용한 주요 물품이었다.

기왕의 연구는 삼국시대 갑옷의 계통을 구분하기 위해 소찰 구성과 지판 구성으로 크게 나누고 백제 갑주는 소찰을 구성으로 하는 갑옷으로 이해하는 경향이 강하였다. 그러나 두정동 4호 주거지 출토 갑옷은 백제도 판갑이 제작되었음을 보여주는 중요한 사례이다. 그러므로 동시기 동북아 지역에서 제작된 갑옷의 특성을 살펴보는데 소찰 구성과 지판 구성은 유효한 속성임은 틀림이 없으나 특정 지역을 나누어 이해하는 것은 어려움이 있다.

백제 갑주는 아직까지 자료 빈약으로 전체적인 변화과정이나 제작 기술 수준을 살펴보는데 어려움이 있다. 그러한 점에서 최근 공산성에서 출토된 다양한 갑주는 백제 갑주 연구의 수준을 높여 줄 중요한 자료이다. 이곳에서 출토된 명문 옻칠갑옷에 대한 제작지 문제로 다양한 견해가 있다. 그러나 이 옻칠갑옷은 공산성에서 확인된 갑주 자료의 일부에 국한된 부분이다. 그러므로 공식적인 보고가 이루어지지 않은 상태에서 이에 대한 섣부른 판단은 유보하는 것이 현재 상황에선 타당할 것이다. 또한 옻칠갑옷은 이러한 논쟁으로 인하여 당시 동아시아 갑주 양상을 보여주는 중요성이나 그 의미가 퇴색된 것은 아닐 것이다.

이처럼 백제 갑주 연구는 최근 몇 년간 새로운 자료가 증가하고 있다. 그럼에도 기존에 보고된 자료를 포함하여 현재의 시각에서 이를 평가하고 검토하려는 연구가 부족하기에 필자는 이 글을 작성하여 백제 갑주 연구의 중요성을 부각해 보고자 하였다. 앞으로 이를 계기로 백제 갑주와 관련된 활발한 논의가 이루어지길 기대해 본다.

5. 소결

이제까지 신라와 가야 갑주의 계통을 살펴보기 위해 여러 사항을 분석해 보았다. 이를 정리하면서 이번 장을 마무리하겠다.

먼저 신라와 가야에서 출토된 철제 갑주의 제작 기술이 어디서 수용되고 어떻게 발전되었는지 살펴보기 위해 중국 중원 및 동북지방 그리고 고구려에서 출토된 갑주를 비교 분석해 보았다. 신라와 가야는 갑주 제작 기술의 많은 부분이 이 지역들로부터 수용되었다고 이해되나 일방적인 기술 수용보다 기술 발전을 수반한 토착화가 빠르게 이루어졌다고 보인다. 특히 기왕에 갑주는 고구려 남정에 의한 직접적인 변화가 많이 언급되었으나 중장기병이나 찰갑 제작에 있어 재검토될 필요가 있다. 물론 고구려 남정에 의한 영향을 과소평가하는 것은 아니나 기왕의 주장처럼 새로운 갑주나 전술이 도입되었다고 보기보다 좀 더 신라와 가야 갑주의 제작 기술이 상황에 맞게 발전되었다고 보는 것이 좋다.

다음으로 신라와 가야 갑주의 관계를 살펴보았다. 일부 논자들은 가야 갑주가 신라 갑주를 생산하는 데 많은 영향을 주었다고 보고 있다(신경철 2000; 이현주 2010b). 이러한 주장들은 실질적으로 당시 자료 부족을 고려하지 않은 성급한 판단으로 앞서 살펴본 중국 및 고구려 갑주와의 비교를 보아서도 어느 한쪽이 일방적으로 기술을 전파하였다고 보기 어렵다.

마지막으로 신라와 가야 내 왜계 갑주의 계통 문제이다. Ⅱ장부터 대금식 갑주를 왜계 갑주로 인식하고 그 특징을 설명하였는데 이번 장에서는 그렇게 이해하는 필자의 논거를 제시하였다. 또한 찰갑 연구에서 최근 주목되고 있는 Ω형 요찰을 가진 찰갑의 계통을 재검토해 보았다. 이 찰갑은 대금식 갑주 이외에도 왜계 찰갑으로 재평가되는 자료들이 있으나 그렇게 보기 어려운 자료도 있다. 기왕에 알려진 것과 달리 Ω형 단면 형태를 가지고 2열 수결공을 가진 찰갑은 출현 시기도 올라가며 왜의 독자적인 찰갑이라기 보다 신라와 가야의 영향 아래에 제작된 것으로 이해된다. 이와 관련해서 기왕에 연구된 일본열도 출토 찰갑에 대한 면밀한 비교 분석이 앞으로 이루어져야 할 것으로 보인다.

제Ⅴ장   신라·가야 금속제 갑주의 제작 배경과 소유 계층

　오늘날 삼국시대에 제작된 갑주는 대부분 금속제로 제작된 것만 확인된다. 그렇다고 삼국시대 공인(장인)들이 갑주 소재를 모두 금속으로 선택한 것은 아니다. 금속으로 제작된 갑주 이외에도 가죽이나 나무로 제작되었으나 재질의 특성상 오늘날까지 잘 보존되어 전해진 자료는 거의 없다. 유적에서 확인되는 고고 자료 중 유기질로 제작되었다고 추정되는 갑주도 갑옷의 전신이라기보다 특정 부위에 사용되었을 것으로 보이는 자료가 많다.

　원삼국시대에 널리 제작되지 않았던 금속제 갑주가 삼국시대부터 본격적으로 제작되고 부장된 시대적 상황은 어떤 큰 변화나 계기가 분명히 있었을 것으로 판단된다. 이에 일찍부터 금속제 갑주의 출현 배경이 연구된 바 있다. 그러나 출현 배경에 대한 설명이나 이해에 견해 차이가 있어서 현재까지 명확하다 할 수 없다. 이러한 견해 차이는 자료가 부족한 것도 있지만 기왕의 자료에 대한 면밀한 검토가 없는 점도 중요한 배경으로 보인다. 그러므로 새로운 자료를 포함하여 자료 분석을 충실하게 하여 출현 배경에 대한 여러 해석을 재검토할 필요가 있다고 판단된다.

　금속제 갑주 제작은 아무런 생산 기반이나 기술 없이 제작된 것이 아니다. 다시 말해 유기질과 같은 다른 재료로 갑주를 제작하던 공인이 분명히 있었다. 이후 재료를 금속으로 전환하면서 기존 공인이 새로운 기술을 습득하거나 다른 금속제품을 만드는 공인이 갑주를 제작하게 되는 등의 변화가 생겨난 것이다.

그렇다면 금속제 갑주가 등장하기 이전에 어떤 재질의 갑주가 제작되었는지 살펴볼 필요가 있다. 왜냐하면 현재에 남아있는 갑주의 원형을 살펴볼 수 있고 어떤 제작 기술의 변천과 발달이 있었는지 추정해 볼 수 있기 때문이다. 또한 갑주를 제작한 공인 집단의 성격도 함께 살펴볼 수 있어서 자료가 빈약하나 반드시 검토되어야 할 사항이다.

금속제 갑주의 출현 배경과 더불어 이 갑주를 소유한 계층도 살펴보아야 한다. 금속제 갑주가 출현은 어떠하든 갑주를 소지한 계층의 요구로 만들어졌기 때문이다. 그러므로 금속제 갑주의 제작 배경과 소유 계층은 분리해서 생각할 수 없다. 이제까지 갑주를 지배계층의 전유물로 본 것은 금속제 갑주가 출토된 정황이나 고분이 상위계층에서만 확인된다고 추정했기 때문이다. 물론 당시 계층 안에서 상위계층이 금속제 갑주를 소지했음은 충분히 추정할 수 있으나 그 계층 안에도 다양한 구성원이 있기에 내부를 살펴볼 필요가 있다.

이러한 관점을 바탕으로 이번 장에서는 금속제 갑주가 등장하게 된 배경과 이를 소유한 계층에 대해서 살펴보도록 하겠다.

1. 신라·가야 금속제 갑주의 제작 배경

1) 등장 배경에 대한 여러 견해 검토

금속제 갑주를 제작하게 된 배경에 관한 연구에서 기술적 측면과 사회적 배경 측면 모두 가능성이 있는 주장이다. 그렇지만 이 연구들은 다음과 같은 점에서 좀 더 논의가 필요하다. 사회적 배경은 간접적인 영향이고 직접적인 영향으로 보기 어렵다. 직접적인 영향으로 볼 수 있는 기술 발달은 구체적인 부분에서 검토가 필요한데 예를 들면 기존의 갑주 제작 기술이나 체계에서 어떤 과정을 통해 금속제 갑주로 변화했는지 구체적으로 살펴본 연구는 거의 없다.

필자는 이러한 대내외적 측면이 철제 갑주를 제작하게 된 여러 요인 중 하나임은 동의한다. 덧붙여 4세기 이전부터 분묘에서는 다양한 형태의 무기가 다량으로 부장되었음에도 철제 갑주가 일찍부터 확인되지 않는 부분도 설명이 필요하다고 판단된다. 다시 말해 철제 갑주 등장 이전에도 소규모 전쟁은 있었으며 이후에 국가 간 전쟁 양상이 기존과는 변화하여 다른 전술의 필요성이 대두되는 상황 속에서 철제 갑주가 제작되었을 가능성도 고려해 볼 필요가 있다.

또한 철제 갑주의 등장과 관련하여 최근 가평 대성리유적, 인천 운북동유적에서 원삼국시대에 해당하는 찰갑편이 출토되었다. 두 유적의 유구는 정확한 성격을 알 수 없는 수혈이나 공반 유물을 고려하면 제작 시기를 원삼국시대로 추정할 수 있다. 그렇지만 현재의 자료로 보아 영남지방은 제철 기술이 서북부지방보다 1세기 정도 늦은 것으로 알려져 있다. 그러므로 이 지방에서 철제 갑주를 본격적으로 생산한 시기를 3세기 후반에서 4세기 초로 이해하는 것이 타당하다고 보인다.

2) 기술적 측면 검토

우선 기술적 측면에서 철 생산력과 단조 기술 발달은 금속제 갑주 생산 배경의 필요조건은 될 수 있지만 충분조건은 아니다. 그리고 구체적으로 이런 기술들이 금속제 갑주를 생산하는 데 있어 어떤 부분에 영향을 주었는지 검토된 바 없다.

신라와 가야에서 초기[35]의 금속제 갑주는 종장판갑, 찰갑, 투구 등 다양한 형태로 확인된다. 이러한 양상은 기존 갑주 안에서도 어떤 특정 종류가 금속으로 제작되어야 하는 목적은 없었으며 갑주 전반에 새로운 제작 기술이 영향을 주었다고 추정할 수 있다.

그런데 이제까지 확인된 금속제 갑주는 부분적인 차이는 있으나 처음 제작된 것으로 보기에는 완성도가 높은 편이다. 이런 이유 때문인지는 알 수 없으나 일찍부터 유기질제 갑주가 먼저 제작되었으리라 짐작하고 그 형태를 금속제 갑주에서 살펴보려는 연구(김영민 2000)도 있었다. 이후 지역이나 시기에 차이가 있으나 유기질제 갑주가 실제로 남아있는 사례가 있어 종장판갑이 목재로 제작되었을 가능성을 적극적으로 살펴보려는 연구(송정식 외 2008; 김혁중 2019c)

---

35 여기서 언급하는 초기라는 용어는 현재까지 유적에서 확인되는 이른 시기의 금속제 갑옷을 언급한다. '초기 갑주'라는 용어는 신경철의 논문(1989)에서 맨 처음 언급된 바 있다.

도 있다.

그렇다면 금속제 갑주로 전환된 초기 갑주 양상을 구체적으로 검토해 어떤 기술적 측면이 금속제 갑주 생산에 영향을 주어왔는지 구체적으로 살펴보고자 한다. 다시 말해 각각의 갑주에서 이전 시기와 달리 어떤 기술적 발전 요소가 있었는지 살펴보고자 한다.

우선 신라와 가야의 대표적 금속제 갑주인 종장판갑을 살펴본다. 이 갑옷은 오늘날 영남지방에만 확인되는 특수성이 있다. 이처럼 분포가 제한적이면서도 신라와 가야권역에서 확인되는 이유는 영남지방에서는 앞선 진변한 시기부터 토기 등을 포함한 많은 부분에 상호 문화적인 교류나 영향이 있었기에 가능한 것으로 추정된다.

종장판갑이라는 금속제 갑주가 생산될 수 있었던 요소는 여러 신기술이 제작에 반영되었기 때문이다. 특히 지판을 못으로 연결하는 정유 기법이 중요하다. 오늘날의 기술로는 철판을 못으로 고정한다는 것은 그다지 큰 기술로 이해할 수 없으나 이 기술이 없었다면 종장판갑은 유기질제에서 금속제로 재질을 바꾸어 제작하는 데 여러 난관이 있었을 것이다. 물론 지판을 연결하는 방법으로 못 대신에 가죽 끈을 이용한 기법도 생각할 수 있다. 실제로 가죽 끈을 이용하여 종장판갑을 만든 것은 복천동 38호 출토품이 있다. 그러나 현재 출토품 중에 가죽 끈으로 철제 지판을 연결한 종장판갑이 복천동 38호 밖에 없다는 사실은 소찰과 달리 크기가 큰 철제 지판을 연결하는데 많은 어려움이 있다는 점을 반영하는 것으로 보인다.

가죽 끈으로 연결하는 것을 못으로 바꾼 구체적인 이유는 다음을 고려해 볼 수 있다. 첫째, 종장판갑의 특징인 장식을 구현하는 데 어려움이 많다. 둘째, 생산체계의 효율성을 고려한 방법이다. 종장판갑은 분업화된 공정에서 조립단계에 해당하는 연결 방법은 가죽 끈보다 못을 이용하여 연결하는 방법이 효율적이다. 이러한 이유로 가죽 끈으로 철판을 연결한 예가 지금까지 출토된 많은 자료 중 한 예에 지나지 않는 것으로 볼 수 있는 것이다.

다음으로 기술 숙련의 문제를 검토해 볼 수 있다. 종장판갑은 세로로 긴 철제 지판을 연결하여 몸통을 감싼 구조이다. 그런데 일부 종장판갑은 세로로 긴 철제 지판 여러 매가 겹친 형태가 아니라 여러 매가 불규칙한 크기로 연결된

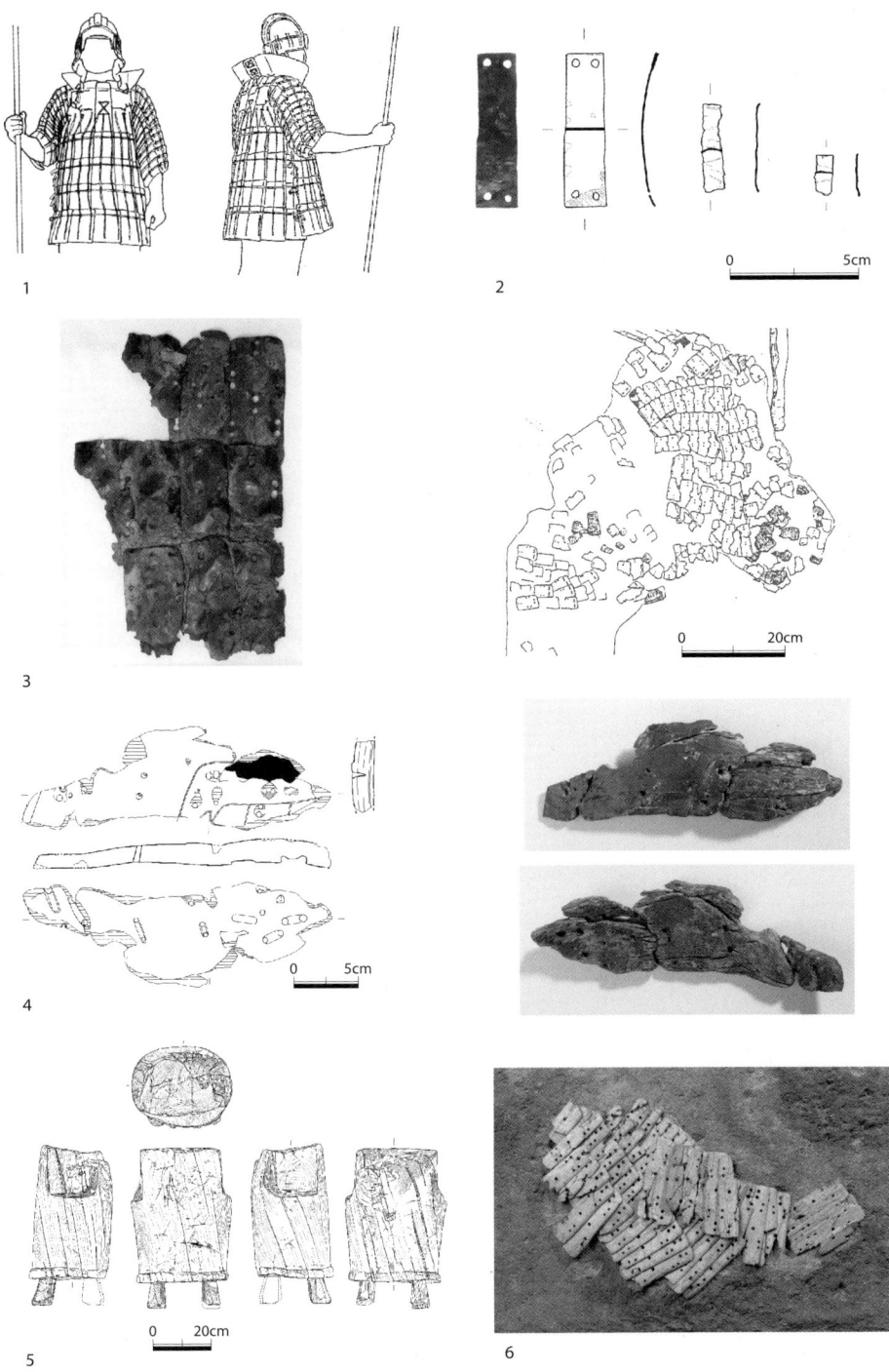

그림 5-1 삼국시대 이전과 삼국시대 유기질제 갑옷

1: 수현증후을묘 | 2: 다호리 2호 | 3: 석암리 219호 | 4~5: 경산 임당 저습지 | 6: 몽촌토성

형태도 있다. 이러한 형태는 일정한 모습을 이루고 있지 않아서 완성된 형태로 보기 어려운 것도 있다.

그런데 비 규격성은 두 가지 다른 견해가 있다. 종장판갑은 2~3매의 소형철판을 연접해서 지판이나 진동판을 1매와 같이 보이도록 한 부분이 있다. 이러한 현상을 '비 규격성'으로 지적하고 그 의미를 두 가지로 추정하였는데 하나는 공인의 다양성이고 두 번째는 실용적인 방어구라기보다 부장용일 가능성을 제시하였다(송계현 1995: 5).

위의 견해와 달리 비 규격성을 상징적인 의미로 접근한 견해도 있다. 비 규격성은 1매의 지판으로 제작하는 것이 간편함에도 여러 매로 연접하는 행위를 의도적으로 보고 종장판갑의 용도에 의례적 성격이 확인된다고 보는 견해이다(송정식 2012).

종장판갑에 보이는 다양한 장식을 포함해서 이와 같은 비 규격성도 의례적이고 상징적인 성격을 보이는 것인지는 좀 더 면밀한 검토가 필요하다.

이처럼 종장판갑의 비 규격성은 의도적 결과라는 견해가 강하다. 기술 숙련의 문제에서 접근한 견해는 없다. 그렇지만 비 규격성에 해당되는 종장판갑은 대부분 4세기 전반 출토품으로 4세기 후반에 만들어진 종장판갑과 차이가 있다.

만일 비 규격성이 종장판갑을 제작할 당시부터 의도적인 행위로 이루어진 것이라면 다음의 의문을 해결해야 할 것으로 보인다. 첫째는 종장판갑이 출토된 모든 유적에서 확인되어야 할 것이다. 두 번째는 왜 특정 시기에만 비 규격성이 나타나는가의 문제를 해결해야 할 것이다. 마지막으로 비 규격성이 확인되지 않는 종장판갑은 왜 다른 것인지 대한 구체적인 설명이 있어야 할 것이다.

따라서 필자는 종장판갑의 '비 규격성'은 재질이 유기질에서 금속으로 변화하는 과정에서 생긴 제작 기술상의 문제로 판단한다. 다시 말해 공인의 숙련도 미숙 등을 고려해볼 필요가 있다.

다음으로 철을 다루는 기술이 이전 시기와 다른 점을 파악할 수 있는 것은 종장판갑의 구조 중 진동판이라는 부분이다. 진동판은 종장판갑의 외연을 감싸는 부분으로 몸을 감싸는 세로로 된 지판을 단단히 고정하면서 마감을 통한 장식적인 효과도 가지고 있는 부분이다. 그런데 이 진동판은 곡선적인 부분이 많아서 다른 부위보다 좀 더 높은 단조 기술이 요구된다.

그러나 초기 종장판갑은 이후에 제작되는 종장판갑과 비교하여 여러 가지 완성도에 차이가 확인된다. 기존에 유기질제 갑옷을 당시 기술로 철제 갑옷으로 제작하니 어색한 부분도 여럿 확인되는데 그중에 지판의 재단 상태를 들 수 있다.

다음으로 찰갑에서 확인할 수 있는 기술적 측면의 발달을 살펴보도록 하자. 찰갑은 수백 매의 소찰이 가죽 끈으로 이어진 공통 구조가 있다. 이전에 소찰은 가죽 등의 유기질제로 제작되었음을 짐작할 수 있는데 이러한 소찰이 철과 같은 금속으로 재질을 달리하게 된 것이다. 찰갑은 제작되면서 금속을 다루는 기술뿐만 아니라 이를 연결하는 기법도 다종다양하게 진화하였다.

찰갑이 금속제 갑주로 제작될 수 있었던 요인은 무엇보다 수백 매의 소찰을 일정한 크기로 재단할 수 있는 가공 기술이 있었기 때문이다. 그리고 이러한 소찰은 찰갑의 부위마다 다른 크기나 형태를 이루고 있어서 이에 맞게 제작될 필요도 있다.

소찰을 가공하는 기술과 더불어 연결 기법도 중요한 사항이다. 기존에 신라와 가야의 금속제 갑주 생산 이전에 확인되는 소찰과 연결 기법에도 많은 차이가 있다. 특히 주목되는 것은 수결 기법이다. 앞 시기에 확인되는 소찰을 이용한 갑옷은 소찰의 투공에서 위아래를 연결하는 투공이 명확하게 확인되지 않는다. 이와 달리 신라와 가야에서 제작되는 초기의 찰갑은 수결 기법을 위한 투공을 분명하게 확인할 수 있다.

그러나 금속으로 제작된 초기의 찰갑은 소찰의 재단 상태와 투공 위치에서 초기 생산 단계의 모습을 보인다. 대표적으로 초기 찰갑인 복천동 38호 출토 찰갑을 분석해 볼 수 있다.

다음으로 금속제 갑주를 생산하게 된 사회적 배경을 살펴보고자 한다. 현재까지 확인된 자료로 보면 금속제 갑주가 본격적으로 생산된 시기는 4세기부터로 볼 수 있다. 개별 연구자가 갖는 연대관에 따라 조금씩 출현하는 시기에 차이는 있겠지만 본격적인 생산 시기는 큰 차이가 있다고 보기 어렵다.

4세기는 갑주 생산뿐만 아니라 여러 분야에서 기술적인 진전이나 변화가 있었음을 고분에서 출토되는 여러 유물을 통해서 추정해 볼 수 있다. 이 시기는 삼국시대가 본격적으로 펼쳐지는 시기인데 한반도는 낙랑의 멸망과 더불어 대내외적인 변화가 이루어진 시기이다. 이 시기를 통해 사로국은 주변국을 통합하면서 신라로 성장해가고 가야 역시 기존에 있던 변화된 대외 교역 상황에 맞추어 서로 경쟁하거나 때로는 연맹을 통한 결속을 도모한 시기이다.

이러한 시기는 계속되는 전쟁으로 사회적 긴장 관계가 지속되고 대등한 정치체 상호 간에 경쟁을 통한 새로운 기술의 유입과 기술자의 투입이 이루어졌음을 짐작할 수 있다.

금속제 갑주가 생산되기 이전 시기에도 규모 등을 가늠할 수 없으나 각국의 전쟁은 있었다. 현재까지 고분 등 유적에서 확인되는 무기를 살펴보면 철모나 비거리가 짧은 철촉들이 대부분이라서 근접전 위주의 전쟁이었음을 추정해 볼 수 있다. 그런데 이러한 사항이라면 금속제 갑주의 등장도 좀 더 빨랐을 가능성도 생각해 볼 수 있으나 현재까지 3세기대 금속제 갑주는 거의 확인된 자료가 없다. 필자는 이러한 고고학적 정황에서 금속제 갑주가 출현하는 현상이 의미하는 바는 무언인지 다른 각도에서 살펴보아야 한다고 생각한다. 앞서 언급한 데로 금속제 갑주를 생산하는 데 있어 이전 시기에 기술력이 못 미쳤던 사항을 고려할 수 있으며 금속제 갑주 생산 배경의 한 요소일 수 있다.

이와 달리 이 시기는 전술적인 측면에도 변화가 있었다고 보이고 좀 더 체계화된 지휘체계가 이루어지고 그들을 좀 더 안전하게 보호해야 할 사항이 있었기에 기존에 유기질 재질에서 좀 더 단단한 금속으로 재질을 바꾸어 개량했을 가능성도 있을 것이다. 다시 말해 기존에 있던 사회보다 좀 더 수평적 사회 구조에서 탈피하여 계층이 분화된 사회적 배경도 고려해 볼 수 있다.

그런데 이처럼 갑주가 재질을 금속으로 변화하게 되면 기존에 있던 생산체계에 큰 변화를 가져올 수밖에 없다. 다시 말해 기존에 갑주를 제작하던 공인(장인)은 새로운 환경에 적응해야 하는 데 이것은 오랜 시간 해온 기술이나 습관을 버린다는 것은 간단한 일이 아니다. 또한 새로운 기술을 습득하기 위한 노력이나 시간 등도 있어서 반드시 변화해야 하는 상황이 아니라면 쉽게 새로운 기술을 습득하여 변화하지 않았을 것을 충분히 고려할 수 있다. 따라서 금속제 갑주의 등장은 제작 기술이 성장하고 혁신을 이루었다기보다 재료를 금속으로 전환하게 된 계기가 중요하므로 앞으로 확인될 자료를 통해서 좀 더 그 배경을 살펴볼 필요가 있다.

2. 신라 · 가야 갑주의 소유 계층과 의미

오늘날 신라와 가야 유적에서 출토된 갑주는 500여 점 이상으로 결코 적은 수량은 아니다. 그러나 이를 소유할 수 있는 계층은 한정적으로 보이는데 그러한 추정은 고분에서 출토되는 양상을 통해 알 수 있다. 그렇지만 갑주를 소유한 계층은 제한적이면서도 상위 계층에만 한정적이지 않고 시기에 따라 변화하였다.

우리가 일반적으로 사용하는 '계층'이라는 용어는 이와 유사하나 그 정의가 다른 표현으로 계급이나 신분이 있다. 이 중 계급은 경제적 기준으로 인간 집단을 분류하는 개념이며 신분은 경제적 기준보다 사상이나 관념과 관련된 정의로 이해된다. 여기서 계층은 앞의 개념보다 편의적이고 분석적인 의미로 사용되는 의미로 상하 또는 비슷한 등급의 집단이지만 차등이나 차별이 존재할 때 쓰이는 개념이다(신라 천년의 역사와 문화 편찬위원회 2016).

문화인류학에서는 종적인 인간관계를 '등급', '위계', '계층'이라는 용어를 사용하고 있다(한상복 외 1985: 179 - 180). 등급은 소위 세습되는 것으로 단순한 지위를 말한다고 한다. 등급이 있는 체제를 위계라고 한다. 계층은 불평등한 지위 관계에 놓여 있는 여러 등급이 있고 지층처럼 쌓여 있다는 상징적인 뜻으로 보았다. 그러나 여기서도 각각의 용어는 상당히 비슷한 속성이 있어 구별하기 어렵다고 보았다.

위의 역사학과 인류학의 용어 설명을 보더라도 이 책이 다루고자 하는 시기에 명확한 용어를 사용하기 어렵다. 이에 '계층'이라는 표현을 쓰고자 한다.

그런데 마립간 시기의 신라와 가야 사회의 계층을 우리가 구체적으로 알기는 어렵다. 특히 문헌에 기록이 잘 남아있지 않은 가야는 그 계층을 구체적으로 알기 어려운 실정이다. 신라도 신분제로 잘 알려진 골품제가 6세기 이후에 관등 체계와 함께 정비되었다.

따라서 신분제를 고고학적인 방법을 통해 직접적으로 검토하기 어렵다. 그러나 계층을 연구하는 것은 당시 사회의 모습을 살펴볼 수 있는 여러 방법 중 한 가지로 생각된다. 특히 신라와 가야 갑주가 확인되는 4~5세기는 정치체의 규모가 커지고 구성 집단이 심화되고 발전하는 시기로 구체적인 양상이 밝혀질 필요가 있다.

그렇지만 고고학적 방법으로 당시 삼국시대 계층을 구체적으로 살펴보려고 모색한 연구는 미흡하다. 그 이유로는 계층이 있다는 구체적 물증이 부족하고 누구나 동의할 수 있는 기준을 세우기 어렵기 때문이다. 그러한 이유로 이제까지 유물을 통한 연구는 위세품을 이용한 계층 분석이 대부분이다. 그것은 위세품의 기본적 성격을 다음과 같이 보기 때문이다. 우선 위세품 중에서도 장신구 연구가 활발한데 단순히 몸을 치장하는 목적뿐만 아니라 착용자 개인의 위세를 시각적으로 강조하기 위한 물품으로 보고 있기 때문이다. 다음으로 위세품의 소비로 정치권력의 재생산에 결정적인 역할을 하므로 권력층은 소비의 확대를 제한하고 생산을 최소화하며 권력층 외부로 유출되는 것을 통제한다(콜린 렌프류·폴 반 2006).

위세품은 계층을 구분하는 목적 이외에도 정치적인 목적으로 활용된다. 위세품의 정치적 성격과 관련하여 자주 언급되는 것은 분배론이다. 대표적으로 최종규(1983), 이한상(1995)의 연구가 있다.

백제도 자기와 같은 중국제 물품의 분여에 대한 논의(권오영 1988; 박순발 1997)가 있었고 최근에는 장신구 사여 체제라는 방법론으로 백제 위세품의 정치적 성격을 고고학적으로 검토한 연구(이한상 2009)가 있다.

이웃 일본에서도 장신구는 아니지만 동경(銅鏡)이나 갑주와 같은 물품을 대상으로 위세품 연구가 활발하였다(小林行雄 1961; 辻田淳一郎 2006). 특히 일본의 고훈시대에 갑주는 지배계층이 가장 선호하는 물품으로 중앙에서 제작하여 지방으로 배포되는 중요 위세품이었다. 이것은 신라와 가야에서 갑주를 활용하는 방법과 다른 점이다. 또한 위세품의 성격을 정치적인 목적을 밝히려는 목적 이외에도 복식의 구성요소로 인식하고 이를 부장한 고분의 그룹을 분석하여 그 의미를 도출한 분석(이희준 2002)도 있다.

그렇다면 삼국시대 갑주를 위세품으로 인식할 수 있는지의 문제와 위세품으로 본다면 신라와 가야는 갑주를 위세품으로 어떻게 활용하였는지 검토되어야 한다. 이제까지 갑주는 당연히 최상위 계층이 보유하고 그 성격을 위세품의 일종으로 인식하였다. 그것은 위세품의 여러 성격 중 희소성에 중점을 두었기 때문이다.

그러나 갑주의 위세품적 성격이 삼국시대에 계속해서 그 지위를 갖고 있다고 보거나 삼국시대에 제작된 갑주의 전부가 위세품으로 인식되었다고 볼 수 없다.

이러한 위세품은 보유형 위세품과 착장형 위세품으로 구분할 수 있다. 신라는 보유형 위세품에서 착장형 위세품으로 변화한다고 보았다. 또한 착장형 위세품은 착장자의 신분과 위계를 구체적으로 드러내며 이는 지배계층의 분화가 전보다 심화되었음을 나타낸다고 보았다(이희준 2007).

위세품과 관련된 연구 경향과 관련하여 갑주도 주요한 대상으로 검토되었다. 갑주가 위세품이라는 대상으로 검토될 수 있는 배경은 갑주가 부장된 고분이 고총이거나 상대적으로 많은 부장품을 가진 고분에서 출토되는 부장 양상에서 찾아볼 수 있다. 특히 가야 고고학에서 갑주 부장 사례가 일찍부터 자료로 축적되어 지역 간 또는 고분 내 위계를 거론하는데 자주 언급된 바 있다.

그런데 이러한 위세품 분배론은 간접지배설의 핵심적인 논거로 신라가 주변 소국을 복속해가면서 기존의 수장층을 포섭하는 방법으로 '간접지배'를 들고 있다(주보돈 1996; 이희준 1998). 이러한 간접지배설과 달리 지역성을 강조하는 입장(김두철 2011, 2014)은 위세품 분배나 사여설에 대한 반론을 제시하였다.

위세품 연구는 가장 활발하게 이루어진 금공품과 관련해서 중앙이 제작하여 분배했다는 기왕의 연구와 달리 지방 제작의 가능성을 제시한 연구(박보현 1995; 이현정·류진아 2011)도 있다. 이러한 사정으로 간접지배설의 주요한 논거인 위세품 분배 및 사여에 대한 의문이 제기되고 있다(하대룡 2016).

신라고고학에서 갑주는 일찍부터 위세품적 성격이 주목된 금공품과 다르게 크게 주목하지 않았다. 그런데 최근 경주지역 적석목곽분 출토 부장품을 중심으로 피장자의 위계를 추정하고자 하는 연구(윤상덕 2016; 하대룡 2016)에서 그간에 적극적으로 활용하지 않았던 갑주를 분석하여 유의미한 결과를 내고 있다.

앞에서 언급한 것처럼 계층 연구 및 위세품 연구는 삼국시대 고고학에서도 큰 비중을 갖고 있다. 그러나 갑주 연구에서 갑주를 소유한 계층을 검토한 사례는 많지 않다. 그것은 갑주라는 자료가 가진 접근성과 특수성에 큰 원인이 있다고 판단된다. 우선 갑주는 금공품과 달리 개체가 규모가 있으면서도 복잡한 동시에 결실된 형태라면 복원에 오랜 시간이 걸린다. 또한 갑주를 부장한 고분은 대개 고총이나 다른 위세품을 공반하고 있기 때문에 피장자의 성격을 밝히는 결정적인 자료로 이용되지 못하였다.

이제까지 갑주로 계층을 검토하고자 하는 분석 방법은 크게 두 가지로 나누어 볼 수 있다. 첫째는 대상의 형식 차이를 비교하여 위계를 정하는 방법이고 두 번째는 갑주의 부장 양상을 통해 위계를 구분한 연구 방법이다.

갑주의 형식을 비교하여 분석한 사례로는 종장판주를 소재로 한 연구가 대표적이다. 종장판주의 양식을 통해 신분의 계층 차를 분석(신경철 1989; 장경숙 1999)하였는데 연구자에 따라 같은 자료를 두고서도 시각차가 있다. 신경철은 종장판주의 만곡 여부로 위계가 있다고 보았지만 장경숙은 복발의 유무와 형태에 주목하였다. 그리고 찰갑과 판갑의 소유 차이가 신분 차이를 반영한다고 보는 견해(신경철 2000)도 있다.

다음으로 갑주 부장 양상을 검토하여 계층 분석을 한 연구들도 있다. 처음으로 갑주의 부장 양상을 종합적으로 검토한 연구(김영민 1995)는 찰갑은 상위계층의 소유물이고 종장판갑은 하위계층도 소유가 가능한 것으로 이해하였다. 이러한 시각과 달리 갑주가 부장된 부장 수량을 계층 차가 아니라 지역 차로 인식한 연구(송정식 2003)가 있다. 이후 복수 부장에 따른 기존 지역성 검토에 대한 반론(김혁중 2008)도 있었다.

최근에는 종장판갑의 부장 유무에 따른 계층성 인식에 비판(이유진 2011)도 있었다. 이 연구는 기존에 분묘의 규모에 따른 종장판갑의 부장 수량 차이로 계층성을 언급한 바 있으나 최근에 확인된 복천동 164호와 같은 사례를 근거로 종장판갑의 소유 여부로 계층을 구분하기 어렵다고 보았다.

갑주는 당시 군사 조직의 계층구조를 추정하는데도 활용되고 있다. 그 방법은 대개 분묘에 부장된 공격용 무기와 방어용 무기를 종합한 무장을 유형화하여 이를 당시 군사 조직의 계층구조로 치환하는 방식이다(김두철 2003; 이현주 2005; 장상갑 2010).

구체적인 방법은 갑주를 포함하여 공반한 무기를 검토하고 피장자가 묻힌 무덤의 규모도 함께 분석해서 계층을 나누는 것이다. 표 5-1은 이현주의 안(2005)이고 표 5-2는 장상갑의 안(2010)이다.

이 중에 갑주를 포함한 분석은 이현주의 안으로 부산지역 고분에서 출토되는 양상을 종합적으로 분석하였다. 여기서 주목할 부분은 갑주의 상태, 복수 부

표 5-1 복천동고분군 전사 계층(이현주 2005)

유형	내용	계층
A	최신의 기능을 갖춘 다량의 공격용 무기와 최신 방어용 무구를 복수부장하면서 피장자의 신분을 상징하는 위세품 보유	최상급지휘자
B	공격용 무기의 다량 부장과 방어용 무구의 복수 부장이 있거나 최신의 무기를 보유	중급이상 지휘자/고도의 전투훈련
C	공격용 무기의 다량 부장 혹은 세트 부장과 방어용 무구의 단수 부장, 혹은 마구의 부장	초급지휘자
D	공격용 무기의 다량 부장 혹은 세트 부장	말단병사 중 선두
E	공격용 무기의 소량 부장	말단병사
F	방어용 무구의 부장에도 불구하고 공격용 무기의 부장이 매우 소량인 경우	비무장지배계층

표 5-2 가야 전사 계층(장상갑 2010)

분묘 규모	내용	계층
Ⅰ등급	도+모+촉	상급지휘관
Ⅱ등급	도+촉	전문 전사계층
Ⅲ등급	모+촉	장병 전사계층
Ⅳ등급	촉	단병, 사병계층

장 여부이며 갑주를 부장하더라도 비무장 지배계층으로 구분한 점도 특징적이다.

장상갑은 위의 검토와 달리 특정 지역이 아니라 여러 가야의 무기 조합양상을 검토하였다. 여기서 갑주가 포함되는 것은 분묘 규모가 Ⅰ·Ⅱ등급으로 상급 지휘관과 전문 전사 계층으로 보았다. 다만 5~6세기대를 대상으로 하고 있어서 4세기를 포함한 이현주의 연구와 시공적 범위에 차이가 있다. 이는 가야 별로 갑주 부장 양상에 차이가 있어서 갑주를 계층 구분에 중요한 요소로 인식하지 않았던 것으로 보인다.

여기서 이현주의 연구에서 주목되는 점은 갑주를 부장하였지만 비무장지배계층으로 인식한 점이다. 이에 대해서는 이후 Ⅵ장의 갑주 활용 전략에도 언급하겠지만 철제 갑주가 다양한 목적으로 제작되었음을 보여준다.

이러한 방법은 일본 고고학에서도 있는데 무장 형태를 유형화하여 시기별로 분석한 연구(松木武彦 2007)가 있다. 이를 참고하여 당시 삼국과 왜의 무장을 비교하는 연구(김두철 2005)도 있다.

표 5-3　갑주의 조합 양상

시기	유적명	투구+갑옷	투구	갑옷	부속갑
4세기	중산동고분군		●	●	
	구어리고분군		●	●	
	구정동고분군			●	
	황성동고분군			●	
	동산리고분군		●	●	●
	옥성리고분군	●	●	●	●
	임당고분군			●	
	대성동고분군	●	●		
	양동리고분군	●	●	●	●
	망덕리고분군			●	●
	석동고분군			●	
5세기	가동고분군	●			
	대릉원	●			
	임당고분군	●			
	중산동고분군	●			
	화남리고분군	●	●	●	●
	문산리고분군		●	●	●
	복천동고분군	●			
	연산동고분군	●			
	지산동고분군	●	●		
	옥전고분군	●			
	도항리고분군	●			
	두곡고분군	●	●	●	●

　이처럼 기왕의 연구들도 갑주를 소유한 계층을 인식하고 여러 가설을 설정하여 분석이 이루어졌음을 알 수 있다. 이에 더해서 이 책에서는 유적별 갑주 부장 양상을 검토해 보고자 한다.

　먼저 신라와 가야 유적에서 갑주의 세트 관계를 분석해 보았다. **표 5-3**을 보면 4세기는 5세기와 달리 투구와 갑옷이 조합으로 출토되는 양상이 고르지 않다. 그리고 이러한 조합은 갑주가 많이 부장된 주요 고분군에 집중하고 있는 모습을 볼 수 있다. 이와 달리 5세기는 투구와 갑옷이 조합되어 부장되는 유적의 범위가 넓은 편임을 알 수 있다.

　그러나 위와 같은 양상이 유적별 위계나 계층을 보인다고 하기는 어려움이

표 5-4　유적별 갑주 부장 양상

구분	유적명	
	신라	가야
대형분과 중·소형분 모두 부장(A유형)	대릉원(쪽샘/계림) 복천동고분군 연산동고분군	지산동고분군 옥전고분군 도항리고분군
대형분만 부장(B유형)	임당고분군 문산리고분군 교동고분군	-
중·소형분만 부장(C유형)	중산리고분군 화남리고분군	두곡고분군

있다. 유적 중에는 일부만 조사된 곳도 있기 때문이다. 필자는 그런 점보다 5세기대에 비하여 4세기대 조합관계가 다양하게 나타나는 점에 주목할 필요가 있다고 생각된다. 다시 말해 기본적으로 방어구를 제대로 갖추려면 투구와 갑옷이 함께 있어야 함은 상식적인 부분이다. 그러나 도굴이 되었다고 보기 어려운 유적도 투구 혹은 갑옷이 단일로 부장된 경우가 적지 않다(표 5-3).

이 시기는 갑주를 부장하는 것 자체가 상당한 계층으로 보는 것이 옳다고 판단된다. 그러나 세트 관계가 부족한 양상을 보이는 것은 유기질제 갑주가 있거나 당시에는 아직 갑주 부장 풍습이 자리 잡지 않았을 경우도 고려해 보아야 할 것 같다. 따라서 기존의 연구처럼 4세기대 갑주 부장 양상을 유무로 계층을 나누려는 분석은 타당성이 낮다고 판단된다. 복천동 164호의 사례이지만 종장판갑의 부장 유무로 계층을 나눌 수 없다는 견해(이유진 2011)도 같은 맥락에서 이해할 수 있다.

다음으로 신라와 가야의 갑주 부장 양상 차이를 통해 계층이 위세품으로 갑주가 어떻게 활용되었는지 간략히 검토해 보고자 한다.

표 5-4는 5세기대로 대형과 중소형고분군에 부장된 갑주를 신라와 가야로 나누어 보았다. 5세기대로 한정한 것은 앞서 언급한 것처럼 4세기대는 유적 단위별로 조사가 불분명한 부분이 많기 때문이다. 5세기대에도 유적의 전면 조사가 이루어졌다고 보기는 어려우나 주요 고분군의 양상은 추정해 볼 정도가 된다고 판단된다.

신라와 가야의 큰 차이점은 고분을 축조한 집단 간 갑주를 부장한 양상이다. 신라는 대형분에 갑주가 부장되더라도 중·소형분에는 갑주가 부장되지 않는 경우도 확인된다. 이와 달리 가야는 지금까지 확인된 사례에 따르면 대형분이 있는 주요 유적은 중·소형분까지도 갑주가 부장된 바 있다.

이러한 양상은 앞으로 자료가 좀 더 축적되어야 하겠지만 신라 지방의 주요 고총에 갑주 부장이 빈약한 점도 동일한 양상으로 이해된다. 경주와 경산지역이 좋은 예가 될 수 있는데 임당고분군은 고총이지만 갑주 부장이 빈약하나 경주 시내에서는 규모는 작아도 세트 관계가 분명한 갑주가 출토된다는 점을 들 수 있다.

신라와 가야 계층이 갑주를 위세품으로 선호하는 방식에도 차이점을 확인할 수 있다. 앞서 위세품을 보유형 위세품과 착장형 위세품으로 나눌 수 있다고 하였다. 갑주도 보유형 위세품과 착장형 위세품으로 나눌 수 있는데 이를테면 금공 갑주가 대표적인 보유형 위세품이라 할 수 있다.

신라는 가야보다 금공 갑주가 상대적으로 많이 확인되는데 대표적인 금공 갑주로 비갑을 들 수 있다. 그런데 이러한 비갑은 중앙의 대형 적석목곽분을 중심으로 출토된다. 따라서 신라의 중앙은 보유형 위세품으로 금공 갑주를 선호했다고 할 수 있다. 이와 반대로 지방의 대형분은 보유형 위세품보다 철제 갑주인 착장형 위세품을 부장하고 있어 그 격차를 추정해 볼 수 있다.

가야는 금공 갑주의 사례만 본다면 착장형 위세품을 선호했다고 할 수 있다. 그런데 가야가 착장형 위세품만 선호한 것은 아니다. 가야는 신라보다 복수 부장의 사례가 많다. 특히 왜계 갑주를 부곽에 부장하는 사례가 많아서 보유형 위세품으로 왜계 갑주를 선호했을 가능성도 제기해 본다.

제Ⅵ장 갑주로 본 신라·가야 사회

앞 장에서 신라와 가야 갑주의 제작 배경과 소유 계층에 대해서 살펴보았다. 이번 장은 당시 신라·가야 사회에서 갑주를 어떤 목적으로 제한하고 유통하였는지 살펴봄으로써 신라·가야 사회의 일면을 밝혀보려 한다. 신라와 가야가 갑주를 생산한 목적은 구체적으로 밝혀진 바 없으나 문헌 기록의 전쟁 기사를 통해 방어구로서의 기능만 가늠해 볼 수 있다. 그러나 앞서 살펴본 신라와 가야 갑주는 다양한 특성을 지니고 있기에 그 특성과 출토 양상을 분석함으로써 유의미한 결과를 도출할 수 있을 것이다.

첫 번째 절은 방어구 이외의 갑주의 성격을 논하고자 한다. 이는 권력과 상징성이라는 측면에서 살펴볼 것이다.

다음 절은 사례를 중심으로 앞서 살펴본 갑주의 성격을 '위세품', '의례', '교섭과 교류'라는 주제로 살펴본다. 이후 신라와 가야 갑주 생산과 유통 그리고 왜계 갑주의 입수와 분배를 검토하여 고대 사회의 일면을 살펴보고자 한다.

1. 신라·가야 갑주의 성격

1) 갑주와 권력

권력의 사전적 정의는 '남을 복종시키거나 지배할 수 있는 공인된 권리와 힘. 특히 국가나 정부가 국민에 대하여 가지고 있는 강제력을 이른다.'이다. 이러한 권력은 소수에게 주어지며 이를 뒷받침하기 위한 기반이 필요할 것이다. 영국의 사회학자이자 역사학자인 마이클 만은 공인된 권리와 힘과 같은 강제력을 가지기 위해서는 경제, 군사, 이데올로기와 같은 요소들이 필요하다고 보았다(Mann 1986). 고고학에서도 권력 기반에 대한 구체적인 요소로 '경제', '무력', '상징'이 거론된 바 있다(티모시 얼 2008). 이와 같은 논의를 한반도의 양상에 비추어 선사시대부터 원삼국시대까지 시간적 추이 속에서 권력의 성격과 기반을 검토한 연구(이희준 2011a)가 있어 주목된다. 이 연구에서 구체적으로 군사와 같은 무력 기반의 형성은 상당한 철제 무기가 부장된 원삼국시대原三國時代 이후로 판단하고 있다. 이러한 권력의 여러 요소에서 주목되는 것은 '무력'이다. '무력'이나 '군사'는 당대의 그림이나 관련 문헌 기록이 잘 남아있지 않아 구체적인 모습을 알기 어렵다. 그러므로 오늘날 고고학 조사를 통해 유적에서 출토되는 무기와 무구를 통해 당시의 '무력'과 '군사'를 간접적으로 이해할 수 밖에 없다.

철로 만든 철검鐵劍, 철촉鐵鏃, 철모鐵矛는 점차 정교해지고 공격력이 높아지면서 철제 갑주도 재질과 형태의 개량을 통해 성능을 향상하며 변화해나갔다. 그렇지만 삼국시대의 철제 갑주는 지배계층에 한정되어 사용되었다. 그렇게 판단하는 근거는 주로 무덤에서 출토된 철제 갑주가 대개 지배계층의 무덤에서 확인되기 때문이다. 이처럼 철제 갑주가 일부 무덤에서만 극히 희소하게 확인되는 것은 당시 갑주의 생산량과 유통이 제한되었기 때문이다. 철제 갑주는 소재가 되는 철이 흔치 않았을뿐더러 제작에 당시로서는 고도의 기술이 동원되어야 했기에 하위계층의 사람들에게까지 보급되었으리라 보기 어렵다. 철제 갑주의 등장과 제한된 소유는 계층 차이를 분명히 보여주는 자료로 지배자의 권력과의 상관성을 가진 물품이라고 할 수 있을 것이다.

갑주는 기본적으로 전쟁 시 사용할 용도로 제작되었을 것이다. 이를 뒷받침할 수 있는 증거로 종장판갑에서 확인되는 수리 흔적을 들 수 있다. 실제 전쟁에서 종장판갑은 보병용이고 찰갑은 기승용으로 보는 견해가 있다(송계현 1995). 그러나 공반 유물 등을 보아도 두 갑주의 용도를 엄밀히 구분하기는 어렵다.

그런데 당시 지배계층은 철제 갑주를 단순히 전쟁의 방어구로만 인식한 것으로 판단되지 않는다. 철제 갑주에 표현된 다양한 장식이나 동이나 철제에 금을 입혀 화려하게 제작한 점은 갑주를 이용하여 피지배계층에게 권력의 어떤 모습을 상징적으로 표현하기 위한 것으로 추정할 수 있다.

갑주는 주로 대형분을 중심으로 지배계층의 무덤에 부장품으로 묻혔으며 가죽과 같은 유기질과 철을 소재로 제작되었다. 그러나 가죽과 같은 유기질은 오랜 시간이 지나면 삭아 없어지기 때문에 오늘날 확인되는 갑주는 철을 소재로 한 갑주가 대부분이다. 철제 갑주가 본격적으로 제작된 4세기는 점차 지배계층의 권력이 소수에 집중되어 가면서 그 힘을 이용하여 여러 국이 몇 개의 국가로 통합되어 점차 한반도 남부지역이 백제·신라·가야로 정립되어 간 시기이다. 따라서 철제 갑주는 당시 지배계층의 권력 집중과 축적을 상징적으로 언급할 수 있는 대표적인 유물이라 할 수 있다.

2) 갑주의 상징성

갑주는 주로 지배계층의 무덤에서 확인되며 당시 군사적 기반을 상징적으로 보여준다고 할 수 있다. 앞서 언급하였듯이 군사적 기반은 권력의 여러 기반 중에 하나이다. 그런데 당시 고대 갑주는 지배계층이 권력을 장악하기 위해 필요한 군사적 기반 이외에도 다양한 의미를 가진 것으로 보인다. 구체적인 사례는 갑주에 표현된 다양한 장식이다. 여기서는 권력의 상징성을 갑주에 표현된 문양을 포함한 장식과 갑주를 부장하는 행위를 통해 살펴보고자 한다.

철제 갑주의 장식은 실제 전투에서 몸을 보호하는데 기능적으로 필요한 부분이 아니다. 오히려 일부 장식은 움직임을 어렵게 만들어 전투에 방해가 될 수도 있다. 그럼에도 불구하고 장식을 한 갑주가 있는 것은 방어구 이외의 용도로 사용되었기 때문일 것이다. 장식과 관련된 요소는 문양이나 재질로 구분할 수 있다.

삼국시대 철제 갑주에서 다양한 문양은 주로 가야의 갑주에서 확인된다. 가야의 갑주는 종장판갑과 종장판주에 문양이 있으며 그중에서도 종장판갑이 절대 다수이다. 가야 갑주에서 가장 화려한 문양을 자랑하는 것은 전傳 퇴래리退來里 종장판갑이 있다. 이 갑옷은 앞과 뒷부분 그리고 측경판側頸板에도 고사리무늬로 장식되어 있다. 이처럼 종장판갑에 고사리무늬[蕨手文]와 새 모양[鳥文]으로 장식한 것은 주로 대성동고분군과 양동리고분군 등 금관가야의 중심 고분에서 출토되었다. 고사리무늬가 장식된 부분은 종장판갑의 앞쪽 가슴 부위나 뒷쪽의 어깨부분이다. 또한 새 모양은 목을 보호하기 위한 측경판에 붙였다. 그렇지만 궐수문 문양이나 새 모양은 찰갑과 같은 다른 갑옷에 없으며 종장판갑이 제작되는 시기에만 확인된다.

신라 갑주에도 문양은 확인된다. 신라는 가야보다 재질이 금동으로 된 갑주를 선호하였다. 특히 부속갑인 팔뚝가리개[肱甲]은 가지무늬를 새기거나 영락을 달아서 장식을 극대화하였다. 이러한 장식 갑주는 적석목곽분과 같은 대형분을 중심으로 확인된다.

그렇다면 다음과 같은 의문이 생길 수 있다. 당시 고대인은 어떤 이유에서 철제 갑주에 장식을 하였는가. 공인들은 무엇 때문에 실전에서는 거추장스러운 고사리무늬(궐수문)와 같은 장식을 종장판갑에 표현하여 제작하였던 것일까.

지금까지 철제 갑주의 문양은 종교적인 성격과 연결하여 이해하려는 경향이 강하다. 당시에 고사리무늬(궐수문)을 이용한 철기는 철모를 포함하여 다양한 물품이 제작된 바 있다. 또한 갑주에 표현된 새 모양은 갑주뿐만 아니라 새 모양을 형상화한 토기(압형토기)도 있어서 당시 고대인의 의식과 관련지어 생각해 볼 수 있다.

이러한 문양과 같은 장식적 요소와 종장판갑의 몸통을 감싸는 일부 철판의 비 규격성을 상징과 관련해서 다양한 성격을 유추한 연구(송정식 2012)가 주목된다. 그는 종장판갑에 여러 매의 지판이 연접되는 현상과 새 문양을 남성성, 모방주술, 태양숭배 등과 관련한 상징적 의미가 있다고 이해하고 이것이 제작된 시점이 성인이 되어 치루는 통과의례와 관련이 있을 가능성을 제기했다. 통과의례의 예로 신라의 화랑도와 같은 제도도 주목하였다.

갑주의 상징성은 장식 이외의 종장판갑을 구성하는 철제 지판의 크기가 동일하지 않은 점에서도 갑주의 상징성을 살펴보고자 한 것이다. 기존에 철제 지판의 크기가 동일하지 않은 점은 종장판갑이 실제로 사용했다기보다 피장자를 위해 무덤에 부장하기 위한 물품의 성격을 잘 나타내준다고 보는 견해(송계현 1995)가 있었다. 그러나 실제로 종장판갑에 수리 흔적(복천동 38호, 대성동 57호, 동산리 34호)이 확인되기도 하여 갑주를 부장용과 실전용으로 구분하고자 한 견해로 양분되었다. 그러한 와중에 지판, 비의 규격성을 인류학적인 사고를 접목해서 남성적 권위를 상징하거나 모방 주술적 의미를 담고 있다는 흥미로운 견해(송정식 2012)도 제기되었다. 이 점은 앞으로도 연구의 대상이 되어야 하겠지만 실제 종장판갑이 방어구라는 기본적인 용도를 넘어서 지배계층에 다양한 용도로 사용되었음을 보여준다고 하겠다.

갑주의 관념적인 용도는 장식 갑주 이외에도 다양한 출토 사례에서 확인된다. 백제는 주거지 등의 취락에서 찰갑을 구성하는 작은 소찰들이 출토된 사례가 있다. 이 중에 가평 대성리유적 주거지 49호의 경우는 제사와 관련된 'エ'형 토제품이 함께 출토되었다. 또한 하남 미사리 A-1호 유구에서는 동경이 같이 출토되었는데 제사장의 공간으로 인식된다.

철제 갑주를 소유한 계층은 당시 지배계층에 해당하므로 권력을 행사함과 동시에 종교적 관념체계를 보여줌으로써 권력 소유의 정당성을 보여 줄 필요가 있었을 것이다. 이것은 의례로 표현되고 제사장 성격을 동시에 가지고 있던 것을 갑주의 문양에서 의미를 찾을 수 있을 것으로 보인다. 앞서 권력의 여러 기반에서 이데올로기와 같은 요소도 필요하다고 보았는데 갑주도 이를 위해 사용되었을 가능성이 크다.

이처럼 다양한 형태의 갑주를 지배계층의 무덤에 부장하였기에 그들의 사고를 조금이나마 추정해 볼 수 있다. 그런데 갑주가 부장된 모습을 보면 같은 시기에도 하나가 아니라 여러 령의 갑주를 넣은 경우가 있는데 갑주 부장이 빈약한 고분군 혹은 한 고분군 내에 여러 고분에서 확인되는 곳도 있다. 이러한 양상을 보고 학계에서는 갑주 소유의 계층성이나 위세품적 성격을 논하고 있어서 지배계층이 권력을 상징하는 수단으로 갑주를 소유하고 분배했을 가능성도 고려해 볼 수 있다.

지배계층은 지배의 방식이 점차 권위에서 권력으로 변화한다. 그러한 권력을 쟁취하고 행사하기 위해 다양한 기반과 수단이 필요했으며 그중에서도 철은 중요한 자원이었다. 희소성과 제작 기술을 보건대 철로 제작된 여러 물품 중에서도 당연히 으뜸인 것은 철제 갑주이다. 지배계층은 철제 갑주를 이용하여 그들의 권력 기반을 강화하고자 하였다.

그런데 당시 고대인에게 철제 갑주가 가지는 의미는 단순히 군사적인 측면만이 아니었다. 이것은 철제 갑주에 표현된 여러 장식을 통해서 유추해 볼 수 있다. 철제 갑주는 지배계층의 권력 상징물로서 무구가 가진 군사적인 요소뿐만 아니라 장식을 통해서 이데올로기적 요소도 강화하는 역할을 하게 된 것이다.

2. 갑주로 본 신라·금관가야·대가야 사회 고찰

이번 절에서는 갑주를 통해 당시 고대 사회의 정치·사회적 상황을 살펴보고자 한다. 그 방법으로 먼저 당시 갑주가 공통적으로 가진 성격으로 위세품, 의례, 대외 교섭과 교류의 측면에서 각각 검토해 보고자 한다. 그런 다음 신라, 금관가야, 대가야산 갑주를 통해 각국이 갑주를 생산하고 유통한 방식 그리고 당시 왜와의 교섭과 교류를 상징적으로 보여주는 왜계 갑주를 입수하여 어떻게 분여했는지를 통해서 고대 사회의 일면을 살펴보고자 한다.

1) 위세품

갑주가 위세품으로 활용된 사례로 금공 갑주와 왜계 갑주 보유를 통해 설명하고자 한다. 피장자의 부장품은 생전의 지위를 잘 드러내는 물품이라고 생각된다. 갑주는 그중에서도 규모가 있는 고분에서 장신구와 같은 금공품과 공반되어 출토되기 때문에 위세품의 부장양상에 따라 고분의 격차를 논한다면 상위 위계의 고분에 해당된다.

특히 갑주 중에서 위세품적 성격이 강한 것들이 있는데 이것들은 신라와 가야에서 활용된 맥락에 차이가 있다. 특히 금공 갑주와 외래계 갑주인 왜계 갑주의 부장을 들 수 있다.

(1) 금공 갑주

표 6-1은 신라와 가야에서 출토된 금공 갑주를 정리한 것이다. 이 중에서 신라와 가야의 큰 차이점은 신라는 대개 비갑이 제작되었으나 가야는 투구가 제작되었다는 점이다. 또한 공반된 갑주를 보면 신라는 금동제, 은제인 비갑이 단독으로 부장되면서 다른 갑주의 공반 사례가 적은 대신에 가야는 금공 갑주가 있더라도 다른 갑주가 같이 부장된다. 현재 출토된 자료를 보건대 신라의 갑주

표 6-1 　 신라·가야 출토 금공 갑주 상세

연번	유구	금공 갑주 종류	재질	공반 갑주
1	금관총	종장판주, 찰갑, 부속갑(비갑)	금동	찰갑, 투구
2	황남대총 남분	비갑	은	없음
3	천마총	비갑	금동	없음
4	달서 34호분	비갑	금동	없음
5	임당 6A호분	비갑	금동	없음
6	노동리 4호분	비갑	금동	없음
7	의성 대리리 48-1호	비갑	금동	없음
8	쪽샘 E41호	비갑	은	?
9	옥전 23호분	종장판주	금동	찰갑
10	옥전 M3호분	종장판주	금동	찰갑
11	반계제 가A호분	소찰주	금동	마주
12	송학동 1A-1호분	소찰주	금동	찰갑
13	본관동 35호분	소찰(볼가리개)	금동	?
14	지산동 518호	소찰주(관모장식)	금동	찰갑?
15	전 경상남도 출토	종장판주	금동	

　자료가 상대적으로 가야보다 적음에도 불구하고 금공 갑주는 출토 비율이 높다. 또한 금동제 비갑은 신라지역에서도 대부분 경주 대릉원의 대형 적석목곽분에 출토 사례가 많은 점도 위세품으로 희소성이 높다고 하겠다.

　이러한 출토 정황을 보면 신라는 가야와 달리 금공 갑주인 비갑을 제작함으로서 어떤 체계를 갖추고자 한 것으로 보이는데 이와 관련하여 신라의 금공품이 복식제도를 추정할 정도로 정형화된 점이 참고된다. 이희준(2002)은 신라의 금공품을 중앙이 지방에 분여한 위세품으로 보는 정치적 견해를 넘어 복식과 같은 사회적 측면을 살펴본 바 있다. 필자는 금공 갑주인 비갑도 이러한 복식제도의 일환으로 제작했을 가능성이 있다고 본다. 그 근거로 비갑은 다른 갑주와 공반된 사례가 거의 없는 점을 들 수 있다.

　물론 금관총의 사례가 예외이다. 최근 간행된 금관총(국립경주박물관 2016) 보고서에서 비갑은 제작 기법을 통해서 적어도 4쌍 이상이 부장되었을 가능성이 제기되었다. 그러나 금관총은 금공으로 제작된 비갑이 부장된 다른 고분과 달리 투구 및 찰갑도 같이 부장되었다. 신라에서 갑주가 복수 부장되는 사례는 많지 않기 때문에 금관총에서 이러한 출토 양상을 보이는 것에 대해서는 배경 등의 다양한 검토가 필요하다.

(2) 왜계 갑주

왜계 갑주인 대금식 갑주는 Ⅱ장과 Ⅳ장을 통해 특징과 계통을 자세히 살펴본 바 있다. 신라와 가야는 대금식 갑주가 모두 확인되나 왜계 갑주가 출토되는 양상에 동일한 점과 차이점이 있어서 이를 구분할 필요가 있다.

먼저 동일한 점은 공반 유물에 왜계 유물이 없고 묘제도 지역의 묘제이다. 이점은 백제지역과 달라서 신라와 가야지역에서 대금식 갑주를 부장한 피장자는 왜인으로 볼 수 없다. 다음으로 차이점은 분포 양상이다. 신라는 가야와 달리 중심 고분군에 대금식 갑주가 출토되지 않는다. 울산이나 부산과 같은 지역의 중심 고분군에만 확인될 뿐이다.

그러나 신라와 가야 모두 대금식 갑주 부장의 의미를 단순 물품 부장으로 이해할 수 없다. 결론적으로 말하면 피장자의 위세를 더해 줄 상징적인 물품으로 볼 수 있을 것이다.

당시 왜와의 관계를 고려해보면 신라와 가야의 대금식 갑주 출현 배경은 여러 가지 측면을 생각해 볼 수 있다. 현재 이 갑주의 등장 배경을 둘러싼 견해는 크게 교류에 의한 물품으로 보려는 입장(이현주 2009; 박준현 2013)과 군사적 외교의 상징으로 보고자 하는 입장(박천수 2007; 김혁중 2011a)으로 나뉜다. 두 견해 모두 타당성이 있지만 좀 더 고민해야할 부분이 적지 않다. 최근 왜의 입장에서 대금식 갑주의 입수 배경을 살펴보고자 한 연구(鈴木一有 2016b)가 있고 한반도의 각국의 입장에서 대금식 갑주 입수 배경을 검토해 보려는 연구(김영민 2014)도 있었다.

가야를 포함하여 한반도에 분포하는 대금식 판갑의 부장 양상을 검토한 연구는 가야와 백제지역 출토 왜계 갑주에 차이가 있음을 지적하였다. 이를 참고하면 가야의 왜계 갑주 입수 배경은 실용품이라기보다 교류의 상징적인 물품으로 입수되었다고 이해할 수 있다. 이와 반대로 백제지역은 대개 왜계 석실에서 왜계 갑주가 출토되며 다른 왜계 유물을 포함한다. 이것은 피장자가 왜와 직접적으로 관련이 있거나 왜인으로 볼 수 있는 여지가 있다. 가야에서 왜계 갑주의 부장 양상은 고분을 포함하여 공반 유물에서도 왜와 직접적으로 관련 있는

표 6-2 한반도 출토 대금식 갑주 상세

연번	지역	유구명	유구	왜계갑옷	왜계투구	부속갑	기타	비고
1	김해	대성동 1호	목곽묘	방형판갑				
2	김해	대성동 88호	목곽묘	방형판갑				
3	김해	두곡 43호	수혈식석곽	삼각판혁철				
4	김해	두곡 72호	수혈식석곽	장방판혁철				
5	김해	죽곡리 94호	수혈식석곽		충각부주	견갑		
6	김해	율하 B-1호	수혈식석곽	삼각판혁철				
7	부산	복천동 64	단독목곽묘	방형판갑			종장판주	
8	부산	복천동 4호	수혈식석곽	삼각판혁철				
9	부산	복천동 112호	수혈식석곽	횡신판병유		견갑	종장판주	
10	부산	복천동(동) 2호	수혈식석곽			견갑		
11	부산	연산동 10호	수혈식석곽	삼각판병유				
12	부산	연산동 3호	수혈식석곽	삼각판혁철				
13	부산	연산동 8호	수혈식석곽	장방판혁철 삼각판병유				
14	부산	연산동 103호	수혈식석곽			견갑		
15	부산	전 연산동		삼각판병유				
16	부산	오륜대			충각부주		찰갑 종장판주 마갑	지표채집
17	부산	가달 4호	수혈식석곽	삼각판병유				
18	거제	장목	횡혈식석실	횡신판병유				
19	함안	도항리 13호	목곽묘	삼각판혁철				
20	함안	도항리 428-1-5호	수혈식석곽	장방판혁철				
21	창녕	교동 3호	횡구식석실	삼각판횡신판병유				
22	합천	옥전 28호	목곽묘	횡신판병유			찰갑 종장판주	
23	합천	옥전 68호	목곽묘	삼각판혁철				
24	마산	현동 62호	목곽묘	장방판혁철?				
25	함양	상백리	불명	삼각판병유				
26	함양	상백리 호생원 1호	수혈식석곽		충각부주			
27	고령	지산동 32호	수혈식석곽	횡신판병유	충각부주	견갑	종장판주 찰갑	
28	고령	지산동 I-3호	수혈식석곽		차양주			
29	고령	지산동 A구역 27호			충각부주			
30	울산	하삼정 113호	수혈식석곽	장방판혁철				
31	여수	죽림리 II-10호	수혈식석곽	횡신판병유				
32	고흥	안동	수혈식석곽	장방판혁철	차양주(2)	견갑		단독분

연번	지역	유구명	유구	왜계갑옷	왜계투구	부속갑	기타	비고
33	고흥	야막	수혈식석곽	삼각판혁철	충각부주	견갑		
34	해남	외도 1호	석관묘	삼각판혁철				
35	영암	옥야리 1호	수혈식석곽	삼각판혁철		견갑		
36	신안	배널리	수혈식석곽	삼각판혁철	충각부주			
37	장성	만무리		횡신판병유				
38	연기	송원리 KM94호		혁철단갑				
39	청주	신봉동 90-B1호	수혈식석곽	삼각판병유		견갑		
40	천안	도림리 3호	수혈식석곽		투구			
41	천안	동면	수혈식석곽	삼각판혁철				단독분
42	음성	망이산성		횡신판병유				
43	파주	주월리유적		삼각판혁철				지표채집

물품이 없는 점과 다르다.

이처럼 갑주 부장 양상의 차이로 추론할 수 있는 점은 다음과 같다. 백제의 요청으로 무장을 한 왜인이 백제군의 일원으로 활동을 하다가 본국에 돌아가지 못하고 사후 부장품으로 왜계 갑주와 함께 묻히게 되었을 가능성을 생각해 볼 수 있다. 가야에서 확인되는 왜계 갑주는 왜가 교역을 하는 상대인 가야에 상징적인 의미로 준 것이 부장품으로 남아있는 것이다. 이러한 점에서 백제와 가야의 왜계 갑주 출토 맥락은 상당한 차이가 있다.

그런데 대금식 갑주가 교류 물품이라면 신라와 가야가 왜와 교류한 물품은 무엇이고 어떤 목적에서 교류하였는지에 대한 상호 이해가 있어야 한다. 또한 신라지역에서 출토된 대금식 갑주를 왜가 아니고 가야를 거쳐 신라가 입수한 물품으로 보기도 어렵다. 신라와 가야 서로가 영토 확장 등으로 경쟁 상대인 상황에서 갑주와 같은 전쟁 장구를 토기 등의 일상 물품처럼 단순 교역을 통해 건네받는 것은 이해하기 어렵다.

군사적 외교의 상징이라면 당시 신라와 가야가 왜와 군사적 외교를 맺기 위한 정황이나 제반 상황에 대한 충분한 설명이 필요하다. 당시 왜는 야마토大和 정권을 중심으로 지방 정권을 통제하기도 하였지만 지방 정권의 자율성을 완전히 통제한다고 보기도 어려웠다. 또한 신라가 5세기대에 왜와 항상 적대적인 관계를 유지한 것은 아니었다고 논증한 연구도 증가하고 있다. 당시 때때로 양

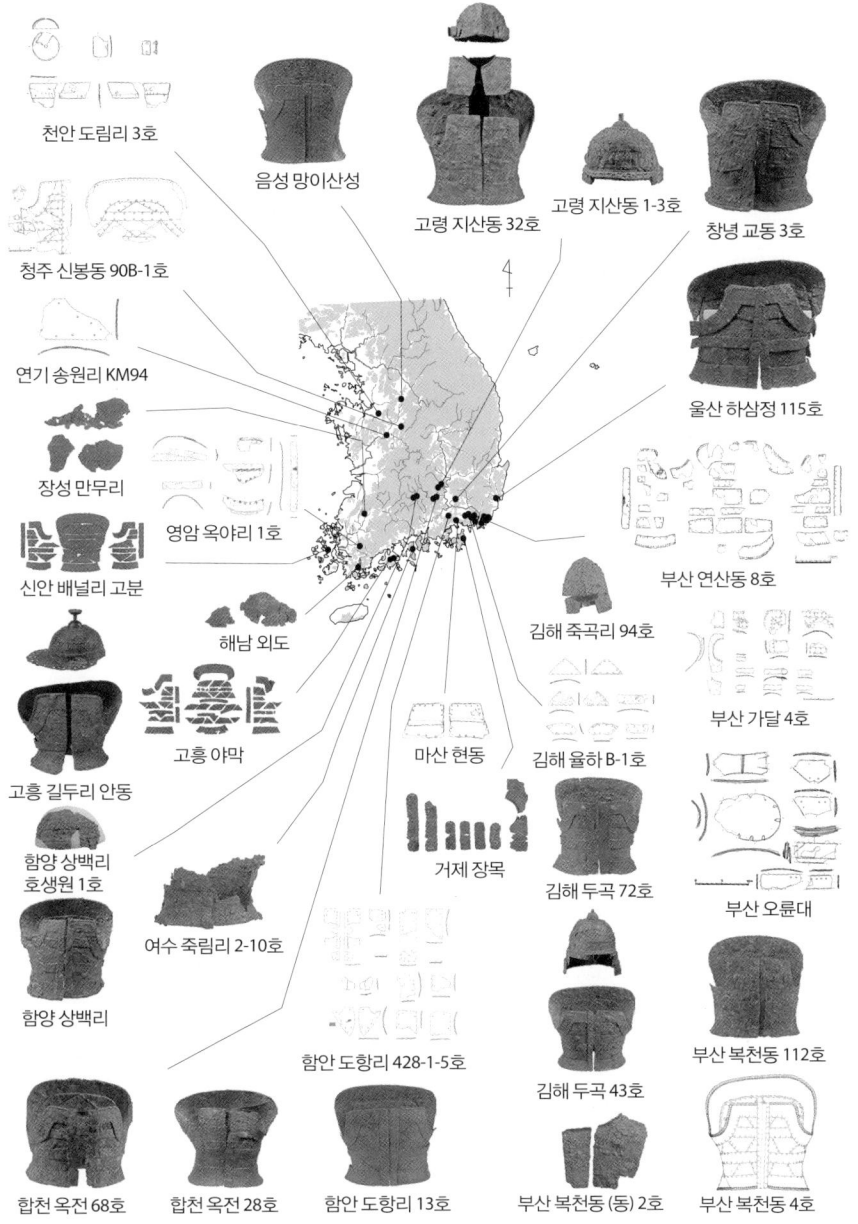

그림 6-1 한반도 출토 대금식 갑주(국립김해박물관 2015)

국 간에 우호적 분위기가 형성되는 상황 속에서 왜인의 주력 갑주인 대금식 갑주가 신라지역에 유입된 것은 자연스러운 현상이다.

    이처럼 신라와 가야가 왜계 갑주를 부장한 배경은 다소 차이가 있으나 군권과 같은 상징의 하나로서 위세품과 같이 활용되었을 것이다.

2) 의례

(1) 종장판갑의 장식과 그 의미

갑옷은 기본적으로 전쟁에서 신체를 직접적으로 보호하기 위한 목적으로 만든다. 그러나 종장판갑의 용도는 의견이 분분하다. 그 이유는 다양한 형태로 제작되는데 일부는 재단이 불량하다고 생각될 만큼 크기가 다른 철판 여러 매를 이어 만든 것이기 때문이다. 실전용으로 보는 견해는 복천동 38·57호, 대성동 57호에 확인되는 수리 흔적으로 철판을 덧댄 흔적을 주목한다. 부장용으로 보는 견해는 철판 여러 매를 연결하여 1매의 도련판 또는 진동판을 제작한 소위 '비 규격성'을 갖춘 사례에 주목한다.

최근에는 종장판갑이 다양한 용도에 사용되었음을 인정하고 의례적 기능을 주목한 연구가 있었다. 그중 종장판갑에 있는 장식과 깃털에 주목하여 '새 모양 장식[鳥裝]'을 언급한 것이 대표적이다. 종장판갑은 경판에 새 모양을 장식하거나 짐승 털을 붙여놓았다. 이러한 새를 모티브로 한 갑옷의 장식요소는 새를 신성시하는 전통에서 비롯된 것으로 본다(오광섭 2004). 또한 와문도 장식되어 있다. 와문은 태양을 상징하는 문양으로 종장판갑의 착장자를 태양과 같이 신성화하여 무운을 기원하는 벽사적 기복신앙으로 보기도 하였다(송정식 2012). 이외에도 종장판갑의 수리 흔적이나 재단의 부정확성, 장식에 주목하여 성년이 되기 위한 통과의례에서 종장판갑을 이용했을 가능성이 제기된 바 있다. 특히 어린 고사리문과 새를 표현한 유자이기와 종장판갑의 상관성은 주목할 만하다. 이 중 가동고분군 Ⅱ-43호 목곽묘 출토 종장판갑은 조문, 와문, 털 장식에 침선까지 문양을 넣어 가장 화려한 모습을 보여준다(그림 6-2).

(2) 경주 황룡사지 출토 소찰의 성격

553년 창건된 신라의 국찰이었던 황룡사皇龍寺에도 갑옷의 일부를 구성하는 소찰이 출토되었다. 우리가 일반적으로 알던 출토 상황과는 달라서 매납의 배경이 흥미를 불러일으킨다. 이것은 갑주를 매납한 목적이나 용도가 기존에 우리가 알고 있던 갑주의 일반적인 상황과는 달라서 다른 관점에서 접근하여 생

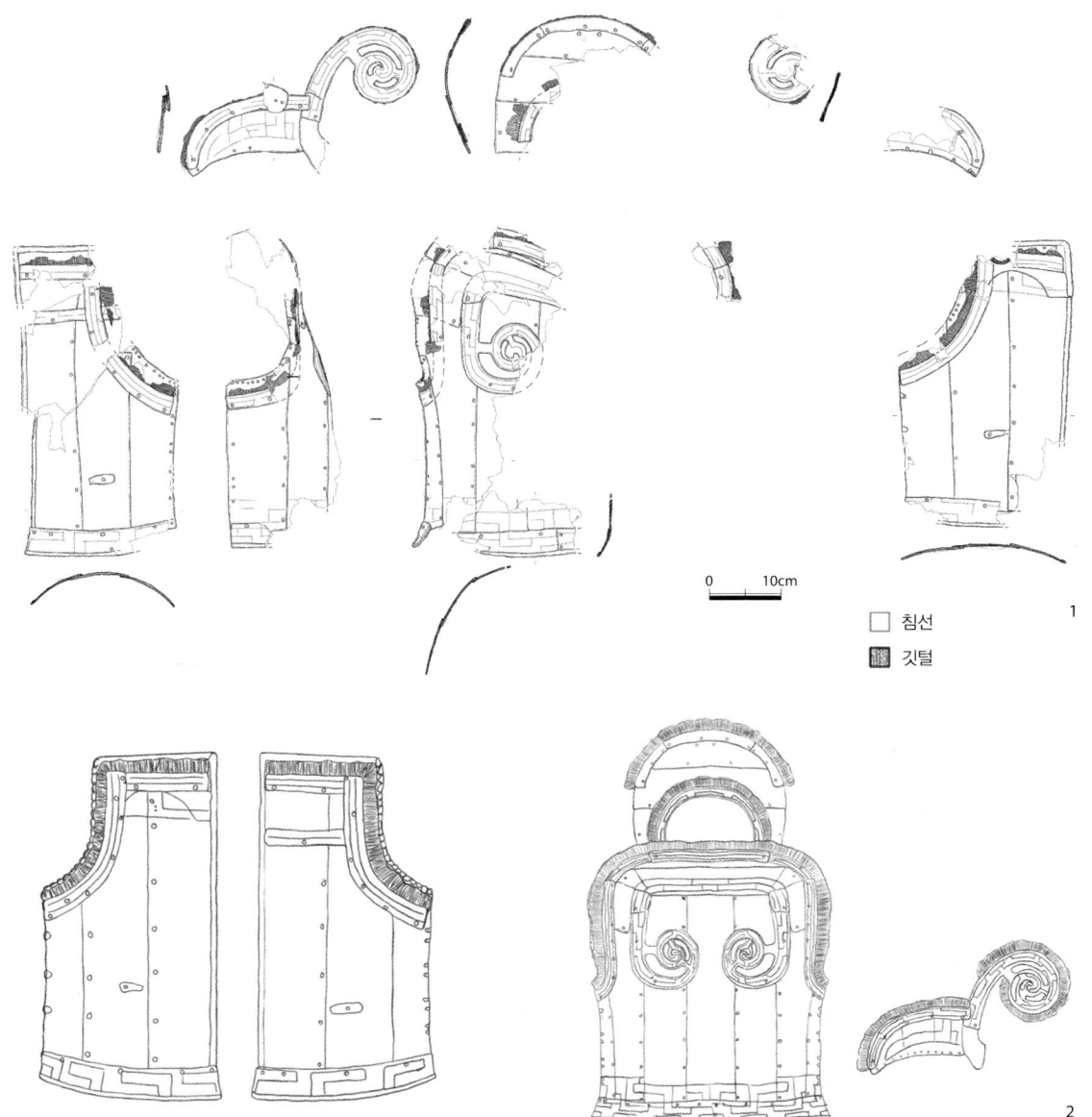

그림 6-2　가동고분 Ⅱ-43호 목곽묘 출토 종장판갑의 장식
1: 도면 ｜ 2: 모식도(부경문물연구원 2014)

각해 보아야 할 여지를 제시해주는 중요한 사례이다.

황룡사에서 출토된 소찰은 1984년도에 간행된 '황룡사' 발굴조사보고서에 따르면 서금당지와 목탑지 2곳에서 출토되었다. 서금당지는 기단토에서 2점이 출토되었고 목탑지는 기단부 3개의 층위 중 중층에서 출토되었다.

　보고서(문화재관리국 1984)에 기록된 바에 의하면 소찰은 현존 길이가 4.5cm이고, 폭은 2.3cm 정도로 상부에 상하로 작은 구멍이 마련되었다고 기술되어 있다. 현재 국립경주박물관에서 소장하고 있는 소찰은 모두 2점이며 각각 형태에 조금씩 차이가 있다. 이 중에 한 점은 일부가 결실되어 정확한 형태를 알기 어려우나 뒷면에 유기질이 넓게 수착되어 있다. 전체가 완형에 가깝게 남아있는 소찰의 평면 형태는 상변보다 하변이 넓으며 상변의 모서리는 각이 죽은 상태이다. 이 소찰들은 찰갑을 구성하는 일부로 추정된다. 그러나 소찰의 종류나 수량이 빈약해서 찰갑의 전체적 형태나 구조를 추정하기 어렵다.

　삼국시대 갑주는 여러 유적에서 상당한 수량이 확인되었으나 황룡사 출토품과 같은 늦은 시기 자료는 상대적으로 빈약하다. 황룡사 출토 소찰과 비교해서 살펴볼 자료로 월지 출토품과 재매정지財買井址 출토품을 들 수 있는데 그중 가장 유사한 자료는 월지 출토품이다. 또한 두 자료는 분묘가 아닌 건물지에서 출토되었다. 이전까지 갑옷이 대부분 부장품의 일종으로 무덤에서 출토되는 것과 달리 이 시기 무덤에서는 부장되는 물품이 수량과 종류에서 크게 줄어든다.

　이외에 황룡사처럼 사지에서 출토된 찰갑은 시기는 좀 늦지만 익산 미륵사지와 여주 고달사지 자료가 있다. 그러나 이 자료들은 고려시대 자료로 추정되어 직접적인 비교가 힘들다. 그렇지만 사지에 찰갑을 매납하는 행위가 이 시기까지 확인되고 있어 오랜 기간 이루어진 의례 행위로 추정되는 점은 주시할 만하다.

　이웃하는 일본에서는 우리의 삼국시대에 해당하는 고훈시대로 명명하고 있는데 그 당시 갑주의 용도가 우리의 삼국시대 갑주와 많이 비슷하다. 주거지나 사지에서 갑주가 출토된 사례도 적지 않다. 일본의 대표적인 연구기관인 원흥사문화재연구소元興寺文化財研究所는 이러한 사례가 있는 각지의 출토품을 모아 특별전을 개최하기도 하였다(2017). 갑주를 의례용 물품의 하나로 사용하는 점은 고훈시대부터 막부幕府가 통치하는 중세시대中世時代까지 넓은 시기와 분포를 보이는 특징이 있다.

　이 중에 황룡사와 같이 사지에서 출토된 대표적인 사례로 아스카데라飛鳥寺

와 도다이지東大寺 출토품을 들 수 있다. 아스카데라는 7~8세기에 창건된 곳으로 일본의 불교도입기에 해당된다. 사리장엄구가 있는 탑 심초에서 소찰은 여러 점이 출토되었는데 찰갑 한 벌로 보인다. 아직 정식보고서는 발간되지 않았지만 도록 등을 참고하면 찰갑의 구조는 삼국시대의 것과 유사한 것으로 판단된다. 도다이지는 8세기에 창건된 곳으로 이곳에도 찰갑 일식이 금당지 진단구에서 출토되었다. 소찰은 미륵사지나 고달사지에 출토된 것처럼 세장한 형태이며 보고서를 참고하면 소찰의 종류가 모두 3종류로 나뉜다고 한다.

한편 황룡사 목탑 심초석에서 출토된 유물은 모두 공양이나 의식을 위한 것으로 추정되고 있다. 매우 다양한 종류의 출토품이 있는데 특히 찰갑이라는 갑옷의 일부를 이루는 소찰이 출토된 것은 동 시기 다른 사지의 매납 양상과는 상당히 드문 사례이다.

그렇다면 황룡사에서 어떤 이유로 소찰을 매납하였는지 현재로써는 유사한 사례를 비교하여 추정할 수밖에 없다. 필자는 단언하기 어렵지만 다음의 이유에서 소찰을 매납하였다고 추정해 보고자 한다.

심초석에 출토된 유물의 성격을 의식과 공양으로 나누어 보고 있는데 대개 심초석 하부 출토품을 의식의 측면에서 보는 것 같다. 그러나 필자는 소찰이 중층에서 출토되었으나 공양보다 의식의 성격에 좀 더 주목하고자 한다.

첫째, 전쟁에 대한 승리와 신라의 평안을 바라는 염원을 담아 매납했을 가능성이다. 황룡사는 국찰로 신라가 위기에 처할 때마다 통합을 이루는 중요한 역할을 한 호국 사찰이다. 이러한 점을 감안한다면 사리장엄구나 탑에 표현된 사천왕이 입은 갑옷과 같은 의미를 담아 목탑이나 금당지에 매납하였을 가능성이 있다.

둘째, 진단구적 성격이다. 진단구는 건물의 안전을 염원하는 의식 의례에 사용되는 것이다. 삼국시대부터 조선시대까지 영남지방의 진단구를 검토한 연구(박호숙 2017)에 따르면 경주지역에는 일찍부터 다양한 유형의 진단구가 확인된다고 한다. 사찰에서 확인되는 진단구의 여러 유형 중 사찰 관련 건물지와 탑의 적심 등에 진단구 관련 유물이 출토된다고 보고 있어 금당지와 심초석 중층에 매납된 소찰도 이와 같은 유형으로 볼 수 있다. 이와 관련하여 경주 재매정지에서 출토된 갑옷도 유사한 사례로 보이며 신라지역은 아니나 백제지역의 주거지에서 출토되는 갑옷의 일부에 해당하는 소찰도 진단구와 관련된 의례적 성격으로 볼 수 있다. 특히 재매정지에서는 사람 모양과 같은 소찰도 출토되었는데 국내에서는 출토 사례가 드물지만 일본에 유사한 사례가 있어 향후 자료 증가와 후속 연구가 기대된다.

마지막으로 공양적 성격을 고려하면 사지 내에 갑옷을 제작한 공방이 있어서 관련 물품을 매납했을 가능성이다. 황룡사에서는 금속제품을 만들 수 있는 도구나 도가니 등이 출토되어 공방이 있었을 가능성이 매우 크다. 따라서 공방과 관련한 중요 물품을 공양적으로 매납했을 가능성도 추정해 볼 수 있다.

위의 검토로 보건대 소찰이 출토된 의미를 여러 가지 가능성 중에 가장 타당성이 높은 성격은 진단구적 성격이다. 그러나 진단구가 건물의 안전을 염원하는 의례에 적합하다면 무구류 성격이 강한 갑옷을 매납한다는 것은 상식적으로 이해하기 힘든 부분이 있다. 그러므로 다른 측면에서 의례적 성격을 염두해 본다면 황룡사가 호국사찰이고 당시 국내외적 환경이 전쟁으로 안정적이지 못하였다는 점을 고려하면 지신보다 신라의 승리와 안전을 염원하는 물품으로 갑옷을 부장했을 가능성도 고려해 볼 필요가 있다.

갑옷을 묻는 행위는 『삼국유사三國遺事』에도 기록된 바 있다. 삼국유사 무장사鍪藏寺 미타전彌陀殿에 의하면 무장사라는 사찰명과 관련하여 '태종이 삼국을 통일한 뒤에 병기와 투구를 이 골짜기 속에 감추어 두었기 때문에 무장사라고 한다'라고 설명하고 있다. 아마도 태종은 병장기를 묻음으로써 전쟁이 끝나고 앞으로 평화를 기원하고자 하는 뜻을 담고자 하였을 것이다. 따라서 황룡사에 묻힌 소찰도 무언가를 염원한다면 신라를 지키고자 했던 당시 사람들의 바람이 담겨져 있을 것이라 추정해 볼 수 있다.

3) 대외 교섭과 교류

갑주는 당시 한일 교섭과 교류를 상징적으로 보여 주는 자료로 판단된다. 일찍부터 가야 갑주 제작 기술이 왜에 많은 영향을 준 것으로 알려져 왔다. 이에 필자는 가야와 왜의 교섭과 교류에 관해서는 많은 연구가 이루어져 왔기 때문에 이를 언급하기보다 새로운 관점의 검토가 필요하다고 생각한다. 이에 신라와 왜의 관계를 상징적으로 보여 주는 사례를 중심으로 검토해 보고자 한다.

(1) 일본열도 출토 금공 갑주로 본 신라와 왜

　일찍부터 신라와 왜는 5세기대에 적대적인 관계로 일관하였다고 이해하였다. 그러나 최신 연구는 신라와 왜 사이에는 활발한 교섭이 일찍부터 있었으며 5세기대에도 다양한 교류가 있었음을 논증하고 있다. 대표적인 연구가 금공품인데 이중 일본 출토 금공 갑주가 신라 공인에 의해 제작되었다는 견해(박천수 2016)나 교류로 제작되었을 가능성(김혁중 2014a)이 있다고 보는 견해가 주목된다.

　일본에서 금공 갑주로 많이 언급되는 것은 5세기대 고분이 다이센大仙고분이다. 이 고분에서는 대금식 갑주가 출토되었는데 차양주와 판갑을 금동제로 장식하였다. 다이센고분 이외에도 나라현의 고죠네코즈카五條貓塚고분, 규슈의 쓰키노오카月岡고분도 금동제로 만든 갑주로 유명하다.

　일본에서 비갑은 신카이新開 1호분과 쓰키노오카고분에서 출토되었다. 시가현에 있는 신카이 1호분은 5세기 전반에 해당하는 유적으로 초엽문대장식구, 마구 등 한반도와 관련된 유물이 다량 부장되었다. 갑주는 대금식 갑주를 포함하여 비갑 등이 다양하게 부장되었다. 후쿠오카현에 있는 쓰키노오카고분은 5

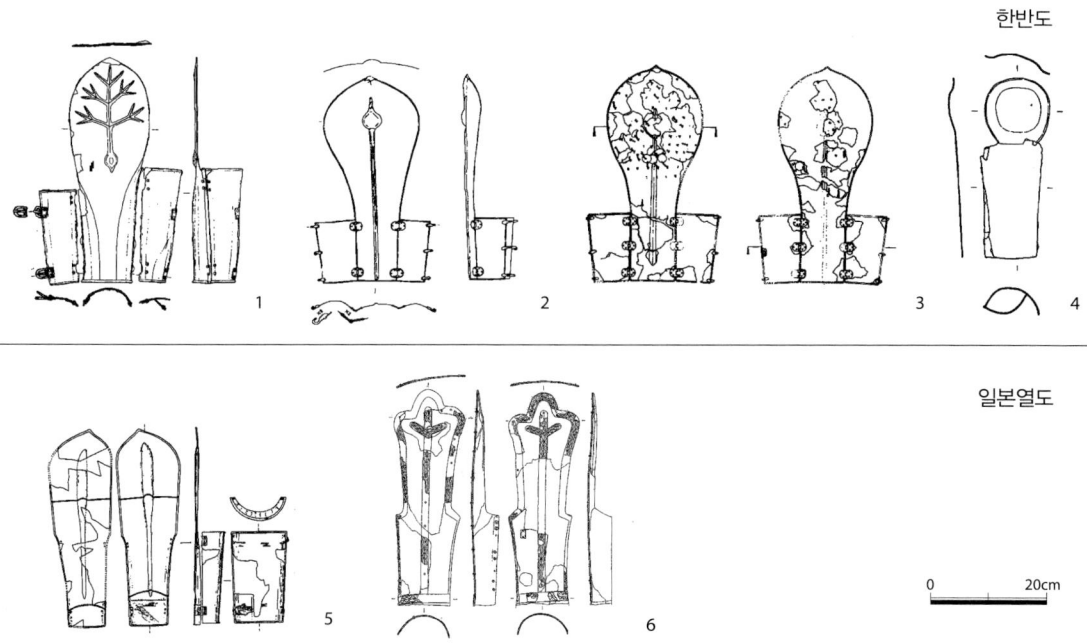

그림 6-3 　한일 출토 비갑 비교

1: 복천동 10호 ｜ 2: 황남대총 ｜ 3: 천마총 ｜ 4: 신흥리 ｜ 5: 신카이(新開)고분 ｜ 6: 쓰키노오카(月岡)고분

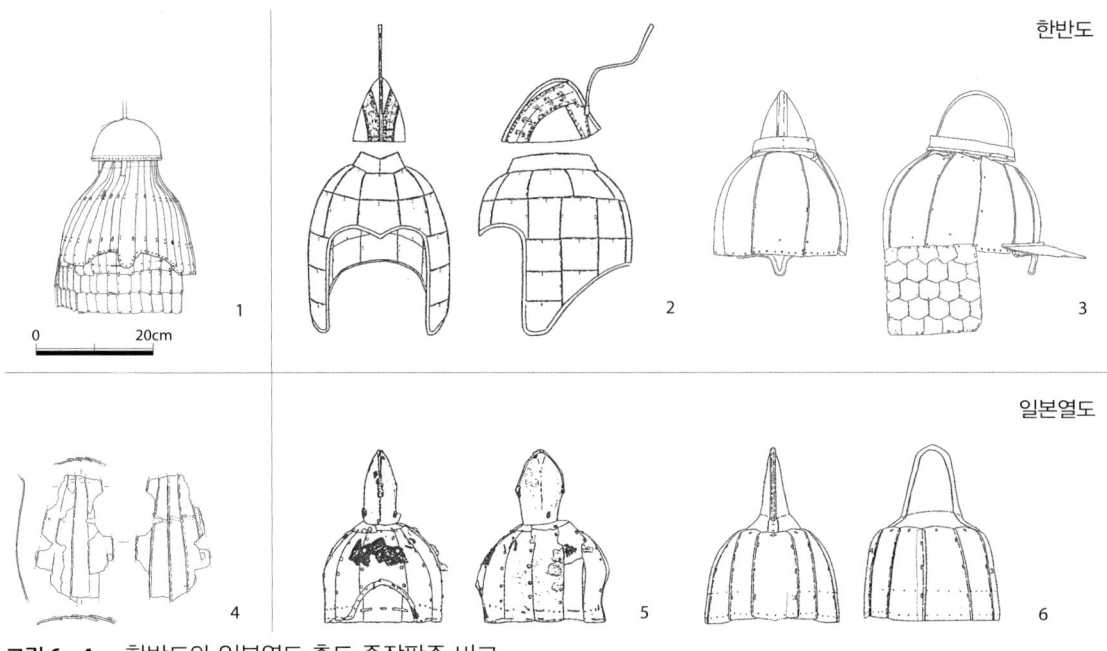

그림 6-4 한반도와 일본열도 출토 종장판주 비교

1: 동래 복천동 10·11호 | 2: 합천 반계제 가-A호분 | 3: 남원 월산리 M5호 | 4: 유기산 5호
5: 와타누키(綿貫) 간논야마(観音山)고분 | 6: 이케노우미(池の上)1호분

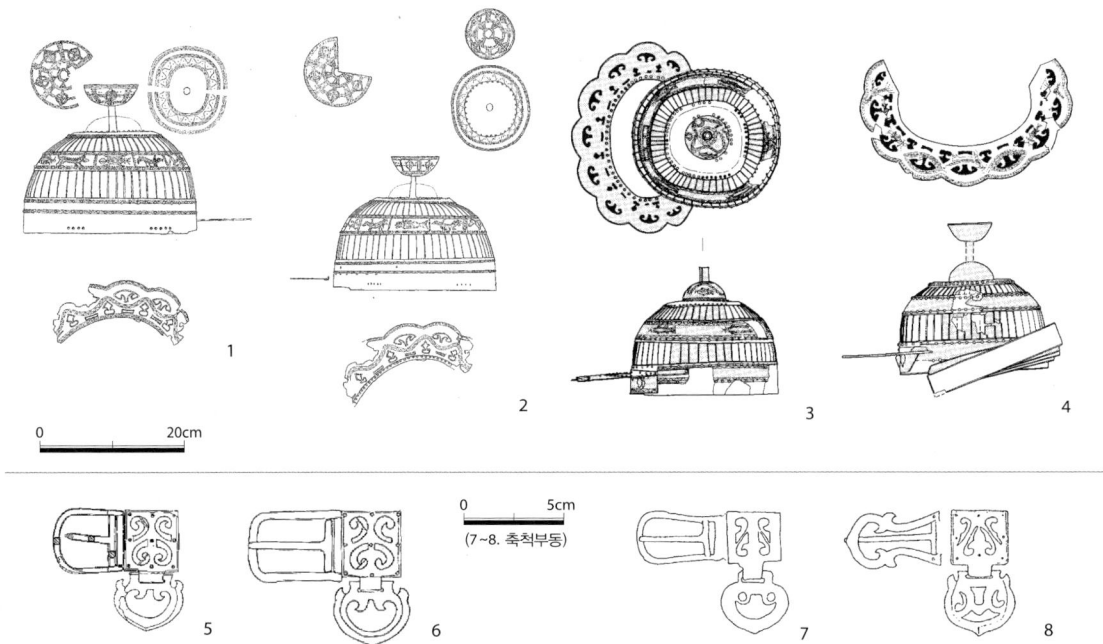

그림 6-5 일본열도 출토 금동 차양주와 대장식구 문양 비교

1·2: 기온오오즈카야마(祇園大塚山)고분 | 3: 쓰키노오카(月岡)고분 | 4: 니시코야마(西小山)고분
5: 황남대총(남분) | 6: 황남대총(북분) | 7: 노서리 138호분 | 8: 서봉총

세기 전반에 해당하는 유적으로 용문과판에 심엽형 수식을 가진 대장식구가 있으며 대금식 판갑이 출토되었는데 그중에서도 금동 비갑이 주목된다. 두 고분에 부장된 비갑은 모두 원통형이다. 신카이 1호분은 가지 문양이 없고 윗부분이 둥근 형태인 반면 쓰키노오카고분은 미약하지만 가지 문양이 있으며 윗부분도 세 갈래로 나누어 만든 형태이다.

일본 출토 비갑과 비교하여 복천동 10·11호의 경우 가지 문양으로 타출한 보주상근수지문寶珠狀根樹枝文이고 황남대총 남분은 가지 문양이 없는 보주상근수지문이다. 신카이 1호분은 가지가 없어 황남대총 남분과 유사하다. 이와 달리 쓰키노오카고분은 가지 문양이 미약하게 있어 복천동 10·11호와 유사하다. 그러나 별다른 문양 없이 정중앙에 직선으로 표현하거나 원통형 비갑의 윗부분을 세 갈래로 표현한 것은 신라에도 없는 것으로 세부적인 면에서 차이가 있다. 그러므로 신카이 1호분 출토 비갑은 신라에서 제작한 비갑의 기술을 받아들여 현지인 혹은 이주민이 제작하였을 가능성이 크다.[36]

이와 관련하여 신카이 1호분 출토 금동제 성시구도 주목된다. 이 성시구 금구는 평면 형태와 문양을 시문한 기법이 금관총, 임당 7B 호분 출토품과 유사하다. 차양주에 표현된 문양을 주목한 기존 연구 결과뿐만 아니라 이러한 공반 유물이 출토 정황에서도 신라 금공 갑주가 왜에 영향을 주었을 가능성이 크다고 하겠다.

(2) 연산동고분군 출토 갑주의 성격

부산 연산동고분군은 일제강점기인 1940년대에 갑주와 장식대도가 도굴로 채집되어 일찍부터 유명한 유적이었다. 이 유물들은 당시 유명한 수집가인 오구라小倉의 컬렉션으로 알려져 있고 현재 도쿄국립박물관에 소장되어 있다. 이처럼 도굴이 심하게 이루어진 이유는 이곳이 부산지역에 규모가 있는 유일한

---

[36] 박준현(2012)은 복천동 10·11호에 출토된 비갑을 근거로 가야와 왜의 갑주 기술 관계를 언급하였다. 그러나 복천동 10·11호 고분의 성격을 차치하더라도 금동제 혹은 은제 비갑은 가야보다 신라에서 활발하게 제작되었음을 보면 신라와 왜의 관계를 보여주는 주요 무구일 가능성이 크다.

고총군이 축조되어 있기 때문이다.

　이러한 이유 이외에도 연산동고분군은 일찍부터 신라와 가야사 연구에서 중요한 위치를 차지하고 있다. 복천동과 연산동고분군은 부산지역의 중심 고분군으로 수영강을 사이에 두고 북과 남에 위치한다. 복천동고분군은 어느 시점을 두고 신라와 가야인가를 두고 논란이 지금까지 계속되고 있다. 복천동고분군을 가야로 보는 논자는 대개 5세기 후반에 이곳을 기반으로 둔 주요세력이 고분 축조를 중단한 후 연산동에 새로운 고분을 축조한 것으로 이해하고 있다.

　그렇지만 연산동고분군과 관련된 연구는 최근까지 별다른 진전이 없었다. 상대적으로 복천동고분군과 대조된 부분이다. 복천동고분군은 1980년대 이후 활발한 조사를 통해 묘제 및 출토품을 포함한 다양한 연구 성과가 축적되어 삼국시대 고고학뿐만 아니라 한국 고고학 연구에 많은 기여를 하였다. 이와 달리 연산동고분군은 유적이 가진 중요성에도 관련 자료가 부족하여 학계의 큰 관심을 받지 못하였다. 연산동고분군도 1980년대에 고총인 연산동 4호분과 8호분 조사가 이루어졌으나 그보다 먼저 도굴이 이루어져 축조집단의 성격이나 복천동고분군과의 관계 등에 충분한 성과를 이루지 못한 점이 큰 이유라 추정된다.

　그러나 연산동고분군은 관계기관이 2009년부터 정비 복원을 기획하게 되었다. 이에 부산박물관은 3차에 걸친 연산동고분군 조사를 실시하게 되었고 도굴로 많은 훼손이 이루어졌으나 고분 축조기법이나 주목할 만한 유물들이 출토되는 소기의 성과가 있었다. 또한 2014년에 그동안 발간되지 못해서 자세한 내용을 알 수 없었던 연산동 8호분을 포함하여 발굴조사보고서가 완간되고 관련 학술대회(부산대학교박물관·연제구청 2013, 2016)가 개최되면서 다시 한번 이 유적의 중요성이 부각되었다.

　연산동고분군 출토 갑주는 다음과 같은 중요성을 지니기에 분석이 필요하다.
　먼저 갑주 활용 전략에 대한 사례 연구로 분석하기 적합한 유적이다. 연산동고분군은 앞서 언급한 것처럼 일찍부터 갑주로 주목을 받았다. 그러나 이 유물들이 발굴조사를 통한 정식적인 보고가 아니기 때문에 출토 정황이나 맥락을 알 수 없는 자료의 한계가 있었다. 또한 연산동 M8호 출토 갑주는 그 출토품에 대한 정보는 공개되었으나 어떤 갑주인지 구체적인 소개가 오랫동안 이루어지지 못했다.

그런데 최근 조사된 연산동 고총인 M3호, M10호를 포함하여 주변 중·소형분인 103호묘, 105호묘에도 갑주가 출토되고 M8호에 대한 정식보고가 이루어지면서 연구 상황이 크게 변화하였다. 무엇보다 연산동고분군은 단일 유적 내에서도 갑주 부장량이 풍부하고 복수 부장 등 다양한 사례가 확인되어 갑주 활용 전략을 검토할 수 있는 좋은 대상이다.

두 번째로 연산동고분군 출토 갑주는 고대 한일 교섭사를 이해할 수 있는 좋은 자료이다. 연산동고분군의 고총에서는 대금식 갑주가 출토된다. 다른 유적에도 출토 사례가 있으나 밀집도가 가장 높다. 전체 18기의 고총군에서 이제까지 내부 조사된 고총은 6기로 그중 4기 고총에서 대금식 갑주가 출토되었으며 연산동고분군 출토로 전하는 오구라컬렉션 사례를 더하면 부장량은 더 많을 것이다. 또한 고총 주변의 고분에서도 대금식 갑주가 출토되어 단일 유적으로는 가장 많은 사례이다.

대금식 갑주는 그 생산지를 두고 논의가 있으나 대개 왜계 갑주로 보는 견해가 많다. 이러한 상황에서 연산동고분군 내 고총 출토 대금식 갑주의 성격은 당시 한일 교섭사를 이해하는데 좋은 자료가 될 것이다. 또한 M3호에서 출토된 대금식 판갑은 여러 형식 중 어깨에 특이한 형태를 가져 금부계 판갑으로 명명된 것으로 당시 왜정권 내에 중요한 물품으로 평가받고 있다. 이러한 물품이 당시 연산동고분군에 부장된 배경을 살펴보는 연구도 필요한 사항이다.

마지막으로 연산동고분군 출토 갑주는 신라와 가야의 정치적 관계를 구명하는 데도 좋은 검토 자료가 될 수 있다. 무엇보다 연산동고분군은 학계에서 고분 축조집단의 성격을 두고 신라와 가야 중 어느 성격에 가까운 정치체였는지 아직까지 논의가 이루어지고 있다. 그 성격에 따라 갑주 출토 배경에 대한 해석은 다양할 수 있다. 이러한 점은 문헌에서 알 수 없는 자세하고 내밀한 교섭 양상을 보여주는 중요한 자료로 판단된다.

연산동고분군 출토 갑주는 일본학자들이 먼저 검토하였다(穴沢咊光·馬目順一 1975). 이 연구는 당시 한국에서 일본열도 출토 갑주와 유사한 갑주를 검토하고 그러한 갑주가 출토된 배경을 구명하는 것에 목적이 있었다. 이중에 도쿄국립박물관에 소장되어 있는 傳 연산동고분군 출토 갑주도 소개가 되었는데 차양

주 1점, 대금식 판갑 1점, 관모 1점, 소찰이 소개되어 있다.

이후 연산동고분군 출토 갑주 연구는 연산동 M8호 자료 소개로 이어졌다(김혁중 2010, 2011a). M8호는 1987년도에 조사되었지만 여러 사정으로 약보고서 밖에 없어 출토품의 자세한 내용을 알 수 없었으나 갑주 부분만 상세 보고가 먼저 이루어졌다. 연산동 M8호 출토 갑주 소개는 이후 한반도 대금식 갑주 연구를 검토하는데 기초 자료가 되었다(박준현 2012).

앞서 언급한 것처럼 연산동고분군은 고분 정비 사업의 일환으로 실시한 발굴조사 결과로 많은 성과가 있었다. 이중에 갑주 부분에서 가장 주목할 만한 자료가 출토되었는데 연산동고분군 출토 대금식 갑주를 종합적으로 검토한 연구(橋本達也 2015)가 발표되어 그 중요성을 다시 한번 상기할 수 있었다.

그러나 연산동고분군 출토 갑주 연구는 다음과 같은 점에서 재검토되거나 새롭게 분석되어야 할 필요성이 있다.

먼저 이제까지 연산동고분군 출토 갑주가 대금식 갑주를 중심으로 검토되었던 점이다. 연산동고분군 내 고총에서는 대금식 갑주를 포함하여 찰갑, 종장판주, 마주, 마갑 등 다양한 갑주가 출토되었다. 그러나 갑주 분석이 대금식 갑주를 중심으로 이루어지다 보니 마치 피장자가 이 갑주만을 선호하거나 축조 집단을 대표하는 갑주로 오해될 소지가 많다. 따라서 대금식 갑주를 포함하여 종합적인 측면에서 갑주 전체에 대한 분석이 이루어질 필요가 있다.

두 번째는 대금식 갑주가 출토된 배경에 가야 중심적 해석이 지배적인 점이다. 연산동고분군 출토 대금식 갑주를 종합적으로 검토한 연구가 대표적인데 연산동고분군은 앞서 언급한 것처럼 신라와의 관계 속에서 이해하는 연구자도 적지 않다. 이 고분을 축조한 집단의 성격에 따라 갑주를 입수한 배경도 달리 보아야 할 것이기에 재검토가 필요하다. 이와 관련하여 하삼정고분군 석곽묘 115호 출토 대금식 판갑도 주목해서 살펴볼 필요가 있다.

마지막으로 이 고분군 출토 왜계 갑주 해석의 문제점이다. 대금식 갑주 연구가 일본에서 500여 점이 넘게 출토되고 일찍부터 연구되어온 사정으로 일본 연구자들이 주도적인 연구 환경이어서 삼국의 입장에서 대금식 갑주의 성격이 제대로 밝혀진 바 없다. 그러다 보니 연산동고분군 출토 대금식 갑주도 일본 열도 내 갑주와 같이 분배설을 적용하려는 견해(橋本達也 2015: 652)가 있다. 그러나 이러한 해석은 수용자 입장을 전혀 고려하지 않는 점에 문제가 있다. 대금식 갑주가 일본열도 내 정치적인 상징으로 활용될 수 있으나 정치적이고 문화적인 배경이 다른 삼국에서도 대금식 갑주가 동일한 용도로 활용되었다고 볼 수 없다. 그러므로 삼국의 입장에서 대금식 갑주의 성격이 재평가가 되어야 한다.

연산동고분군은 모두 18기의 고총이 확인되었는데 조사된 8기의 고총 중 모두 4기 고총에서 다양한 갑주가 출토되었다. 그중에서 대금식 갑주는 신라와 가야 관련 유적 중 단일 유적으로는 가장 많은 수가 출토되었다. 또한 대금식 갑주는 한반도에서 대금식 판갑만 확인되는 사례가 많은 반면에 연산동고분군은 견갑과 공반되어 세트관계가 분명한 출토 사례도 많다. 그러나 투구는 도쿄국립박물관에 소장한 차양주를 제외하면 대금식 갑주에 속하는 투구(차양주, 충각부주)가 거의 확인되지 않는다. 물론 이 출토양상은 모두 도굴을 심하게 입은 상태이기 때문에 당시 갑주 부장양상을 복원하는 데 한계가 있는 점도 분명하다.

연산동고분군은 복천동고분군을 제외하면 갑주의 복수 부장 사례도 높은 비율에 해당된다. 갑주가 확인된 고총 4기는 $M2$호를 제외하고 복수 부장되었다. 도굴로 양상을 정확하게 파악할 수 없는 상황을 고려하면 복수 부장 비율은 더 높았을 것으로 보인다. 특히 주곽과 부곽이 있는 고총은 표 6-4에서 보듯 주곽에는 반드시 찰갑만 부장하는 것도 중요한 특징이다.

연산동고분군에서 출토된 갑주를 기능별로 나누어 검토하고 피장자가 착장했을 갑주의 구조를 파악하고자 한다. 또한 삼국시대 갑주 안에서 연산동고분군 출토 갑주의 특징을 살펴보겠다.

표 6-3　연산동고분군 출토 갑주 상세

| 연번 | 유구 | 투구 | | 갑옷 | | | | 부속갑 | | | 마갑 | 마주 | 철제관모 |
| | | 종장판주 | 차양주 | 찰갑 | 대금식 판갑 | | | 경갑 | 견갑 | 비갑 | | | |
					장방판	삼각판	횡장판						
1	$M2$호	●					●	●					
2	$M3$호	●		●		●		●	●		●	●	
3	$M8$호	●		●	●	●			●	●		●	
4	$M10$호	●		●		●		●		●	●		
5	103호			●					●					
6	105호			●										
7	도쿄박		●			●								●

표 6-4 연산동고분군 출토 갑주 위치

연번	유구	출토 위치		비고
1	M2호	도굴갱 수습		위치 알 수 없음
2	M3호	주곽	부곽	주곽 개석 상면 소찰 출토
		찰갑	종장판주, 충각부주, 찰갑, 대금식 판갑(금부계), 마주, 마갑	
3	M8호	주곽	부곽	
		종장판주, 찰갑	대금식 판갑(장방판갑, 삼각판갑), 견갑, 충각부주(?)	
4	M10호	단독수혈식석곽묘		
5	103호	단독수혈식석곽묘		
6	105호	단독수혈식석곽묘		

우선 투구는 보고서에 의하면 종장판주와 충각부주 그리고 차양주가 출토되었다. 종장판주는 모두 4점이 확인된다. 모두 지판의 단면이 'S'자인 만곡종장판주이며 소찰볼가리개를 하고 있다. 복발은 M8호 출토품만 철제 복발이 확인된다.

충각부주는 모두 2점이 확인된다고 보고서에 기록되어 있다. 그러나 연산동고분군 출토 대금식 갑주를 재검토한 橋本達也(2015: 652)는 M3호에 충각부주 편으로 보고된 부분을 금부계 판갑의 일부로 복원하고 M8호 발굴조사보고서에서 충각부주를 언급한 부분이 있지만 찾기 어렵다고 하였다. 이 책에서도 이 검토 안을 신빙하여 이를 근거로 현재는 충각부주가 확인되지 않는 것으로 판단하고자 한다.[37]

차양주는 전 연산동 출토품이 도쿄국립박물관에 1점 있다. 이 투구에 대해서는 橋本達也가 자세하게 소개하였다(2015: 650). 한반도에는 차양주가 전 연산동 출토품을 포함하면 모두 6점 출토되었는데 출토지 별로 나누면 고령 지산동 1점, 김해 두곡 1점, 고흥 안동고분 2점, 천안 도림리 1점이다. 천안 도림리에서 출토된 차양주는 아주 일부 편만 수습된 것이기에 전체 구조를 알 수 없다. 이 중에 전 연산동 출토품처럼 차양에 문양을 한 것은 고령 지산동·고흥

---

37 연산동 M8호분에 보고된 충각부주편은 필자가 재보고 당시 동권판과 요권판 일부로 추정한 철편을 근거로 추정한 것이다. 그러나 현재 충각부주의 여러 사례와 비교해 볼 때 당시 추정한 철편과 크기나 형태에 차이가 있음을 인정한다. 따라서 연산동 M8호분에서는 충각부주가 확인되지 않는다고 판단된다.

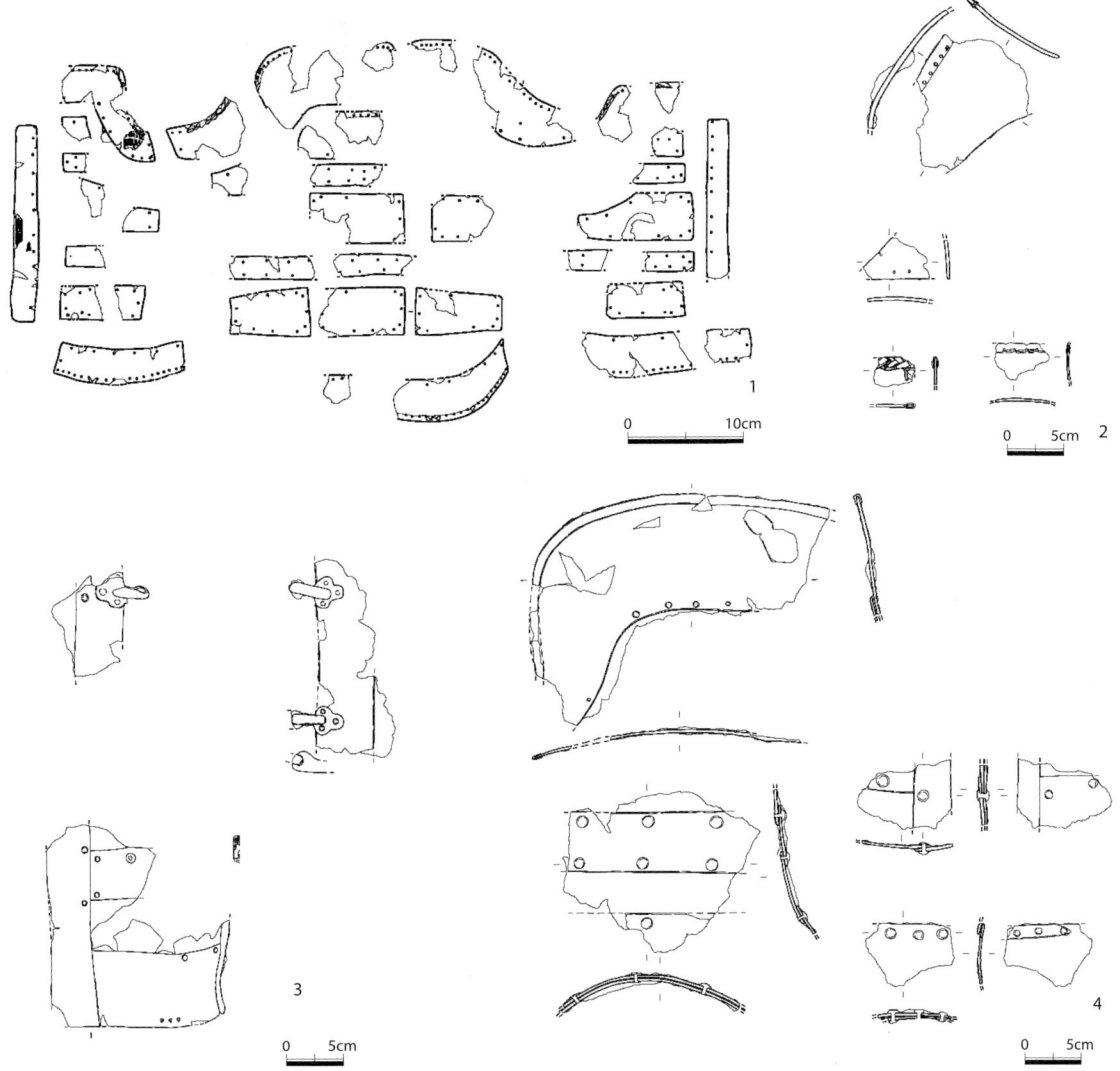

그림 6-6 연산동고분군 출토 대금식 판갑

안동 고분 출토품이다.

연산동고분군에서 특징적인 투구는 관모형 장식이다. 이 장식은 전 연산동 출토품으로 역시 도쿄국립박물관에 보관되어 있다. 이 장식은 합천 반계제 가-A호에서 출토된 소찰주의 장식으로 관모가 달려 있는 형태로 주목받은 바 있다(**그림 2-18**). 그러나 이후 자료 부족으로 별다른 연구가 없었다. 그런데 최근 남원 월산리고분군(**그림 2-18**)과 고령 지산동 518호 출토 투구에 유사

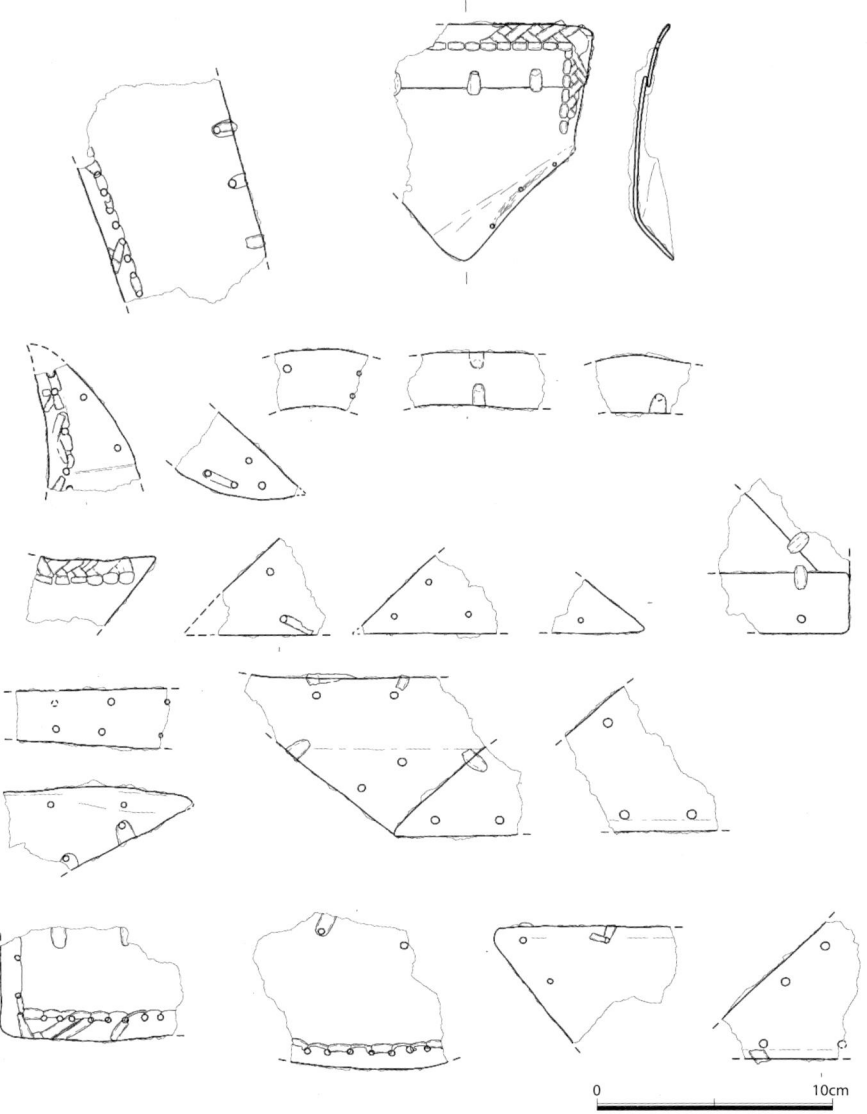

그림 6-7　연산동고분군 출토 금부계 판갑(襟付系板甲)

한 장식을 한 자료가 증가하면서 새로운 논의(김혁중 2015b; 이현주 2015)들이 이루어지고 있다.

다음으로 연산동고분군은 갑옷으로 찰갑과 대금식 판갑이 출토되었는데 M2호를 제외하면 고총에서는 복수 부장하고 있다.

찰갑은 도굴 등으로 전체 구조를 알기 어렵다. 다만 M3호, M8호, M10호 3기의 고총에서 출토된 소찰은 찰갑의 부위를 구성하는 동찰, 상찰, 요찰 등이

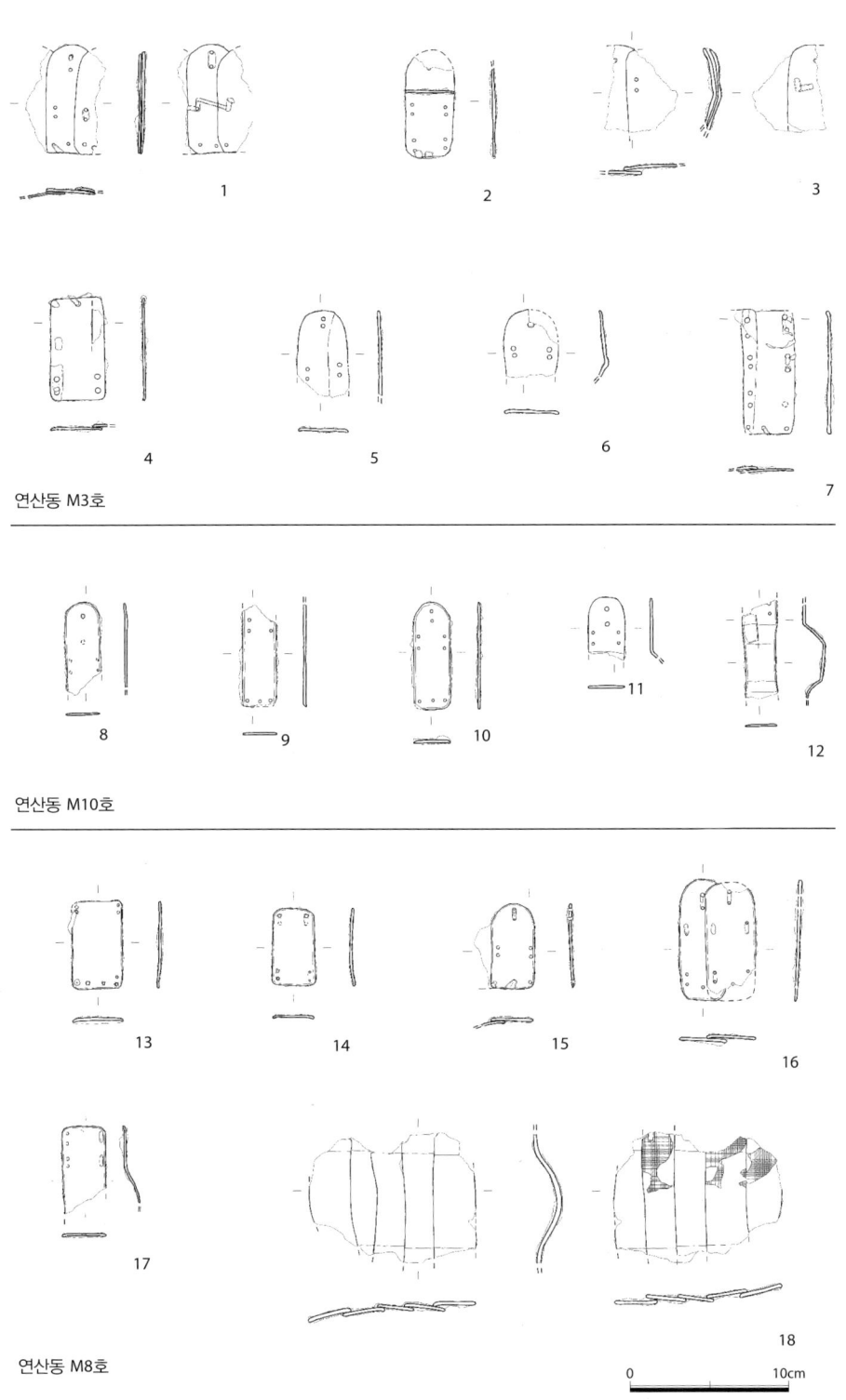

연산동 M3호

연산동 M10호

연산동 M8호

그림 6-8   연산동고분군 출토 찰갑

출토되어 그 특징을 일부나마 확인할 수 있다.

판갑은 대금식 판갑이 출토되었다. 대금식 판갑은 장방판갑, 삼각판갑, 횡장판갑이 확인되어 일부 편들이지만 대개의 형식이 확인된다. 특히 $M3$호에서 출토된 금부계 판갑은 일본열도에서도 출토 사례가 드물고 왜 왕권의 중심지역에만 한정되어 부장되는 자료라는 점에서 부장 배경을 두고 한일 양국 학계가 주목하고 있다.

부속갑은 경갑과 견갑 그리고 팔뚝과 손을 보호하는 비갑 및 수갑이 확인된다. 이중 견갑은 대금식 판갑과 세트로 이해되고 나머지는 찰갑과 관련된 부속갑으로 판단된다.

마지막으로 일부 편이지만 $M2$호를 제외하고 마주와 마갑 모두가 확인된다. 마주는 $M3$호와 $M8$호에서 확인되었는데 $M3$호에서 출토된 마주 편은 챙부와 볼가리개부 그리고 얼굴덮개부가 모두 확인되지만 일부만 남아있어서 전체 형태를 알기 어렵다. 마주는 얼굴덮개부의 상판이 분할 여부에 따라 크게 구분되는데 남아있는 편으로는 분할 여부를 정확하게 판단하기 어렵다. 다만 챙부로 추정되는 편을 보건대 미분할일 가능성도 있으나 좀 더 면밀한 검토가 필요하다. $M8$호 출토 마주도 관금구와 위치를 정확하게 알 수 없는 편만이 남아있다.

마갑은 일부 편만 확인된다. 제형찰도 일부 보이는데 이것은 말의 목을 보호하는 부위에 해당하는 것으로 추정된다. 마갑 편은 수결공의 위치에 따라 속성 분류가 되는데 연산동고분군 출토 마갑은 수결공이 모두 가장자리에 있다.

이제까지 연산동고분군에서 출토된 갑주의 특징을 구체적으로 살펴보았다. 이번 항에서는 이제까지 출토된 신라와 가야 갑주를 비교하면서 연산동고분군 출토 갑주 성격을 살펴보고자 한다.

우선 연산동고분군 출토 갑주의 제작 주체에 대한 부분이다. 주지하다시피 연산동고분군 축조 세력의 정치적 성격은 신라와 가야를 두고 논의가 진행 중이다. 그 성격에 대한 근거로 토기나 고분 축조 방식, 그리고 복식 등이 종합적으로 검토된 바 있다. 그러므로 연산동고분군 출토 갑주에서 기술적으로 이 논의에 도움을 줄 수 있는 특징이 있는지 살펴보고자 한다.

대금식 갑주를 제외하면 연산동고분군에서는 한반도 고유의 갑주인 찰갑,

종장판주, 관모형 장식주, 마주, 마갑 등이 확인된다. 이 중에서 필자는 M10호에 출토된 찰갑에 주목하고자 한다.

M10호 출토 찰갑은 동찰과 요찰이 확인된다. 이중에 주목되는 유물은 단면 형태 '〔'형인 요찰이다. 한반도에서 출토되는 찰갑은 대개 'S'형와 'Ω'형 형

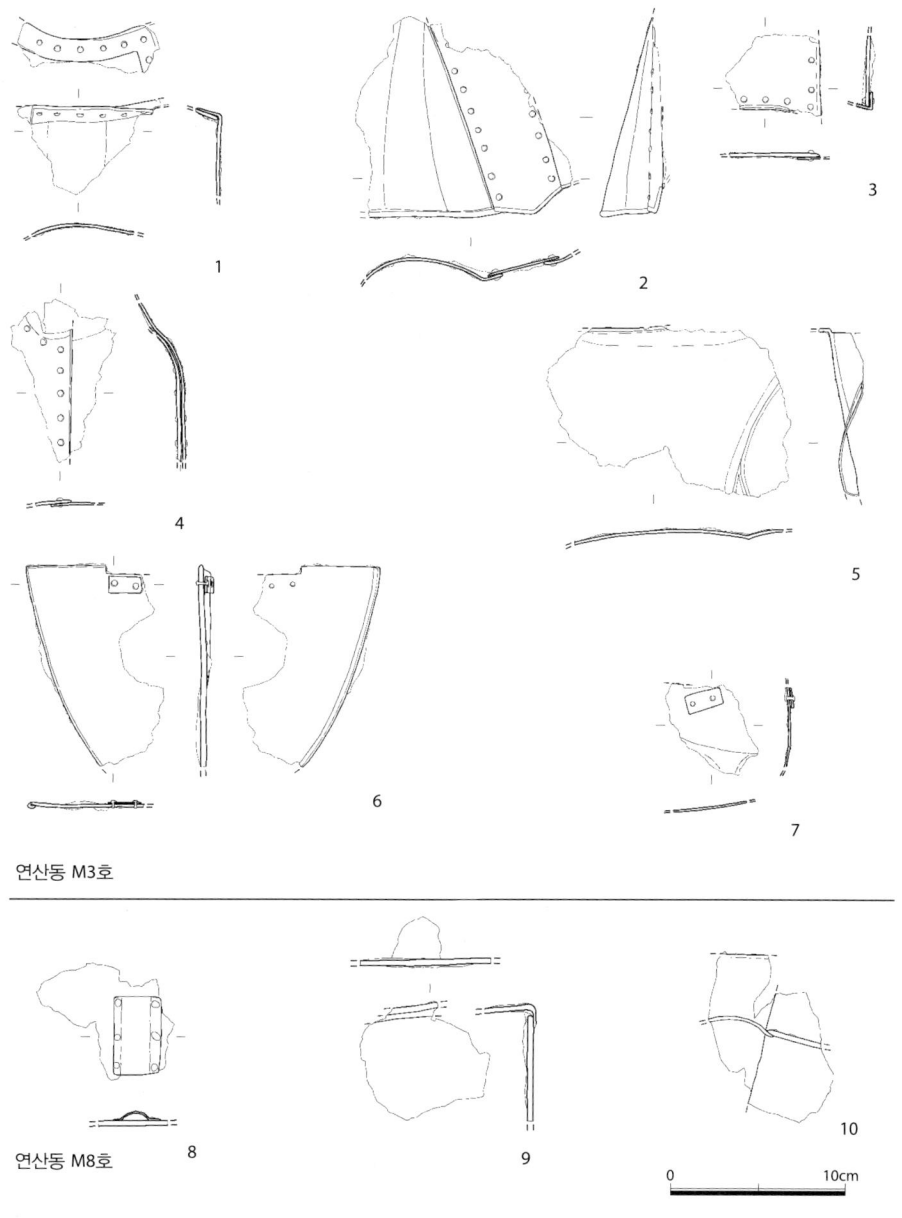

연산동 M3호

연산동 M8호

그림 6-9 연산동고분군 출토 마주

태의 단면을 가진 요찰이 많다. 이외에도 '〈'와 '〔'형태의 요찰이 확인된다.

연산동고분군 출토 찰갑 중 $M3$호는 'S'형 또는 'Ω'형, $M8$호 'Ω'형으로 '〔'형 단면을 가진 $M10$호 요찰과 다른 특징이다. 고총의 축조순서가 $M10$호부터 $M3$호 그리고 $M8$호 순서로 이해하는 견해(김두철 2016)를 반영하면 시간적인 순서로 이해할 수 있다. 이러한 요찰의 변화는 삼국시대 찰갑의 요찰 변화 순서와도 큰 차이가 없다.

그런데 '〔'형 단면을 가진 요찰은 경주 쪽샘 C 10호 목곽묘 출토 찰갑에서 확인된 바 있다. 출토 사례가 많지 않지만 가야 지역의 고총 출토 찰갑의 양상을 보아도 앞으로 가야지역에서 이러한 요찰을 가진 찰갑이 출토될 가능성이 그다지 크지 않으므로 신라의 영향으로 보아도 현재에는 큰 무리가 없을 것이다.

연산동고분군 출토 갑주는 이제까지 대금식 갑주에 대한 논의가 가장 활발하지만 모두에 언급한 것처럼 물품을 수용하는 입장이 충분히 고려된 논의는 이루어지지 못했다. 또한 연산동고분군 축조집단이 신라인지 혹은 가야인지에 대해 아직 논의 중이지만 가야라는 입장에서만 논의된 한계가 있다. 여기서는 세트 관계, 재분배에 대한 기왕의 논의를 재검토하고 신라의 입장에서 보았을 때 연산동고분군 출토 갑주가 갖는 역사적 의의를 살펴보고자 한다.

먼저 대금식 갑주의 세트관계에 대한 부분이다. 연산동고분군 출토 대금식 갑주는 현재 자료로 보건대 충각부주나 차양주와 같은 투구가 없이 판갑 혹은 판갑+견갑의 세트관계로 부장되었다. 물론 고흥 안동고분의 사례처럼 유기질을 혼용한 차양주도 존재했을 가능성도 있다. 그러나 현재 자료가 한반도에서 출토된 대금식 갑주의 세트관계로 드문 사례가 아니기 때문에 원래의 부장 양상을 보여준다고 판단된다. 물론 전 연산동 출토 차양주와 삼각판병유판갑이 있기 때문에 세트관계에 변화가 있을 수 있다. 이러한 세트 관계를 보고 대금식 판갑이 종장판주와 같은 한반도 전통적인 투구와 세트 관계일 가능성을 언급하고 대금식 갑주는 왜 왕권과의 친연성을 나타내고 전통적인 투구는 재지수장의 권력을 정당성을 보여주는 것으로 이해했다(橋本達也 2015: 653).

그러나 이 점은 공반된 찰갑을 전혀 이해하지 못한 부분으로 보인다. 앞서 문제 제기한 것처럼 연산동고분군 출토 갑주를 이해하기 위해서는 전체 갑주 양상을 종합적으로 보아야 한다고 하였다. 찰갑은 한반도의 전통적인 갑옷으로 재지수장 권력의 정당성을 보여 준다면 오히려 찰갑을 착장한 모습을 그려 볼 수 있다. 橋本達也도 언급한 것처럼 도굴 등으로 부장양상이 정확하지 않지만 M8호는 종장판주와 찰갑의 세트관계가 분명하기 때문에 다른 고총 출토 찰갑도 종장판주와 세트관계를 상정할 수 있다.

다음으로 재분배 문제이다. 橋本達也는 연산동고분군 출토 대금식 갑주를 분석하면서 인근에 가달고분군 출토 대금식 갑주가 이곳으로부터 재분배가 되었을 가능성을 제기하였다. 사실 갑주의 재분배에 대한 부분은 일본 고고학에서 왜 왕권이 주변 세력에게 갑주를 분여하였다는 설과 다르지 않다. 아마도 橋本達也는 이곳에 금부계 판갑과 같은 일본에서도 드문 자료가 출토되었다는 것에 연산동고분군 축조세력의 위상을 높게 평가한 것 같다. 그러나 물품을 재분배했다는 것은 대금식 갑주와 같은 동일한 갑주가 출토되었다고 상정할 수 있는 간단한 가설이 아니다. 이를 증명하기 위해서는 가달고분군 축조세력이 연산동고분군 축조세력의 하위세력이었다가 그 이상의 정치적 관계가 상정되어야 할 것인데 그 부분을 쉽게 증명하기 어렵다. 이와 관련하여 필자는 대금식 갑주의 출토된 고분군의 위치가 중요하다고 판단된다.

그렇다면 논의를 좀 더 확장해서 한반도에서 출토된 대금식 갑주의 배경은 어떻게 이해할 수 있을까. 이와 관련해서 김영민(2014)은 한반도 출토 대금식 갑주 출토 양상이 백제나 가야지역에 차이가 있음을 지적하였다. 이중 백제지역은 왜계 갑주가 출토되는 고분은 왜계 분묘이면서 갑주를 포함한 재지계 물품이 없음을 지적하였다. 이를 근거로 백제지역에서 왜계 갑주가 출토된 배경은 왜의 군사력을 이용한 백제의 정치적 상황을 보여준다고 보았다. 이와 달리 가야지역은 왜계 갑주 이외에도 부장 양상에 재지의 여러 무기와 무구가 있으며 피장자가 재지계고분에 부장된 점을 지적하였다. 이러한 점은 백제지역과 달라 실용물품으로 보기 어렵고 소유물품으로 이해하였다.

그런데 위의 연구가 신라지역은 자료 부족으로 별다른 언급을 하고 있지 않으나 이는 고분 축조세력에 대한 견해 차이로 신라 고고학 입장에서는 연산동고분군이나 이 시기 복천동고분군 그리고 가달고분군은 신라와 연계해서 이해하는 논자도 적지 않다.

필자는 앞서 지적한 상황과 덧붙여 고분군의 위치도 중요하다고 판단된다.

남동해안에 위치한 가달고분군이나 두곡고분군, 죽곡리고분군 모두 강이나 바다와 인접한 곳에 있어서 이들 출토 갑주가 어떤 특정 중심세력에 의해 재분배되었다기보다는 왜와의 교류나 교섭의 산물로 부장했을 가능성도 전혀 배제할 수 있는 것은 아니라고 판단된다.

이러한 인식을 전제로 연산동고분군 축조집단 성격을 관련 유물을 통해 좀 더 구체적으로 살펴보자.

이제까지 영남지방은 대금식 갑주의 출토 양상이 지산동고분군을 제외하고 낙동강 하류역 등 가야지역을 중심으로 출토되었다. 이러한 양상에 대해 복천동고분군의 성격이 신라와 가야인가에 대한 논의가 있음에도 불구하고 가야를 중심에 두고 이해되어온 것이 사실이다.

그러나 최근 울산 하삼정유적에서도 대금식 갑주가 출토되어 주목되었다. 기존의 인식으로는 이 지역에 대금식 갑주가 부장된 배경을 이해하는 데 한계가 있는 것이 사실이다. 따라서 이 시기 부산지역의 정치적 성격을 신라와 연관지어 이해한다면 하삼정유적에 대금식 갑주가 부장된 배경을 한층 더 잘 이해

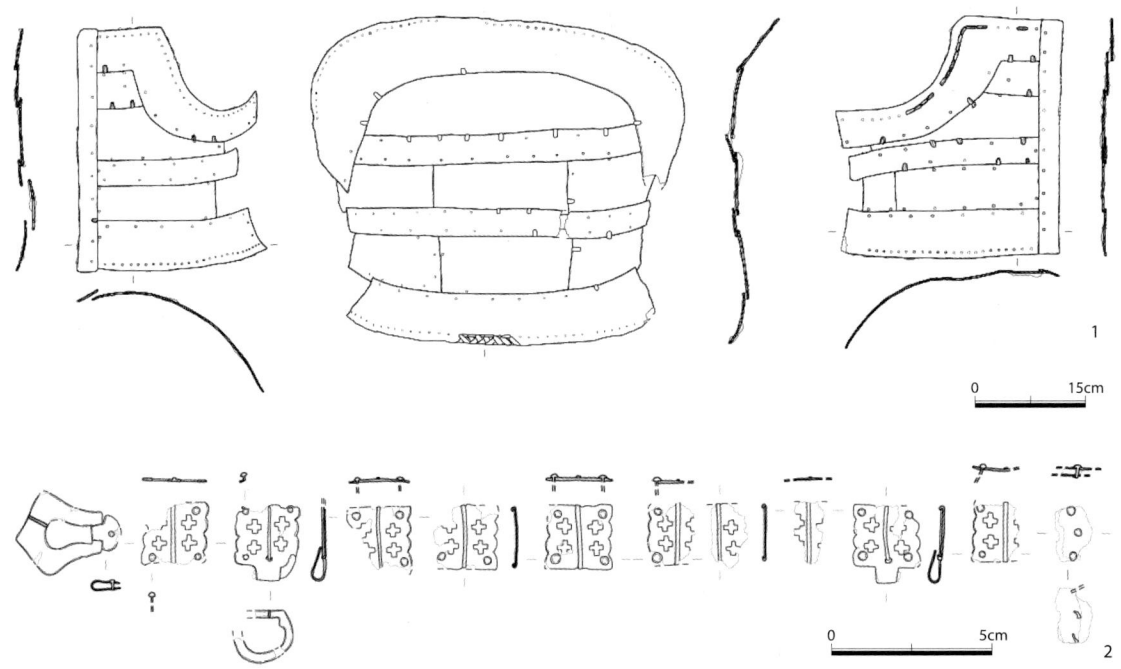

그림 6-10 하삼정고분군 출토 대금식 판갑(1)과 대장식구(2)

할 수 있다.

이와 관련하여 대금식 갑주가 출토된 울산 하삼정 115호 석곽묘에 대장식구가 중요한 실마리를 제공한다. 이 대장식구를 종합적으로 검토한 연구에 따르면 삼연계로 판단되며 왜계 갑주인 장방판갑이 공반된 양상을 보아 일본열도 출토 이엽문대장식구도 신라를 거쳐 수용하였다고 판단하였다(김도영 2018: 100).

연산동고분군의 경우, 도굴로 인해 장신구 출토 사례가 드물지만 103호묘에서 철지은장 역심엽형 대장식구 일부가 출토되었다. 이 고분은 소찰과 견갑이 출토되었는데 견갑은 대금식 갑주의 일부이다.

이러한 사례를 종합해 볼 때 연산동고분군 축조 세력은 신라와 왜가 상호 교류와 교섭을 하는 데 교두보의 역할을 한 세력으로 이해할 수 있다.

4) 신라의 갑주 생산과 유통

신라는 갑주의 생산과 유통이 시기별로 큰 차이가 있다. 사로국이 진한 소국을 병합해 가던 4세기 전반과 중반은 갑주 생산과 관련하여 특정 중심지역을 논의하기 어렵다. 현재 자료로 보건대 경주, 포항, 울산지역에서 우월을 가릴 수 있는 출토량이나 지속성을 가진 고분군은 없다. 다만 경주는 다른 지역보다 시내를 포함하여 일대의 황성동, 월성로, 사라리, 구정동, 동산리 등 여러 고분군에서 이 시기 갑주가 확인되고 있어서 사로국이 진한 소국을 병합해갈 수 있는 국력을 간접적으로 살펴볼 수 있다. 또한 이 시기 갑주의 유통망이 가야보다 넓은 점도 특징적이다. 그러나 가야의 대성동고분군이나 복천동고분군과 같은 단일 고분군에서 지속적으로 갑주가 부장된 고분군은 아직까지 확인되지 않았다. 이러한 양상이 어떤 의미를 갖는지는 좀 더 연구될 필요가 있을 것이다. 현재로서는 갑주가 특정 중심지에서 생산되어 분배나 분여와 같은 체계를 이루었다고 보기 어려운 실정이다.

그러나 갑주 생산이 여러 지역에서 지속적으로 생산되었다고 보기 어렵고 이러한 양상은 대체로 4세기 전반에만 해당한다. 경주를 제외하고는 포항이나 울산은 주요 고분군에서 출토되며 그 생산은 제한적이었을 가능성이 크다. 경주 시내도 그러한 것으로 보이는데 최근 경주 시내인 황성동유적에서 출토된 종장판갑을 통해 그 양상을 추정해 볼 수 있다. 황성동유적은 이른 시기부터 용해로나 용범 등이 넓게 확인된 신라의 주요 철 생산 유적으로 이해되고 있다. 이 유적은 경상북도문화재연구원에서 조사한 4세기 초로 보이는 유구(목곽묘 110호)에서 종장판갑이 출토되었다.

당시 발굴조사에서는 모두 158기의 분묘가 확인되었으나 갑주가 확인된 유구는 2기에 지나지 않는다. 시기별 묘제의 양상을 고려하더라도 갑주의 부장량이 빈약하다. 경주 시내에 위치하지 않지만 조사 범위가 어느 정도 이루어진 사라리유적이나 동산리유적과 비교해 보아도 출토 빈도가 적다.

이러한 양상은 당시 갑주의 생산이나 소유에 제한이 이 시기에 있었을 가능성을 생각해 볼 수 있다. 다시 말해 갑주를 집단마다 쉽게 제작하고 보유할 수 있다면 철을 다루는 전문 제철 집단인 황성동유적은 다른 곳보다 더 많은 갑주가 출토되었겠지만 그렇지 못하다는 점은 유통에 어느 정도 제약이 있었던 당시 상황을 반영한 것으로 보인다.

그런데 신라가 대외적으로 성장하던 4세기 후반이 되면 갑주의 유통 범위는 지역과 계층에서 이전보다 한층 더 넓어진다. 일례로 그간 확인되지 않던 영천지역을 포함하여 신라가 진출했다고 추정되는 강릉 일대까지 이 시기 갑주가 확인되고 있다(강원고고문화연구원 2021). 또한 갑주의 보유 계층도 확대되는데 경주 시내를 보면 고총인 적석목곽분 이외에 목곽묘에도 갑주가 확인되는 점은 계층 내에서도 갑주의 유통 범위가 확대되는 것을 알 수 있다.

그러나 모든 지역과 계층이 같은 갑주를 소유한 것은 아니다. 다시 말해 중앙이나 지방의 고총에만 유통이 가능한 특정 갑주가 생산되어 갑주의 세분화가 진행된 것도 이 시기부터로 추정된다.

그렇다면 이러한 변화는 신라 갑주 생산과 유통에 있어서 어떤 의미가 있을까. 필자는 갑주 종류와 용도의 세분화는 갑주의 위세품적 성격이 오히려 강화된 측면이 있다고 판단된다. 계층에 따라 보유한 갑주의 종류나 품질에 차별화가 생김으로써 오히려 위세품적 성격은 강화된 것이다. 이전에 갑주는 질적인 가치보다 보유의 의미나 양적 의미로 차별화가 있었다면 이 시기는 종류나 품질에 차별화가 생겨난 것이다.

그런데 현재의 자료로 갑주의 지방 생산 여부를 알기는 어렵다. 아직까지

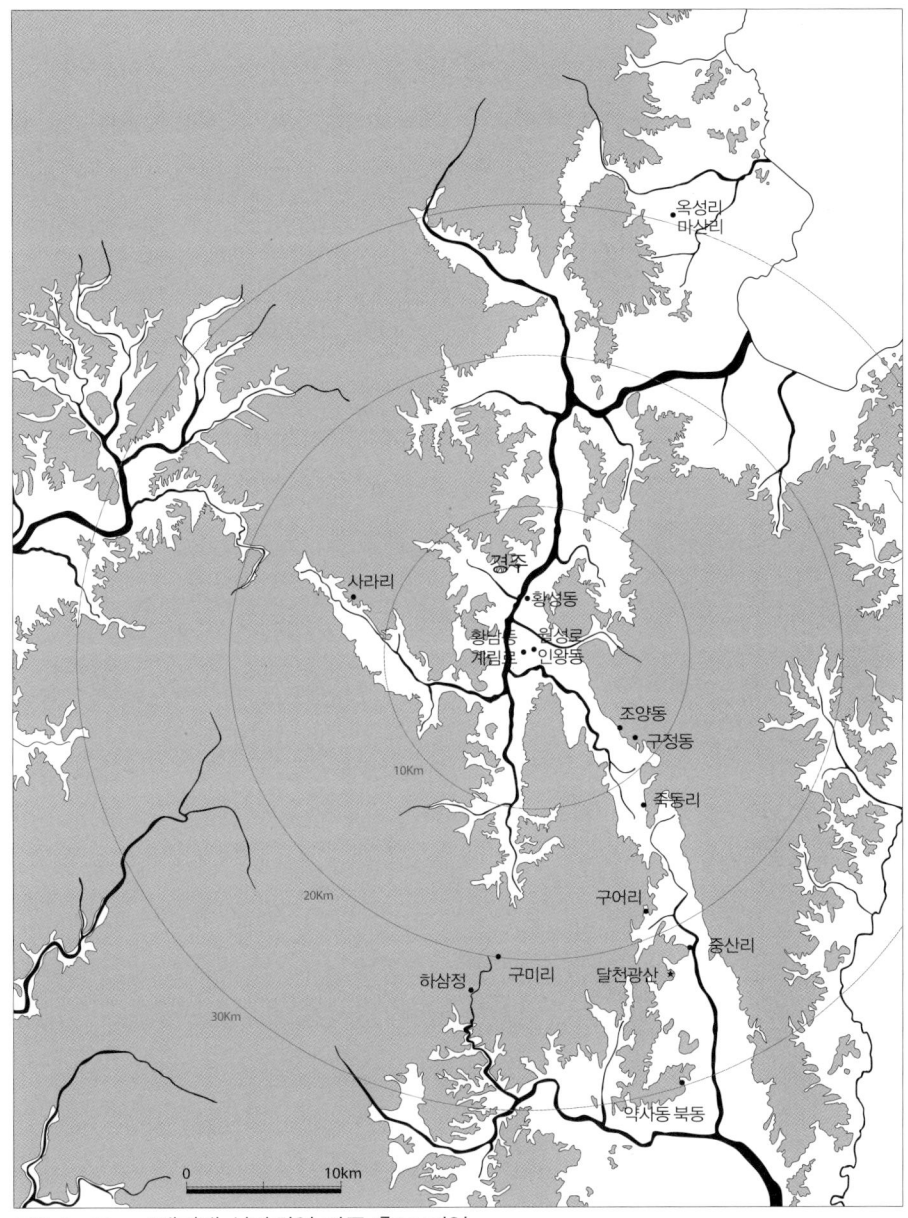

그림 6-11   4세기대 신라권역 갑주 출토 지역

제작지가 확인되지 않았음은 물론이고, 지방 생산으로 판단할 만큼 수량이나 지속적으로 제작된 정형성도 없기 때문이다. 다만 지방에서 확인되는 갑주와 중앙에서 확인되는 갑주가 동일한 종류라도 완성품의 격차를 논할 수 있다. 그 대표적인 예로 화남리유적 목곽묘 30호 출토 찰갑과 경주 계림로 1호 및 쪽샘

C10호 출토 찰갑을 들 수 있다.

이 시기 신라가 질적인 가치로 차별화된 갑주로 생산된 것은 금공 갑주이다. 특히 금동비갑은 중앙에서 생산하여 중앙의 유력계층과 지방의 유력계층에 분여된 것으로 보인다. 이러한 금동비갑의 위세품적 성격은 앞에서도 논한 바 있다.

5) 금관가야의 갑주 생산과 유통

금관가야는 왕묘가 포함된 김해 대성동고분군이 중심지역이다. 대성동고분군보다 위계가 떨어지는 금관가야의 고분군으로 복천동고분군과 양동리고분군을 들 수 있다. 그러나 복천동고분군은 양동리고분군과는 다소 다른 시각에서 보는 견해가 있다. 그것은 복천동고분군에서 확인되는 여러 양상이 외래계 위세품을 제외하고 대성동고분군과 비교하여도 격차가 느껴지지 않기 때문이다. 그러므로 금관가야의 갑주를 논하기에 앞서 복천동고분군의 성격을 먼저 정리할 필요가 있다.

복천동고분군은 일찍부터 신라와 관련하여 고분군 성격에 대한 많은 논의가 있어 왔다. 대표적인 논자로 신경철(1995)은 고구려 남정 이후 대성동고분군이 축조를 중단하고 금관가야의 지배 세력이 복천동고분군으로 옮기면서 친신라계 가야로 변화하였다고 보았다. 이와 달리 이희준(1998)과 김대환(2003)은 4세기 초부터 복천동고분군은 신라에 복속된 것으로 보았다. 최근 새로운 조사와 자료로 새로운 견해가 도출되고 있는데 대표적인 논자로 김두철과 박천수를 들 수 있다. 먼저 김두철(2013)은 최근 조사된 연산동고분군 성과를 중심으로 이 고분군이 축조 중단된 이후에야 신라에 복속되었다고 보았다. 다음으로 박천수(2018)는 복천동고분군에서 확인되는 신라 문물의 양상을 분석하여 복천동 21·22호 단계가 되면 신라에 복속되는 것으로 보고 있다.

일단 필자는 부산지역이 연산동고분군 축조 중단 이후 신라에 복속되었다는 견해에 찬성하지 않는다. 앞서 교섭에서 연산동고분군 출토 갑주 성격을 통해 문제점과 그 성격을 논하였기에 여기서는 재론하지 않겠다. 다만 복천동고분군을 포함한 부산지역이 어느 시기에 신라에 복속이 되었는가는 박천수의 의견에 찬성한다. 4세기 초부터 신라 세력으로 편입되었다고 보는 견해는 출토 유물의 성격 등을 보았을 때 인정하기 어려움이 있다. 다만 복천동고분군은 금관가야를 구성하는 집단으로 대성동고분군과 다른 양상이 많이 보이는데 갑주도 그러한 양상이 보인다. 즉, 금관가야는 갑주 생산에 복천동고분군과 대성동고분군이라는 두 축이 있었다고 생각된다.

그런데 금관가야는 대성동과 복천동고분군 이외에도 김해 양동리고분군, 김해 망덕리고분군, 창원 석동유적 등에서 갑주가 출토되었다. 각 고분군을 축조한 집단은 갑주를 직접 생산하였다기보다 대성동 혹은 복천동고분군으로부터 갑주를 입수하였을 가능성이 크다.

이처럼 하위 집단으로 판단되는 이 고분군들은 두 가지 점에서 직접 생산을 판단하기 어렵다. 표 6-5는 각 고분군에서 출토된 갑주의 수량을 정리한 것이다. 표 6-5에서도 잘 드러나듯이 대성동과 복천동이 압도적인 수량과 빈도를 보인다. 반면 이외 하위 집단의 경우 출토량이 소수에 불과하다.

두 번째는 제작의 지속성이다. 위의 고분군 중에서 고분군이 축조 시기부터 지속적으로 갑주가 부장된 곳은 복천동과 대성동고분군 두 곳이다. 양동리고분군은 4세기 후반부터 자료가 확인되기 때문에 제작의 지속성을 지녔다고 보기 어렵다.

그러므로 양동리고분군과 망덕리고분군, 창원 석동고분군은 이러한 중심세력에서 갑주를 입수했을 가능성이 크다. 그렇다면 하위 집단은 복천동과 대성동 중 어디서 갑주를 입수하였는지 검토될 필요가 있다. 현재 확인되는 자료로 보건대 이들 하위 집단은 복천동고분군 축조 집단으로부터 입수하기보다 대성동고분군 축조 집단으로부터 입수했을 가능성이 크다.

그 근거는 첫째로 부장 패턴이다. 대성동과 복천동은 갑주 부장에 큰 차이가 있다. 대성동은 유기질제 혼용찰갑과 종장판갑이 같이 출토된 사례가 많다

표 6-5 고분군별 갑주 출토 수량

연번	유적명	판갑	찰갑	투구	출토 고분 수
1	대성동고분군	12	17	27	19기
2	복천동고분군	17	7	16	20기
3	양동리고분군	4	2	4	4기
4	망덕리고분군	2	2		4기
5	여래리고분군		1	1	2기
6	석동고분군	1		1	1기

는 것은 여러 연구자들로부터 지적된 바 있다(김재우 2010; 김혁중 2009). 이와 달리 복천동은 종장판갑의 복수 부장이 많다. 물론 4세기 후반부터 그런 양상이 줄어드는 모습이 보이지만 대성동과 비교하면 종장판갑의 복수 부장은 복천동의 특징이라 할 수 있다. 하위 집단 중에 양동리는 이러한 대성동의 유기질제 혼용찰갑과 종장판갑을 부장한 양상을 동일하게 보여주기 때문에 갑주의 입수도 복천동보다 대성동을 통해 이루어졌을 가능성이 높다.

두 번째는 금관가야의 대표적 갑주인 종장판갑의 형식 차이이다. 복천동고분군 출토 종장판갑은 장식성이 대성동고분군 출토 종장판갑보다 떨어진다. 반면, 양동리고분군 출토 종장판갑과 석동고분군 출토 종장판갑은 대성동고분군 출토 종장판갑과 유사성이 높다.

그렇다면 이러한 종장판갑을 포함한 갑주의 유통은 어떻게 이루어졌는지 시론적 성격이 강하지만 현재의 자료를 중심으로 검토하고자 한다.

우선 출토 양상을 보면 양동리고분군과 망덕리고분군·석동고분군은 서로 동일하지 않다. 양동리고분군은 망덕리고분군·석동고분군에 비하면 단발적이지 않고 고분군 내 출토 빈도도 상대적으로 높다. 또한 양동리고분군은 두 고분군과 달리 종장판갑과 유기질제 혼용찰갑이 공반된 사례도 달라 금관가야 내에서도 어느 정도 집단의 위상이 있었다고 판단할 수 있다. 그리고 망덕리고분군과 석동고분군간에도 차이가 있는데 망덕리고분군은 석동고분군보다 갑주를 포함한 무기류의 부장률이 높아서 이것이 집단의 성격 차이인지는 좀 더 연구되어야 할 것 같다. 이를 통해 유통양상을 추론하면 집단의 위상에 따라 하위집단이라도 갑주의 유통에 차이가 있음을 알 수 있다.

그런데 이러한 유통양상을 갑주의 분여 문제로 볼 수 있는가이다. 이는 뒤에 언급할 대가야의 갑주 유통과 다르게 볼 필요가 있다. 먼저 복천동고분군은 대성동고분군으로부터 갑주를 분여받는 상황이 아니었다. 그러나 두 집단이 금관가야라는 결속을 잇기 위해서는 어떤 양상이 고고학적으로 확인되어야 한다. 기왕의 여러 연구에서와 같이 외절구연고배와 같은 금관가야양식의 토기를 그 증거라고 할 수도 있을 것이나 토기만으로 정치적 관계를 언급하기에는 어려움이 있다. 이와 관련해서 관심이 있게 논의되어온 유물이 통형동기이다. 필자도 통형동기는 대성동과 복천동의 관계를 보여주는 유물로 이해한다. 그러나 통형동기는 금관가야에서 제작되었다고 보기 어려우며 왜계 유물이며 이러한 외래계 위세품을 공유하면서 정치적 관계를 유지했다고 판단된다. 통형동기가 금관가야산인지 왜계 물품인지에 대해서는 본문에서 논의할 사항은 아니지만 최근 박천수의 견해(2018: 250)에서 언급한 바와 같이 출토 정황 등을 통해 취급된 성격을 잘 검토할 필요가 있다고 본다. 아무튼 갑주의 복수 생산지가 있는 상황에서 종장판갑과 같은 갑주가 상위집단에서 하위집단으로 분여가 이루어졌다고 보기는 어렵다. 분여라는 체계가 유지되기 위해서는 항상성도 필요한데 앞에 언급한 고분군에서 어떤 정형성도 파악하기 어렵다. 그러므로 금관가야 갑주는 위세품으로 사용되었으나 현재의 자료만으로 금공품과 같이 분배나 사여 체계를 이루었다고 보기에는 어려울 것이다.

6) 대가야의 갑주 생산과 유통

대가야는 고령 지산동고분군에 왕릉이 조영되었으며 대가야 권역에 옥전고분군을 포함한 중심고분군이 확인된다. 대가야는 현재 자료로 보아 5세기부터 왕릉급 고분이 조영되는 것으로 알려져 있는데 중앙과 지방에서 출토된 갑주는 종류와 질적인 측면에서 차별화가 있음을 알 수 있다. 이번 조에서는 대가야 권역 내 고총과 중소형 고분 출토 양상을 비교하면서 대가야 갑주의 생산과 유통을 검토하고자 한다.

앞서 금관가야의 생산 중심지를 언급하면서 출토량과 지속성을 판단 근거로 들었다. 이와 관련하여 대가야 권역에서는 지산동고분군과 옥전고분군이 출토량과 지속성을 확인할 수 있어 생산의 중심지로 이 두 곳을 비교 분석할 필요가 있다. 그러나 고총의 규모나 수로 보았을 때 대가야의 중심지는 지산동이기에 현재의 조사로 두 고분군을 단순 비교할 수 없다. 따라서 갑주 생산지는 고령 지산동고분군으로 판단된다. 다만 지방에서도 갑주를 생산했을 가능성은 있다. 지방 생산이 가장 유력한 곳은 옥전고분군 축조 집단이다. 앞서 금관가야의 갑주 유통을 논의하면서 분배의 문제를 언급한 바 있다. 그러나 금관가야는 갑주 분여와 같은 위세품 사여 체계를 가지지 못한 것으로 판단하였다. 대가야는 금관가야와는 정치적 상황이나 사회구조가 좀 더 발달한 영역 국가로 발전한 형태이다(이희준 2017; 박천수 2018) 따라서 당시 금관가야와는 다른 방식으로

표 6-6 대가야 권역의 갑주 출토 양상과 위계 구분

유적명	관모형 투구	금동 주	마갑/마주	왜계 갑주	찰갑	등급
지산동	●		●	●	●	1
옥전		●	●	●	●	1
본관동		●			●	2
반계제		●	?			2
월산리	●				●	2
상백리				●	●	3
무릉리					●	4

갑주의 유통을 생각해 볼 수 있다.

대가야 권역에서 갑주의 유통 규모를 부장 양상을 통해 구분하면 **표 6-6**과 같다. 고분군에 부장된 갑주가 어떠한 것인지를 구분해서 등급을 나눌 수 있다고 판단된다. 등급을 나눈 방법은 보유한 갑주의 중요성이나 희소성을 기준으로 하였다.

모두 4등급으로 나눌 수 있으며 이를 각각 설명하면 다음과 같다. 우선 1등급은 관모형 투구를 포함한 장식형 투구와 중장기병을 상징하는 마갑과 마주 그리고 왜계 갑주가 포함된 고분군이다. 2등급은 장식형 투구를 부장한 고분군이다. 3등급은 왜계 갑주가 있는 고분군이다. 4등급은 찰갑과 같은 일반적인 갑주만 부장된 고분군이다.

여기서 갑주 유통의 가장 하위 단계가 거창 무릉리고분군이다. 거창 무릉리고분군은 가장 큰 3기의 중형분이 조사되었는데 갑주가 출토된 2호분은 지산동 44호분 단계이다(경상문화재연구원 2015). 거창 무릉리 2호분 출토 갑주는 도굴이 심하여 그 전모를 정확하게 파악하기 어려우나 종장판주와 찰갑이 출토된 것을 확인할 수 있다.

그런데 여기서 출토된 찰갑은 찰갑의 유형 안에서도 전신이 철제로 된 찰갑이 아니라 신체 일부만 철제로 된 A형이거나 정확한 부위를 알 수 없는 C형으로 판단된다. 또한 별도의 부속갑도 확인되지 않아서 지산동 44호 단계에 확인된 고총 출토 갑주 양상과 차이가 있다.

또한 지산동고분군은 최근 유적 정비를 위해 고총 주변의 중소형분 조사가 일부 이루어진 바 있다. 그런데 이 중소형분에서 갑주가 확인되어 거창 무릉리

고분군 출토 갑주 양상과 상호 비교가 가능하다. 이러한 양상은 신라와 유사한 데 경주 시내의 중소형 고분이 출토된 갑주가 영천 화남리고분군 출토 갑주와 비교하여 세트 관계나 소지한 갑주에서 격차가 확인된다.

그렇다면 대가야 갑주에서 분배를 통한 위세품적 성격을 가진 것은 어떤 것일까. 이 시기에 주로 사용된 갑옷인 찰갑은 구조적인 면에서 신라와 가야를 양식적으로 구분하기 어렵다. Ⅱ장에서 찰갑의 구조 및 특징을 살펴보았으나 신라와 가야 모두 공통되는 요소가 많다. 따라서 대가야 갑주의 생산과 유통을 분석하는 데 어려움이 있다. 이와 관련하여 필자가 주목하는 갑주는 장식 투구로 소찰주와 대가야형 투구인 관모형 종장판주이다.

특히 관모형 종장판주가 대가야형 투구로 이해되는데 대가야권역의 중심 고분군에서 조사된 사례가 증가한다. 그중에 남원 월산리 M5호에서도 완전한 형태의 관모형 종장판주가 출토되어 주목된다. 이와 관련해서 과거에 조사된 월산리 M1-A호분도 관모형 종장판주로 판단된다. 대가야의 왕릉이 있는 고령 지산동고분군은 최근에 들어 자료가 증가하고 있는데 국립가야문화재연구소가 조사한 지산동 518호(국립가야문화재연구소 2016)와 대동문화재연구원이 조사한 지산동고분군 정비부지 B구역 제3호에서도 관모형 종장판주가 출토되었다(대동문화재연구원 2020).

이 투구는 일찍부터 일본열도에서 출토된 광형계 투구의 계통으로 주목받아 왔다. 그러나 신라와 가야 출토 갑주에서 그 원형을 찾을 수 있는 직접적인 자료가 없어서 막연히 종장판주 분석을 통해 그 계보가 한반도에 있을 것이라는 정도로만 이해되었다(內山敏行 2001). 이처럼 관모형 종장판주는 왜와 교섭에도 이용될 정도로 상당한 가치가 있는 장식 투구로 판단된다.

대가야는 고령을 거점으로 한 가라국이 합천의 다라국과 운봉고원의 기문국 등 여러 국을 연맹으로 하여 점차 영역국가로 성장한 고대국가이다. 그렇기에 갑주를 분여하는 위세품 체제가 성립되었다고 보기 어렵다. 영역 국가로 성장해가는 5세기 후반에 이르러서야 갑주가 위세품 사여 체계 안에 들어갔다고 추정되는데 그러한 모습을 잘 보여 주는 것이 이 시기에 등장하는 장식 투구로 판단된다. 이와 관련하여 위세품 사여 체계의 직접적인 증거로 거론되는 금공품이 대가야에서 5세기 후반에 이르러서야 연맹을 구성한 유력자들에게 사여

하였다고 보는 견해(이한상 2018)도 참고가 된다.

7) 신라·가야 왜계 갑주의 입수와 분배

대금식 갑주의 생산지 논쟁은 앞에서 살펴보았지만 아직까지 완결되지 않았다. 대금식 갑주가 한반도산이라는 입장과 일본열도산이라는 입장은 각각 나름의 논리와 근거를 각각 내세우고 있지만 각각의 설에 입론하여 그 출현 배경과 의미를 다룬 연구 성과는 상대적이다. 대금식 갑주가 한반도산으로 보는 입장은 그 양상을 종합적으로 다룬 연구가 많지 않다. 대금식 갑주를 한반도산으로 이해한 대표적인 연구자인 송계현도 이를 통한 한일관계를 구체적으로 다루진 않았다. 이와 반대로 대금식 갑주를 왜계 갑주로 판단하고 그것이 한반도에서 출현한 배경과 그 의미를 종합적으로 다루어본 연구(박천수 2007; 김혁중 2011a; 김영민 2014; 柳本照男 2015)는 적지 않게 검토된 바 있다.

이 중에서 최신 자료까지 종합하여 견해를 밝힌 柳本照男는 시기별 분포 양상을 검토하고 문헌기록을 통해 그 의미를 찾고자 하였다. 주요한 내용은 모두 5가지로 정리할 수 있다.

첫 번째로 그는 4세기대 복천동과 대성동고분군에 출토된 왜계 갑옷의 성격을 가야와 왜가 고구려 남진에 대항하여 협조하는 배경으로 보았다. 왜는 당시 고구려의 낙랑 대방 세력 축출로 인한 중국 문물 수용의 어려움이 있었고 안정적인 철 자원 확보 등을 위해 가야와의 긴밀한 관계를 맺을 수 밖에 없었던 것이다.

두 번째로 경기도 파주 주월리유적에서 출토된 대금식 갑주 편이 출토된 배경이다. 그는 주월리유적을 백제가 4세기 말~5세기 초두의 고구려 공격에 대한 방어기지로 만든 것으로 보고 일반적인 취락 유적과 성격이 다르다고 보았다.

세 번째로 5세기대 서남해안에 확인된 왜계 갑주는 중국이나 백제와의 교역 루트 확보를 위한 목적으로 교섭한 결과로 보았다.

네 번째로 5세기 중후반은 충청도 지역에서도 왜계 갑주가 확인되는데 이는 왜가 백제와 함께 고구려의 남하정책 방지에 일조한 데 따른 것이며 백제지역의 철 자원을 확보하고자 하는 목적도 있었다고 보았다.

마지막으로 5세기 후반 연산동고분군 출토 왜계 갑주를 분석하면서 기왕에 논의된 신라의 부산지역 지배에 의문을 표시하였다. 신라가 황남대총 남분과 같은 거대 고분을 축조한 것은 5세기 중엽 이후이며 그 이전에는 복천동고분군이 신라의 영향 아래에 있었다고 보기 어렵다고 하였다. 또한 연산동고분군 출토 왜계 갑주가 부산지역의 독자적 성격을 잘 보여 준다고 이해하였다.

그러나 柳本照男의 견해는 몇 가지 점에서 다시 살펴볼 필요가 있다. 우선 자료 분석의 한계를 들 수 있다. 그 예로 찰갑 중 'Ω'형 요찰을 가진 찰갑을 모두 왜계 갑옷으로 인식하고 있는 점이다. 또한 그의 연구도 기왕의 연구들처럼 군사적 측면만 강조하여 왜 측의 이해 관계 중심으로 서술한 한계가 있다. 이런 문제점은 일본 연구자 사이에서도 문제로 지적되어 왔다(高田貫太 2016). 특히 이 글과 연산동고분군 축조집단을 바라보는 관점에 큰 차이가 있다.

무엇보다 출토 양상에 대한 균형감이 있는 관점이 부족하다. 김영민(2014)이 지적한 바와 같이 백제와 가야에서 출토되는 왜계 갑주는 부장 양상 등에서 많은 차이가 있다. 이는 피장자의 차이를 우선 들 수 있을 것이며 갑주를 매납한 목적이나 그 배경에 차이가 있을 것이다. 따라서 군사적인 목적이나 왜의 필요만으로 왜계 갑주의 출현 배경을 설명할 수 없다.

신라와 가야, 그리고 백제에서 출토된 왜계 갑주를 검토하기 위해서는 우선 두 가지 부분을 고려해야 한다. 첫 번째는 갑주 소유자가 왜인인지 해당 국가의 지배계층인지 구분할 필요가 있다. 두 번째는 물품의 성격이다. 부장된 갑주와 관련된 정황을 검토하여 실제로 피장자가 생전에 방어구로 입었던 것인지 아니면 단순히 교류나 교섭의 증표 또는 정치력을 표현하기 위한 위세품인지 구분할 필요가 있다.

첫 번째를 구분하는 방법은 인골 등을 통한 형질학적 분석이 있다면 좋으나 현재는 축적된 자료가 없다. 이를 대신하여 갑주 이외의 부장품이나 묘제의 성격 등을 검토하여 간접적으로 추정해 볼 수 있을 것이다. 두 번째를 구분하는 방법은 생전에 사용하지 않던 이질적인 갑주인지를 판단하는 것인데 신라와 가야에는 이미 고유의 갑주가 있으므로 공반된 갑주를 통해서 증명이 가능하다.

이를 통해 본다면 사실 첫 번째 조건을 볼 때 신라와 가야에 왜계 갑주를 부장한 피장자는 왜인으로 볼 가능성이 상당히 낮다. 물론 장목고분의 사례를 제외한다면 백제와 달리 신라와 가야 출토 갑주의 피장자는 대부분 지배계층으로 이해할 수 있다.

다음은 고분에 부장된 왜계 갑주의 성격으로 신라와 가야 내 계층 차이에도 어떤 갑주 부장 양상의 차이가 있는지 검토해 보겠다.

우선 가야는 앞서 Ⅱ장에서 살펴본 바와 같이 4세기부터 관련 자료를 확인할 수 있다. 시기별 분포 양상은 이미 Ⅱ장에서 언급하였기에 여기서는 가야 내 차이점을 현재의 자료를 바탕으로 검토해 보고자 한다.

금관가야에서 확인되는 왜계 갑주에서 아직 논의가 필요한 갑주가 방형판갑이다. 이 갑주의 생산지에 대해서는 현재 논란이 있어서 왜계 갑주로 판단하기 어렵다. 만일 방형판갑이 왜계 갑주라면 4세기대는 금관가야의 왕묘로 추정되는 대성동고분군에만 확인되기에 파형동기나 통형동기와 같이 왜 교섭과 관련된 위세품 정도로 이해할 수 있다.

그러나 앞서 왜계 갑주의 위세품적 성격에서 언급한 바와 같이 최근 그 성격이 확인된 대성동 1호, 88호 출토 양상을 보았을 때 방형판갑 문제는 신중을 기할 필요가 있다(김혁중 2016b; 김영민 2018). 김영민(2018: 212)이 지적한 바와 같이 대금식 판갑의 출현시기로 언급되는 375년으로 보는 입장과 396년으로 보는 입장은 최근 대성동 1호 출토 방형판갑으로 보았을 때 앞으로 연구가 필요한 사항이다.

따라서 대금식 갑주에 대한 부분을 통해 금관가야가 왜계 갑주를 입수하여 어떻게 분배하였는지 살펴보고자 한다. 현재 자료는 대성동고분군과 같은 중심고분군이 왜계 갑주가 확인되는 양상에서 조사된 사례가 없고 주변고분군인 가달고분군, 죽곡리고분군, 두곡고분군만 알려진 상황이다. 따라서 금관가야의 중심 집단은 어떻게 왜계 갑주를 활용하였는지 알기 어렵다. 다만 대가야나 아라가야의 사례를 통해 추정해보면 왕릉급 고분은 찰갑과 같은 좀 더 우수한 갑주가 있었기에 실질적으로 사용하였다기보다 교섭의 물품으로 다루었을 가능성이 크다.

앞에서 왜계 갑주의 위세품적 성격에 관하여 논하였다. 그리고 이러한 왜계 갑주가 출현하는 배경에 대해서 기왕의 연구를 비교하면서 백제와 가야 그리고 신라에서 왜계 갑주가 가진 의미가 다르며 출토되는 양상이 다름을 알 수 있다.

가야에서 확인되는 왜계 갑주의 성격에 대해서 김영민(2018)은 좀 더 구체

그림 6-12   한반도 출토 방형판갑: 대성동 88호(1), 대성동 1호(2), 복천동 64호(3)

적인 안을 내놓았는데 그는 가달고분군, 죽곡리고분군, 두곡고분군과 같은 중소형 고분에서 출토된 왜계 갑주는 실질적으로 사용한 것으로 보았다. 또한 그는 이러한 갑주가 일본 내 지역 세력과의 교섭을 통해 입수한 것으로 보았다. 백제가 왜 왕권이 있는 기나이세력과 교섭하여 왜계 갑주를 입수한 것과는 다른 것으로 보았는데 가장 큰 차이는 왜계 갑주를 가진 피장자의 성격이 왜인인가 아닌가가 중요한 근거로 보인다. 이처럼 중소형분에 왜계 갑주인 대금식 판갑이 확인되는 것은 이 시기는 앞 시기에 사용된 종장판갑과 같은 판갑이 없는 것도 중요한 점으로 보인다. 김영민은 종장판갑을 대신하여 대금식 판갑이 중소형분 피장자의 중요한 갑옷으로 사용된 점을 지적하였다(김영민 2018: 218). 이 시기는 점차 갑옷으로 찰갑의 우수성과 중요성이 강조되어 간 시기이기에 이러한 견해는 왜계 갑주의 입수와 분배 문제에서 중요한 언급으로 이해된다.

그러므로 위의 검토를 종합하면 금관가야는 왜계 갑주를 입수한 후 그 분배와 활용에 왕릉급 대형고분과 중형고분의 차이가 있음을 알 수 있다.

대가야는 현재 가장 먼저 확인되는 자료로 옥전 68호 출토품이 주목된다. 이와 관련하여 대금식 갑주가 부장되는 가달고분군과 더불어 창녕산 토기의 공반양상을 주목하고 왜와 창녕지역과의 관계를 언급한 바 있는데 창녕지역의 고총인 교동 3호도 왜계 갑주가 확인되어 이 지역에 왜계 갑주가 이른 시기부터 확인되는 이유로 창녕지역과의 관련성을 주목해 볼 수 있다. 창녕지역은 5세기 이후 신라권역으로 이해되기 때문에 교동 3호 출토품은 신라와 왜의 교섭에 창녕지역이 매개가 되었을 가능성을 보여 준다고 판단된다.

아라가야는 최근까지 도항리 13호 출토 삼각판혁철판갑이 유일한 자료였다. 그런데 최근 경상문화재연구원이 도항리 428-1번지 일원에서 조사한 5호 석곽묘에서 장방판혁철판갑편이 새로운 자료로 확인되었다. 이 자료들이 4세기까지 올라가는 것은 아니며 5세기 전반에 해당된다. 그런데 5세기대에 왜계 갑주가 확인되는 대가야와 그 양상이 다르다. 현재까지 자료로 보건대 대가야도 지산동 32호에서 횡장판갑이 출토된 바 있다. 아라가야가 대가야와 다른 점은 왕릉급 고총에서 왜계 갑주가 확인되지 않는다는 점이다. 대가야는 지산동 32호뿐만 아니라 중형분인 지산동 I지구 5호분에서 왜계 투구인 차양주가 출토되었다. 또한 최근 대동문화재연구원이 지산동고분군 일부 정비복원 사업으로 조사한 구역에서 충각부주가 출토되었는데 그 규모는 중소형분이다. 대가야의 권역인 옥전고분군도 고총에서 왜계 갑주가 출토되어서 아라가야와 출토양상이 다르다.

고총에서 출토된 대금식 갑주는 대개 가야 갑주와 공반되어 출토되며 부곽에 부장된다. 또한 고총과 중소형분의 세트 관계에 차이가 있다. 다시 말해 지산동 32호분 대금식 판갑은 투구인 충각부주와 어깨를 보호하는 부속갑인 견갑을 모두 갖추고 있지만 다른 고분에서 출토된 왜계 갑주는 차양주 혹은 충각부주와 같은 투구만 부장된다.

다음으로 신라 권역은 5세기 이후에 왜계 갑주인 대금식 갑주가 확인되는데 울산지역을 제외하고는 일찍부터 왜와 교류가 활발하게 이루어지던 곳이다.

특히 Ⅱ장에도 언급한 것처럼 부산의 고총이 있는 연산동고분군의 출토 양상이 흥미롭다. 먼저 세트관계에 차이가 있다. 부산의 주요 고분군인 복천동고분군에도 왜계 갑주인 대금식 갑주가 복천동 112호와 복천동(동) 2호에서 확인되었으나 전자는 횡장판갑과 견갑이 출토되었고 후자는 견갑만 확인되었다. 이와 달리 연산동고분군은 판갑과 부속갑 그리고 투구가 모두 함께 확인된다. 두 번째로 연산동고분군은 고총과 중소형분 모두 확인되며 복천동고분군은 대형분은 확인되지 않는다.

그리고 부산과 울산, 그리고 창녕지역을 신라의 주변 지역으로 본다면 신라 중심인 경주지역은 현재까지 왜계 갑주가 확인된 사례가 없다. 이는 가야의 중심 고분군에 왜계 갑주가 확인되는 점과 차이가 있다고 할 수 있다. 이점은 백제도 신라와 마찬가지이며 충청지역이나 서남해안에 왜계 갑주가 확인되는 것과 달리 공주나 부여와 같은 중심지역에 왜계 갑주가 확인되지 않는 점은 신라지역과 유사한 상황이다.

백제도 5세기 전반 이후 왜계 갑주가 확인되는데 서남해안에 확인된 왜계 고분에서 출토되는 사례가 대부분이다. 그런데 흥미로운 점은 이 묘제가 북부 구주지역의 중소고분의 양상과 많이 닮아있다고 한다(高田貫太 2014). 高田貫太(2014)는 이 고분을 축조한 지역 집단은 남해안 연안항로를 이용하는 해상교통을 정치적이고 경제적인 기반으로 삼았을 가능성을 제기하였다. 이와 더불어 일본열도에도 유사한 성격을 가진 백제계 도래인 집단을 상정하여 상호 교섭의 가능성을 제시하였다. 그렇다면 신라와 가야에 확인되는 왜계 갑주는 어떻게 이해해야 될까. 현재의 자료로 정확히 일본열도의 어떤 지역과 비교하기 어렵다. 다만 鈴木一有(1996)은 삼각판혁철판갑의 지판 배치를 통해 역삼각형 계통(A형)과 삼각형 계통(B형)으로 나누고 한반도 남부에서는 삼각형 계통이 집중적으로 확인된 것을 지적한 바 있다. 최근 확인된 연산동고분군 출토 금부계 판갑은 대금식 판갑의 변형된 형식으로 왜 왕권의 중심지역인 기나이지역에 분포하고 있어서 주목되는 자료이다. 앞으로 신라와 왜, 가야와 왜 출토 왜계 갑주의 의미를 분석하기 위해서는 일본지역 내 한반도계 갑주 등 관련 자료와의의 면밀한 비교 분석이 더욱 요구된다.

3. 신라 갑주의 중앙과 지방의 비교사적 검토
- 포항 남성리고분군 출토 갑주의 특징과 의의

1) 문제 제기

신라사는 문헌이나 고고 자료를 통해 많은 연구가 활발히 진행되었으나 4세기대는 상대적으로 많은 연구가 이루어지지 못하고 있다(최병현 2015: 104). 4세기대 연구가 부족한 상황은 무엇보다 자료 부족 문제를 일차적으로 꼽을 수 있다. 그러나 다행히 최근 주변 지역을 중심으로 4세기대 고분군이 조사되어 자료가 축적되고 있다. 이러한 조사 성과는 이 시기 대표 묘제인 목곽묘의 전개 과정을 통해 4세기대 사로국이 내부를 통합해 가면서 신라로 성장한 과정을 검토한 연구(최병현 2015)가 시도될 수 있는 여건을 제공하였다.

출토품도 과거와 달리 다종다양한 자료가 확보되었다. 주요 자료의 하나인 갑주는 경주 시내를 포함하여 주변 지역인 포항과 울산에서도 4세기대 자료가 상당한 양이 축적되었다. 이러한 상황은 양적으로 가야지역과 비교하기 어려우나 질적인 측면에서는 대등한 수준으로 판단된다. 그렇지만 갑주 연구는 이제까지 신라와 가야의 차이만을 부각하거나 기술적인 교류 관계만 검토하였을 뿐 신라 내부 사회에서 갑주의 발달 과정이나 영향을 검토한 사례는 없다.

이제까지 신라지역은 가야지역과 비교하여 대성동고분군이나 복천동고분군처럼 4세기대 단일 고분군 내 갑주 출토 양상이 미흡하여 발달 과정을 종합적으로 살펴볼 수 없었다. 그러나 최근까지 축적된 자료를 통해 경주와 그 주변 지역을 중심으로 당시 갑주의 발달 과정과 상호 영향 관계를 어느 정도 추정해 볼 수 있는 여건이 마련되었다.

특히 포항 남성리고분군은 신라권역 내에서 단일 유적으로는 가장 많은 갑주가 확인되었다. 이 갑주들은 종류도 다양하여 좁게는 신라 갑주 발달에 대한 이해를 높이고 넓게는 고대 갑주 연구에 도움을 줄 수 있는 자료이다. 특히 4세기대 갑주 자료가 집중하고 있어서 가야와 비교하여 상대적으로 빈약한 4세기대 신라 자료를 보완하리라 기대된다.

물론 아직까지 신라 중심인 경주 시내지역 출토 갑주 자료가 미흡한 것은 사실이다. 그러나 사라리, 황성동, 구정동, 구어리 등의 주변 자료로 사로국의 중심지역이라 추정하는 월성북고분군의 사정을 유추해 볼 수 있는 상황이다. 또한 경주지역이 아닌 주변 지역에서 출토된 갑주는 당시 사로국과 주변 정치체의 관계를 반영할 것이기에 경주지역 갑주 연구에서 함께 검토해야 한다.

4세기 전반에 사로국이 주변을 복속하는 과정을 고고학적으로 접근하여 구체적으로 설명한 대표적인 논자로 이희준(2007)과 최병현(2015)을 들 수 있다. 이 글이 검토하고자 하는 포항지역은 이 논의들에서 일찍부터 사로국에 복속된 지역으로 분류해 왔지만 그 지배 방식에 대한 이해는 약간의 견해 차가 있는 것 같다. 이희준은 경옥제 곡옥과 같은 위세품이 분배되는 일원적 분배 체계가 이 시기에 형성되었지만 간접 지배의 수준에는 못 미쳤다고 추정했다(이희준 2007: 215-216). 이와 달리 최병현은 이 시기를 신라 조기로 설정하고 포항지역이 일찍부터 사로국의 지배하에 들어가 그 지방으로 재편되었다고 보았다(최병현 2015: 144).

이렇게 달리 보는 근거로 이희준(2007: 216)은 사로국과 다른 지역과의 관계 변화를 신라양식 토기에서 찾아 양식적 선택압이 시작되는 그 이후부터 간접 지배 등의 지배 방식을 언급한 반면에 최병현(2015: 147)은 이미 이전에 철저하게 예속되어 격하·재편된 것으로 본 것이 차이라 하겠다.

그런데 최근 보고서(세종문화재연구원 2019)가 간행된 포항 남성리고분군 출토 양상에서는 이 시기 사로국과 주변 지역 관계를 단순히 지배와 피지배 관계로 보기 어려운 자료가 확인된다. 그 대표적인 자료가 통형동기로 기왕에는 김해지역 중심으로 금관가야의 대표적인 기물로 이해한 자료이다(김영민 2010: 141). 일찍부터 신라와의 관련성이 높은 지역으로 언급되어온 포항지역에 왜 이러한 자료가 출토되는지 검토가 필요하다.

4세기대 갑주는 여러 부장품 중에서도 위세품적 성격이 강하므로 고분군 내 위계가 상당히 높은 피장자가 소유할 수 있었던 물품이다. 이러한 갑주가 포항지역은 신라 중심지역이 아닌 지방이면서도 울산지역과 더불어 지속적으로 출토되고 있다. 이것은 당시 사로국과 주변의 관계를 이해하는데 있어 갑주가 좋은 자료가 될 수 있음을 보여준다.

모두에도 언급했지만 갑주는 신라와 가야라는 큰 범주에서 양식적 차이와 지역성에 대해서는 활발한 논의가 있었다. 그렇지만 이 시기 신라권역 내 갑주 양상에 대한 구체적인 분석은 이루어진 바 없다. 이 글은 갑주 자료가 다수 확보된 남성리고분군 출토 갑주의 검토를 통해 기왕에 축적된 갑주 자료와 연구를 종합적으로 검토하여 사로국 성장 과정의 일면을 살펴보고자 한다.

2) 포항 남성리고분군 출토 갑주 양상과 특징[38]

(1) 포항 남성리고분군 출토 갑주 출토 양상

포항 남성리고분군은 도시개발사업을 계기로 세종문화재연구원이 발굴조사하였다. 조사단은 이 구역을 Ⅰ~Ⅵ구역으로 나누었는데 청동기시대부터 조선시대에 이르는 유구가 확인되었다. 그중 Ⅰ·Ⅱ구역에 해당하는 삼국시대 목곽묘에서만 갑주가 출토되었다(세종문화재연구원 2019).

출토 갑주는 공반 유물을 보면 대개 4세기대가 중심이다. 4세기대 갑주는 종장판갑과 종장판주의 양식적 검토를 통해 지역성이 논의된 바 있다(장경숙 1999; 송정식·이유진 2008; 김혁중 2009). 남성리고분군에서는 궐수문종장판갑이 출토되었다. 궐수문종장판갑은 김해·부산을 중심으로 하는 가야지역에 집중된 자료로 이곳에 부장된 배경이 무엇일지 검토할 필요가 있다.

표 6-7 포항 남성리고분군 출토 갑주 상세

연번	출토 고분	크기 (길이×너비, cm)	갑주 부장 위치	갑주	무기	마구	부곽
1	Ⅰ구역 1호 목곽묘	(主)496×286 (副)300×215		종장판주, 경갑	환두대도, 철촉, 철촉	재갈	동혈
2	Ⅰ구역 14호 목곽묘	402×125	남단	찰갑(소찰편)	철모		
3	Ⅰ구역 16호 목곽묘	392×155	남서단, 중앙	종장판주, 찰갑	대도, 철모	재갈	
4	Ⅰ구역 21호 목곽묘	336×125	남서단	종장판주	철모		
5	Ⅱ구역 3호 목곽묘	(123)×183	동	부속갑(비갑?)	철모		
6	Ⅱ구역 17호 목곽묘	(主)406×169 (副)267×160	(主)종장판갑 (副)종장판주,찰갑 2	종장판갑, 비갑, 종장판주, 경갑, 요찰	환두대도, 철모, 철촉	재갈	동혈
7	Ⅱ구역 27호 목곽묘	(366)×(125)	서단	종장판주, 경갑			
8	Ⅱ구역 29호 목곽묘	280×132	서단	종장판주	철모		

---

[38] 2항 일부는 남성리고분군 보고서 고찰(김혁중 2019b)을 전체적으로 수정 가필하여 작성하였다.

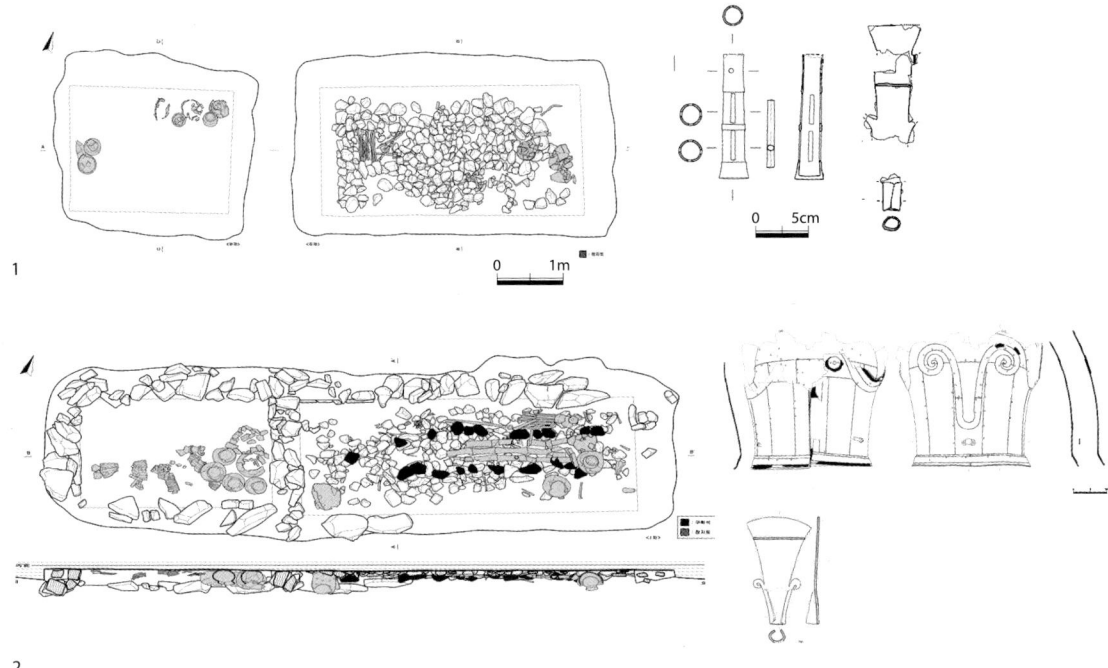

그림 6-13   포항 남성리고분군 Ⅱ구역 13호 목곽묘(1)와 17호 목곽묘(2)

　　　먼저 남성리고분군에서 출토된 갑주를 **표 6-7**과 **그림 6-14·15**로 정리하였다. 갑주가 출토된 고분은 Ⅱ구역 29호 목곽묘를 제외하면 대부분 길이가 4m에 달하는 대형 목곽묘이다. 특히 Ⅱ구역 17호 목곽묘는 Ⅰ구역 1호 목곽묘 다음으로 가장 큰 유구로 종장판갑과 찰갑이 부장되었다. 종장판갑과 찰갑이 공반된 부장 양상은 4세기대 신라권역에서 찾아보기 어려운 조합 관계이다.

　　　갑주 부장 양상과 더불어 마구의 공반 관계는 피장자가 기병적 성격을 가졌는지 검토해 볼 수 있다. 다만 유구의 파괴가 심하여 정확한 양상은 알 수 없다. 그렇지만 몇몇 고분은 재갈과 같은 마구가 부장된 점을 확인할 수 있다.

　　　또한 마구 부장과 더불어 무기 부장 양상에서 기본적으로 철모가 부장되어 있으며 대형분은 대도가 추가되는 양상이다. 따라서 갑주의 조합 관계나 수량, 그리고 마구 및 무기 조성은 고분 규모에 따라 달라서 위계적인 차이를 확인할 수 있다.

　　　남성리고분군에서 확인된 목곽묘는 보고서의 고찰(이진혁 2019)에 의하면 포항지역 목곽묘는 묘광의 장단비와 평면형태를 통해 모두 A~E 유형으로 나뉜다. 이 중 A형은 방형 목곽묘로 남성리고분군에서는 확인되지 않는다. B·D형

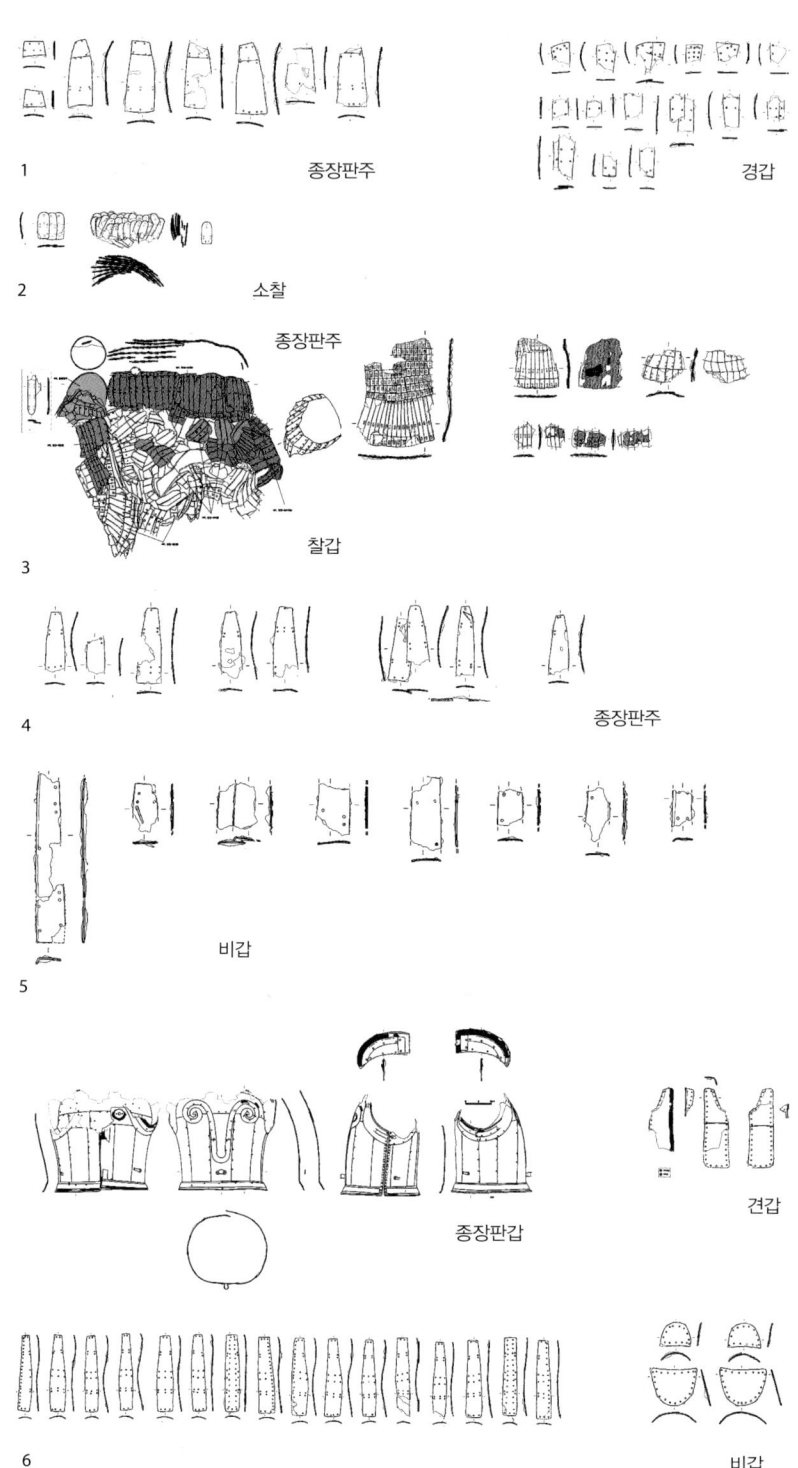

그림 6-14 포항 남성리고분군 출토 갑주 양상(1)

1: Ⅰ구역 1호 | 2: Ⅰ구역 14호 | 3: Ⅰ구역 16호 | 4: Ⅰ구역 21호 | 5: Ⅱ구역 3호 | 6: Ⅱ구역 17호

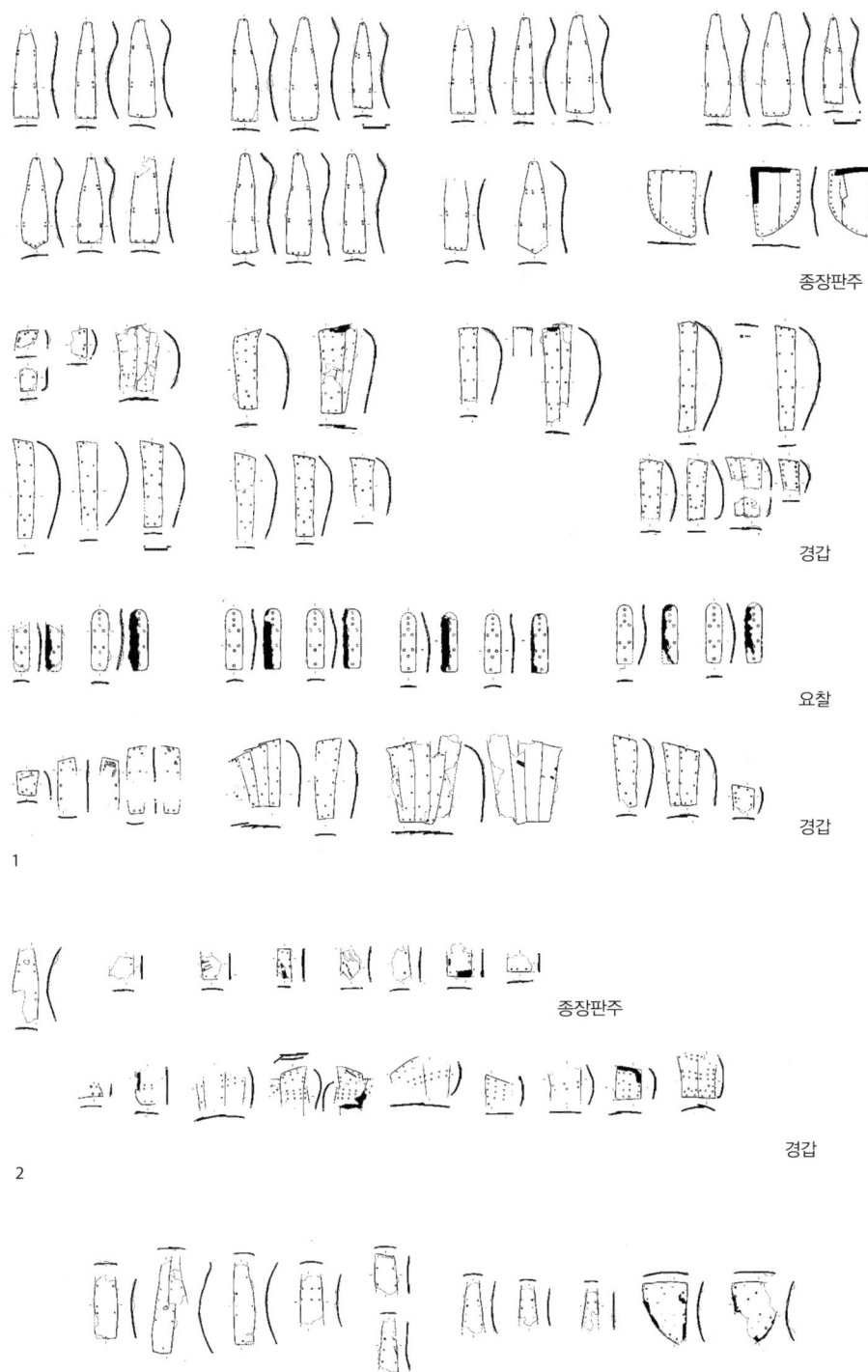

그림 6-15 포항 남성리고분군 출토 갑주 양상(2)

1: Ⅱ구역 17호 | 2: Ⅱ구역 27호 | 3: Ⅱ구역 29호

은 동혈주부곽식목곽묘로 평면 형태가 장방형(B형), 세장방형(D형)인 것으로 나눌 수 있다. E형은 이혈주부곽식 목곽묘로 Ⅰ구역과 Ⅱ구역에 각각 1기만 확인된다. 이 유형 분류를 기준으로 하면 갑주는 동혈주부곽식 목곽묘인 B형과 D형에서만 출토되었다.

경주지역 목곽묘 유형을 분석하여 사로국 내부의 통합과정을 검토한 연구에 따르면 4세기 전반대 이혈주부곽식 목곽묘는 황성동 22호와 구어리 1호묘가 있다(최병현 2015). 이 중 대형분은 구어리 1호묘뿐이어서 남성리고분군에서 확인된 이혈주부곽식 목곽묘는 이 시기 양상을 이해하는데 매우 중요하다.

남성리고분군의 이혈주부곽식 목곽묘는 126기가 확인된 목곽묘 중 2기뿐으로 Ⅰ구역 32호, Ⅱ구역 13호이다. 이 유구들은 모두 주곽이 4m 이상인 대형묘로 축조집단 내 위계가 높은 것으로 판단된다. 그러나 갑주는 부장되지 않았다. Ⅱ구역 13호에서는 통형동기가 출토되었는데 통형동기는 이제까지 부산과 김해지역을 중심으로 확인되었기에 부장 배경이 주목된다.[39] 통형동기가 출토된 분묘는 모두 2기로 Ⅱ구역 12호와 13호이나 12호는 파괴가 심하여 정확한 구조를 알 수 없다.

현재 신라권역에서 이혈주부곽식 목곽묘는 황성동 22호와 구어리 1호, 그리고 남성리 고분군 Ⅰ구역 32호, Ⅱ구역 13호 밖에 없으나 이 유구 형태보다 최상위 위계에 해당하는 분묘가 월성북고분군에 확인될 가능성이 높다고 한다. 최상위 위계에 해당하는 묘곽 형식은 이혈주부곽식 위주로 추정하고 있다(최병현 2015: 141).

그리고 위계를 검토하는데 공반된 유자이기가 주목된다. 이른 시기의 유자이기는 최상위 계층에만 확인되고 궐수형의 자刺가 1단 혹은 2단이며 고분군마다 크기나 형태 차이가 있다(최병현 2015: 130). 남성리고분군도 갑주가 부장된 Ⅱ구역 17호, Ⅱ구역 29호에서 출토된다. 전자는 궐수형의 자가 1단이고 후자는 2단으로 차이가 있다. 갑주가 출토되지 않은 다른 유구에도 유자이기가 출토되는데 이혈주부곽식인 Ⅰ구역 32호는 유자이기의 자가 1단이다. 남성리고

---

39 통형동기의 분포양상은 細川晉太郎(2012)의 논고에 잘 정리되어 있으나 이후 동아세아문화재연구원이 조사한 창원 석동유적에서도 1점이 출토되어 분포 범위가 넓어졌다.

분군에서 출토된 유자이기는 모두 33점이다. 이 유자이기들은 형태상에 차이가 있지만 주로 단수부장으로 고분군 내 위계를 분석하기 어렵다.

목곽묘의 위계를 구분하는 방법은 주로 평면 크기를 분석하는 방법이 이용된다. 크기에 대한 주요 기준은 최병현의 논고(2015: 132)가 참고된다. 그는 묘곽의 길이를 분석하여 A그룹은 5.6~4.4m, B그룹은 3.87~3.45m, C그룹은 3.25m 이하로 구분한 바 있다. 이 구분을 남성리고분군에서 갑주가 출토된 유구에 대입해 보면 A·B·C그룹 모두가 확인된다. 가장 소형 유구인 C그룹은 Ⅱ구역 29호로 종장판주만 부장되었다. 이처럼 중소형 고분에도 갑주가 부장되는 양상은 울산 중산리고분군에도 확인된다(최병현 2015: 138).

따라서 갑주 부장이 반드시 최상위 계층의 묘에 한정된다고 할 수 없다. 반대로 갑주가 없는 이혈주부곽식을 동혈주부곽식 묘제와 비교하여 우위의 계층으로 위치시키기도 어렵다. 이 점은 남성리고분군에서 확인되는 묘제와 부장양상의 차이가 축조집단 혹은 직능의 차이인지 아니면 위계를 직접적으로 반영하는지 면밀한 검토가 필요할 것으로 보인다.

또한 갑주가 부장된 유구는 대개 4세기 전반에 해당된다. 4세기 후반 이후로 판단되는 유구는 Ⅰ구역 14호와 16호뿐이다. 이처럼 갑주 부장은 점차 소멸되는 양상이기에 이 지역 고분군의 위상 변화와 어떠한 관계가 있는지 검토가 필요하다.

(2) 포항 남성리고분군 출토 갑주의 구조적 특징

이번 절에서는 남성리고분군 출토 갑주에서 주목할 만한 요소를 중심으로 기왕의 갑주 자료와 비교 검토해 보겠다.

가. 종장판갑

남성리고분군 Ⅱ구역 17호 목곽묘 출토 종장판갑은 주목되는 특징이 있다.

첫 번째 특징은 동체부에 궐수문으로 장식한 별도의 판을 붙인 점이다. 종장판갑은 현재 44령으로 다양한 형식이 확인되고 있다(김혁중 2018). 이 중에 궐수문이나 새 모양 장식을 붙인 종장판갑은 10령 정도이다. 그중에서도 남성리고분군 Ⅱ구역 17호 목곽묘 출토 종장판갑과 같은 형식은 많지 않으며 가장 유사한 형태가 傳 김해 퇴래리 출토 종장판갑이다. 석동 388호 출토품도 유사한 것으로 추정되나 결실이 심하여 단정짓기 어렵다. 이처럼 이 형식의 종장판갑은 현재 가야지역을 중심으로 확인되는 사례가 많다.

두 번째는 갑주의 조합 관계이다. 남성리고분군 Ⅱ구역 17호 목곽묘는 종장판주, 비갑, 견갑이 모두 확인된다. 여기서 종장판주는 부곽에 공반된 유기질혼용찰갑과 조합 관계가 있을 수 있다. 이 점은 신라권역에서 출토되는 종장판갑 대부분이 종장판주와 공반되어 출토되는 사례가 없는 점과 동일하다. 또한 비갑과 견갑이 함께 확인되는 자료는 최초로 판단된다. 참고로 견갑은 인접한 마산리고분군 출토 종장판갑에 있으며 경주 구정동고분에서도 출토되어 신라 종장판갑의 특징 중 하나로 지적할 수 있다.

마지막으로 판갑의 동체부에서 몇 가지 별도의 금구가 확인되는 점을 언급할 수 있다. 우선 갈고리 형태의 금구가 양 측면에 확인된다. 이것은 종장판갑을 입었을 때 몸에서 탈락을 방지하기 위한 장치이다. 종장판갑의 착장 방식은 앞에서 여미는 형태로 오늘날 의복에서 조끼와 동일하다. 이에 위와 같은 금구나 연결을 위한 투공이 동체부의 특정 부위에서 확인된다. 유사한 사례로 마산

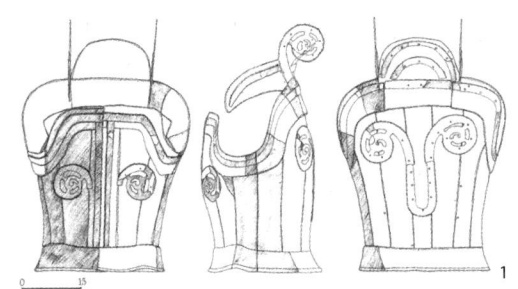
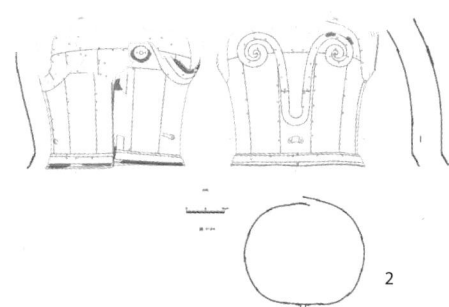

그림 6-16 종장판갑 비교 자료
1: 傳 퇴래리 | 2: 남성리 17호

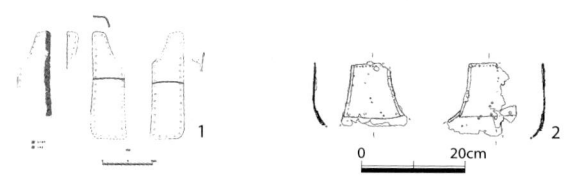

그림 6-17 견갑 비교
1: 남성리 17호 | 2: 마산리 적석목곽묘 | 3: 구정동 3호

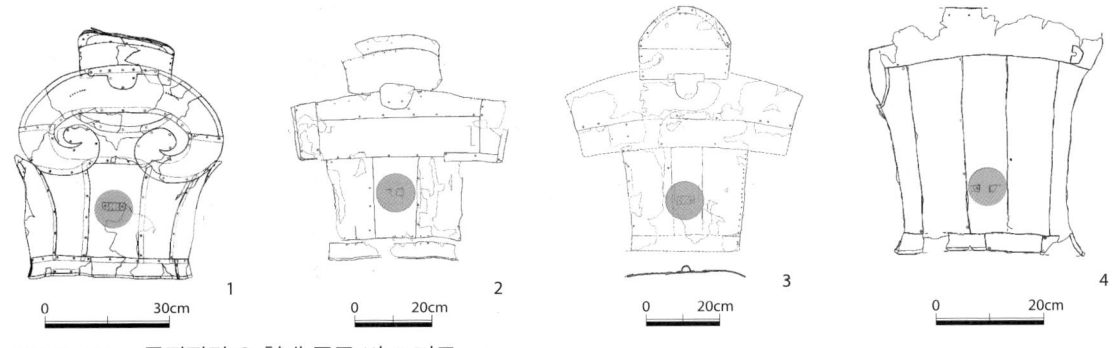

그림 6-18 종장판갑 Ω 형태 금구 비교 자료
1: 복천동 10호 | 2: 울주 구미리 709-3번지 15호 목곽묘 | 3: 울산 중산동 615번지 5호 목곽묘
4: 포항 마산리

리 출토 종장판갑, 대성동 39호 출토 종장판갑을 들 수 있다.

또 다른 금구는 Ω 형태로 후동부 중앙의 아랫부분에 확인된다(**그림 6-18**). 정확한 용도는 알 수 없으나 깃대를 꼽기 위해 금구를 부착한 것으로 보는 견해도 있다(신광철 2018: 21). 그러나 금구의 형태나 폭이 다양하여 깃대를 꼽기 위한 금구로 단정짓기 어렵다.

남성리고분군 출토 종장판갑에서 가장 독특한 속성은 궐수문 장식이라 할 수 있다. 지금까지 궐수문 장식 등 문양이 있는 종장판갑은 대부분 가야권역인 김해와 부산지역에서 출토되었다(**표 6-8과 그림 6-19**). 그렇다면 남성리고분군 Ⅱ지구 17호 목곽묘에서 출토된 종장판갑을 가야와 관련하여 이해할 수 있을까. 종장판갑이 부장된 배경은 여러 가지로 생각해 볼 수 있는데 먼저 이 종장판갑이 가야에서 생산되고 이 지역에 입수되었을 가능성을 들 수 있다.

그러나 필자는 이 자료만으로 가야의 영향으로 이 종장판갑이 제작되었다거나 입수된 것으로 보기 어렵다고 판단한다. 이를테면 신라권역에서 많이 확인되는 나팔형 경갑을 갖춘 종장판갑도 김해와 부산에서 확인되기 때문이다. 또한 김해와 부산에서는 잘 확인되지 않는 구조인 견갑과 비갑이 함께 갖추어진 종장판갑인 점도 고려해 볼 사항이다.

이제까지 궐수문을 동체부에 붙인 종장판갑은 傳 김해 퇴래리 출토품이 유일한데 가야의 대표 갑옷으로 장식성과 당시 기술 수준을 잘 보여주는 갑옷이라 평가할 수 있다. 그러나 이 자료는 정식 발굴조사를 거쳐 출토 정황을 알 수

표 6-8 궐수문종장판갑의 출토 사례와 형태

연번	출토 고분	문양 위치와 장식 형태
1	대성동 2호	전동부 진동판(궐수문), 후경판(새모양)
2	양동리 78호	전동부 진동판(궐수문)
3	양동리 167호	전동부 진동판(궐수문)
4	가동 Ⅱ-43호	측경판, 후동부 동체부
5	복천동 10호	후동부 진동판(궐수문)
6	복천동 86호	측경판(새모양, 궐수문)
7	석동 다지구 388호	측경판(궐수문)
8	월성로 가-29호	파편으로 정확한 위치는 알기 어려움(궐수문)
9	남성리 Ⅱ구역 17호	전동부(궐수문), 후동부(궐수문)
10	전 퇴래리	측경판(궐수문), 전동부(궐수문), 후동부(궐수문)

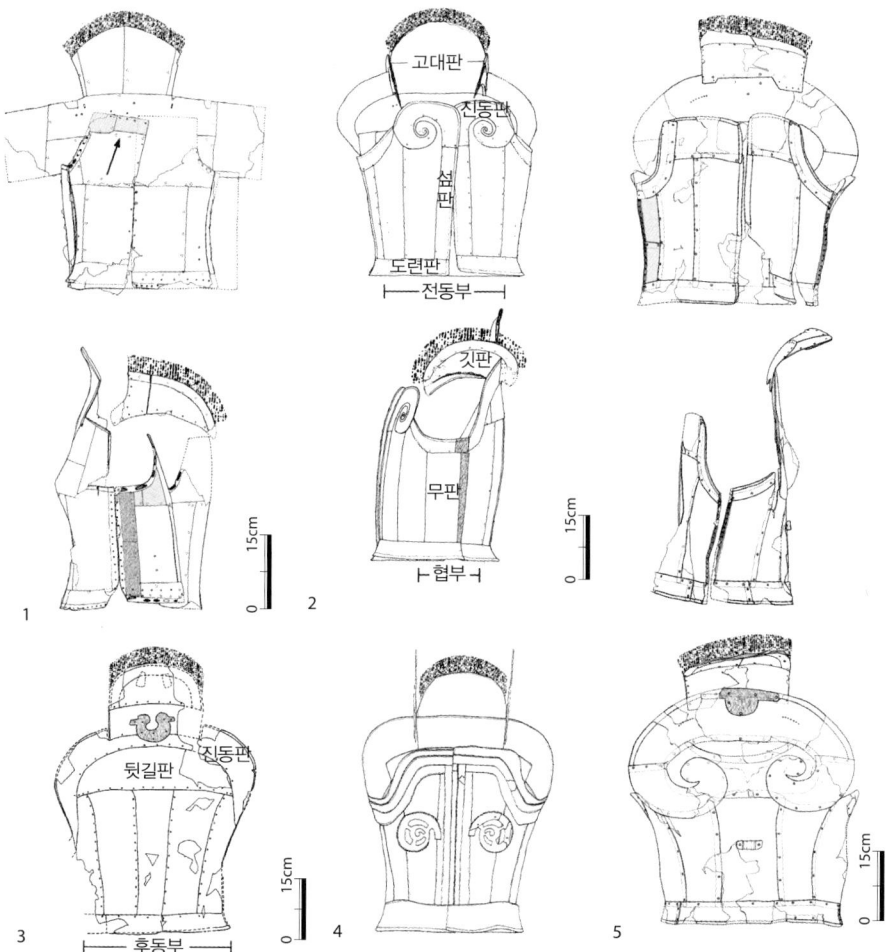

그림 6-19 종장판갑 새 깃털과 문양 장식 비교 자료(송정식 2012 도면 개변)

1: 복천동 57호 | 2: 양동리 78호 | 3: 대성동 2호 | 4: 전 퇴래리 | 5: 복천동 10호

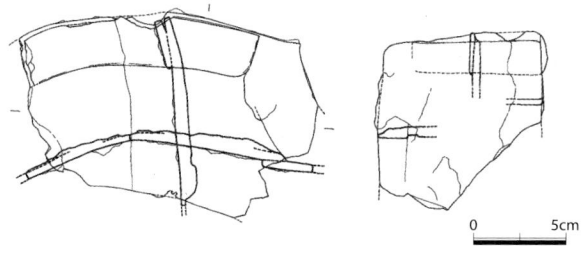
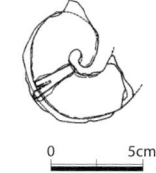

그림 6-20 월성로 가-29호분 출토 판갑편

있는 자료가 아니기에 한계가 있다. 이번에 남성리고분군에서 출토된 궐수문 장식 종장판갑은 이러한 한계를 보완할 수 있는 좋은 자료이다. 그러한 점에서 기왕에 주목하지 않았던 월성로 가-29호분에서 출토된 종장판갑의 장식편을 주목할 필요가 있다(**그림 6-20**). 월성로 가-29호에는 판갑의 일부로 보이는 철기편이 출토되었는데 그중 한 점은 판갑에 장식한 궐수문 장식편이다. 또한 종장판갑 부속구로 출토된 비갑과 견갑은 가야에서 유사한 자료를 확인하기 어려운 상태이다. 다만 신라권역에서 이와 동일한 종장판갑이 없기에 어떤 배경에서 이 갑옷이 제작되어 부장되었는지 다각적인 연구가 필요하다.

나. 유기질혼용찰갑

포항 남성리고분군 Ⅱ구역 17호 목곽묘에서는 경갑과 요찰이 일정한 간격을 두고 출토되었다. 최근 이러한 양상을 정리하여 유기질혼용찰갑으로 명명하여 정리한 논고(김혁중 2019c)에 따라 그 특징을 검토하고자 한다.

이제까지 Ⅱ구역 17호 목곽묘와 유사한 구조인 유기질혼용찰갑은 모두 14건이 출토되었는데, 우선 소찰 형태에 주목하여 분류할 수 있다. 모두 상원하방형으로 큰 차이가 없으나 투공 배치와 만곡도에 따라 5가지 형식으로 설정할 수 있다.

이를 참고하면 기왕의 자료 중 가장 유사한 것은 구어리 1호 출토품이다. 무엇보다 구어리 1호와 남성리 Ⅱ구역 17호 목곽묘 출토품은 소찰의 투공 배치에서 수결공과 횡결공 배치가 동일하다. 투공 배치가 연결방식에 큰 영향을 주는 점을 감안하면 두 갑옷을 유사한 구조로 보아도 무리가 없다고 판단된다. 그러나 소찰의 길이에 차이가 있다. 유기질혼용찰갑으로 구분한 자료는 소찰의 길이가 대개 13~14cm이지만 남성리고분 출토 요찰은 18cm로 가장 긴 형태이다. 요찰의 만곡도도 구어리 1호와 비교하여 'S'자 형태가 분명한 점에 차이가 있다.

이러한 형태의 찰갑은 구어리 1호 출토 유기질혼용찰갑 사례를 통해 부산 지역과 연계하려는 견해(이현주 2010a: 355)도 있었으나 이와 유사한 구조가 Ⅱ구역 남성리 17호 목곽묘 출토품에서도 확인되기 때문에 특정 지역을 중심으로 나누어 볼 수 있는 갑옷은 아닌 것으로 판단된다.

다. 찰갑

포항 남성리고분군은 모두 3곳에서 찰갑이 출토되었다. Ⅰ구역 14호는 소찰 일부가 출토되었는데 그 크기로 보건대 동찰(胴札)로 판단된다. 물론 전체 구조를 알 수 없기에 특정 부위로 단언하기에는 어려움이 있다. 다만 소찰 평면 형태는 수결공에 제3수결공이 없어서 유사한 시기에 찰갑 전체가 출토된 Ⅰ구역 16호 목곽묘 출토 찰갑(그림 6-14)과는 다른 구조로 이해된다.

찰갑은 철제와 유기질제를 혼용한 것과 철제로 구분할 수 있다. 그중 Ⅰ구역 16호 목곽묘에서 출토된 찰갑은 철제로만 제작된 것이다. 이 찰갑은 황수진의 분류(2011)에 의하면 D형 찰갑으로 경갑과 부속갑을 갖춘 발전된 형태의 구조이다. 그러나 출토 상태가 좋지 않아 그 구조를 면밀하게 확인할 수 없다. 육안 관찰로 이 찰갑의 특징을 간략히 살펴보면 수결공은 1열이 아니라 2열로 된 것을 확인할 수 있다. 대개 이 시기 찰갑은 수결공이 1열이다. 그러나 이 찰갑은 경주 계림로 1호 찰갑처럼 2열 수결공이 일찍부터 찰갑 제작에 사용되었음을 보여주는 좋은 사례로 판단된다.

그런데 이러한 D형의 찰갑은 대체로 5세기부터 제작된 것으로 이해되었다. 그러나 최근 출토 자료는 그 제작 시기가 좀 더 올라갈 수 있을 가능성을 보여주고 있다. 대표적인 자료로 임당 G5호나 쪽샘 C10호 출토품을 들 수 있다. 연대관은 견해를 달리 할 수 있으나 과거와 달리 황남동 109호 3·4곽 이전이나 그 비슷한 시기에 해당하는 찰갑 자료가 증가하였다는 점은 고무적인 현상이다. 이와 관련하여 Ⅰ지구 16호 목곽묘 출토 찰갑은 중요한 의의가 있다. 공반된 토기로 보건대 황남동 109호 3·4곽 이전 출토품이 분명하기 때문이다.

이러한 형태의 찰갑이 중요한 또 한 가지의 이유는 새로운 제작 기술의 출현 그 자체를 들 수도 있으나 중장기병의 출현 시점과 관련하여 검토할 수 있는 자료이기 때문이다. 그리고 중장기병의 출현은 고구려 남정의 영향으로 400년 이후라고 보는 견해가 많다. 포항지역에 이와 같은 찰갑이 출토되는 점으로 보아 신라 지방에서 일찍이 이와 같은 찰갑이 보급되었다고 볼 수 있다. 따라서 이 자료는 신라 중앙에서의 중장기병 수용과 주변 지역에 대한 보급 혹은 유통 시기도 좀 더 올려볼 수 있는 여지를 보여주는 점에서 중요하다.

라. 종장판주

포항 남성리고분군에서 종장판주는 모두 6점이 출토되었다. 이 종장판주들은 Ⅰ구역 16호 목곽묘 출토품을 제외하고 지판볼가리개로 구성되어 있다.

그중에 Ⅱ구역 29호 목곽묘 출토 종장판주 볼가리개는 하나의 판으로 구성하여 제작하였는데 일정한 투공이 확인된다. 이와 유사한 구조로 김해 대성동 57호 출토 종장판주 볼가리개를 들 수 있다. 대성동 57호 출토 종장판주는 투공을 이어보면 궐수문 장식을 띠고 있음을 알 수 있다. Ⅱ구역 29호 목곽묘 출토 종장판주는 대성동 57호 출토 종장판주와 같은 일정한 문양을 확인하기 어렵지만 외연이 아닌 부분에 별도의 투공을 뚫었다는 것은 장식과 관련하여 이해할 수 있다.

포항 남성리고분군 출토 종장판주는 장식성 이외에도 제작 방식에 특이점이 확인된다. Ⅰ구역 1호 목곽묘 출토 종장판주(그림 6-14-1)는 주체부를 이루는 지판의 제작 방식이 흥미롭다. 일반적인 종장판주의 주체부는 하나의 판으로 된 세장방형 지판 여러 매를 연결해서 제작한다. 그런데 1호 목곽묘 출토품은 상단에 작은 지판과 하단에 세장방형 지판을 연결하여 좀 더 긴 세장방형 지판을 구성하였다. 이렇게 어렵게 지판을 제작한 공인의 의도를 정확하게 알기 어렵지만 이를 통해서 지판의 단면이 만곡된 형태를 이루게 된 것은 분명하다. 이제까지 이러한 구조로 된 종장판주는 확인된 바 없기 때문에 앞으로의 자료 증가를 통해서 그 제작 의도를 구명해 볼 필요가 있을 것이다.

마. 비갑

비갑은 팔뚝을 보호하는 부속갑이다. 남성리 Ⅱ구역 17호 목곽묘에서는 완전한 형태의 비갑이 출토되었다(그림 6-14-6). 비갑은 크게 원통형과 세장방형으로 구분할 수 있는데 Ⅱ구역 17호 목곽묘 출토품은 세장방형에 속한다.

4세기대 동일한 형태를 갖고 있는 비갑은 옥성리 가지구 35호분 출토품을 들 수 있다. 그런데 이 둘은 길이나 부속품에 차이가 있다. 우선 남성리 Ⅱ구역 17호분 출토품은 길이 29~30cm이고 너비 5cm이다. 부속품으로 반원형 손등가리개가 있다. 옥성리 가지구 35호분 출토품은 길이가 26~27cm이고 너비가 5~6.8cm이다. 부속품으로 장방형 소찰이 있다. 이를 비교해보면 둘은 손등가리개 형태가 다르며 남성리 Ⅱ구역 17호 목곽묘 출토품이 지판이 더 길다.

또한 남성리 Ⅱ구역 17호 목곽묘 출토품은 발굴조사 시 종장판갑 안쪽에 세워진 상태[40]로 확인되어 특징적이다. 아직 자료가 충분하지 않지만 이러한 출토 상태는 유사한 형태의 부속갑인 비갑과 대퇴갑 사이에서 차이를 좀 더 명확하게 해 줄 좋은 자료로 판단된다.

바. 소결

포항 남성리고분군 출토 갑주를 종합적으로 정리하면 출토 시기는 4세기대 자료가 대부분이나 종장판갑과 찰갑 등 갑주의 종류가 다종다양하다. 기왕에 옥성리나 마산리고분군 등 인근 지역에서도 갑주가 출토되었다. 그러나 단발적 출토에 그쳐 구체적으로 그 성격을 이해하는데 어려웠다. 남성리고분군 출토 갑주는 이를 보완해 주므로 중요하다.

특히 남성리고분군은 유적이 위치한 능선의 정상부와 주변부 조사가 이루어져 대형분에서 출토된 갑주의 성격을 종합적으로 이해할 수 있다.

무엇보다 동일 시기에 경주지역을 포함한 신라지역 내 여타 갑주와 비교하여도 양적 혹은 질적으로 떨어지지 않아서 이러한 갑주를 보유하게 된 당시 역사적 배경을 검토할 필요가 있다. 또한 궐수문종장판갑은 신라지역에서 거의 완전한 형태가 확인된 최초의 자료로서 중요하다.

---

[40] 보고서 도판에서는 이를 확인할 수 없으나 보존처리 분석보고서에서 이러한 상태를 확인할 수 있다(세종문화재연구원 2019: 143).

3) 포항 남성리고분군 출토 갑주의 의의 – 주변 지역과의 비교

(1) 포항지역 내 갑주 출토 양상 비교

포항지역은 신라권역으로 판단되는 지방 중 울산지역을 제외하고 단일 지역으로는 가장 많은 갑주가 집중되어 있다. 포항지역 고분군에서 갑주가 출토되는 양상은 **표 6-9**로 정리할 수 있다.

그런데 옥성리, 마산리, 남성리고분군은 능선을 조금씩 달리하지만 모두 가까운 거리에 위치한다. 고분군을 축조한 집단의 출자가 다를 수 있지만 이 글에서는 잠정적으로 단일 집단으로 이해하고자 한다. 그중에서도 남성리고분군은 출토 갑주 수량이 다른 고분군과 비교하여 가장 많다. 이처럼 갑주가 집중하는 배경은 신라가 동해안 방면으로 진출하는데 이 지역이 갖는 전략적 요충지적 성격을 주목할 수 있다. 이를 잘 보여주는 근거로 인근에 위치하는 남미질부성 南彌秩夫城을 들 수 있다. 앞으로 이 지역 조사가 계속 이루어진다면 갑주 수량이 더욱 증가하리라 기대된다.[41]

그런데 포항지역 정치체의 성격에 대해서 4세기대부터 사로국의 지배 하에 들어가 그 지방으로 재편되었다고 보는 견해(최병현 2015: 144)가 있다. 사실 그

표 6-9 포항지역 출토 갑주의 종류와 수량

유적명 \ 갑주 종류	판갑	찰갑 ※ 경갑만 출토된 자료도 포함	종장판주	비갑
옥성리		○(1)	○(2)	○(1)
남성리	○(1)	○(4)	○(6)	○(2)
마산리	○(1)	○(1)	○(1)	
학천리			○(3)	
계	2	6	12	3

---

41 이 지역에서 출토된 갑주는 남성리고분군 출토품을 제외하면 대개 4세기대에 자료가 집중한다. 종장판갑을 포함하여 다양한 자료가 출토되었는데 학천리고분군은 종장판주만 확인되어 차이가 있다. 학천리고분군은 행정구역상 옥성리·남성리·마산리고분군과 같이 흥해읍에 위치하지만 앞의 세 고분군이 가까운 능선 상에 위치한 것과 달리 남쪽으로 3km 정도로 떨어져 있어서 같은 집단으로 판단하기 어렵다.
대형묘와 갑주 부장 양상을 포함한 출토품을 근거로 옥성리·남성리·마산리고분군을 축조한 집단을 이 지역의 중심지로 본다면 학천리고분군은 그 하위 집단일 가능성이 높다.

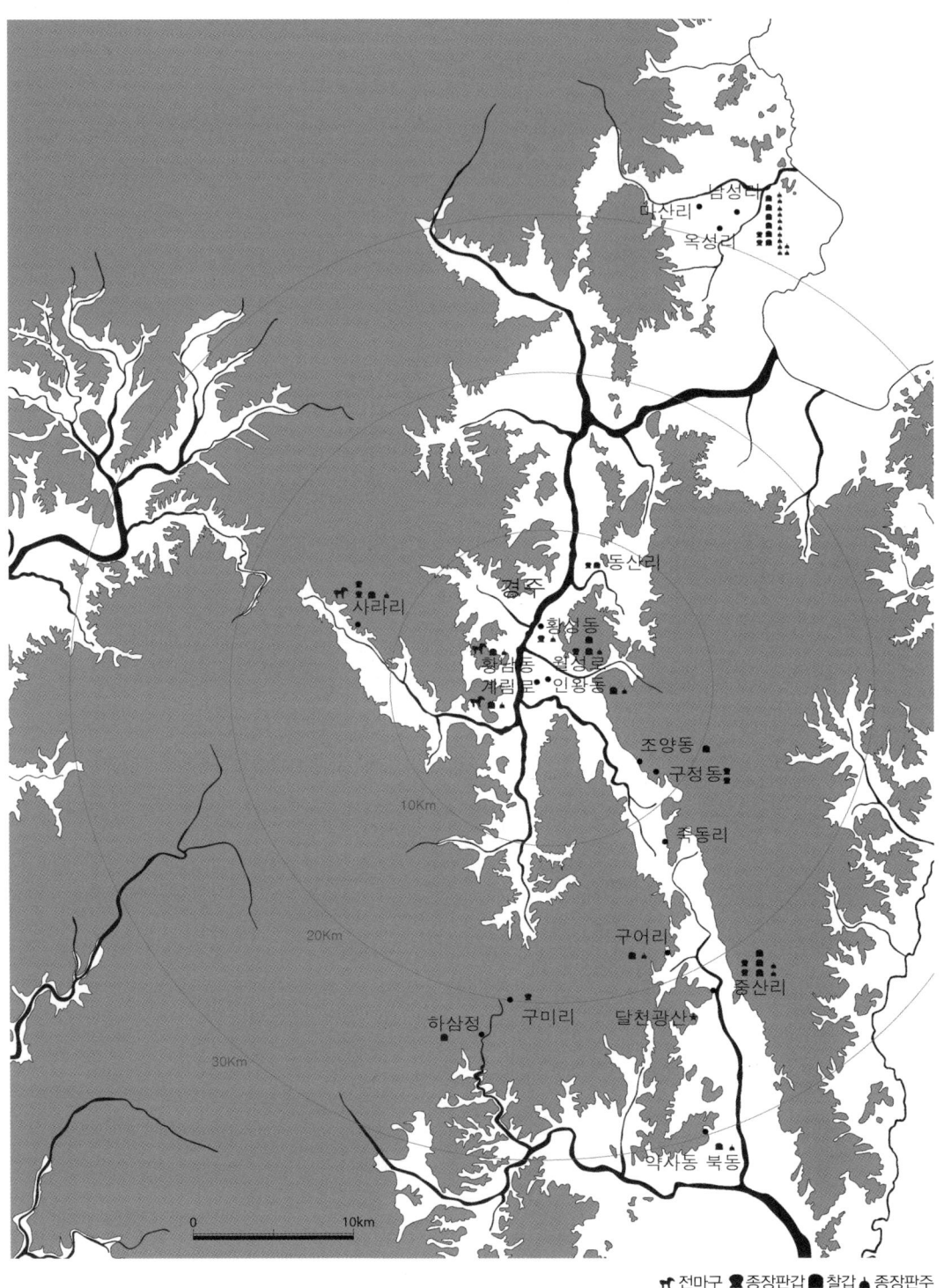

그림 6-21　4세기대 신라권역 갑주 출토 분포 양상

근거로 제시되는 목곽묘의 규모는 앞의 2)-(1)에서 보았듯이 현 자료로 반드시 압도적이라 볼 수 없다. 따라서 갑주 자료를 통해서도 이와 같은 주장이 타당성을 가지는지 경주와 주변 지역 자료를 통해 재검토할 필요가 있다.

신라의 성장 배경과 관련하여 4세기 교역체계의 변화가 언급되듯이 동해안 진출과 관련하여 이 지역에 대한 지배는 반드시 필요할 것이다. 그러나 남성리 고분군에서는 통형동기를 포함한 가야 혹은 외래계 관련 자료가 확인된다. 당시 신라가 이 시기에 이 지역을 철저하게 예속하는 직접지배가 이루어졌다면 어떻게 이 지역 수장층이 이러한 물품을 입수하게 되었는지 설명하기 어렵다.

특히 통형동기는 현재까지 한반도산과 일본열도산으로 제작지에 대한 견해가 나뉘어 있지만 가야의 위세품으로 보는 인식은 공통된다(細川晋太郎 2012). 이러한 상황에서 남성리고분군의 상위계층으로 추정되는 분묘에 통형동기가 출토된 것은 갸야권역에만 분포한다는 견해에 대한 재검토가 필요하고 이 지역에 이 물건이 확인된 의미에 대한 분석이 필요하다.

통형동기는 아직까지 연대관이나 정황 등을 근거로 제작지를 판정하기 어렵지만 한반도에서는 금관가야를 중심으로 유통된 것은 분명해 보인다. 따라서 이 집단이 통형동기를 입수하게 된 배경은 금관가야와의 교류 혹은 일본열도와의 교류를 상정할 수 있는데, 그렇다면 이 지역이 신라지역에 직접지배를 받고 있다면 금관가야에게서 통형동기의 입수와 같은 교류를 단독으로 수행하였다고 보기 어렵다.

(2) 경주지역과 주변 지역 갑주 출토 양상 비교

표 6-10을 보면 그간 경주지역도 4세기부터 많은 갑주 자료가 축적되어 신라 갑주의 변화상을 구체적으로 살펴볼 수 있다. 이를 간략하게 갑옷을 중심으로 살펴보면 종장판갑과 찰갑은 4세기 전반까지 같이 제작되다가 이후 찰갑만 제작되는 변화가 확인된다. 찰갑은 또한 전마구戰馬具인 마주와 마갑이 공반되어 중장기병이라는 무기체계 변화도 생각해 볼 수 있다.

이러한 양상 중 과거에는 확인하지 못했지만 자료 축적에 따라 갑주의 분포에서 주목할 부분이 있다. 그것은 적석목곽분과 같은 고총이 밀집한 대릉원 일대(중심지)와 주변이 4세기 전반부터 갑주의 분포에 차이가 있는 점이다.

표 6-10 경주지역 출토 갑주의 종류와 수량 (※ 음영 부분은 4세기 후반 이후)

갑주 종류 유적명	판갑	찰갑 ※ 경갑만 출토된 자료도 포함	종장판주	비갑	마주	마갑
월성로 가-29호	○	○(?)				
월성로 가-12호		○(?)	○(?)			
사라리 13호		○(1)	○(1)	○(1)		
사라리 55호	○(1)					
동산리 34호	○(1)					
동산리 35호		○(1)				
황성동 11호			○(1)			
황성동 110호	○(1)					
구정동 3호	○(2)					
구어리 1호		○(1)				
구어리 2호			○(1)			
조양동		○(?)				
탑동 6-1번지 3호		○				
쪽샘 C 10호		○(1)	○(1)	○(1)	○(1)	○(1)
황남동 109호		?	○(1)		○(1)	○(1)
계림로 1호		○(1)				
사라리 65호	○(1)	○	○(1)	○(1)	○(1)	○(1)

갑주의 분포 양상에서 월성북고분군을 경주 중심지로 한정한다면 주변은 사라리, 동산리, 구어리, 구정동고분군으로 볼 수 있다.

4세기 전반 자료를 경주 중심지와 주변을 비교해보면 갑주의 질적 차이는 크지 않다. 구정동 3호의 경우 복수부장을 보일 정도로 중심지와 주변의 갑주 소유에 차이가 없다. 그러나 주변은 월성북고분군과 달리 4세기 후반으로 갈수록 갑주 자료가 희소해지고 반대로 월성북고분군 자료는 증가한다.

경주 중심지는 질적인 면에서도 차이가 있는데 4세기 후반 이후 월성북고분군의 대형분과 중형분은 보유한 갑주의 조합 관계 혹은 금공 갑주와 같은 특수한 용도의 갑주 보유에 차이가 있다. 조합 관계의 대표적 사례로 황남동 109호 3·4곽과 최근 확인된 탑동 6-1번지 유적에서 출토된 갑주 자료를 비교할 수 있다.

이러한 양상을 포항지역과 비교해보자. 우선 포항지역은 갑주 부장 양상을 보건대 4세기 전반 자료가 대부분이다. 갑주의 질적인 차이도 4세기 전반에는

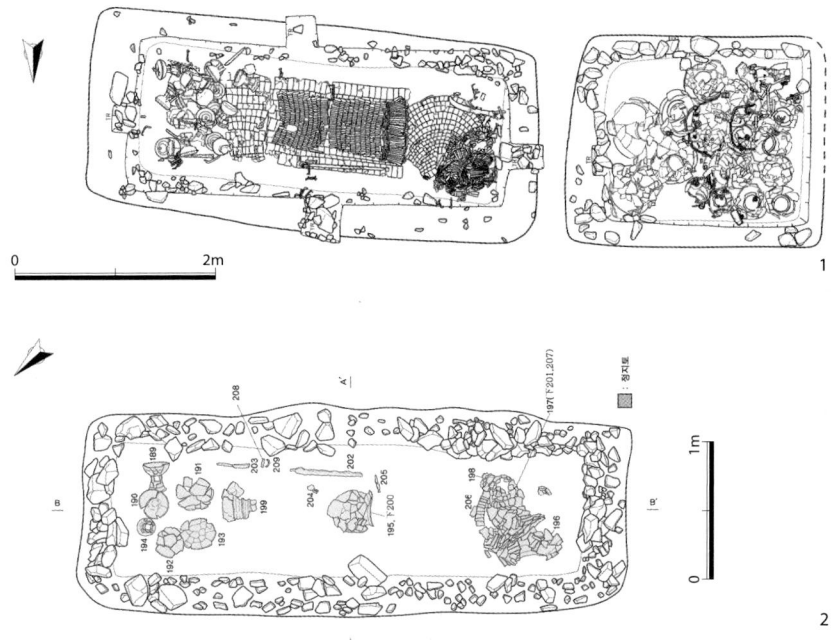

그림 6-22 출토 양상 비교

1: 쪽샘 C 10호 | 2: 남성리 Ⅰ구역 16호

큰 차이가 없다. 대표적인 예로 남성리 Ⅱ구역 17호는 찰갑과 종장판갑이 복수 부장이 될 만큼 경주지역과 비교해 양과 질에서 전혀 손색이 없다. 그러나 포항지역은 4세기 후반에 갑주의 조합관계에 있어서 전마구(마갑과 마주) 자료가 확인되지 않으므로 경주지역에서 우위가 확인된다.

그렇다면 포항지역을 제외한 경주의 주변 지역[42]은 어떤 모습을 보이는지 검토해 보도록 한다. 먼저 울산, 울주지역은 **표 6-11**을 보면 4세기 전반대 갑주 자료는 경주지역과 비교하여 큰 차이가 확인되지 않는다. 그러나 4세기 후반의 출토 양상은 포항지역처럼 전마구와 같은 자료가 확인되지 않기에 갑주 조합관계 등에서 질적인 차이가 있다. 또한 갑주의 출토 사례도 점차 빈약해진다.

경주의 주변 지역 중에서 영천 화남리고분군은 4세기대까지 갑주 자료가 빈약하다가 5세기 이후 갑주 자료 수가 증가하고 있어 주목된다. 물론 갑주의

---

42 경산지역도 포함해야 하지만 임당 IB-60호 출토 찰갑 이외에 4세기 전반대 자료가 확인되지 않아서 이번 분석에서 제외하였다.

표 6-11 울산 및 영천지역 출토 갑주 상세 (※ 음영 부분은 4세기 후반 이후)

유적명 \ 갑주 종류	판갑	찰갑 ※ 경갑만 출토된 자료도 포함	종장판주
울산 중산리 IA-75호	○(1)		
울산 중산리 IA-100호			○(1)
울산 중산리 IA-138호		○(1)	
울산 중산리 27호(울문연)		소찰	
울산 중산리 67호(울문연)		소찰	○(1)
울산 중산리 615번지 5호	○(1)		
울산 약사동 북동 44호		○(1)	○(1)
울산 하삼정 나-26호		○(1)	
울주 구미리 15호	○(1)		
영천 화남리 목곽 10호			○(1)
영천 화남리 목곽 30호		○(1)	○(1)
영천 화남리 목곽 31호			○(1)
울산 중산리 IB-17호		○(1)	
영천 화남리 목곽 3호		○(1)	○(1)
영천 화남리 목곽 8호		○(1)	○(1)
영천 화남리 목곽 9호			○(1)
영천 화남리 목곽 24호		○(1)	

질적 자료는 경주의 중심지와 비교하면 조합 관계 등에서 큰 차이가 있다.

(3) 주변 지역과의 비교를 통한 남성리고분군 출토 갑주의 의의

앞에서 살펴본 자료를 종합적으로 검토하면 신라는 갑주의 생산과 유통이 시기별로 큰 차이가 있다. 사로국이 진한 소국을 병합해 가던 4세기 전반은 갑주 생산과 관련하여 특정지역을 중심으로 논의하기 어렵다. 현재 자료로 보건대 경주, 포항, 울산지역은 갑주의 분포양상이 우열을 가릴 수 있을 만큼 출토량이나 지속성에서 차이가 나는 고분군은 없다. 다만 경주는 다른 지역보다 시내를 포함하여 황성동, 월성로, 사라리, 구어리, 구정동, 동산리 등 여러 고분군에서 이 시기 갑주가 확인되고 있어서 사로국이 진한 소국을 병합해 갈 수 있었던 국력을 간접적으로 살펴볼 수 있다. 또한 이 시기 신라 갑주 유통망이 가야보다 넓은 점도 특징적이다. 그러나 가야의 대성동고분군이나 복천동고분군과 같이 지속적으로 갑주가 부장된 단일 고분군은 현재 확인되지 않는다. 이러

한 양상이 어떤 의미가 있는지는 좀 더 연구될 필요가 있을 것이다. 아무튼 당시 갑주의 생산과 분배가 특정 중심지에서 일원적으로 이루어져 분배나 분여되는 체계를 이루었다고 보기 어려울 것이다.

그러나 갑주가 여러 지역에서 고루 출토되는 양상은 대체로 4세기 전반에만 해당되기 때문에 여러 지역에서 지속적으로 생산되었다고 보기 어렵다. 경주를 제외하고 포항이나 울산은 주요 고분군에서만 출토되어 그 생산은 제한적이었을 가능성이 크다. 경주 시내도 그러한 것으로 보이는데 최근 경주 시내 황성동유적에서 출토된 종장판갑을 통해 그 양상을 추정해 볼 수 있다. 황성동유적은 이른 시기부터 용해로나 용범 등이 넓게 확인된 신라의 주요 철기 생산 유적으로 이해되고 있다. 최근 황성동 590번지 일대를 경상북도문화재연구원에서 조사하여 모두 158기의 분묘를 확인(경상북도문화재연구원 2015)하였는데 그중 갑주가 확인된 유구는 2기에 지나지 않는다. 시기별 묘제의 양상을 고려하여도 빈약하다. 경주 시내에 위치하지 않지만 조사가 유적의 일부만 이루어진 사라리유적이나 동산리유적과 비교해 보아도 출토 빈도가 적다.

그런데 신라가 대외적으로 성장하던 4세기 후반부터 갑주의 유통 범위는 지역과 계층에서 이전보다 더 넓어진다. 일례로 그간 확인되지 않던 영천지역(화남리고분군)을 포함하여 신라가 진출했다고 추정되는 춘천 일대까지 이 시기 갑주가 확인되고 있다. 또한 갑주를 보유하던 계층도 확대되는데 경주 시내를 보면 고총인 적석목곽분 이외 목곽묘에도 갑주가 확인되는 점은 계층 내에서도 갑주의 유통 범위가 확대되는 것을 알 수 있다. 그러나 모든 지역과 계층이 동일한 갑주를 소유한 것은 아니다. 다시 말해 중앙이나 지방의 고총에만 유통이 가능한 특정 갑주가 생산되어 갑주의 세분화가 진행된 것도 4세기 후반부터로 추정된다.

그렇다면 이러한 변화는 신라 갑주 생산과 유통에 있어서 어떤 의미가 있을까. 필자는 갑주 종류의 세분화로 갑주의 위세품적 성격이 오히려 강화된 측면이 있다고 판단한다. 계층에 따라 보유한 갑주의 종류나 품질에 차별화가 생김으로써 오히려 위세품적 성격은 강화된 것이다. 이전에 갑주는 질적인 가치보다 보유의 의미나 양적 의미로 차별화가 있었다면 이 시기는 종류나 품질에 차별화가 생겨난 것이다.

그런데 현재의 자료로는 갑주의 지방 생산 양상을 구체적으로 알기 어렵다. 제작지도 확인되지 않았고 지방 생산으로 판단할 만큼 수량이나 지속적으로 확인되는 정형성도 없기 때문이다. 다만 지방에서 확인되는 갑주와 중앙에서 확인되는 갑주가 동일한 종류라도 완성도의 격차가 있었음을 논할 수 있다. 그 대표적인 예로 화남리유적 목곽묘 30호 출토 찰갑과 경주 계림로 1호 및 쪽샘 C10호 출토 찰갑을 들 수 있다.

남성리고분군도 Ⅰ구역 16호 목곽묘에서 동일 시기에 해당하는 찰갑이 출토되었다. 이 유구는 목곽묘의 크기로 보아 이 지역 지배층의 묘제로 판단되지만 대퇴갑과 같은 부속갑이나 전마구가 공반되지 않아서 경주 중심지에서 출토된 양상과 차이가 있다.

또한 이 시기 이후 신라가 질적으로 차별화된 갑주를 생산한 것은 금공 갑주에서 엿볼 수 있다. 특히 금동 비갑은 중앙에서 생산하여 중앙의 유력 계층과 지방의 유력 계층에만 분여한 것으로 보인다. 이러한 금공 갑주의 구체적 성격에 대해서는 향후 별고에서 다루고자 한다.

이처럼 4세기 전반에 경주 중심지와 지방과의 갑주 수급 관계를 이해할 수 있는 또 다른 자료의 예로 남성리고분군 출토 통형동기를 들 수 있다. 통형동기는 이제까지 김해와 부산지역에 집중되어 출토되었으며 최근에는 창원 석동유적에도 확인되어 그 범위가 점차 넓어지고 있다. 통형동기의 생산과 중심지에 대한 견해는 금관가야와 왜로 나뉘어 있는 상태이나 부산과 김해에서 출토된 통형동기는 두 지역을 금관가야 권역으로 인식하는 중요한 근거 자료이다. 그러나 포항지역은 해안을 달리하고 그 정치체적 성격도 다르기 때문에 가야와의 직접적인 관련을 언급하기는 어렵다.

남성리고분군 출토 궐수문종장판갑도 가야와의 관련성을 언급할 수 있다.[43] 그러나 앞서 살펴본 것처럼 퇴래리 출토 종장판갑의 출토 정황이 분명하지 않고 김해와 부산지역 내 다른 종장판갑과 직접적 비교가 어려운 상황이기에 좀 더 면밀한 검토가 필요하다.

---

[43] 앞서 살펴보았듯이 Ω형태 금구나 견갑 등에서는 신라지역 내 갑주에서 다수 확인되는 속성들이 있어 신라지역 갑옷의 요소도 강하다.

지금까지 검토를 종합하면, 4세기 전반은 포항지역 정치체가 당시 경주의 사로국과의 관계와 별개로 대외 교섭을 할 정도로 정치적 기반이 강했으며 갑주 자료를 포함한 다른 자료에도 이러한 사정이 잘 반영된 것으로 보인다. 그러나 4세기 후반은 신라의 무기체계가 중장기병을 점진적으로 도입해 나간 시기임에도 지역의 유력 계층 분묘에서는 이러한 자료를 확인할 수 없다. 이는 이미 신라의 지방 지배가 어느 정도 관철되었음을 보여주는 상황으로 이해된다.

4) 맺음말

포항 흥해지역은 지리적 중요성에 따라 일찍부터 음즙벌국音汁伐國과 같은 소국의 중심지로 이해되고 있으며 이러한 견해를 뒷받침하는 유적조사가 옥성리고분군과 마산리고분군에서 이루어진 바 있다. 최근 발굴조사된 남성리고분군 인근에는 전략적 요충지의 성격을 잘 드러내주는 남미질부성이 위치한다. 남성리고분군 4세기대 대형 목곽묘에서는 많은 주요 유물이 출토되었는데 가장 주목할 유물로 갑주를 들 수 있다.

이 유적의 갑주 자료는 궐수문종장판갑 등 4세기대 자료가 중심이어서 자료가 부족한 4세기대 신라 갑주 양상을 보여주는 점에 큰 의의가 있다. 4세기대 신라는 사로국이 주변 지역을 복속하면서 성장하였으며 이를 묘제나 토기 등의 자료를 통해 그 양상을 실증하려는 고고학적 검토가 이루어지고 있다. 이 중 신라에서 갑주는 위세품으로서의 중요한 성격도 갖고 있으나 장신구 연구와 같이 정치精緻하게 검토되었다고 보기 어렵다.

무엇보다 당시 갑주의 성격을 파악하기 위해서는 갑주의 중앙과 지방 간 공급과 수요 과정 검토는 필수적이라 할 수 있다. 그러나 이제까지 갑주는 신라와 가야의 차이나 지역성을 밝히려 하였으나 그 내부 관계에 대해서는 검토하지 못하였다. 이에 필자는 남성리고분군 출토 갑주 양상을 통해서 이 과정을 추정해보고자 하였다. 검토 결과 4세기 후반부터 경주와 그 주변 지역에서 확인되는 자료를 통해 갑주의 수급 관계에 큰 차이를 확인할 수 있었다.

무엇보다 중요한 사실은 4세기 전반대 갑주 자료가 신라 중앙인 경주지역과 큰 차이를 확인하기 어렵다는 점이다. 포항 남성리고분군은 갑주 출토 양상에서 이러한 양상을 다른 지역보다 잘 보여준다. 그러나 4세기 후반 이후 점차 중앙과 지방의 차이를 확인할 수 있는데 그 대표적 자료가 찰갑과 전마구이다. 이 차이는 갑주의 양식적 차이가 아니라 공통성이 강해진 상태에서 구조 등의 질적 차이를 언급하는 것이다. 이를테면 신라 중앙과 지방에서 확인되는 갑주는 함께 부장되는 부속갑 등에서도 차이점을 확인할 수 있다. 이러한 현상을 통해 신라 중앙과 지방 현지 집단의 관계 변화를 추정해 볼 수 있으며 그 대표적 사례로 포항 남성리고분군을 포함하여 울산 중산리고분군과 영천 화남리고분군도 들 수 있다.

4세기대 신라의 지방 지배는 크게 간접 지배의 성격으로 보는 시각과 철저하게 지배 예속된 관계로 보는 시각으로 나눌 수 있다. 이 글은 다른 유물보다 정치적 성격이 강하다고 판단되는 갑주 자료를 통해서 중앙과 지방의 관계를 검토하였다. 그 결과, 4세기 후반 이전 갑주 자료로 보아 4세기대 신라의 지방 지배를 지배와 피지배 관계와 같은 철저한 정치적 상하관계로 단정짓기 어렵다는 결론을 내리게 되었다.

제Ⅷ장 맺음말

갑주는 기본적으로 적의 공격으로부터 착장자의 몸을 보호하기 위한 방어구이다. 그러나 삼국시대에 갑주는 전쟁에서 사용된 도구로만 한정하여 이해하기보다는 역사 복원을 위한 자료로 적극 활용할 수 있다. 신라와 가야 권역에서는 고구려와 백제와 달리 갑주가 부장품으로서 매납하는 풍습이 성행하여 많은 갑주자료가 확인된다. 따라서 이 책은 신라와 가야의 갑주를 소재로 하여 그 계통과 변천 과정을 밝혀보고 신라와 가야 사회에서 갑주가 가진 정치사회적 의미를 살펴보고자 하였다. 이를 통해 당시 신라와 가야 사회 그리고 이를 둘러싼 정치적 배경 등도 검토해 보았다.

Ⅰ장은 갑주를 소재로 기왕에 연구되어온 여러 논문을 재검토하여 연구 성과와 한계 그리고 문제점을 살펴보았다. 이를 통해 필자가 가진 문제의식을 부각하면서 갑주 연구를 재정립할 수 있는 방향을 설정하였다. 지금까지 검토되어온 연구 주제를 정리하면 '변천과 특징', '등장 배경과 소유 계층', '계통과 제작지', '갑주의 정치사회적 성격'으로 구분해 볼 수 있다. 이러한 성과를 얻을 수 있었던 배경에는 그간 발굴조사를 통해 충실한 자료가 다수 축적되었기 때문이다. 특히 개별 갑주에 대한 면밀한 분석이 이루어져 당시 제작 기술을 밝혀내고 재현품 제작에 큰 성과를 가져왔다.

그런데 그간의 연구가 갑주를 소비한 사람들이나 이를 만든 공인들에 대한 점까지 충분히 고려되었다고 보기 어렵다. 이러한 연구 경향은 이제까지 갑주의 구조나 제작 방법의 검토에만 주로 천착한 면이 없지 않기 때문이다. 또한 갑주 연구로 당대의 사회문화를 이해하기에 부족함이 많기에 새로운 연구방식과 연구관점이 필요하다.

그러므로 본 연구는 갑주의 종류와 특징을 종합적으로 망라하면서 갑주라는 물질에 대한 특징이나 기술에만 천착하지 않고 갑주의 용도와 갑주의 생산과 유통 문제, 입수 배경 검토 등을 통해 고대 사회의 일면을 밝혀보고자 하였다.

Ⅱ장은 이제까지 유적에서 확인된 신라와 가야 갑주의 변천을 종합적으로 살펴보았다. 이를 위해 신라와 가야 갑주의 종류와 특징을 살펴보고 변천을 통해서 확인되는 중요한 획기도 검토해 보았다. 그 결과, 신라와 가야 갑주의 변천은 모두 4기로 구분해 볼 수 있었다.

필자가 나누는 획기는 새로운 형식의 갑주 출현을 기준으로 하여 나누어 살펴볼 수 있다. 개별 단계의 설정에는 새로운 갑주의 등장과 기존 갑주의 소멸도 중요한 요소이면서 그러한 상황이 가져오거나 영향을 준 역사적 배경도 고려하였다.

1기는 신라와 가야가 본격적으로 금속제 갑주를 생산한 시기이다. 역사적으로 4세기 전반은 낙랑 군현의 한반도 축출이 있고 대외 교역망에 큰 변화가 있었다. 이러한 상황에서 금속제 갑주는 이전보다 격렬해진 전쟁과 더불어 내부적 결속이 강화되고 계층의 분화가 심화됨에 따라 금속제 갑주의 필요성이 강하게 대두되었을 것이다.

4세기 전반에 제작된 금속제 갑주는 생산의 초기 단계이지만 다양한 형태가 확인되고 완성도도 높다. 이러한 점에서 신라와 가야는 갑주의 재질이 가죽이나 목제에서 금속제로 재질을 단시간에 바꾸었다고 보기 어렵다. 따라서 본격적인 철제 갑주의 생산은 기왕에 추정하는 시기보다 좀 더 올라갈 가능성이 크다.

2기는 찰갑 구조의 변화, 종장판갑의 장식 강화, 금속제 갑주 소유 계층의 확대를 들 수 있다. 또한 왜계 갑주가 이 시기부터 확인되어 그 출현 배경이 주목된다. 찰갑 구조의 변화는 새로운 기술 도입과 관련해서 이해할 수 있다. 일찍이 신라는 고구려의 도움으로 4세기 후반인 381년 전진에 사신을 파견할 수 있을 정도로 양국이 긴밀한 관계를 맺고 있었다. 따라서 신라는 그러한 상황 속에서 앞 시기보다 여러모로 진전된 구조의 찰갑을 제작할 수 있었다고 판단된다.

다음으로 가야에 출현한 왜계 갑주는 신라의 성장으로 상대적으로 위축된 가야가 대외적으로 백제 그리고 왜와 교섭을 강화한 결과로 이해할 수 있다. 백제는 왜와 교역을 하기 위한 안전한 남해안 항로가 필요하였을 것이고 왜도 가야로부터 철과 같은 필요한 물자를 받아들여야 했을 것이다. 이러한 배경 속에서 가야는 통형동기와 같은 청동제품과 더불어 왜계 갑주를 교역의 상징적인 물품으로 받았을 가능성이 크다.

3기는 400년 고구려 남정 이후로 신라와 가야에 많은 영향을 준 것으로 이해하고 있다. 특히 가야는 남정의 직접적인 영향으로 선진적인 고구려 군사 기술을 적극적으로 수용하였다. 이 시기의 또 다른 변화는 마주와 마갑이 본격적으로 생산된 시기이다. 마주, 마갑의 부장량이 급증하는 점을 두고 중장기병과 같은 새로운 무장 체제가 언급되지만 여전히 마주와 마갑은 지배계층 중심의 부장품이기에 중국과 고구려가 보유한 중장기마 전사단이 신라나 가야에 있었다고 볼 수 없다.

앞 시기에 이어 왜계 갑주의 종류 중 하나인 대금식 갑주는 좀 더 넓은 범위에서 확인되며 금관가야의 권역 중심으로 출토된다. 이 시기는 백제지역에서도 대금식 갑주가 확인된다. 백제지역은 왜계 고분에서 출토되는 양상이 많으나 가야에서 출토되는 왜계 갑주는 토착세력의 고분에서 출토되고 공반된 유물도 왜계 유물을 같이 부장한 사례가 많지 않다.

4기는 신라와 가야 갑주의 차이점이 좀 더 두드러진 시기이다. 신라는 금관을 비롯한 장신구의 영향이 갑주에도 전해져 앞 시기에 제작된 금공 비갑이 최상위계층의 고분에서 확인된다. 가야도 금공 갑주가 없는 것은 아니나 신라와 달리 투구에 장식성이 강한 소찰주가 대표적이다. 이 중에 대가야는 이전 종장판주와 다른 형태의 투구를 제작하는데 관모와 차양을 더한 형식이 주목된다. 이것은 신라의 금공 비갑과 비교하여 대가야만의 투구를 제작했다고 볼 수 있다.

한편 이 시기에는 신라권역에서 대금식 갑주의 출토 사례가 증가하고 있다. 이 중 부산지역은 축조집단의 정치적 성격에 대한 이론이 있으나 울산지역에서 출토된 대금식 판갑은 가야와의 관계로 이해할 수 없다.

위와 같은 사례들은 문헌에서 기록된 역사적 정황을 대입해 두 가지 사실에 주목해 볼 수 있다. 우선 이 시기 대가야가 남제南齊에 독자적인 사신을 보낼 만큼 성장하였다(479년). 이러한 상황에서 대가야는 독특한 양식으로 차양과 관모를 갖춘 기존에 없던 새로운 양식의 투구를 창출한 것으로 보인다.

5세기 후반은 고구려의 남진 정책에 대응하는 신라와 백제 그리고 가야의 노력(나제 동맹)이 있던 시기이다. 신라는 일찍이 일본열도에서 확인되는 고고자료를 통해서 5세기 전반부터 왜와 교류를 한 것으로 이해(박천수 2016)되지만 대금식 갑주는 신라권역에서 5세기 후반부터 확인된다. 따라서 5세기 후반에 부산지역에 확인되는 대금식 갑주를 이러한 역사적 배경에서 이해할 수 있다.

Ⅲ장은 Ⅱ장에서 검토한 신라와 가야의 여러 갑주의 제작 기술 및 제작 공정을 추정하여 당대 생산체계를 살펴보았다. 특히 주요 갑옷인 판갑과 찰갑은 그 제작 기술이나 구성에 큰 차이가 있다. 이 두 갑옷이 신라와 가야 갑주의 생산체계의 변화 속에서 기술과 공정이 어떻게 변화하였는지 구체적으로 살펴보고자 하였다.

이제까지 연구되어온 제작 기술을 검토해 보면 필자는 모두 4가지 기법으로 정리할 수 있다고 본다. 그것은 '연결 기법', '착장 기법', '복륜 기법', '장식 기법'으로 명명할 수 있다. 이 제작 기술들은 모두 제작 공정과 관련이 있다. 갑주 제작 공정은 제품 설계, 부품 가공, 개체 조립으로 크게 세 단계로 구분되며 각 과정에 대응하는 기술과 속성이 있다.

제작 공정을 통해서 이 책은 생산체계를 추정해보고자 하였다. 이와 관련하여 검토해 보고자 한 부분은 '대량 생산'과 '중앙과 지방 생산'의 문제이다.

'대량 생산'을 논의하기 위해서는 출토량 증가를 근거로 두기보다 관련 조건에 대한 면밀한 검토가 필요할 것이다. 이 책에서는 대량 생산의 충분조건으로 '대량 생산의 사회적 필요성', '설계의 표준화' 등이 먼저 증명되어야 할 것으로 보았다. 이 조건에 의하면 '대량 생산의 사회적 필요성'은 출토 양상을 보았을 때 성립하기 어렵다고 판단된다. 기왕에 출토되었던 것보다 중·소형분까지 확대되었지만 그 수량이 압도적이라 볼 수 없다.

두 번째로 '설계의 표준화'이다. 4세기부터 제작된 갑주를 검토하면 동일한 형태로 제작된 갑주는 찾아보기 어렵다. 특히 종장판갑은 기본 구조는 공유하지만 완전히 동일한 형태는 없으며 오히려 장식 등에서 저마다의 특징을 갖고 있다. 찰갑도 소찰을 엮는다는 기본 구조는 공유하지만 소찰의 크기 등에서 동일한 형태를 찾아보기 어렵다. 기초적인 검토이지만 옥전고분군 출토 찰갑의 소찰 크기 비교 사례로 보면 이 시기까지 갑주 표준화가 이루어졌다고 보기 어려울 것이다.

그러므로 현지 갑옷의 출토 자료로 본다면 '대량 생산'이라는 용어보다 '생산과 소유의 확대'라는 표현이 좀 더 적확할 것이다. 물론 시간이 흐름에 따라 이전과 달리 생산체계가 좀 더 분업화되고 정교하게 되어 생산성이 높아져 간 것은 사실일 것이다. 그러나 금속제 갑주의 소유 문제에서 누구나 소유할 수 없었다면 굳이 대량 생산을 할 필요가 없을 것이다. 따라서 현재로서는 '대량 생산'이라는 관점에서 신라·가야의 생산체계를 이해하기는 어렵다.

다음으로 중앙과 지방 생산 문제이다. 갑주의 지방 생산은 가능하다고 판단한다. 모든 갑주가 그런 것은 아니지만 일부 갑주는 지방에서도 생산하였을 것이다. 이와 관련하여 소유가 한정적인 금공품과 마구의 지방 생산에 대한 논의(이현정·류진아 2011)를 참고할 수 있다. 여기서 지방 생산이 가능하다고 보는 근거는 두 가지 이유가 있는데 첫 번째는 표준화된 형태가 없으며 두 번째는 중심 고분군과 주변 고분군의 갑주 제작 기술에 차이가 보이기 때문이다.

이러한 검토와 같이 갑주도 생산과 소유가 확대되었으나 모든 갑주가 지방 생산된 것은 아니고 종류가 제한된 것으로 판단된다. 지방 생산이 제한된 갑주는 신라와 가야 갑주 안에서 특색이 있고 높은 기술을 요구하는 갑주이다. 신라는 비갑과 같은 금공 갑주를 들 수 있다. 금공 갑주는 중앙에서 생산해서 위세품으로 배분되었을 가능성이 있다. 가야지역에도 금공 갑주가 있으나 신라만큼 정형성을 파악하기 어렵고 대신 대가야 갑주로 인식할 수 있는 관모와 차양이 달린 종장판주에 주목할 수 있다.

Ⅳ장은 동아시아로 연구 시야를 넓혀 신라와 가야의 갑주를 중국과 일본의 고대 갑주와 비교하여 그 계통을 살펴보았다. 그리고 나서 신라와 가야에서 제작된 갑주의 차이를 분석해 보았다.

먼저 신라와 가야에서 출토된 철제 갑주의 제작 기술이 어디에서 수용되었고, 이후 어떻게 발전되어 나갔는지 살펴보기 위해 중국 중원 및 동북 지방 그리고 고구려에서 출토된 갑주를 비교 분석하였다. 신라와 가야는 갑주 제작 기술의 많은 부분이 중국 중원 및 동북 지방 그리고 고구려로부터 수용되었다고 이해되나 일방적인 기술 수용보다 기술의 토착화에 따른 발전이 빠르게 이루어졌다고 보인다. 특히 기왕에 갑주는 고구려 남정에 의한 영향이 많이 언급되었으나 중장기병이나 찰갑 제작에 있어서 재평가될 필요가 있다. 물론 고구려 남정에 의한 영향을 과소평가하는 것은 아니며 기왕의 언급처럼 새로운 갑주나 전술이 도입되었다고 보기보다 좀 더 신라와 가야 갑주의 제작 기술이 상황에 맞게 발전되었다고 보는 것이 좋다.

다음으로 신라와 가야 갑주의 관계를 살펴보았다. 일부 논자들은 가야 갑주가 신라 갑주를 생산하는데 많은 영향을 주었다고 보고 있다(신경철 2000; 이현주 2010b). 이러한 주장들은 갑주 초기 연구에 나타난 자료의 부족과 지역적 편중성에 기반한 오해에 의한 판단으로 인한 것이다. 앞서 살펴본 중국 및 고구려 갑주와의 비교를 보아서도 어느 한쪽이 일방적으로 기술을 전파하였다고 보기 어렵다.

마지막으로 신라와 가야 내 왜계 갑주의 계통 문제이다. 필자는 Ⅱ장에서 갑주를 분류하면서 대금식 갑주를 왜계 갑주로 인식하고 그 특징을 설명하였는데 이번 장에서는 그렇게 이해하는 필자의 논거를 제시해 보았다. 또한 찰갑 연구에서 최근 주목하고 있는 'Ω'형 요찰을 가진 찰갑의 계통을 재검토하였다. 이 찰갑은 대금식 갑주 이외에도 왜계 찰갑으로 재평가되는 자료들이 있으나 그렇게 보기 어려운 자료도 있다. 기왕에 알려진 것과 달리 'Ω'형 단면 형태에 2열 수결공을 가진 찰갑은 출현 시기도 올라가며 왜의 독자적인 찰갑이라기보다 신라와 가야의 영향 아래에 제작된 것으로 이해된다. 이와 관련해서 기왕에 연구된 일본열도 출토 찰갑에 대한 면밀한 비교 분석이 앞으로 이루어져야 할 것으로 보인다.

Ⅴ장에서는 금속제 갑주가 신라와 가야에 등장한 배경과 소유 계층을 살펴보고자 하였다. 이 장을 설정한 목적은 금속제 갑주의 등장이 신라와 가야 사회에 끼친 영향을 살펴보고 이를 지배계층이 어떻게 인식하였는지 살펴보기 위함이며 이는 이후 갑주의 정치사회적 성격을 검토하는 바탕이 되기 때문이다.

우선 등장 배경은 기술적이고 사회적인 이유가 자리하고 있다. 이 시기는 계속되는 전쟁으로 사회적 긴장 관계가 지속되고 대등한 정치체 상호 간에 경쟁을 통한 새로운 기술의 유입과 기술자의 투입이 이루어졌음을 짐작할 수 있다.

그러나 금속제 갑주가 생산되기 이전 시기에도 규모 등을 가늠할 수 없지만 국들 간에 전쟁은 있었다. 현재까지 고분 등 유적에서 확인되는 무기를 살펴보면 철모나 비거리가 짧은 철촉들이 대부분이라서 근접전 위주의 전쟁이었음을 추정해 볼 수 있다. 그런데 이러한 상황이라면 금속제 갑주의 등장도 좀 더 빨랐을 가능성도 생각해 볼 수 있으나 현재까지 3세기대 금속제 갑주는 거의 확인된 자료가 없다. 필자는 이러한 고고학적 정황에서 금속제 갑주가 출현하는 현상을 시사하는 의미는 무언인지 다른 각도에서 살펴보아야 한다고 생각한다. 그런 의미에서 금속제 갑주를 생산하는 데 있어 이전 시기에 기술력이 못 미쳤던 상황을 고려할 수 있다. 즉, 철기 제작 기술의 발전이 금속제 갑주 생산 배경의 한 요소일 수 있다.

이와 달리 이 시기는 전술적인 측면에도 변화가 있었다고 보이는데 좀 더 체계화된 지휘체계가 이루어지면서 전사들을 좀 더 안전하게 보호해야 할 상황이 있었기에 기존에 유기질 재질에서 좀 더 단단한 금속으로 재질을 바꾸어 개량했을 가능성도 있을 것이다. 다시 말해 기존에 있던 사회보다 좀 더 수평적 사회구조에서 탈피하여 계층이 분화된 사회적 배경도 고려해 볼 수 있다.

그런데 이처럼 갑주가 재질을 금속으로 변화하게 되면 기존에 있던 생산체계에 큰 변화를 줄 수밖에 없게 된다. 다시 말해 기존에 갑주를 제작하던 공인(장인)은 새로운 환경에 적응해야 하는데 이것은 오랜 시간 해온 기술이나 습관을 버린다는 것은 간단한 일이 아니다. 또한 새로운 기술을 습득하기 위한 노력이나 시간 등도 있어서 반드시 기술변화가 이루어져야 하는 상황이 아니라면 쉽게 새 기술을 습득하지 않았을 것이다. 따라서 금속제 갑주의 등장은 제작기술이 발달하고 특정 분야에 혁신을 이루어 자연스럽게 전환되었다기 보다는 재료를 금속으로 전환할 수밖에 없었던 계기가 중요하므로 앞으로 확인될 자료를 통해서 좀 더 그 배경을 살펴볼 필요가 있다.

이 시기 갑주를 소유한 계층은 부장 양상을 통해서 그 성격을 검토하였다. 이를 통해 신라와 가야의 지배계층이 갑주를 위세품으로 선호하는 방식에도 차이점을 확인할 수 있다. 앞서 위세품을 보유형 위세품과 착장형 위세품으로 나눌 수 있다고 하였다. 갑주도 보유형 위세품과 착장형 위세품으로 나눌 수 있는데 이를테면 금공 갑주가 대표적인 보유형 위세품이라 할 수 있다.

신라는 가야보다 금공 갑주가 상대적으로 많이 확인되는데 대표적인 금공 갑주로 비갑을 들 수 있다. 그런데 이러한 비갑은 중앙의 대형 적석목곽분을 중심으로 출토된다. 따라서 신라의 중앙은 보유형 위세품으로 금공 갑주를 선호했다고 할 수 있다. 이와 반대로 지방의 대형분은 보유형 위세품보다 철제 갑주인 착장형 위세품을 부장하고 있어 그 격차를 추정해 볼 수 있다.

가야는 금공 갑주의 사례만 본다면 착장형 위세품을 선호했다고 할 수 있다. 그런데 가야가 착장형 위세품만 선호한 것은 아니다. 가야는 신라보다 복수 부장의 사례가 많다. 특히 왜계 갑주를 부곽에 부장하는 사례가 많아서 보유형 위세품으로 왜계 갑주를 선호했을 가능성도 제기해 본다.

Ⅵ장은 신라와 가야 갑주는 다양한 형태로 제작된 만큼 활용 목적도 여러 가지이다. 따라서 Ⅵ장에서는 신라와 가야에서 갑주가 활용된 용도와 목적을 살펴보아 당시 사회의 일면을 살펴보고자 하였다.

우선 이 책에서는 갑주의 용도를 통해 신라와 가야 갑주에 어떤 성격이 있는지 살펴보았다. 갑주의 성격은 크게 '위세품', '의례', '대외 교섭과 교류'로 나눌 수 있다.

먼저 위세품과 관련하여 신라와 가야의 큰 차이점은 신라는 비갑이 대개 제작되었으나 가야는 투구가 제작되었다는 점이다. 신라는 가야와 달리 금공 갑주인 비갑을 제작함으로서 어떤 체계를 이루려고 한 것으로 보이는데 이와 관련하여 신라의 금공품이 복식 제도를 추정할 정도로 정형화된 점을 참고할 수 있다. 이희준(2002)은 신라의 금공품을 중앙이 지방에 분여한 위세품으로 보는 정치적 견해를 넘어 복식과 같은 사회적 측면을 살펴본 바 있다. 필자는 금공 갑주인 비갑도 이러한 복식 제도의 일환으로 제작했을 가능성이 있다고 본다.

다음으로 갑주를 이용한 의례의 구체적 사례로 종장판갑의 장식성과 사지 출토 소찰을 들 수 있다.

우선 종장판갑의 장식은 '조장'을 언급한 것이 대표적이다. 종장판갑은 경판에 새 모양을 장식하거나 짐승 털을 붙여놓기도 하였다. 이러한 행위는 새를 신성시하는 전통에서 비롯된 것으로 보기도 한다(오광섭 2004). 또한 와문도 장식되어 있다. 와문은 태양을 상징하는 문양으로 종장판갑의 착장자를 태양과 같이 신성화하여 무운을 기원하는 벽사적 기복신앙으로 표현하거나 통과의례와 같은 의식에 종장판갑이 사용되었을 가능성이 제기되었다(송정식 2012). 이 외에도 종장판갑의 수리 흔적이나 재단의 부정확성, 장식에 주목하여 성년이 되는 통과의례로 종장판갑을 이용했을 가능성이 제기된 바 있다.

황룡사지와 같은 사지에 소찰이 매납된 배경은 세 가지 정도로 그 성격을 유추해 볼 수 있다. 그것은 '국가 안전에 대한 기원', '진단구적 성격', '공양'으로 그중 '진단구적 성격'과 같은 벽사적 의미가 가장 타당해 보인다. 이러한 양상은 일본 나라시대도 사지에서 찰갑이 확인되므로 당시 불교가 전해지면서 이러한 의식도 함께 전해졌을 가능성이 크다.

마지막으로 대외교섭과 교류와 관련하여 갑주를 통해 당시 신라·가야와 왜의 관계를 고찰해보고자 하였다. 특히 신라는 일본열도에서 확인되는 금공 갑주와 최근 연산동고분군 출토 대금식 갑주를 통해서 이제까지 문헌사학 등에서 적대적으로만 이해되던 신라와 왜의 관계를 다시 한번 검토해야 함을 보여주는 중요한 고고학적 사례로 보았다.

또한 이러한 성격을 염두에 두고 당시 신라와 가야 사회를 고찰할 목적으로 신라와 가야 갑주의 생산과 유통 과정과 왜계 갑주 입수 및 분배 과정을 살펴보았다. 이 중 가야는 금관가야와 대가야를 대표적으로 검토하였다.

신라의 갑주 유통은 대외적으로 성장하던 4세기 후반부터 지역과 계층에서 범위가 이전보다 더 넓어진다. 그러나 신라 갑주 생산과 유통에 있어서 계층에 따라 보유한 갑주의 종류나 품질에 차별화가 생김으로써 오히려 위세품적 성격은 강화되었다. 이전에 갑주는 질적인 가치보다 보유의 의미나 양적 의미로 차별화가 있었다면 이 시기는 종류나 품질에 차별화가 생겨난 것이다.

금관가야는 4세기대에 갑주의 복수 생산지(대성동고분군과 복천동고분군)가 있는 상황에서 종장판갑과 같은 갑주가 상위집단에서 하위집단으로 분여되었다고 보기 어렵다. 분여라는 체계가 유지되기 위해서는 항상성도 필요한데 앞에 언급한 고분군에서 어떤 정형성도 파악하기 어렵다. 금관가야 갑주가 위세품으로 사용되었으나 현재 자료로 보면 갑주의 유통양상이 금공품과 같이 분배나 사여 체계를 이루었다고 보기에는 어려움이 있다.

대가야는 고분군에 보이는 갑주의 보유 양상으로 전체 4등급으로 이를 각각 설명하면 다음과 같다. 우선 1등급은 관모형 투구를 포함한 장식형 투구와 중장기병을 상징하는 마갑과 마주 그리고 왜계 갑주가 포함된 고분군이다. 2등급은 장식형 투구를 부장한 고분군이다. 3등급은 왜계 갑주가 있는 고분군이다. 4등급은 찰갑과 같은 일반적인 갑주만 부장된 고분군이다. 이러한 상황에서 분배를 통한 위세품적 성격을 가진 갑주는 관모형 종장판주와 소찰주 같은 장식투구이다. 영역 국가로 성장해가는 5세기 후반에 이르러서야 갑주가 위세품 사여 체계 안에 들어갔다고 추정되는데 그러한 모습을 잘 보여 주는 것이 이 시기에 등장하는 장식 투구로 판단된다.

다음으로 신라와 가야에서 출토되는 왜계 갑주의 입수와 분배를 검토하였다.

신라는 주변 지역으로 본다면 신라 중심인 경주지역은 현재까지 왜계 갑주가 확인된 사례가 없어서 가야가 중심 고분군에 왜계 갑주가 확인되는 점과 차이가 있다고 할 수 있다. 이점은 백제도 신라와 마찬가지인데 충청지역이나 서남해안에서 주로 왜계 갑주가 출토되며 공주나 부여와 같은 중심지역에 왜계 갑주가 확인되지 않는 점은 유사한 상황으로 판단된다. 최근 확인된 연산동고분군 출토 금부계 판갑은 대금식 판갑의 변형된 형식으로 왜 왕권의 중심지역인 기나이지역에 분포하고 있기에 신라와 왜 왕권의 직접 교류를 통한 입수로 생각해 볼 수 있다.

가야는 중·소형 고분과 고총 출토 양상을 통해 볼 때 세력의 규모에 따라 그 사용을 달리 한 것으로 보인다. 이를테면 가달고분군, 죽곡리고분군, 두곡고분군과 같은 중소형 고분에서 출토된 왜계 갑주는 실질적으로 사용한 것이며 일본 내 지역 세력과의 교섭을 통해 입수한 것으로 보았다. 이와 달리 백제는 왜 왕권이 있는 기나이세력과 교섭하여 왜계 갑주를 입수한 것으로 가장 큰 차이는 왜계 갑주를 가진 피장자의 성격이 왜인이라고 판단할 수 있다.

이상으로 본 연구에서 다루지 못하였지만 앞으로 검토되어야 할 연구과제에 대하여 언급하고자 한다. 우선 삼국시대 갑주 연구를 종합적으로 살펴보기 위해서는 현재까지 자료 부족으로 인해 공백지로 남아있는 고구려와 백제에 대한 면밀한 검토가 필요하다. 이 지역의 연구가 충분히 이루어져야 삼국시대 갑주에 대한 종합적인 분석이 가능할 것으로 보인다. 백제지역은 최근 공산성 출토 갑주로 인해 당시 백제 갑주에 대한 중요한 자료를 확보하게 되었다. 갑주의 생산지에 대한 의견이 분분하지만 당시 갑주자료를 이해할 수 있는 좋은 자료임은 틀림없다. 이 자료들의 성과를 기대한다. 고구려는 현재 서울대학교 박물관에서 조사했던 연천 무등리 보루를 제외하고는 완전한 형태의 고구려 갑주자료가 없다. 그러나 이제까지 산성과 보루에서 출토된 자료와 중국 동북지방 자료를 종합적으로 엮어서 신라와 가야 갑주를 비교 검토해볼 필요가 있다. 물론 이 책에서 신라와 가야 갑주 계통을 분석하기 위해 고구려와 중국 동북지방 자료를 검토하였지만 아직 미보고 등으로 정확한 양상을 알기 어려운 자료도 있기에 이 자료들의 면밀한 분석은 삼국시대 갑주의 이해를 좀 더 높일 수 있다고 판단된다.

　다른 연구도 그렇지만 삼국시대 갑주 연구는 이제부터가 시작이라고 생각된다. 그간 자료 확보가 계속해서 이루어져 이제는 자료 부족만을 탓하며 연구가 미진할 수밖에 없다고 둘러댈 수 없는 상황이다. 최근에는 재현품을 통해 좀 더 입체적으로 이해하려는 시도도 있어 삼국시대 갑주 연구에 고무적인 현상이다. 무엇보다 삼국시대 갑주 연구를 종합적으로 이해하기 위해서는 무기 체계에 관한 연구와 병행해서 검토할 필요가 있을 것이다. 이를 통해 전술에 대한 이해나 왜 이러한 갑주가 제작되었는지 대한 이해를 높일 수 있기 때문이다. 앞으로 이 책에서 검토한 성과를 바탕으로 진전된 연구 성과를 얻기 위해 노력하고자 한다.

참고문헌

1. 한국어

가. 단행본

김성호 외, 2019, 『한국 고대의 말갑옷』, 사회평론.

김재휘 외, 2021, 『가야의 비늘 갑옷』, 진인진.

김태식 외, 2008, 『한국 고대 사국 국경선』, 서경문화사.

노중국, 2012, 『百濟의 對外 交涉과 交流』, 지식산업사.

마이클 만·존 홀(김희숙 옮김), 2014, 『사라진 권력 살아날 권력』, 생각의 길.

문안식, 2006, 『백제의 흥망과 전쟁』, 혜안.

박남수, 2009, 『신라수공업사』, 신서원.

박천수, 2007, 『새로 쓰는 고대한일교섭사』, 사회평론.

박천수, 2016, 『신라와 일본』, 진인진.

박천수, 2018, 『가야문명사』, 진인진.

복천박물관, 2010, 『한국의 고대갑주』, 학술연구총서 제31집.

신라 천년의 역사와 문화 편찬위원회, 2016, 『신라의 사회구조와 신분제』, 연구총서 9.

영남고고학회, 2015, 『영남의 고고학』, 영남문화재연구원 학술총서 13.

이문기, 1997, 『신라 병제사 연구』, 일조각.

이성주, 2014, 『토기제작의 기술혁신과 생산체계』, 학연문화사.

이종봉, 2016, 『한국 도량형사』, 소명출판.

이한상, 2009, 『장신구 사여체제로 본 백제의 지방지배』, 서경문화사.

이희준, 2007, 『신라고고학연구』, 사회평론.

이희준, 2017, 『대가야고고학연구』, 사회평론.

제레미 사블로프·램버그 칼롭스키 편저(오영찬·조대연 옮김), 2011, 『古代 文明과 交易』, 도서출판 고고.

채미하, 2015, 『신라의 오례와 왕권』, 혜안.

칼라 시노폴리(이성주 역), 2008, 『토기연구법』, 도서출판 고고.

콜린 렌프루·폴 반 편저(이성주·김종일 옮김), 2010, 『考古學의 主要槪念』, 도서출판 고고.

콜린 렌프루·폴 반(이희준 옮김), 2006, 『현대 고고학의 이해』, 사회평론.

티모시 얼(김경택 옮김), 2008, 『족장사회의 정치권력』, 도서출판 고고.
한국고고학회, 2008, 『국가형성의 고고학』, 한국고고학회 학술총서 4.
한국매장문화재협회, 2012, 『한반도의 제철유적』, (사)한국문화재조사기관협회.
한상복 외, 1985, 『문화인류학개론』, 서울대학교출판부.

나. 논문

강현숙, 2004, 「考古學에서 본 4·5세기 高句麗와 伽耶의 成長」, 『加耶와 廣開土大王』第9回 加耶史國際學術會議.

강현숙, 2008, 「古墳 出土 甲冑와 馬具로 본 4, 5세기의 新羅, 伽倻와 高句麗」, 『신라문화』32, 신라사학회.

권도희, 2019, 「중부지역 마구의 편년과 전개」, 『접점 Ⅱ, 마구의 편년』제16회 매산기념강좌.

권상열 외, 2005, 「음성망이산성 출토유물의 성격」, 『고고학지』14, 한국고고미술연구소.

권오영, 1988, 「4세기 백제의 지방통제방식 일례」, 『한국사론』18, 서울대학교 국사학과.

金宰佑, 2004, 「嶺南地方의 馬冑에 대하여」, 『영남고고학』35, 영남고고학회.

金宰佑, 2010, 「金官加耶의 甲冑」, 『大成洞古墳群과 東亞細亞』第16回 加耶史國際學術會議.

김낙중, 2015, 「백제에 남겨진 왜의 문물」, 『한국사 속의 백제와 왜』.

김대환, 2003, 「부산지역 금관가야설의 검토」, 『영남고고학』33, 영남고고학회.

김도영, 2015, 「동북아시아 철기문화의 전개와 한야공철 정책」, 『한국고고학보』94.

김도영, 2018, 「신라 대장식구의 전개와 의미」, 『한국고고학보』107.

김두철, 2003, 「무기·무구 및 마구를 통해 본 가야의 전쟁」, 『가야고고학의 새로운 조명』, 혜안.

김두철, 2005, 「4세기 후반~5세기초 고구려·가야·왜의 무기·무장체계 비교」, 『광개토대왕비와 한일관계』, 한일관계사연구논집 1.

김두철, 2011, 「고고유물을 통해 본 창녕 정치체의 성격」, 『고대 창녕 지역사의 재조명』, 경상남도 창녕군·부산대학교 민족문화연구소.

김두철, 2013, 「연산동고분군과 복천동고분군」, 『연산동고분군의 의의와 평가』, 부산대학교박물관·부산광역시 연제구청.

김두철, 2014, 「다라국의 무장 - 무기와 마구」, 『다라국, 그 위상과 역할』, 합천군·경상대학교 박물관.

김두철, 2016, 「고총고훈시대의 연산동고분군」, 『연산동 고총고분과 그 피장자들』, 부산대학교박물관·부산광역시 연제구청.

김두철, 2020, 「대금식 판갑의 왜계 갑주론 재고」, 『고고광장』27.

김영민, 1995, 「영남지역 판갑에 대한 일고찰」, 『고문화』46, 한국대학박물관협회.

김영민, 2000, 「영남지방 판갑에 대한 재고 - 피갑의 상정을 중심으로 -」, 『울산사학』9.

김영민, 2010, 『금관가야의 고고학적 연구』, 부산대학교 박사학위논문.

김영민, 2011, 「고흥 길두리 안동고분의 갑옷과 투구」, 『고흥 길두리 안동고분의 역사적 성격』, 고흥 길두리 안동고분 특별전 기념 학술대회.

김영민, 2014, 「한국 출토 대금식 판갑의 제문제」, 한일교섭의 고고학 제2회 공동연구회.

김영민, 2015, 「갑주」, 『영남의 고고학』, 사회평론.

김영민, 2018, 「가야갑주」, 『가야고분군 Ⅱ』, 가야고분군 연구총서 3권, 가야고분군 세계유산등재추진단.

김영하, 2001, 「삼국시대의 전쟁 - 삼국사기의 기사분석을 중심으로」, 『고대의 전쟁과 무기』, 제5회 부산복천박물관 학술발표대회.

김용성, 2016, 「연산동 고총의 성격」, 『연산동 고총고분과 그 피장자들』, 부산대학교박물관·부산광역시 연제구청.

김혁중, 2006, 「구조로 본 종장판갑」, 『慶州 九政洞古墳』, 國立慶州博物館.

김혁중, 2008, 「영남지방 4~5세기 종장판갑의 지역성 연구」, 경북대학교 석사학위논문.

김혁중, 2009, 「영남지방 출토 종장판갑의 분포와 의미」, 『영남고고학』49, 영남고고학회.

김혁중, 2010, 「연산동 8호분 출토 찰갑의 구조와 특징」, 『韓國의 古代甲冑』, 복천박물관.

김혁중, 2011a, 「한반도 출토 왜계 갑주의 분포와 의미」, 『중앙고고연구』8.

김혁중, 2011b, 「구어리 1·2호 출토 갑주에 관한 고찰」, 『경주 구어리 고분Ⅱ』, 영남문화재연구원.

김혁중, 2013, 「김해 양동리 유적 출토 철제 갑주의 특징과 성격」, 『동원학술논문집』14.

김혁중, 2014a, 「고대 한일 찰갑의 교류」, 한일교섭의 고고학 제2회 공동연구회.

김혁중, 2014b, 「신라의 갑주」, 『신라고고학개론 下』, 진인진.

김혁중, 2015a, 「중국 중원·동북지방 갑주로 본 영남지방 갑주문화의 전개과정과 특징」, 『영남고고학』72.

김혁중, 2015b, 「대가야 갑주의 성격」, 『대가야의 고분문화』, 2015 가야고분 조사연구 학술대회 발표자료집.

김혁중, 2016a, 「가야의 갑주」, 『가야고고학개론』, 진인진.

김혁중, 2016b, 「한반도 삼국시대사회의 시점으로 평가한 왜계무장구」, 『古代日韓交涉実態』, 일본역사민속박물관 심포지움.

김혁중, 2016c, 「Ⅳ 고찰 - 4 금관총 출토 갑주의 특징과 의미」, 『경주 금관총(유물편)』, 국립경주박물관.

김혁중, 2018, 『신라·가야 갑주의 고고학적 연구』, 경북대학교 박사학위논문.

김혁중, 2019a, 「기마인물형토기와 가야 중장기병의 실체」, 『가야 기마인물형토기를 해부하다』, 주류성.

김혁중, 2019b, 「신덕 고분 찰갑의 구조와 의미」, 『함평 예덕리 고분군 사적 지정 추진 국제학술대회』.

김혁중, 2019c, 「삼국시대 영남지방 유기질제 혼용 찰갑의 기술계통과 특징」, 『영남고고학』83, 영남고고학회.

김혁중, 2019d, 「Ⅴ. 고찰 3. 포항 남성리고분군 출토 갑주의 특징과 의미 」, 『포항 남성리고분군』, 학술조사보고 제73책, 세종문화재연구원.

김혁중, 2020, 「천안 두정동 유적 출토 이형철기의 성격 - 백제 초기갑주의 양상 검토」, 『한국상고사학보』108.

김혁중·김재우, 2008, 「대성동 57호 출토 갑옷」, 『영남고고학』46.

김혁중·최지은, 2017, 「황남동 109호 3·4곽 출토품 연구(1) - 馬胄 소개와 특징」, 『신라문물연구』10.

鈴木一有, 2007, 「鐵鏃과 甲冑에서 본 韓日古墳의 竝行關係」, 『한일삼국·고훈시대의 연대관(Ⅱ)』, 韓國·國立釜山大學校博物館·日本國·國立歷史民俗博物館.

鈴木一有, 2012, 「청주 신봉동고분군의 철기에 보이는 피장자 집단」, 『청주 신봉동 백제고분군 발굴30주년 기념 국제학술회의』.

鈴木一有, 2018, 「고흥 야막고분 출토 충각부주의 편년적 위치와 무장구의 평가」, 『고흥 야막고분 출토 투구 제작 기술 복원』, 국립나주문화재연구소.

류창환, 2010, 「삼국시대 기병과 기병전술」, 『한국고고학보』76.

박보현, 1990, 「心葉形杏葉의 型式分布와 多樣性」, 『역사교육논집』13·14, 역사교육학회.

박순발, 1997, 「한성 백제의 중앙과 지방」, 『백제의 중앙과 지방』, 충남대학교 백제연구소.

박준현, 2012, 「삼국시대 대금식 판갑의 연구」, 부산대학교 석사학위논문.

박준현, 2013, 「갑주의 지판결합에 적용된 리벳 기법 연구」, 『고고광장』5.

박준현·김성호·김재휘, 2018, 「동래 복천동 34호묘 출토 갑주 구조복원 연구」, 『영남고고학』81.

박호숙, 2017, 「삼국시대~조선시대 영남지역 출토 진단구의 연구」, 『고문화』89.

서영교, 2016, 『신라 군제사 신연구』, 출판사 은서.

성정용, 2000, 『중서부 마한지역의 백제영역화과정 연구』, 서울대학교 박사학위논문.

성정용, 2011, 「百濟甲冑 復原研究를 위한 試考」, 『역사와 담론』58.

細川晋太郎, 2012, 「한반도 출토 筒形銅器의 제작지와 부장배경」, 『한국고고학보』85, 한국고고학회.

송계현, 1988, 「三國時代 鐵製甲冑의 研究」, 경북대학교 석사학위논문.

송계현, 1993, 「伽倻出土 甲冑」, 『伽倻と古代동아시아』, 신인물도래사.

송계현, 1995, 「가야 갑주 양상의 변화」, 『가야고분의 편년연구Ⅲ – 갑주와 마구』, 제4회 영남고고학학술발표회, 영남고고학회.

송계현, 1997, 「釜山 五倫臺 採集 甲冑類」, 『博物館研究論集』6.

송계현, 1999, 「우리나라 甲冑의 變化」, 『古代戰士』, 복천박물관.

송계현, 2001, 「4~5세기 동아시아의 갑주」, 『4~5世紀 東亞細亞 社會와 加耶』, 第2回 加耶史 國際學術大會.

송계현, 2004a, 「加耶古墳의 甲冑變化와 韓日關係」, 『國立歷史民俗博物館研究報告』110.

송계현, 2004b, 「대가야의 군사적 기반」, 『대가야의 성장과 발전』, 고령군·한국고대사학회.

송계현, 2005, 「桓仁과 集安의 고구려 갑주」, 『북방사논총』3, 고구려연구재단.

송정식, 2003, 「신라·가야의 종장판갑 연구」, 부산대학교 석사학위논문.

송정식, 2008, 「종장판갑의 제작 공정과 기술변화 연구」, 『한국고고학보』69.

송정식, 2009, 「삼국시대 판갑의 특징과 성격」, 『학예지』16, 육군사관학교 육군박물관.

송정식, 2010, 「동북아시아 찰갑의 기술계통 연구」, 『야외고고학』9.

송정식, 2011, 「종장판갑의 초현기 특징 연구」, 『博物館研究論集』17, 부산박물관.

송정식, 2012, 「가야 종장판갑의 장식적 요소와 상징적 의미」, 『양동리, 가야를 보다』, 국립김해박물관 기획특별전 도록.

송정식·김재윤·이유진, 2008, 「고대 유기질제 갑옷과 철제판갑의 상관성 연구」, 『동북아 문화연구』16.

송정식·이유진, 2008, 「복천동 86호분 종장판갑의 구조와 특징」, 『博物館研究論集』14, 釜山博物館.

신경철, 1988, 「釜山 蓮山洞 8號墳 發掘調查概報」, 『釜山直轄市 博物館年報』10, 釜山直

轄市 博物館.

신경철, 1989, 「가야의 무구와 마구」, 『국사관논총』 7.

신경철, 1995, 「金海 大成洞·福泉洞 古墳群 點描 – 金官加耶 이해의 一端」, 『釜大史學』 19, 釜山大學校史學會.

신경철, 1997, 「복천동고분군의 갑주와 마구」, 『가야사복원을 위한 복천동고분군의 재조명』, 제1회 부산광역시립복천박물관 학술발표대회.

신경철, 1998, 「百濟 甲冑에 대하여」, 『百濟史上의 戰爭』, 제9회 백제연구 국제학술대회.

신경철, 2000, 「영남의 고대갑주」, 『한국고대사와 고고학』, 학산 김정학 박사 송수기념논총.

신경철·송계현, 1985, 「東萊福泉洞4號墳과 副葬遺物」, 『伽倻通信』 11·12합집호.

신광철, 2018, 「국보 제275호 도기 기마인물형 각배와 기병전술」, 『신라문물연구』 11, 국립경주박물관.

신광철, 2019, 「4~6세기 중장기병 문화의 유행과 신라·가야의 대응전략」, 『한국 고대의 말갑옷』, 사회평론.

양시은, 2016, 「고고학적 해석과 文獻記錄」, 『시 공 형태 그리고 량』, 중앙문화재연구원 학술총서 28, 진인진.

여호규, 2001, 「토론문 – 김영하 선생님의 '삼국시대의 전쟁'을 읽고」, 『고대의 전쟁과 무기』.

오광섭, 2003, 「김해 대성동 2호분 출토 판갑의 의의」, 慶州大學校 大學院 碩士學位論文.

오광섭, 2004, 「縱長板甲의 鳥裝」, 『영혼의 전달자』, 국립김해박물관 기획특별전 도록.

오광섭, 2014, 「울산 중산동 615번지 유적 5호분 출토 판갑의 의의」, 『울산 중산동 615번지 유적』.

우순희, 2001, 「甲冑자료에 대한 檢討」, 『東萊 福泉洞 鶴巢臺古墳』.

우순희, 2006, 「고분출토 비갑 검토」, 『석헌 정징원 교수 정년퇴임 기념논총』.

우순희, 2010, 「東北아시아 出土 馬甲 檢討」, 『釜山大學校 考古學科 創設20周年 記念論文集』, 부산대학교 고고학과.

윤상덕, 2016, 「금관총 피장자의 성격 재고」, 『마립간의 기념물: 적석목곽분』, 금관총·서봉총 재발굴 기념학술심포지엄.

이강칠, 1980, 「한국의 갑주(4)」, 『考古美術』 146·147.

이상률, 1999, 「加耶의 馬冑」, 『加耶의 對外交涉』, 金海市 第5回 加耶史學術會議.

이상률, 2001, 「천안 두정동 용원리고분군의 마구」, 『한국고고학보』 45.

이상률, 2005, 「新馬冑考」, 『嶺南考古學』37.

이성훈, 2013, 「영남지역 출토 종장판주의 제작 공정과 기능변화」, 『영남고고학』65.

이영식, 1999, 「고대의 전쟁과 국가형성론」, 『한국고대의 전쟁과 사회변동』, 한국고대사학회 제12회 학술토론회.

이유진, 2011, 「종장판갑 부장의 다양성과 의미」, 『文化財』44-3, 국립문화재연구소.

이은창, 1977, 「경주 인왕동고분발굴조사」, 『한국고고학보』5.

이정호, 2014, 「신안 배널리고분의 대외교류상과 연대관 - 신안 배널리고분의 연대와 축조배경을 중심으로 -」, 『고분을 통해 본 호남지역의 대외교류와 연대관』, 제1회 고대 고분 국제학술대회.

이진혁, 2019, 「V. 고찰 1. 포항 흥해 옥성리 일대 목곽묘 축조집단의 동향」, 『포항 남성리고분군』, 학술조사보고 제73책, 세종문화재연구원.

이한상, 1995, 「5~6세기 신라의 변경지배방식 - 장신구 분석을 중심으로 -」, 『한국사론』33.

이한상, 2018, 「가야 금공문화의 전개양상」, 가야고분군 연구총서 3권, 가야고분군 세계유산등재추진단.

이현정·류진아, 2011, 「마구와 이식을 통해 본 창녕지역의 금공품 제작 가능성」, 『고고학논총』.

이현주, 2002, 「복천동고분군의 무기부장양상을 통해 본 군사조직의 형태」, 『박물관연구논집』9, 부산박물관.

이현주, 2005, 「삼한·삼국시대 부산지역 군사조직의 고고학적 연구」, 부산대학교 석사학위논문.

이현주, 2009, 「삼국시대의 갑주」, 『日韓の武具』, 사이토바루고고박물관 특별전 도록.

이현주, 2010a, 「한국 고대갑주연구의 현황과 과제」, 『한국의 고대갑주』, 복천박물관.

이현주, 2010b, 「영남지역 4~5세기 무장체제의 지역성」, 『영남지역의 무기와 무구』제19회 영남고고학회 학술발표회.

이현주, 2010c, 「4~5세기 부산·김해지역 무장체제와 지역성」, 『영남고고학』54.

이현주, 2011, 「百濟甲冑의 形成과 그 背景」, 『軍史硏究』131.

이현주, 2014, 「한국 갑주연구의 현황과 과제」, 『고대무기연구회』제10회, 고대무기연구회·山口大學考古學研究室.

이현주, 2015, 「삼국시대 소찰주 연구」, 『友情의 考古學』, 진인진.

이희준, 1998, 「김해 예안리유적과 신라의 낙동강 서안진출」, 『영남고고학』39.

이희준, 2002, 「4~5세기 신라고분 피장자의 복식품 착장 정형」, 『한국고고학보』47.

이희준, 2007, 『신라고고학연구』, 사회평론.

이희준, 2011a, 「한반도 남부 청동기~원삼국시대 수장의 권력 기반과 그 변천」, 『영남고고학』58.

이희준, 2011b, 「경주 황성동유적으로 본 서기전 1세기~서기 3세기 사로국」, 『신라문화』38.

임지영·이유진·이현주, 2010, 「삼국시대 종장판갑 부착 유기질 연구」, 『한국고고학보』75, 한국고고학회.

장경숙, 1999, 「영남지역 출토 종장판갑에 대한 연구」, 『영남고고학』25, 영남고고학회.

장경숙, 2000, 「문헌과 고고학자료에 보이는 한국의 고대갑주」, 『영남고고학』27.

장경숙, 2001, 「頸甲에 대한 小考」, 『科技考古研究』7.

장경숙, 2006a, 「비늘갑옷 연구 시론(Ⅰ)」, 『고분연구회』4.

장경숙, 2006b, 「비늘갑옷 연구 시론(Ⅱ)」, 『고분연구회』6.

장경숙, 2007, 「외래계 갑옷과 투구(外來系 甲冑)」, 『4~6세기 가야·신라 고분 출토의 외래계 문물』, 第6回 嶺南考古學會 學術發表會.

장경숙, 2009a, 「고대 방어무장(甲冑) 용어 정리」, 『古墳研究』14, 제14회 학술발표자료집.

장경숙, 2009b, 「말갑옷(馬甲) 연구시론」, 『學藝誌』16, 육군박물관.

장상갑, 2010, 「후기가야의 군사조직에 대한 연구」, 『영남고고학』54.

전옥년 외, 1989, 「東萊福泉洞古墳群2次調査槪報」, 『영남고고학』6.

田中晋作, 2010, 「고훈시대 무기조성의 변화와 한반도 정세」, 『대성동고분군과 동아세아』, 제16회 가야사국제학술회의.

정징원·신경철, 1984, 「고대 한일 갑주단상」, 『尹武炳博士回甲記念論叢』.

주보돈, 1996, 「麻立干時代 新羅의 地方統治」, 『영남고고학』19, 영남고고학회.

주보돈, 2006, 「고구려 남진의 성격과 그 영향」, 『대구사학』82, 대구사학회.

천선행, 2016, 「4장 시간적 변이에 대한 고고학적 설명의 논리구조와 실상」, 『時 空 形 態 그리고 量』, 중앙문화재연구원.

최병현, 2015, 「신라 조기 경주지역 목곽묘의 전개와 사로국 내부의 통합과정」, 『한국고고학보』95, 한국고고학회.

최재현, 2004, 「보존처리를 통한 고대 철제유물연구 - 경주 사라리 55호 목곽묘 출토 판갑을 대상으로-」, 중앙대학교 대학원 석사학위논문.

최종규, 1983, 「중기고분의 성격에 대한 약간의 고찰」, 『부대사학』7.

최종택, 2004,「아차산 고구려 보루 출토 철제갑주와 마구」,『가야 그리고 왜와 북방』, 제10회 가야사국제학술회의.

하대룡, 2016,「고총단계 신라 고분의 부장 정형과 그 함의」,『한국고고학보』101.

한정호, 2018,「황룡사 구층탑 불사리장엄 변화과정의 재구성」,『황룡사 특별전 연계 학술대회』.

황수진, 2010,「三國時代 嶺南地域 4世紀代 札甲의 硏究」,『제6회 철문화연구회 학술세미나』.

황수진, 2011.「三國時代 嶺南 出土 札甲의 硏究」,『韓國考古學報』78.

다. 도록, 보고서, 보고문

〈도록〉

경기도박물관, 2006,『한성백제-묻혀진 백제문화로의 산책』, 특별전 도록.

국립김해박물관, 2002,『한국 고대의 갑옷과 투구』, 특별전 도록.

국립김해박물관, 2015,『갑주, 전사의 상징』, 특별전 도록.

국립문화재연구소, 2005,『오구라 컬렉션 한국문화재』.

국립청주박물관, 2012,『신봉동, 백제의 전사를 만나다』.

복천박물관, 2001,『고대전사 – 고대전사와 무기』, 특별전 도록.

元興寺文化財研究所, 2017,『珍物としての武器・武具』, 특별전 도록.

〈발굴보고서〉

강원고고문화연구원, 2021,『강릉 초당동 유적 I』, 학술총서 85책.

경기도박물관, 1999,『파주 주월리유적』, 유적조사보고 제1책.

경기도박물관, 2006,『한성백제-묻혀진 백제문화로의 산책』, 특별전 도록.

경남고고학연구소, 2000,『咸安 道項里・末山里 遺蹟』.

경남고고학연구소, 2007,『密陽貴明里三國時代무덤군 – 삼국시대(2)』.

경남문화재연구원, 2010,『기장 청강・대라리 유적(Ⅰ지구)』학술조사연구총서 제81집.

경남발전연구원, 2006,『巨濟 長木古墳』제40책.

경남발전연구원, 2007,『密陽新安遺蹟 Ⅱ』.

경남발전연구원, 2008,『金海栗下里遺蹟 I』.

경북대학교박물관, 2009,『고령 지산동 44호분 – 대가야왕릉』.

경상대학교박물관, 1988, 『합천옥전고분군 Ⅰ-목곽묘』제3집.

경상대학교박물관, 1990, 『합천옥전고분군 Ⅱ-M3호분-』제6집.

경상대학교박물관, 1992, 『합천옥전고분군 Ⅲ-M1·2호분-』제7집.

경상대학교박물관, 1993, 『합천옥전고분군 Ⅳ-M4·6·7호분-』제8집.

경상대학교박물관, 1995, 『합천옥전고분군 Ⅴ-M10·11·18호분-』제13집.

경상대학교박물관, 1997, 『합천옥전고분군 Ⅵ-23·28호분-』제16집.

경상대학교박물관, 1998, 『합천옥전고분군 Ⅶ-12·20·24호분-』제19집.

경상대학교박물관, 1999, 『합천옥전고분군 Ⅷ-5·7·35호분-』제21집.

경상대학교박물관, 2000, 『합천옥전고분군 Ⅸ-67A·B, 73~76호분-』제23집.

경상대학교박물관, 2003, 『합천옥전고분군 Ⅹ-88~102호분-』제26집.

경상문화재연구원, 2011, 『함안 도항리 고분군』, 발굴조사보고서 제1책.

경상문화재연구원, 2015, 『거창 무릉리 고분군』, 제38책.

경상북도문화재연구원, 2002, 『포항학천리유적발굴조사보고서 Ⅰ·Ⅱ-석곽묘·목곽묘·적석목곽묘』.

경상북도문화재연구원, 2015, 『경주 황성동 590번지 유적 Ⅰ~Ⅴ』, 학술조사보고 제221책.

경성대학교박물관, 1989, 『金海七山洞古墳群Ⅰ』제1집.

경성대학교박물관, 2000, 『金海 龜旨路 古墳群』.

경성대학교박물관, 2000, 『김해대성동고분군Ⅰ』제4집.

경성대학교박물관, 2000, 『김해대성동고분군Ⅱ』제7집.

경성대학교박물관, 2003, 『김해대성동고분군Ⅲ』제10집.

경성대학교박물관·부산박물관, 2014, 『연산동 M8호-1987년도 조사-』.

계명대학교박물관, 1979, 『고령 지산동 45호 古墳發掘調查報告』.

계명대학교박물관, 1981, 『고령 지산동고분군 32~35호분·周邊石槨墓』第1輯.

계명대학교박물관, 1995, 『高靈 本館洞 古墳群』第4輯.

고려대학교박물관, 1994, 『미사리 5』.

공주대학교박물관·공주시, 2013, 『웅진성 공산성』공주고도보존육성사업연구총서.

공주대학교박물관·천안시경영개발사업소, 2000, 『두정동유적』, 공주대학교박물관학술총서 06.

국립가야문화재연구소, 2016, 『고령 지산동고분군 518호분 발굴조사보고서』.

국립경주문화재연구소, 1993, 『황남대총 남분』.

국립경주문화재연구소, 2019, 『경주 쪽샘지구 신라고분유적 Ⅹ』.

국립경주박물관, 2000, 『옥성리고분군 Ⅰ-'가'지구 발굴조사보고-』.

국립경주박물관, 2006, 『경주 구정동 고분』.

국립경주박물관, 2012, 『경주 계림로 신라묘 1』.

국립경주박물관, 2014, 『경주 계림로 신라묘 2』.

국립경주박물관, 2016, 『금관총 (유물편)』일제강점기 자료조사 보고 23집.

국립경주박물관·경북대학교박물관, 1990, 『경주 월성로 고분군』.

국립광주박물관, 2001, 『해남 방산리 장고봉고분 시굴조사보고서』학술총서 제38책.

국립김해박물관, 2015, 『갑주, 전사의 상징』, 특별전 도록.

국립김해박물관, 2017, 『함안 말이산 4호분』일제강점기 자료조사 보고 26집.

국립김해박물관·대성동고분박물관, 2012, 『김해 양동리 유적』.

국립나주문화재연구소, 2014, 『고흥 야막 고분』 발굴조사보고서.

국립대구박물관, 2016, 『대구 달성유적 Ⅲ』일제강점기 자료조사 보고 20집.

국립부여문화재연구소, 1997, 『부소산성발굴조사중간보고 Ⅱ』제14집.

국립전주박물관, 1994, 『부안죽막동제사조사』제1집.

국립중앙박물관, 1991, 『송국리 Ⅳ』제23책.

국립중앙박물관, 2000, 『경주 노동리 4호분』, 일제강점기자료조사보고 1.

국립중앙박물관, 2012, 『창원 다호리 유적 1~8차 발굴조사 종합보고서』.

국립진주박물관, 1987, 『합천 반계제 고분군』제2책.

국립창원문화재연구소, 1996, 『함안 암각화고분』제3집.

국립창원문화재연구소, 1999, 『咸安 道項里 古墳群 Ⅱ』제7집.

국립창원문화재연구소, 2000, 『咸安 道項里 古墳群 Ⅲ』제8집.

국립창원문화재연구소, 2001, 『咸安 道項里 古墳群 Ⅳ』제13집.

국립창원문화재연구소, 2002, 『咸安 馬甲塚』제15집.

국립창원문화재연구소, 2004, 『咸安 道項里 古墳群 Ⅴ』제26집.

국립청주박물관, 1990, 『청주 신봉동B지구 널무덤 조사보고-청주박물관조사보고 1』.

今西龍, 1920, 「함안 제34호분 조사기」, 『대정6년도고적조사보고』.

길림성문물고고연구소, 2004, 『오녀산성-1996~1999, 2003 환인오녀산성조사발굴보고』.

길림성문물고고연구소·집안시박물관, 2004, 『집안고구려왕릉-1990~2003년 집안고구려왕릉조사보고-』.

길림성박물관문물공작대, 1977, 「길림집안적양좌고고구려묘」, 『고고』2.

대동문화재연구원, 2012, 『고령 지산동 73·74·75호분』.

대동문화재연구원, 2020,『고령 지산동 대가야고분군 Ⅰ』.

대성동고분박물관, 2011,『김해 대성동고분군 68호분~72호분』제10책.

대성동고분박물관, 2013,『김해 대성동고분군 73호분~84호분』제13책.

대성동고분박물관, 2015,『김해 대성동고분군 70호분 주곽·95호분』제16책.

대성동고분박물관, 2015,『김해 대성동고분군 85호분~91호분』제15책.

대성동고분박물관, 2016,『김해 대성동고분군 92호분~94호분, 지석묘』제17책.

동서문물연구원, 2015,『김해 망덕리유적 Ⅰ~Ⅳ』조사연구보고서제84책.

동신대학교문화박물관, 2015,『신안 안좌면 읍동·배널리 고분군』.

동아대학교박물관, 1984,『동래복천동고분발굴조사보고』제8책.

동아대학교박물관, 1984,『함양상백리고분군발굴조사보고』.

동아대학교박물관, 1992,『昌寧校洞古墳群』.

동아대학교박물관, 2005,『固城 松鶴洞 古墳群 第1號墳 發掘調査報告書』.

동아세아문화재연구원, 2008,『咸安 道項里 6號墳』.

동아세아문화재연구원, 2009,『김해 죽곡리 유적 Ⅰ·Ⅱ』, 학술조사 보고서 제36책.

동아세아문화재연구원, 2017,『창원 석동 복합유적 Ⅳ – 다지구 목곽묘』96집.

동의대학교박물관, 2000,『金海良洞里古墳文化』.

동의대학교박물관, 2009,『金海良洞里古墳群』.

마한문화재연구원, 2011,『여수 죽림리 차동유적 1·2』.

문화재관리국, 1974,『천마총』.

문화재관리국, 1984,『황룡사 유적발굴조사보고서』Ⅰ.

복천박물관, 1999,『동래복천동고분군 – 제6차발굴조사 141~153호·조선시대 유구 –』.

복천박물관, 2001,『고대전사-고대전사와 무기』, 특별전 도록.

복천박물관, 2008,『동래복천동고분군 – 제8차발굴조사 160~166호』.

복천박물관, 2010a,『한국의 고대갑주』학술연구총서 제31집.

복천박물관, 2010b,『東萊福泉洞 38호분』.

부경대학교박물관, 2020,『김해 두곡유적』학술조사총서 제8집.

부경문물연구원, 2014,『기장 가동 고분군 上·下』고적조사보고 제10집.

부산광역시립박물관 복천분관, 1997,『동래복천동 93·95호분』제3책.

부산광역시립박물관 복천분관, 2001,『동래복천동 52·54호』제11책.

부산대학교박물관, 1983,『東萊福泉洞古墳群Ⅰ』제5집.

부산대학교박물관, 1990,『東萊福泉洞古墳群Ⅱ』제14집.

부산대학교박물관, 1993, 『金海禮安里古墳群Ⅱ』제15집.
부산대학교박물관, 1996, 『東萊福泉洞古墳群Ⅲ』제19집.
부산대학교박물관, 2005, 『釜山 鶴巢臺古墳群』.
부산대학교박물관, 2012, 『東萊福泉洞古墳群Ⅳ』제37집.
부산대학교박물관, 2013, 『東萊福泉洞古墳群Ⅴ』제38집.
부산대학교박물관, 2015, 『東萊福泉洞古墳群Ⅶ』제40집.
부산대학교박물관, 2021, 『東萊福泉洞古墳群ⅩⅢ』제48집.
부산대학교박물관·연제구청, 2013, 『연산동고분군의 의의와 평가』.
부산대학교박물관·연제구청, 2016, 『연산동고총고분과 그 피장자들』.
부산박물관, 2012, 『연산동고분군 - 고총고분 기초 조사』.
부산박물관, 2012, 『연산동고분군 - 연제체육공원 조성부지 조사』.
부산박물관, 2014, 『연산동 M3호분 - 연산동 고총고분군 2차 조사』.
부산박물관, 2014, 『연산동 M7, M10호분 - 연산동 고총고분군 3차 조사』.
부산박물관, 2014, 『연산동 고총고분군 주변 유구 - 연산동 고총고분군 2차조사』.
부산직할시립박물관, 1993, 『金海 加達古墳群Ⅰ』유적조사보고서 제8책.
濱田耕作·梅原末治, 1924, 「金冠塚と其遺寶」, 『대정13년도고적조사특별보고』.
서울대학교박물관, 1985, 『몽촌토성발굴조사보고』.
서울대학교박물관·연천군, 2015, 『연천 무등리 2보루』.
세종문화재연구원, 2019, 『포항 남성리고분군』, 학술조사보고 제73책.
小泉顯夫, 1931, 「34호분 발굴조사보고」, 『경상북도달성군달성면고적조사보고』.
신라문화유산연구원, 2010, 『경주 동산리 유적 Ⅰ~Ⅲ』41책.
신라문화유산연구원, 2016, 『경주 재매정지』84책.
영남대학교박물관, 1994, 『경산 임당지역 고분군Ⅱ-조영 EⅢ-8호분 외-』제19책.
영남대학교박물관, 1998, 『경산 임당지역 고분군 Ⅲ-造永 1B지역-』제22책.
영남대학교박물관, 1999, 『경산 임당지역 고분군 Ⅳ-造永 CⅠ·Ⅱ호분 외-』제25책.
영남대학교박물관, 2000, 『경산 임당지역 고분군 Ⅴ-造永 EⅢ 1호분 외-』제35책.
영남대학교박물관, 2004, 『고령 지산동고분군 - 고령 지산지구 국도개량공사구간내 유적』제46책.
영남대학교박물관, 2005, 『경산 임당지역 고분군 - 임당7호분』제48책.
영남문화재연구원, 1998, 『포항옥성리고분군 Ⅰ·Ⅱ-나지구』제14책.
영남문화재연구원, 1999, 『경주 사라리유적 Ⅰ-적석목곽묘·석곽묘』제19책.

영남문화재연구원, 2001, 『경산 임당동 유적 Ⅱ-G지구 5·6호분』제34책.

영남문화재연구원, 2001, 『경산 임당동 유적 Ⅲ-G지구 분묘』제35책.

영남문화재연구원, 2004, 『고령 지산동고분군 Ⅰ』제70책.

영남문화재연구원, 2005, 『달성 문산리고분군 Ⅰ-Ⅱ지구 M1·M2호분』제96책.

영남문화재연구원, 2007, 『경주 사라리유적 Ⅲ-목곽묘·옹관묘』제130책.

영남문화재연구원, 2011, 『경주 구어리고분군 Ⅱ』제182책.

영남문화재연구원, 2014, 『慶山 林堂洞 低濕池遺蹟 木器』제212책.

영남문화재연구원, 2016, 『달성 문산리고분군 Ⅱ』제230책.

예맥문화재연구원, 2013, 『화천 원천리유적 Ⅰ~Ⅳ』, 학술조사보고 제54책.

울산대학교박물관, 1998, 『김해능동유적Ⅰ-목곽묘』제8집.

울산문화재연구원, 2013, 『울산약사동북동유적Ⅰ-목곽묘』제97책.

울산발전연구원 문화재센터, 2014, 『울산 중산동 615번지 유적』, 학술연구총서 제76집.

울산발전연구원 문화재센터, 2014, 『울주 구미리 7093번지 유적』, 학술연구총서 제77집.

원광대학교 마한백제문화연구소, 1983, 『南原月山里古墳群發掘調査報告』.

전남대학교박물관 외, 2015, 『고흥 길두리 안동 고분』발굴조사보고서.

전남대학교박물관, 2016, 『고흥 길두리 안동고분』.

전북문화재연구원, 2012, 『남원 월산리고분군-M4·M5·M6』.

齊藤忠, 1934, 「경주 황남리 제109호분」, 『소화9년도고적조사보고』.

창원대학교박물관, 1990, 『馬山縣洞遺蹟』제3책.

창원대학교박물관, 2006, 『울산중산리유적 Ⅰ』.

충북대학교박물관, 1995, 『청주 신봉동 고분군』제44책.

충북대학교박물관, 2005, 『청주 봉명동 유적』.

충북대학교중원문화재연구소·음성군, 2002, 『망이산성-충북 구간 지표조사보고서』.

한강문화재연구원, 2012, 『인천 운북동 유적』, 유적조사보고 제24책.

한겨레문화재연구원, 2014, 『창녕 동리 유적 Ⅰ』, 학술조사보고 제27책.

한국문화재보호재단, 1998, 『상주신흥리고분군(Ⅱ)』, 학술조사보고서 제7책.

한국문화재보호재단, 2009, 『울산 하삼정 고분군 Ⅰ』, 학술조사보고서 제216책.

한국문화재보호재단, 2013, 『2011년도 소규모 발굴조사 보고서 Ⅸ』제267책.

한국문화재보호재단, 2014, 『울산 하삼정 고분군 Ⅶ』, 학술조사보고서 제289책.

한국문화재보호재단, 2015, 『2012년도 소규모 발굴조사 보고서 Ⅷ』, 학술조사보고서 제282책.

한국문화재보호재단, 2016,『2014년도 소규모 발굴조사 보고서 ⅩⅠ』, 학술조사보고서 제314책.

한국정신문화연구원, 1994,『삼국시대 유적의 조사연구 2 - 화성 백곡리 고분』.

한빛문화재연구원, 2013,『김천 문무리고분군 Ⅰ』, 학술조사보고 36책.

한빛문화재연구원, 2020,『경산 임당 1호분』, 학술조사보고 79책.

한신대학교박물관, 1998,『용인 수지 백제주거지』제9책.

한양대학교박물관, 1994,『미사리 2』.

한양대학교박물관, 1994,『미사리 3』.

〈발굴조사개보 및 현장자료집〉

대동문화재연구원, 2018,『고령지산동고분군 정비부지내 유적 정밀발굴조사 학술자문회의자료』.

백제고도문화재단, 2018,『천안 동부바이오 일반산업단지 진입도로 개설공사구간내 유적 발굴조사 약보고서』.

부경대학교박물관, 1999,『두곡유적 발굴조사 현장설명회 자료』.

부산대학교박물관, 1990,「東萊福泉洞古墳群第3次調査慨報」,『영남고고학』7.

〈학술발표회〉

김해시, 2003,『가야와 광개토대왕』, 제9회 가야사국제학술회의.

영남고고학회, 2014,『신라와 가야의 경계』, 제23회 정기학술발표회.

영남고고학회, 2015,『신라와 가야의 분화와 비교』, 제24회 정기학술발표회.

2. 영어

가. 단행본

Mann, Michael, 1986,『The Sources of Social Power』, volume 1, Cambridge Univ Press.

3. 중국어

가. 단행본

白榮金·鐘少昇, 2006, 『甲冑復原 - 中國傳統工藝全集』, 大象出版社.

4. 일본어

가. 단행본

よがえれ古墳人 東國文化発信委員會, 2015, 『金井東裏遺跡の時代と東アジア』國際シンポジウム.

高田貫太, 2014, 『古墳時代の日朝関係』, 吉川弘文館.

高田貫太, 2016, 『海の向こうから見た倭国』, 講談社現代新書.

公益財團法人富山縣文化財振興財團 埋藏文化財調査事務所, 2014, 『加納南古墳群·稲積オオヤチ古墳群』.

關 雄二, 2006, 『古代アンデス 權力の考古學』, 京都大學學術出版會.

橋本達也, 2005, 「古墳時代中期甲冑の出現と中期開始論」, 『待兼山考古學論集 - 都出比呂志先生退任記念』, 大阪大學考古學研究所 編.

橋本達也, 2013, 「古墳·三國時代の板甲の系譜」, 『技術と交流の考古學』, 同成社.

橋本達也·鈴木一有, 2014, 『古墳時代甲冑集成』, 大阪大學大學院文學研究科考古學研究室.

群馬縣教育委員會 2017, 『金井東裏遺跡 - 甲着装人骨等詳細調査報告書』.

藤田和尊, 2006, 『古墳時代の王權と軍事』, 學生社.

鈴木一有, 2016, 「朝鮮半島出土倭系武装具の全容」, 『古代日韓 交渉の實態』, 日本歷史民俗博物館國際シンポジウム.

鈴木一有, 2018, 「고흥 야막고분 출토 충각부주의 편년적 위치와 무장구의 평가」, 『고흥 야막고분 출토 투구 제작 기술 복원』, 국립나주문화재연구소.

鈴木靖民 編, 2002, 『倭国と東アジア - 日本の古代史 2』, 吉川弘文館.

末永雅雄, 1934, 『日本古代の甲冑』, 岡書院.

白石太一郎 外 編, 2016, 『騎馬文化と 古代のイノベーション』, KADOKAWA.

松木武彦, 2007, 『日本列島の戰爭と初期國家形成』, 東京大學出版會.

田中史生, 2015, 『國際交易の古代列島』, 角川選書.

田中晋作, 2005, 「391年後の前方後圓墳と副葬品」, 『季刊考古學』76.

静岡縣袋井市教育委員會·元興寺文化財研究所, 1994, 『団子塚9号墳 出土遺物保存處理 報告書』.

中久保 辰夫, 2017, 『日本古代國家の形成過程と對外交流』, 大阪大學出版会.

川 畑純, 2015, 『武具が語る古代史』, 東京大學出版會.

初期王權硏究委員會 編, 2002, 『古代王權の誕生』, 角川書店.

阪口英毅, 2019, 『古墳時代甲冑の技術と生産』, 同成社.

나. 논문

諫早直人, 2016, 「新羅における初期金工品の生産と流通」, 『日韓文化財論集Ⅲ』, 奈良文化財研究所學報 第95册.

高橋工, 1995, 「東アジアにおける甲冑の系統と日本」, 『日本考古學』第2號, 日本考古學協會.

橋本達也, 1996, 「古墳時代前期甲冑の技術と系譜」, 『雪野山古墳の研究』.

橋本達也, 2005, 「古墳時代甲冑系譜論 – 日韓の帶金式甲冑の問題」, 『マロ塚古墳出土品を中心にした古墳時代中期武器·武具研究』, 國立歷史民俗博物館共同研究.

橋本達也, 2006, 「갑주편년연구의 한일비교 – 대금식 갑주를 중심으로 – 」, 『한일고훈시대의 연대관』韓國·國立釜山大學校博物館·日本國·國立歷史民俗博物館.

橋本達也, 2012, 「第2章 古墳時代中期甲冑一覽」, 『マロ塚古墳出土品を中心にした古墳時代中期武器武具の研究』.

橋本達也, 2013, 「古墳·三國時代の板甲の系譜」, 『技術と交流の考古學』, 同成社.

橋本達也, 2015, 「甲冑からみた蓮山洞古墳群と倭王權の交渉」, 『友情의 考古學』.

內山敏行, 1994, 「古墳時代後期 朝鮮半島系冑」, 『硏究紀要』1, (財)とちぎ生涯學習文化財団埋藏文化財センター.

內山敏行, 2001, 「古墳時代後期 朝鮮半島系冑(2)」, 『硏究紀要』9, (財)とちぎ生涯學習文化財団埋藏文化財センター.

內山敏行, 2008, 「小札甲の變遷と交流」, 『王權と武器と信仰』.

藤田和尊, 1985, 「日韓出土の短甲について」, 『末永先生米寿記念獻呈論文集』.

鈴木一有, 1996, 「三角板系短甲ついて」, 『浜松市博物館報Ⅶ』.

鈴木一有, 2012, 「武器·武具 – 生産と流通 Ⅵ」, 『古墳時代硏究の現狀と課題 下』.

鈴木一有, 2016a, 「武器·武具 生産 – 渡來人と武裝具のかかわり」, 『季刊 考古學』137.

鈴木一有, 2016b, 「朝鮮半島出土倭系武裝具の全容」, 『古代日韓 交渉の實態』, 日本歷史

民俗博物館國際シンポジウム.

柳本照男, 2015, 「韓半島出土の倭系甲冑について-その歴史的背景を探る」, 『古代武器研究』11.

森川祐輔, 2008, 「東北アジアにおける小札甲の様相」, 『朝鮮古代研究』9.

小林行雄, 1961, 「第三章, 同范鏡考」, 『古墳時代の研究』, 青木書店.

小林行雄, 1982, 「古墳時代短甲の原流」, 『日韓古代文化の流れ』, 帝塚山考古學研所設立記念.

辻田淳一郎, 2006, 「威信財システムの成立・変容とアイデンティティ」, 『東アジア古代国家論』, すいれん舎.

田中由理, 2009, 『古墳時代の馬具生産』, 大阪大學校 文學博士學位論文.

田中晋作, 2001, 「古墳時代における鐵製甲冑の出現」, 『季刊考古學』76.

田中晋作, 2005, 「391年後の前方後圓墳と副葬品」, 『季刊考古學』76.

田中晋作・西川寿勝, 2010, 『倭王の軍団』, 新泉社.

清水和明, 1993, 「製作技法の變遷からみた挂甲の生産」, 『甲冑出土古墳にみる武器・武具の變遷』.

初村武寬, 2010, 「古墳時代中期における小札式付屬具の基礎的檢討」, 『洛北史學』12.

初村武寬, 2011, 「古墳時代中期における小札甲の變遷」, 『古代學研究』192.

初村武寬, 2015a, 「日本列島における導入期小札甲の構造の背景」, 『研究紀要』19, 由良大和古代文化研究協會.

初村武寬, 2015b, 「第10章 考察-5.五條猫塚古墳出土小札甲の構造と甲冑の裝飾」, 『五條猫塚古墳の研究』, 奈良國立博物館.

塚本敏夫, 1993, 「鋲留甲冑の技術」, 『考古學ヅャーナル』No.366.

塚本敏夫, 1997, 「長持山古墳出土札甲の研究」, 『王者の武裝』, 京都大學校綜合博物館春季企劃特別展圖錄.

阪口英毅, 1998, 「長方板革綴短甲と三角板革綴短甲-變遷とその特質-」, 『史林』81-5, 史學研究會.

阪口英毅, 2000, 「古墳時代中期における甲冑副葬の意義-「表象」をキーワードとして-」, 『表象としての鐵器副葬』, 第7回 鐵器文化研究集会.

阪口英毅, 2001, 「鉄製甲冑の系譜-基本構造と連接技法の検討を中心に-」, 『季刊 考古學』76, 雄山閣.

阪口英毅, 2005, 「紫金山古墳出土武具の再檢討」, 『紫金山古墳の研究』京都大學大學院

文學研究科.

阪口英毅, 2013, 「金屬製品の型式學的研究 - 甲冑」, 『副葬品の型式と編年 - 古墳時代の考古學 4』同成社.

阪口英毅, 2014, 「襟付短甲の諸問題」, 『野中古墳と倭の五王の時代』, 大阪大學綜合學術博物館叢書 10.

下垣仁志, 2010, 「威信財論批判序說」, 『立命館大學考古學論集Ⅴ』, 立命館大學考古學論集刊行會.

穴沢咊光, 1988, 「蒙古鉢形冑と四~五世紀の軍事技術」, 『考古學叢考』吉天弘文館.

穴沢咊光・馬目順一, 1975, 「南部朝鮮出土の鐵製鋲留甲冑」, 『朝鮮學報』76.

감사의 말

이 책은 여러 사람의 도움과 격려로 발간할 수 있었다.

먼저, 필자가 고고학이라는 학문의 세계에 입문하여 연구의 기본을 다질 수 있었던 것은 이백규 선생님, 이희준 선생님, 박천수 선생님, 이성주 선생님이라는 네 분의 스승님이 있었기 때문이다.

또한 학문적 스승인 김재우 선생님, 김영민 선생님, 송정식 선생님, 이현주 선생님, 장경숙 선생님, 塚本敏夫 선생님, 故 阪口英毅 선생님, 高田貫太 선생님, 諫早直人 선생님은 격려와 자극을 주시면서 연구를 지속할 수 있게 해주신 고마운 분들이다.

특히 경북대학교 고고학 연구실에서 대학원 시절은 오늘날 연구를 계속할 수 있는 자양분이었다. 그 당시를 함께한 학우들과 진지한 토론과 열정은 추억에만 남겨져 있지 않고 항상 어려움이 있을 때 꺼내어 보며 다짐하는 소중한 자산이다.

아울러 박물관 동료들에게도 고마움을 전한다. 박물관의 관우들은 필자의 연구에 관심을 가지고 격려해 주면서 일과 고민을 함께 나누었기에 이렇게 좋은 연구 결과를 가질 수 있었다.

이 책은 동원고고미술연구소의 지원으로 발간할 수 있었다. 국립박물관의 선후배들의 여러 훌륭한 학술적 성과가 있으나 본인의 연구 성과를 동원학술총서로 선정해준 관계자 여러분들의 호의에 감사드린다. 또한 진인진의 배원일 팀장을 비롯한 관계자들은 저자의 어지러운 문장과 도면을 훌륭하게 편집해주셨기에 감사드린다.

마지막으로 저자가 오늘날까지 공부하는 데 있어 버팀목이 되어주신 양가 부모님께 작은 결과물이지만 이 한 권의 책을 드릴 수 있어서 너무나 기쁘다. 그리고 그 누구보다 필자가 연구자로 성장하는 데 많은 조언과 격려를 해준 훌륭한 동료 연구자이자 인생의 동반자인 정주희 선생님, 삶의 즐거움을 선사해주는 사랑하는 딸 보민이에게도 고마운 마음을 전한다.

2022년 11월
국립김해박물관 학예연구실에서